W0410479

*Kreation und Leitung Hans Höfer*

APA GUIDES

# SÜDOST ASIEN

Herausgegeben von Joseph R. Yogerst
Fotografiert u. a. von Fotografen der APA Photo Agency

Redaktion Dieter Vogel

APA PUBLICATIONS

APA GUIDES

**Titel in deutscher Sprache**

LÄNDER & REGIONEN

*Ägypten*
*Alaska*
*Andalusien*
*Argentinien*
*Australien*
*Bahamas*
*Bali*
*Baltische Staaten*
*Barbados*
*Barrier Reef*
*Belgien*
*Bermuda*
*Brasilien*
*Bretagne*
*Burgund*
*Chile*
*China*
*Costa Rica*
*Côte d'Azur*
*Dänemark*
*Das Tal der Loire*
*Deutschland*
*Die Niederlande*
*Ecuador*
*Elsass*
*Finnland*
*Florida*
*Frankreich*
*Gambia und Senegal*
*Gran Canaria*
*Griechenland*
*Griechische Inseln*
*Grossbritannien*
*Hawaii*
*Hongkong*
*Indien*
*Indonesien*
*Irland*
*Island*
*Israel*
*Italien*
*Jamaika*
*Java*
*Jemen*
*Jugoslawien*
*Kalifornien*
*Kanada*
*Kanalinseln*
*Karibik*
*Katalonien*
*Kenia*
*Korea*
*Korsika*
*Kreta*
*Madeira*
*Malaysia*
*Mallorca & Ibiza*
*Malta*
*Marokko*
*Mexiko*
*Myanmar*
*Namibia*
*Neapel*
*Nepal*
*Neuengland*
*Neuseeland*
*New York State*
*Nordkalifornien*
*Normandie*
*Norwegen*
*Ostasien*
*Österreich*
*Pakistan*
*Pazifischer Nordwesten USA*
*Peru*
*Philippinen*
*Polen*
*Portugal*
*Provence*
*Puerto Rico*
*Rajasthan*
*Rocky Mountains*
*Rußland*
*Sardinien*
*Schottland*
*Schweden*
*Schweiz*
*Sowjetunion*
*Spanien*
*Sri Lanka*
*Südafrika*
*Südamerika*
*Südasien*
*Südindien*
*Südkalifornien*
*Südostasien*
*Südtirol*
*Taiwan*
*Tschechische und Slowakische Republik*
*Teneriffa*
*Texas*
*Thailand*
*Toskana*
*Trinidad & Tobago*
*Tunesien*
*Türkei*
*Türkische Küste*
*Umbrien*
*Ungarn*
*USA*
*USA Der Südwesten*
*Venezuela*
*Vietnam*
*Wales*
*West-Himalaya*
*Zypern*

APA-SPECIALS

*Amazonas Erlebnis Natur*
*Der Nil*
*Der Rhein*
*Indianerreservate USA*
*Indien Erlebnis Natur*
*Ostafrika Safari*
*Südostasien Erlebnis Natur*
*Wasserwege in Westeuropa*

STÄDTE CITYGUIDES

*Amsterdam*
*Athen*
*Bangkok*
*Barcelona*
*Berlin*
*Boston*
*Brüssel*
*Budapest*
*Buenos Aires*
*Chicago*
*Delhi, Jaipur, Agra*
*Dresden*
*Dublin*
*Düsseldorf*
*Edinburgh*
*Florenz*
*Frankfurt*
*Glasgow*
*Hamburg*
*Istanbul*
*Jerusalem*
*Kairo*
*Katmandu*
*Köln*
*Lissabon*
*London*
*Los Angeles*
*Madrid*
*Melbourne*
*Mexico City*
*Miami*
*Moskau*
*Montreal*
*München*
*New Orleans*
*New York City*
*Oxford*
*Paris*
*Peking*
*Philadelphia*
*Prag*
*Rio*
*Rom*
*San Francisco*
*Seattle*
*Singapur*
*St. Petersburg*
*Sydney*
*Tokio*
*Vancouver*
*Venedig*
*Washington D.C.*
*Wien*

POCKET GUIDES

*Adria*
*Algarve*
*Athen*
*Bali*
*Bangkok*
*Barcelona*
*Berlin*
*Boston*
*Bretagne*
*Chiang Mai*
*Costa Blanca*
*Costa Brava*
*Côte d'Azur*
*Das Tal der Loire*
*Dänemark*
*Elsass*
*Florenz*
*Hongkong*
*Ibiza*
*Irland*
*Istanbul*
*Jakarta*
*Kreta*
*Kuala Lumpur*
*London*
*Malakka*
*Mallorca*
*Malta*
*Marbella*
*Marokko*
*Mailand*
*München*
*Nepal*
*New Delhi*
*New York City*
*Oslo/Bergen*
*Paris*
*Penang*
*Phuket*
*Prag*
*Provence*
*Rhodos*
*Rom*
*Sabah*
*San Francisco*
*Sardinien*
*Sevilla*
*Singapur*
*Südkalifornien*
*St. Petersburg*
*Südostengland*
*Sydney*
*Teneriffa*
*Tibet*
*Toskana*
*Türkische Riviera*
*Venedig*
*Wien*
*Yogjakarta*

# SÜDOSTASIEN

**© APA PUBLICATIONS (HK) LIMITED, 1995**
Alle Rechte vorbehalten
© Apa Guides, 1995
Südostasien ISBN: 3-8268-1435-5
*Printed in Singapore by Höfer Press Pte Ltd*

# Zu diesem Buch

In Südostasien wurde die Idee geboren, aus der die Serie der APA Guides hervorging. Die Arbeit an diesem neuen Südostasien-Führer wurde so für Apa Publications zu einer sentimentalen Reise in die Vergangenheit und hat die tiefgreifenden Veränderungen bewußt gemacht, die in den letzten zehn Jahren in dieser Weltregion stattgefunden haben. Erinnerungen an alte APA-Zeiten wurden geweckt, als die Handvoll Redakteure Material über die klassischen Reiseziele sammelten, Material, zu dem inzwischen die Beschreibung neuer, ebenso beeindruckender Orte und Sehenswürdigkeiten hinzugekommen sind.

Auch aus einem anderen Grund ist dieser Apa Guide eine Besonderheit. Die Reiseziele, die er vorstellt, gehören zum Territorium der ASEAN, der *Association of Southeast Asian Nations*, einer 1967 gegründeten Vereinigung, deren Ziel es ist, die wirtschaftlichen und kulturellen Beziehungen der Mitgliedsländer zu vertiefen. Der *APA Guide Südostasien* entstand im Zuge der großen Werbeaktion „Visit ASEAN 1992" und liegt nun in überarbeiteter, aktualisierter Form vor.

**Hans Höfer,** der den Verlag Apa Publications in Singapur gründete, hat allein deshalb eine besonders enge Beziehung zu Asien. Er kam 1969 aus Deutschland nach Indonesien, ließ sich längere Zeit auf Bali nieder und stellte dort den *Guide to Bali* zusammen, den ersten Band der heute in neun Sprachen erscheinenden, weltweit erfolgreichen APA Guides.

## Die Autoren

Die Idee zum *APA Guide Südostasien* geht auf 1991 zurück, als Verlagslektor **Geoffrey Eu** dem Publizisten **Joseph R. Yogerst** den Vorschlag unterbreitete, aus dem bereits existierenden *APA Guide Ostasien* (er wurde mit dem PATA Gold Award als bester Reiseführer ausgezeichnet) ein neues Buch zu entwickeln, das speziell über die Länder der ASEAN informieren sollte.

Yogerst war viele Jahre Herausgeber von Zeitschriften in San Francisco und London, bevor er in Hong Kong eine Stelle als leitender Mitarbeiter des Magazins *Discovery* antrat. Seit 1990 lebt er in Singapur und schrieb dort für das *Conde Nast Traveler* Magazin in New York, für *International Herald Tribune* und das *Sojourn Magazine*. Er ist in Fachkreisen als hervorragender Reiseschriftsteller bekannt und wurde sowohl mit dem Lowell Thomas Award der Society of American Travelwriters als auch mit dem PATA Gold Award für den besten Artikel in einem Reisemagazin 1991 ausgezeichnet.

Yogerst schrieb das Kapitel über Brunei und koordinierte die Überarbeitung aller anderen Kapitel. Er ist viel auf Reisen, nicht nur in den Ländern der ASEAN, sondern in vielen anderen Teilen der Welt.

Eu erlernte sein Handwerk an der School of Travel Industry Managment der Universität von Hawaii und an der Northwestern University's Medhill School of Journalism. Er lebt heute in seiner Geburtsstadt Singapur und steuerte das Kapitel über Malaysia bei, ein Land, das er von vielen Reisen kennt.

**Eric Oey** arbeitete schon vor vielen Jahren in der Marketing-Abteilung des Verlags und stellte das Konzept des *APA Guide Indonesien* zusammen. Er hat einen Magistertitel in indonesischer Philosophie und Sprachwissenschaft erworben und jüngst seine sprachwissenschaftliche Doktorarbeit über das Malaiische an der University of California in Berkeley fertiggestellt. Mit Oey hatten wir also einen

*Yogerst*

*Eu*

*Oey*

zweifellos kompetenten Autor für das Kapitel über Indonesien gewonnen.

Der in Manila geborene **Alfred A. Yuson,** der wesentliche Textabschnitte zum *APA Guide Philippinen* beigetragen hatte, hat eine ungewöhnliche Karriere hinter sich. Als Medienfachmann schrieb er Novellen und Poesie, Film- und Fernsehdrehbücher sowie Reden für die Regierung. Er war als Sportjournalist, Dokumentarfilmer und Herausgeber von literarischen Werken tätig. Unter der Vielzahl von Auszeichnungen für seine Arbeiten sind besonders die der Philippines Free Press, des Cultural Center of the Philippines und der Palanca Memorial Award hervorzuheben. Er schrieb das Kapitel über die Philippinen.

**N. Balakrishnan** repräsentiert eine neue Generation südostasiatischer Journalisten. Gewappnet mit dem Magister der Columbia University's Graduate School of Journalism bereiste er ganz Asien, Europa und die Vereinigten Staaten. Er schrieb das Kapitel über Singapur, war dort auch einige Zeit tätig und lebt nun seit Jahren in Hong Kong, wo er seiner journalistischen Leidenschaft nachgeht.

**Steve van Beek** ist gebürtiger Amerikaner, der seit 1969 in Thailand lebt. Nach einem Abschluß in Geschichte an der University of Oregon diente er beim Peace Corps in Nepal, bis es ihn schließlich nach Bangkok zog. Van Beek war Herausgeber dreier Tageszeitungen und arbeitet seit 1977 als freier Schriftsteller. Er ist unter anderem Verfasser der Bücher *The Arts of Thailand, Bangkok Only Yesterday, Guide to Pattaya* und *Southeastern Thailand.* Van Beek hatte wesentlichen Anteil an der Konzeption der Serie der *APA Pocket Guides*, die für Reisende gedacht ist, die nur wenige Tage in einer Stadt oder einem Land bleiben können. Van Beek verfaßte die Pocket Guides über Bangkok, Phuket, Chiang Mai, Tibet und Thailand. Vielseitig wie er ist, entdeckte er jüngst sein Faible für Flußreisen und befuhr Thailands längstes Flußsystem (Ping und Chao Phya) in einem Kanu und durchquerte den Grand Canyon in Arizona in einem Kajak. Für seine Leistungen wurde er in den New York Explorer's Club aufgenommen. Er schrieb hier das Kapitel über Thailand.

## Prächtige Bilder

Die APA Guides werden vielfach als Dia-Serien in Buchformat bezeichnet, als farbenprächtiges Andenken an Orte, die man schon besucht hat, ob real oder nur in seinen Träumen. In der Tat unterscheiden sich diese Bücher durch die hervorragenden Bilder von anderen Reiseführern. Ob eine Gruppe wunderschöner einheimischer Frauen oder ein Tier in freier Wildbahn, ob eine Landschaft in ihrer Ursprünglichkeit oder ein moderner Wolkenkratzer gezeigt wird, die Bilder in den APA Guides wirken durchgehend plastisch und lebendig, und sie verführen geradezu zu einem Besuch des dargestellten Reiseziels. In Zusammenarbeit mit den besten Reisefotografen der Welt entstand eine Serie, die in der bildlichen Darstellung ihresgleichen sucht.

Der *APA Guide Südostasien* präsentiert Arbeiten einer Vielzahl von Fotografen, die auch wegen des internationalen Charakters dieses Buches berücksichtigt wurden. Die meisten sind seit langem Mitarbeiter der APA Photo Agency, eines in Singapur und Hong Kong ansässigen Unternehmens, das der Hauptlieferant des Bildmaterials für die APA Guides ist.

Für den Text der vorliegenden deutschen Ausgabe von 1994 zeichnen **Cornelia Richter-Machicao** (Übersetzung) sowie **Christine Gangl** und **Alois Gastager** verantwortlich.

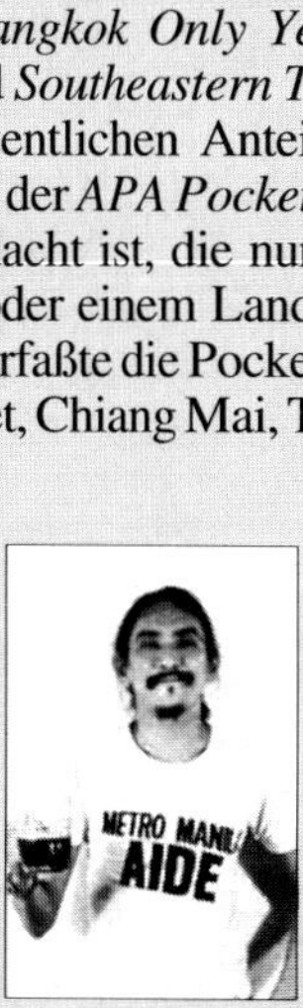

*Yuson*

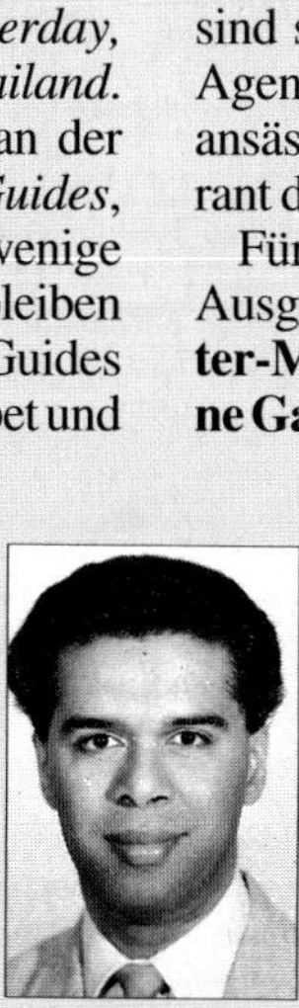
*Balakrishnan*

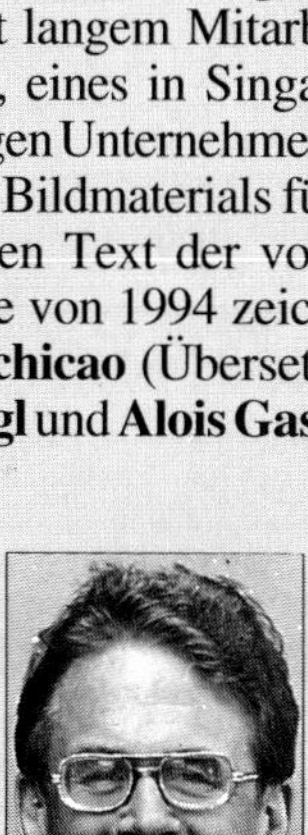
*van Beek*

# INHALT

## *Brunei*

—Joseph Yogerst



## *Indonesien*

—Eric Oey

# *Malaysia*

—Geoffrey Eu



# *Philippinen*

—Alfred Yuson

## Singapur

—N. Balakrishnan



## Thailand

—Steve van Beek



## Karten

# KURZFÜHRER

INDIAE ORIENTALIS, INSVLARVMQVE ADIACIENTIVM TYPVS.
SEPT
OCCIDENS.
MER
PERSIAE siue Sophorum Imperij limites ad Indum fluuium vsque pertingunt
ORMVTII REGNVM
ARABIAE FELICIS PARS.
Dalanguer mons
CARDANDAN.
Naugracot mons.
MIEN.
TIPVRA.
ARACAM.
INDOSTAN.
BENGALA
CAMBAIA
MANDAO
ORIXA
DELLI
DECAN.
NARZINGA
BISINAGAR
MANGI
CACHVCHINA
BREMA.
PEGV
SIAN
CAMBOIA
CAMPA
Golfo di Bengala.
Zeilan insul. Tenarisim incolis dicta
Sumatra olim Taprobana
IAVA MAIOR
Maldiuar
Andemao
Pulocondor
Pulocampaa

AMERICAE, Siue Indię Occidentalis pars.
Quiuira
Cicuic
Tiguex
Satyrorum ins.
Mare Cin
Ansi de Miaco
Torza
Saendeber
Bandu
IAPAN.
Hanc insulam M. Paul. Venet Zipangri vocat.
Menlai
Malacar
Lequio maior
Reix magos
Lequio minor
OCEANUS
Los dos hermanos
Los Bolcanes
Tropicus Cancri
ORIENTALIS
Malabrigo
La farfana
Restinga de ladrones
Humunu vel y.ª di buoni segni
Zamal
ARCHIPELAGO DI S. LAZARO
Los iardines
Ins. de los Corales
Aguada
Culuan
Calagan
Mindanao
Insulæ Moluccæ celebres ob maximā aromatum copiam, quam per totum terrarū orbem transferunt, 5. sunt, iuxta Gilolo nempe Tarnate, Tidore, Motir, Machiā et Bachian.
Morotay
Circulus æquinoctialis.
Celebes
Gilolo
Guebe
Caiman
Calamba
Cimbubon
Zolo
Bandan
Galiam
Aruu
Timor, Tidore ins.
Cimpegua
Sumbedit
NOVA GUINEA, quam Andreas Corsalus Terram Piccinacoli appellare videtur. An insula sit, an pars continentis Australis incertum est.
Cum Privilegio.
ORIENS

# DAS PORTRÄT SÜDOSTASIENS

Von weitem betrachtet bilden der riesige Archipel und das angrenzende Festland Südostasiens eine geographische Einheit, deren Klima, Tierwelt, Vegetation und Landschaft weitgehend tropisch sind.

Politisch haben sich sechs Länder der Region – Brunei, Indonesien, Malaysia, die Philippinen, Singapur und Thailand – 1967 in der ASEAN (Association of Southeast Asian Nations) zusammengeschlossen, um militärisch, wirtschaftlich und in Bereichen der Kultur und Naturwissenschaften zusammenzuarbeiten. Untereinander sind die Menschen dieser Nationen allerdings so verschieden und sich gleichfalls fremd wie überall auf der Erde, was in der Geschichte jedes einzelnen Volkes begründet liegt.

Jeder Staat trägt in eigener Art und Weise noch heute an einem 5000 Jahre alten Erbe von kulturellen Eroberungen und Fusionen. Zahllose Religionen, Sprachen, Königreiche und politische Systeme lösten einander im Laufe der Jahrhunderte ab und verschmolzen letztendlich zu dem harmonischen Erscheinungsbild der Region. Anhand der Religionen lassen sich die regionalen Unterschiede am ehesten verdeutlichen: Malaysia und die Mehrheit in Indonesien gehören dem Islam an. Auf den Philippinen leben – was einmalig in Asien ist – überwiegend Christen. Thailand zählt zum Theravada-Buddhismus. Die Chinesen Singapurs orientieren sich an den Lehren des Konfuzius. Bali pflegt einen sogenannten Bali-Hinduismus, der aus Relikten des Hinduismus entstand, die einstmals führende Religion auf den Inseln. Neuguinea und Borneo sind noch weitgehend animistisch geprägt.

Der industrielle Fortschritt erfaßte die einzelnen Nationen und Provinzen in unterschiedlichem Maße. Brunei ist der Inbegriff eines wohlhabenden Ölstaates, Singapur ist das schillerndste Beispiel dessen, was der freie Markt (und der Ehrgeiz des Menschen) fast über Nacht bewirken kann, und Malaysia verfolgt konsequent seine industrielle Entwicklung. Das geschäftige Bangkok und Jakarta wachsen so rasant wie keine andere Stadt Asiens, während sich die ländlichen Regionen Thailands und Indonesiens ihre Gelassenheit bewahren.

Tropische Strände und Bankhochhäuser, alte Tempel und moderne Wohnviertel, traditionelle Tanzdarbietungen und High-Tech-Discos – die Gegensätze sind verblüffend. Wahrscheinlich ist es aber diese eng beieinanderliegende Vielfalt, die Südostasien für den Touristen so reizvoll macht.

**<u>Vorherige Seiten</u>: Ein Mädchen aus Malaysia. Landkarte Südostasiens von Abraham Ortelius aus dem Jahr 1570. Darstellerin eines Straßentheaters in Singapur. Muslimische Mädchen in Brunei. Balinesischer *baris* -Tänzer. Junge Filipina während des *Ati-Atihan* -Festivals. Ein Mönch nahe der Grenze zwischen Thailand und Myanmar (ehemals Burma). <u>Links</u>: Der Gast wird in Asien mit einem freundlichen Lächeln begrüßt.**

# BRUNEI: DAS EINZIGE ÖLSULTANAT SÜDOSTASIENS

Brunei – offiziell Negara Brunei Darussalam – gelang es als einzigem Staat unter Hunderten von Königreichen, Sultanaten und anderen Herrschaftssystemen auf dem Malaiischen Archipel, seine Souveränität bis heute zu bewahren.

In gewisser Hinsicht ist das Brunei von heute ein Anachronismus. Es gehört zu den wenigen Staaten der Erde, die von einem absolutistischen Herrscher regiert werden: seiner Majestät Sultan Haji Hassanal Bolkiah Mui'zzaddin Waddaulah, der an 29. Stelle der Dynastie steht und zugleich Premier- und Verteidigungsminister seines Landes ist.

Dank der unerschöpflichen Ölvorkommen entwickelte sich das einst verschlafene Brunei zu einer blühenden modernen Nation, deren 270 000 Einwohner mit einem Pro-Kopf-Einkommen von 20 000 US-Dollar im Jahr zu den wohlhabendsten der Erde zählen. Das Bruttosozialprodukt beträgt über 3,5 Milliarden US-Dollar im Jahr, das Land ist schuldenfrei und profitiert von Bodenschätzen im Wert von vermutlich 15 Billionen US-Dollar. Brunei war das erste Land in Asien, in dem es Farbfernsehgeräte gab, und nahezu jeder Haushalt verfügt über ein Auto.

Die Sozialleistungen, darunter Ausbildung und Gesundheitswesen, sind kostenlos. Infolge des medizinischen Fortschritts konnten viele tropische Krankheiten ausgerottet und die Kindersterblichkeitsrate niedrig gehalten werden. Die Bevölkerung setzt sich aus 65 Prozent Malaien, 20 Prozent Chinesen und 15 Prozent einheimischen Dayak und Europäern zusammen. Dem Islam, der offiziellen Religion des Landes, gehören etwa zwei Drittel der Bevölkerung an, das übrige Drittel lebt in buddhistischen und christlichen Religionsgemeinschaften. Brunei zählt mit seinen 5765 Quadratkilometern zu den kleinsten Nationen der Erde und ist etwa zweimal so groß wie Luxemburg. Im Norden ist es begrenzt vom Südchinesischen Meer, ansonsten von der malaiischen Provinz Sarawak, die Brunei am Mündungsgebiet des Limbang zweiteilt. Mehr als 80 Prozent des Landes sind bewaldet, große Teile des Urwalds blieben bis heute unberührt.

Brunei ist eine Mischung aus Fortschritt und Tradition, treibt aber behutsam und wohldurchdacht seine Entwicklung voran und ist in dieser Hinsicht beispielhaft für andere Länder. Über 500 Jahre lang hat dieser winzige Staat bewiesen, daß er für sich allein verantwortlich sein kann und es auch bleiben möchte.

**Vorherige Seiten: In der Omar-Ali-Saifuddin-Moschee gehen bei Dunkelheit die Lichter an. Links: Die junge Generation, modisch gekleidet, blickt kritisch und selbstbewußt in die Zukunft.**

# Ein malaiisches Königreich der Moslems

Über die frühe Geschichte Bruneis ist wenig bekannt, und erst vor kurzem stellte man anhand von archäologischen Funden fest, daß die Einwohner Bruneis bereits im 6. und 7. Jahrhundert Handel mit China und anderen Ländern Asiens trieben.

Im 10. Jahrhundert war das heutige Brunei ein buddhistisches Königreich und Teil des Srivijaya-Reichs auf Sumatra. Später wurde es in das hinduistische Mejapahit-Reich auf Java integriert, und im 14. Jahrhundert regierte die mittlerweile bedeutende Seemacht Brunei ein Sultan in Kota Batu am Brunei-Fluß. Mit Sharif Ali besuchte zu Beginn des 15. Jahrhunderts ein Nachkomme des Propheten Mohammed das Land, und bald schon traten der Sultan und die meisten seiner Untertanen zum Islam über, dessen religiöse und kulturelle Tradition bis heute fortbesteht.

Brunei ist nun eine der kleinsten Nationen der Erde, doch im 16. Jahrhundert beherrschte es den größten Teil der Nordwestküste Borneos und viele Inseln der südlichen Philippinen. Die bekanntesten Staatsoberhäupter dieser Zeit waren Sultan Hassan und Sultan Bolkiah, die beide in verschwenderischer Pracht am königlichen Hof lebten und sich damit viele Neider im Raum des Südchinesischen Meeres schufen. Bolkiah, der wegen seiner ausgeprägten Musikliebe der „singende Admiral" genannt wurde, gelang die Unterwerfung des philippinischen Sultanats Sulu.

Die ersten Europäer, die nach Brunei kamen, gehörten zum Rest der Flotte Ferdinand Magellans, die als erste die Welt umsegelt und ihren Kapitän auf Cebu verloren hatte. An Bord war auch der italienische Geschichtsschreiber Antonio Pigafetta, der festhielt, daß das Sultanat Brunei reich, gastfreundlich, mächtig und eine islamische Monarchie sei, die beachtlichen Einfluß auf alle regionalen Ereignisse habe. Im folgenden Jahrhundert erkundeten Spanier und Portugiesen die Küste Borneos, und die Spanier versuchten, das Sultanat zu erobern, mußten sich aber mit ihrer Vormachtstellung auf den Philippinen, einschließlich der ehemals von Brunei regierten Gebiete, zufriedengeben.

Ende des 16. Jahrhunderts schloß Brunei einen Handelsvertrag mit der Niederländisch-Ostindischen Kompanie und stellte damit erste Kontakte zu Europa her. Brunei gelang es aber, seine Unabhängigkeit zu bewahren, während der übrige malaiische Archipel dem niederländischen Imperium einverleibt wurde. Das Sultanat blieb anerkannt und unabhängig, bis in der Mitte des 19. Jahrhunderts die Briten kamen und James Brooke, der Brunei geholfen hatte, Piraten vor der Küste zu vertreiben, als Anerkennung zum Radscha von Sarawak ernannt wurde. Er versuchte, die Macht des Sultanats zu schwächen, und mit politischen Finessen und einer überlegenen

Streitmacht zwang er den Sultan, große Teile Bruneis an Sarawak abzutreten. Dieser ersuchte 1888 in letzter Verzweiflung die Briten um Schutz und bekam diesen auch prompt zugesichert. Die ersten Vertreter der britischen Regierung kamen 1906 mit der Anweisung, Brunei in sämtlichen Bereichen, ausgenommen in Fragen der Gebräuche und der Religion, zu beraten.

Die Bewohner Bruneis betonen gerne, daß ihre Nation nie eine britische Kolonie war, daß sie nie ihre Souveränität verloren und daß das Königreich als solches immer fortbestand, wenn auch ein gewisser Anteil britischen Einflusses unvermeidlich war.

Als 1929 in Seria Öl entdeckt wurde, wendete sich die Geschichte Bruneis abrupt zum Guten, und schon 30 Jahre später war es unabhängig, bis auf die von den Briten gestaltete Außen- und Verteidigungspolitik. Die erste Ölquelle vor der Küste wurde 1963 gefunden.

Malaysia setzte Brunei bezüglich des Anschlusses an die Föderation Malaysia unter Druck, aber Sultan Sir Omar Ali Saifuddin, der Vater des derzeitigen Sultans, war dazu nicht zu bewegen und verblieb lieber unter britischem Schutz. Daraufhin zettelte die Volkspartei Bruneis Ende 1962 eine blutige Revolte an, mit der sie eine unabhängige Nation im Nordwesten Borneos, Sarawak, Sabah und Brunei eingeschlossen, durchsetzen wollte. Nur mit Hilfe der in britischen Militärdiensten stehenden Gurkha konnte der Aufstand der Separatisten niedergeschlagen werden. Ali Saifuddin Omar dankte im Jahre 1967 zugunsten seines erst 21jährigen ältesten Sohnes ab, der in Sandhurst ausgebildete Prinz Muda Hassanal Bolkiah wurde so der 29. Sultan von Brunei.

In den siebziger Jahren entwickelte sich Brunei zu einer der reichsten Nationen der Erde. Die wachsende Öl- und Gasproduktion und steigende Preise infolge des arabischen Ölboykotts 1973, ließen die Erträge explodieren. In nur zehn Jahren, von 1970 bis 1980, stiegen die Staatseinkünfte von 277 Millionen auf 9,7 Milliarden Brunei-Dollar.

1979 unterschrieb der Sultan einen Vertrag mit den Briten, der Zusammenarbeit und Freundschaft und im Laufe von fünf Jahren die Unabhängigkeit Bruneis garantierte. Tatsächlich wurde das Sultanat am 1. Januar 1984 zum souveränen und unabhängigen Negara Brunei Darussalam und noch im selben Jahr das 159. Mitglied der UN, Mitglied des britischen Commonwealth, der Association of South East Asian Nations (ASEAN) und der Organisation islamischer Staaten.

**Links: Sultan Hassanal Bolkiah 1984 bei der Unabhängigkeitserklärung seines Ölsultanats. Oben: Parade zum Unabhängigkeitstag.**

Sultan Haji Hassanal Bolkiah Mui'zzaddin Waddaulah wird in der Wirtschaftspresse oft als der reichste Mann der Erde bezeichnet, der eigene Reichtümer von denen des Staates streng getrennt hält. Kürzlich wurde sein privates Vermögen inklusive des von ihm kontrollierten Staatsvermögens auf 33 Milliarden US-Dollar geschätzt. Auf jeden Fall profitierte jeder Einwohner Bruneis vom Ölboom, und das Land gilt mit einem Pro-Kopf-Einkommen von 20 000 US-Dollar im Jahr nach Kuwait als reichstes Land der Erde. Ein Viertel des Staatshaushalts wird in Ausbildung und Sozialwesen investiert, und 95 Prozent der Bevölkerung können lesen und schreiben.

# BANDAR SERI BEGAWAN

Mit seinen 60 000 Einwohnern wirkt die Hauptstadt Bruneis, **Bandar Seri Begawan,** eher wie eine Kleinstadt. Man braucht nur 15 Minuten, um die Innenstadt zu durchqueren. Und dennoch bevorzugen es die Einwohner, mit dem Auto zu fahren. Der Ölreichtum hat B. S. B. – so die gebräuchliche Kurzform – schlagartig in eine moderne Stadt mit Wolkenkratzern, Einkaufszentren und zahlreichen Tankstellen verwandelt.

Die **Omar-Ali-Saifuddin-Moschee**, die die Skyline der Stadt beherrscht, ist das leuchtende Wahrzeichen Bruneis. Sie wurde 1958 gebaut und mit ihren zahllosen Bögen, Türmen, Säulen, Zwiebelkuppeln, dem schlanken Minarett und der 52 Meter hohen goldenen Kuppel scheint sie direkt aus den Märchen von Tausendundeiner Nacht zu stammen. Im Gegensatz zum vielversprechenden, prunkvollen Äußeren ist das schlichte Innere der Moschee eher enttäuschend. In der Lagune, die die Moschee umgibt, liegt die originalgetreue Kopie einer königlichen Barkasse aus dem 16. Jahrhundert. Die Moschee ist jeden Tag geöffnet, Donnerstag und Freitag haben nur Moslems Zugang.

**Vorherige Seiten**: Luftaufnahme von Bandar Seri Begawan. **Links**: Die Omar-Ali-Saifuddin-Moschee.

Nordwestlich der Moschee, im Schatten moderner Apartmenthäuser, steht der alte Palast **Istana Darussalam,** ein grüner Holzbau in klassischer Kampung-Architektur, in dem die Herrscherfamilien bis in die sechziger Jahre unseres Jahrhunderts lebten. Der derzeitige Sultan wurde hier geboren, und sein Vater bestand darauf, lieber hier zu sterben als in einem neuen Palast. Die Istana wird noch immer von Gurkhas bewacht, kann jedoch leider nicht besichtigt werden.

Die Christen leben um die Jalan Kumbang Pasang herum. Hier ist nur die mit Holzschindeln verkleidete anglikanische **Andreas-Kirche** sehenswert, die aus den Ländern im südlichen Pazifik zu stammen scheint. Palmen säumen den Eingang, innen hängen Ventilatoren von der Decke, und einfache Holzbänke stehen für die Gläubigen bereit.

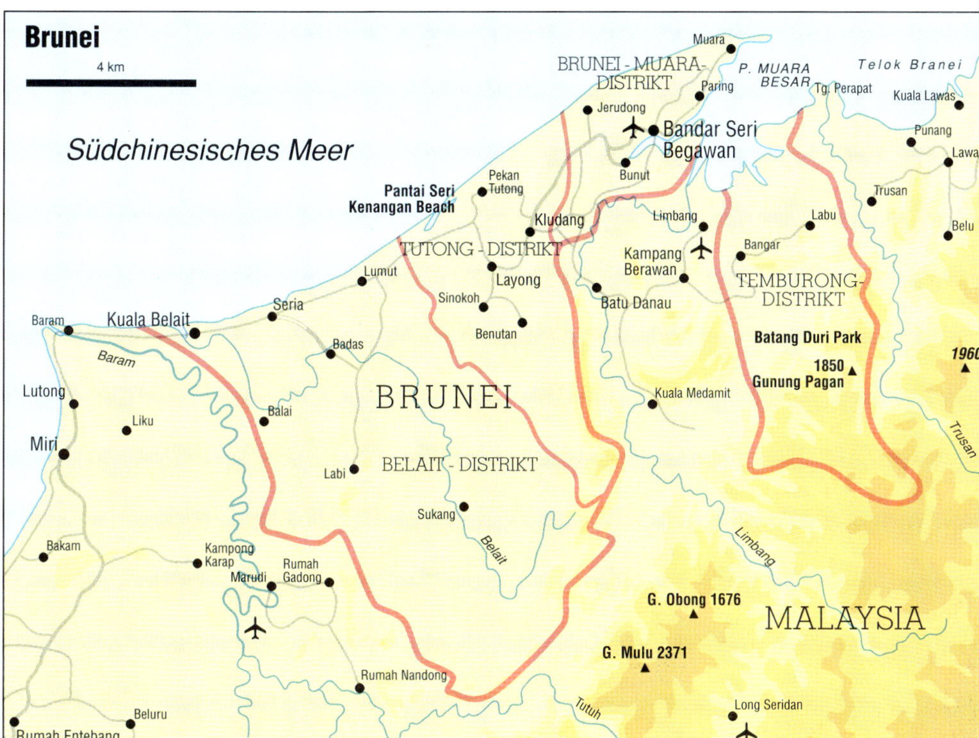

An der Ecke der Jalan Stoney und Jalan Sultan steht ein **Churchill-Denkmal und -Museum,** das etwas befremdlich in dem stets auf Unabhängigkeit bedachten Brunei wirkt, und doch gehört es hierher, da der letzte Sultan im Laufe des jahrelangen britischen Protektorats eine Vorliebe für alles Englische entwickelt hatte, insbesondere aber für Premierminister Sir Winston Churchill. Das dazugehörige Museum birgt nichts historisch Wertvolles – nur ein paar Erinnerungsstücke an den vielseitigen Engländer, der sich nicht nur als Staatsmann bewährte, sondern auch als Schriftsteller, Geschichtenerzähler, Pferdeliebhaber, Pilot, Maler und vieles mehr hervorgetreten ist.

Das **Hassanal-Bolkiah-Aquarium** neben dem Museum bietet eine Auswahl einheimischer Fische. In der **Ausstellungshalle zur Geschichte der Unabhängkigkeit** ist der Weg zur Unabhängigkeit dokumentiert, und daneben, in der **Dato-Ibrahim-Bibliothek,** sind Unterlagen zum Thema Südostasien und ASEAN gesammelt. Gleich nebenan steht das **Zentrum für die Geschichte Bruneis.**

Überquert man vom Kulturzentrum die Jalan Sultan, so gelangt man zu B. S. B.s anderem goldenen Wahrzeichen, der **Lapau**, der mit Zinnen verzierten königlichen Festhalle, in der alle staatlichen Festakte stattfinden und in dessen Garten das Parlament **Dewan Majlis** eingerichtet wurde. Alle Chinesen Bruneis, und es gibt ihrer Tausende, gehen zum Beten in den taoistischen **Chinesischen Tempel** an der Kreuzung Jalan Sungai Kianggeh/Jalan Elizabeth II. Fast alle kleinen Götterstatuen sind heute hinter Glas, einige wunderbare Drachensäulen und bemalte Steinplatten an der Wand mit Szenen aus der chinesischen Mythologie sind ebenfalls sehenswert. Gegenüber dem Tempel breitet sich der **Pasar-Malam-Markt** aus, einer der beiden Märkte der Hauptstadt, die im Freien stattfinden.

Im Zentrum, der **Jalan Sultan,** konzentrieren sich Banken, Botschaften, Flug- und Reisebüros sowie teure Geschäfte. Einen herrlichen Blick über die Stadt, den Brunei-Fluß und das Wasserdorf Kampong Ayer hat man vom Dach des Parkhochhauses in der Jalan Cator.

**Der Chinesische Tempel.**

Gegenüber ist das **Teck Guan Plaza,** ein Kiosk, in dem Tickets für die Überfahrt mit Schnellbooten nach Labuan, Lawas und Limbang im nahen Ostmalaysia verkauft werden. Auf dem Gelände gegenüber dem **Pier** findet der zweite Freiluftmarkt Bruneis statt. Hier ist auch der beste Ausgangspunkt für Ausflüge auf dem Brunei-Fluß.

In Bruneis berühmtem Wasserdorf **Kampong Ayer,** am Ufer des Brunei-Flusses, sollen an die 30 000 Menschen (die Hälfte der Einwohner B. S. B.s) leben. Als der Sultan die Einwohner Kampong Ayers in moderne Wohnhäuser umquartieren wollte, weigerten sich diese umzuziehen, so daß der Sultan schließlich aufgab und die Menschen in ihrem Dorf beließ, das so zum Denkmal eines vergangenen Borneo wurde. Das Leben in Kampong Ayers ist heute durchaus komfortabel, denn alles, was man zum Leben braucht, wurde einfach auf Wasser gebaut: Moscheen, Schulen, Cafés und kleine Lebensmittelläden, ein Polizeirevier, eine Feuerwache und sogar Reparaturwerkstätten und Tankstellen für die Boote. Und mit den allgegenwärtigen Wassertaxis als Transportmittel bewegen sich die Einwohner so sicher und schnell wie mit dem Auto an Land.

Die Gegend um die goldene Moschee und entlang dem Kedayan-Creek kann man auf wackeligen Stegen und Brücken leicht zu Fuß erkunden. Um aber das gesamte Dorf zu besichtigen, benötigt man ein Boot, das man am Pier mieten kann. Jenseits der Edinburgh-Brücke gelangt man in den Bezirk **Seri,** einen modernen Stadtteil mit Einkaufszentren, Bürohäusern, Banken, Tankstellen und Fastfood-Restaurants. Hier sieht es aus wie in den Vorstädten Amerikas. Am anderen Ufer liegt der **Oberste Gerichtshof** und auf dem Hügel zur Rechten ein **Muslimischer Friedhof** und das topmoderne **RIPAS-Krankenhaus,** das als das beste auf Borneo gilt.

In Richtung Jalan Tutong gelangt man in den königlichen Bezirk mit der **Istana Nurul Iman,** der offiziellen Residenz seiner Majestät des Sultans, die mit zahlreichen goldenen Türmen und einem geschwungenen Dach geschmückt ist. Der

**Die Istana Nurul Iman ist die offizielle Residenz des Sultans.**

gerade noch rechtzeitig zu den Unabhängigkeitsfeiern im Jahre 1984 eingeweihte Palast soll mit seinen 1788 Räumen der größte der Erde sein. Er stellt eine Mischung aus philippinischer Architektur, britischer Innenausstattung, japanischer Landschaftsgestaltung und amerikanischer Technik dar.

Der Palast kann nur während des *Hari-Raya*-Festivals und gegen Ende des Ramadan besichtigt werden und ist dann jeweils für drei Tage zugänglich. Jeder, der gewillt ist, sich mit Tausenden von Einwohnern Bruneis anzustellen, kann dem Sultan die Hand geben. Der Palastbezirk ist der Öffentlichkeit jederzeit zugänglich. Dazu gehört das Polofeld des Sultans, der ein begeisterter Anhänger dieses Sports ist, ein Hubschrauberlandeplatz (der Sultan fliegt selbst), der alte Palast, der zwischen 1960 und 1980 benutzt wurde, sowie die prächtigen Villen, die die Geschwister des Sultans bewohnen.

Die Jalan Residency führt uns durch das Zentrum in östlicher Richtung über den Brunei-Fluß zum Südchinesischen Meer. Das erste Gebäude, auf das man zukommt, beherbergt Bruneis **Ausbildungszentrum für Kunst und Kunsthandwerk,** in dem man jungen Künstlern bei der Arbeit zuschauen kann und eine große Auswahl an Silber- und Messingarbeiten, Korbwaren und Brokatstoffen angeboten bekommt. Besonders beliebt sind originalgetreue Spielzeugkanonen und malaiische Dolche *(kris).* Überragt wird das Center vom modernen, orientalisch geprägten Gebäude des **Außenministeriums.**

Fünf Kilometer östlich von B. S. B. findet man das ausgezeichnete **Brunei-Museum.** Die älteren Teile des Gebäudes sind der Naturgeschichte, der Volkskunde und der Ölindustrie Bruneis gewidmet. Die faszinierendsten Ausstellungsstücke sind aber in der neuen islamischen Galerie zu sehen, die eine Sammlung von illustrierten Koranschriften, Keramiken, Waffen, Teppichen, Messing- und Glasarbeiten aus der islamischen Welt birgt. Viele Exponate entstammen der privaten Sammlung des Sultans. Zu den bedeutendsten Sehenswürdigkeiten zählen ein osmanischer Stiefel, in dessen Spitze ein Kompaß eingelassen ist, eine maßstabsgetreue Nachbildung des Felsendoms von Jerusalem aus Perlmutt, ein mit Diamanten besetzter Griff einer Fliegenpatsche und eine komplette Rüstung mit Kettenhemd aus dem Indien der Mogulzeit, ferner die aus dem 10. Jahrhundert stammenden irakischen und syrischen *kaschgul*-Sammelschalen.

Am Fuße des Hügels liegt das **Technologie-Museum,** in dem traditionelle Gebäude ausgestellt sind, die man im heutigen Brunei kaum noch vorfindet. Seine drei Galerien sind dem alten Handwerk und der Technik der malaiischen Einwohner, der Pfahldorfbewohner und der Dayak im Inselinneren gewidmet. Im angrenzenden Ausstellungsgelände sind Überreste der mittelalterlichen Hauptstadt Bruneis, Kota Batu, zu sehen sowie das aus dem 16. Jahrhundert stammende Grab Sultan Bolkiahs, des „singenden Admirals", dem es im Goldenen Zeitalter Bruneis gelang, sein Reich bis auf die südlichen Philippinen auszudehnen.

**Die Umgebung von B. S. B.:** Zwar stehen an der Nordküste keine Hotels, aber herrliche, unberührte Strände locken zum

**Winston-Churchill-Denkmal.**

Baden. Der **Muara-Strand** liegt 27 Kilometer nordöstlich der Hauptstadt, in der Nähe des größten Fracht- und Passagierhafens von Brunei. Der **Pantai-Seri-Kenangan-Strand** 50 Kilometer westlich der Hauptstadt, nahe bei Tutong, wird zum einen vom Südchinesischen Meer, zum anderen von einer Lagune begrenzt.

Die Regierung von Brunei gibt sich große Mühe, die natürlichen Reichtümer für einen sanften Tourismus zu erschließen. Das Hinterland erkundet man am besten auf einem gecharterten Boot, von dem man in den Mangrovenwäldern und auf den Inseln rund um die Mündung des Brunei-Flusses Nasenaffen, Krokodile und exotische Vögel beobachten kann. Auf der anderen Seite der Brunei Bay liegt der **Temburong-Distrikt** mit dem gleichnamigen Urwaldfluß. Vom Ort **Bangar** gelangt man zu den Langhäusern der Iban und Murut.

Der Park von **Batang Duri** eignet sich sehr gut zum Spazierengehen, und auch Schwimmen ist hier möglich. Wer Lust hat, kann den 1800 Meter hohen **Bukit Pagon** besteigen. Westlich der Hauptstadt Bandar Seri Begawan, im Distrikt Muara, liegt der **Istana Nurul Izzah,** der Palast der zweiten Frau des Sultans, das königliche Polofeld im **Jerudong-Park** und das Open-air-Museum im **Kampong-Parit-Park,** in dem eine große Anzahl traditioneller Gebäude besichtigt werden kann.

Rund um Seria, 92 Kilometer von B. S. B. entfernt, sprudeln die Ölquellen. Hier setzte die Firma Shell 1929 ihr erstes Bohrloch. Reisebüros in der Hauptstadt organisieren Besichtigungstouren durch die Ölfelder. In der Nähe von Seria liegt der **Sungei-Liang-Park** mit einem kleinen Dschungelgebiet, durch das Trampelpfade führen.

Über eine unbefestigte Straße fährt man weiter nach **Labi,** einem Dorf der Dayak inmitten des Regenwaldes. Etwas weiter westlich, direkt an der Grenze zu Sarawak, findet man **Kuala Belait.** Hier gibt es kleine Boote zur Erkundung des Grenzflusses zu mieten. Etwa eine Stunde von der Küste flußaufwärts liegen mehrere traditionelle Langhäuser, die einen Besuch lohnen.

**Wassertaxis sind ein wichtiges Verkehrsmittel in Kampong Ayer.**

# INDONESIEN: ABENTEUERLICHE INSELWELT

Wenn Sie sich auf die Reise zu den märchenhaften „Gewürzinseln" Indonesiens begeben, lassen Sie sich auf ein Abenteuer ein, denn auf diesen tropischen Inseln erwartet Sie eine außergewöhnliche Zusammensetzung von Völkergruppen, Plätzen, Sehenswürdigkeiten, Tönen, Gerüchen, Geschmacksrichtungen und Naturwundern, die einmalig auf der ganzen Welt ist.

Naturforschern und Völkerkundlern als der sagenumwobene Malaiische Archipel bekannt, vielen von uns aus den Geschichtsbüchern als das im europäischen Zeitalter der Entdeckungen gesuchte „Ostindien" geläufig, sind diese Inseln noch heute eine unvergleichliche Fundgrube für biologische und ethnologische Schätze. Mit 190 Millionen Einwohnern ist Indonesien zahlenmäßig die fünftgrößte Nation der Erde. Hunderte von ethnischen Gruppen sprechen über 350 Sprachen. Die kulturelle Vielfalt ist wahrhaft verwirrend.

Wer Indonesien besucht, wandelt auf den Spuren großer Seefahrer. Die Abenteuer des chinesischen Mönchs Fa Hsien, der im frühen 5. Jahrhundert n. Chr. zu den Inseln reiste und vor Java Schiffbruch erlitt, kennen wir aus seinem Reisebericht. Marco Polo besuchte 1292 die Ostküste Sumatras. Im 17. Jahrhundert unternahm Ferdinand Magellan seine legendäre Weltreise auf der Suche nach den aromatischen Gewürznelken, dem Pfeffer und dem Muskat Indonesiens.

1770 landete Captain Cook in der Bucht von Batavia (Jakarta), nachdem er die Küsten Australiens und Neuguineas karthographisch erfaßt hatte. Der Schriftsteller Joseph Conrad kreuzte gegen Ende des 19. Jahrhunderts als junger Kapitän in den Gewässern Indonesiens und machte sie später zum Schauplatz seiner packenden Erzählungen.

Heute bieten sich dem Reisenden in Indonesien noch immer grenzenlose und aufregende Möglichkeiten. Hunderte von Inseln warten auf Entdeckung und persönliche Erkundung. Und überall stehen bequeme Unterkünfte und Verkehrsverbindungen zur Verfügung. Die Besucherzahlen haben sich in den letzten Jahren vervielfacht, und die Regierung ist weiter bemüht, den Tourismus anzukurbeln, um noch mehr Devisen einzunehmen.

Dennoch sind viele Winkel dieser Inselgruppe nach wie vor relativ unberührt, so daß genügend Spielraum für Abenteuerreisen bleibt. Von der traditionellen Hauptroute Jakarta–Yogjakarta–Bali weichen zunehmend mehr Touristen ab und unternehmen Abstecher nach Tanah Toraja auf Süd-Sulawesi, zum Toba-See auf Nord-Sumatra, nach Lombok, der Nachbarinsel Balis, oder auch ins Tal der Mahakam auf Kalimantan.

Auf den Wanderer warten wilde Vulkanlandschaften, auf den Taucher bunte Korallenriffe, der Sammler alter Kulturerzeugnisse wird immer wieder fündig werden, und herrliche Strände laden einfach zum Entspannen ein. Die Vielseitigkeit Indonesiens ist unendlich, und die Möglichkeiten, Neues zu entdecken, sind noch längst nicht erschöpft.

**Vorherige Seiten: Das Setzen der Reispflanzen ist mühsame Handarbeit. Links: Ein *Legong*-Tänzer.**

Der Malaiische Archipel mit seinen 13 677 Inseln ist der größte der Erde. Legt man die Karte Indonesiens auf eine Europas, so reicht die Inselwelt von Irland bis zum Kaspischen Meer. An die tausend Inseln sind besiedelt, unzählige aber sind unendlich klein und lediglich Brutstätten einiger Seevögel. Java, Borneo und Sumatra sind so groß wie England, Frankreich und Kalifornien. Und Neuguinea ist (nach Grönland) die zweitgrößte Insel der Erde. Mit seinen rund zwei Millionen Quadratkilometern steht Indonesien an 14. Stelle der flächenmäßig größten Staaten der Erde.

Es ist nicht verwunderlich, daß viele dieser in jahrtausendelanger heftiger Erdtätigkeit entstandenen Inseln periodisch von gewaltigen Vulkanausbrüchen heimgesucht werden, die Tod und Verderben mit sich bringen. An Stellen, wo die Vulkanerde nicht sauer, sondern basisch ist, entstand fruchtbarster Ackerboden. Durch ausgeklügelte Bewässerungssysteme werden hier Reiserträge erzielt, die zu den höchsten der Erde gehören.

Indonesien ist ein tropischer Archipel mit recht beständigen Temperaturen (Durchschnittstemperatur 25 - 28° C) und reichlichen Niederschlägen das ganze Jahr über. Von November bis Mai nehmen die Regenfälle und mit ihnen die Luftfeuchtigkeit zu, in der restlichen Zeit des Jahres bringen die von Australien kommenden Winde trockeneres Wetter mit sich.

Die Vegetation, abhängig von Regenmenge, Bodenbeschaffenheit und Höhenlage, ist dementsprechend vielfältig. Im tropischen Regenwald wachsen bis zu 3000 verschiedene Baumarten, Hunderte verschiedener Fruchtpalmen und unzählige exotische Orchideen. In über 600 m Höhe ist es nicht mehr so warm, deshalb wachsen dort unter anderem Kastanien, Lorbeer und Eichen. Noch weiter oben gedeihen Rhododendron, Edelweiß und alpine Wiesen, die mehr an die Schweiz als an die Tropen erinnen.

**Der indonesische Schmelztiegel:** Indonesien wird von einer Vielzahl unterschiedlicher Menschenrassen bewohnt, da immer neue Einwanderungsgruppen den Archipel besiedelten. Die Ureinwohner waren vermutlich Australiden, die heute in Neuguinea und Melanesien leben. Sie haben dunkle Haut, krauses Haar, ausgeprägte Augenwülste und eine breite, flache Nase – der Nase der Afrikaner ähnlich, die sich in einer vergleichbaren Umgebung entwickelt haben. Später folgten Malayo-Polynesier („Austronesier"), die vor heute etwa 6000 Jahren aus Südchina über Taiwan und die Philippinen einwanderten. Ihre hellere Haut und mandelförmige Augen erinnern an Mongolen. Viele Rassen vermischten sich im Laufe der Zeit, wobei sich die Hautfarbe und das gekräuselte Haar der Australiden besonders auf den östlichen Inseln durchsetzte.

Die sprachliche Vielfalt nimmt nach Osten hin zu. Allein in Irian Jaya (Neuguinea) verständigen sich die Einwohner (etwa eine Million) in über hundert grundverschiedenen Sprachen, was auf eine Stabilität der einzelnen Stämme in dieser abgeschiedenen Region über Jahrtausende schließen läßt. In Neuguinea gab es sogar noch bis weit ins 20. Jahrhundert Kopfjäger und Steinzeitmenschen.

Zwei Hauptformen der Bodenbewirtschaftung sind auf dem malaiischen Archipel anzutreffen. *Ladang* (eine Brandkultur) wird vor allem in Randgebieten und auf abgelegeneren Inseln betrieben: Der Boden wird vor der Regenzeit abgebrannt und durch die zurückgebliebene Asche gedüngt. Diese Methode ist nur für kleinere Gruppen praktikabel und bedingt eine halbnomadische Lebensweise. Folglich wird sie meist mit „primitiven" Volksstämmen in Verbindung gebracht, was aber nicht immer gerechtfertigt ist.

*Sawah*, die Naßreiskultur, ist sinnvoll, wenn größere Bevölkerungsgruppen ernährt werden müssen. Viele Kräfte und eine reibungslos funktionierende Zusammenarbeit sind nötig, um den Boden zu bereiten und das Bewässerungssystem zu betreiben.

Glaube und die Art der Religionsausübung sind überall in Indonesien stark ortsgebunden. In jeder Stammesgesellschaft wird ein Kanon von öffentlichen Riten und privaten Ritualen, von gesellschaftlichem Wissen und eigenen Sittengesetzen über Generationen weitergegeben, was das Leben außerordentlich stark prägt. Es heißt, in Indonesien herrschten in jeder Volkgruppe andere, eigene Sitten *(adat)*. Statt strenger Ausübung einer der vier großen Religionen, die in der Inselwelt vertreten sind (Islam, Christentum, Hinduismus und Buddhismus), findet man meist einen auffälligen Eklektizismus.

Viele rituelle Vorgänge nehmen in dieser traditionsbestimmten Welt einen außergewöhnlichen Platz ein. Im Zentrum steht das rituelle Opfer, bei dem man den Geistern Opferspeisen darbringt und diese dann öffentlich verzehrt und somit hofft, das Wohlbefinden der Teilnehmer zu sichern. So wird in Java z. B. bei Geburt, Hochzeit, Beschneidung, Jubiläum oder Beisetzung das *selamatan* (wörtlich Sicherung, Absicherung) zelebriert. Und auf Bali findet alle 210 Tage – zum Jahrestag eines Dorftempels – ein *odalan*, ein Volksfest, statt, bei dem ausgesuchte Opfergaben dargebracht und Prozessionen und symbolische Waschungen mit heiligem Wasser veranstaltet werden.

Alle diese Riten sollen die Lebenskraft *(semangat)* der Beteiligten stärken und damit auch Fruchtbarkeit und Wohlergehen fördern. Kopfjäger wurden ausgesandt, um *semangat* zu sammeln, das nach verbreitetem Glauben seinen Sitz in den Köpfen der Menschen hat. Heute werden bei Hochzeiten noch Haarlokken ausgetauscht und an Tanzkostümen zur Stärkung des *semangat* Haarsträhnen befestigt. Während des Reisanbaus sollen rituelle Handlungen eine gute Ernte sicherstellen. Und in allen Teilen Indonesiens werden die Seelen der Verstorbenen durch Grabesrituale und schamanistische Praktiken geehrt.

**Links: Ein Eingeborener Indonesiens. Oben: Borobodur, eine Radierung aus dem 17.Jahrhundert.**

**Ein stolzes Erbe:** Der älteste hominide Fund Indonesiens, der sogenannte „Java-Mensch", gehörte der Gattung des *Homo erectus* an, die vor rund 1,7 Millionen Jahren auch die Alte Welt bevölkerte. Als direkter Vorfahre des *Homo sapiens* war der „Java-Mensch" ein Sammler und Allesesser. Er lebte in Höhlen und lagerte in offenem Gelände, kannte als erstes Lebewesen den Gebrauch von Feuer und entwickelte vielseitige Steinwerkzeuge (Hackbeile, Äxte, Breitbeile).

In der Jungsteinzeit betrieben die ersten Bauern, bevor sie Reis kultivierten, den Anbau von Taro; als Seefahrer tauschten sie vermutlich lange vor dem Beginn schriftlicher Aufzeichnungen Waren zwischen den Inseln aus. Die megalithischen Steinmonumente, die offensichtlich für die Geister der Vorfahren errichtet wurden, stammen aus dieser Zeit. Im

2. Jahrhundert n. Chr. entstanden dann hochentwickelte, durch herrliche Bauten bezeugte Kulturen, die in ihrer Kosmologie, Architektur, ihrem politischen System sowie ihrer komplexen Wirtschafts- und Sozialordnung stark vom indischen Vorbild geprägt waren und es weiterentwickelten.

Ende des 7. Jahrhunderts kontrollierte ein buddhistisches Königreich von Ost-Sumatra aus die militärisch und wirtschaftlich wichtigen Meeresengen, die Straße von Malakka und die Sunda-Straße. 600 Jahre lang beherrschte Srivijaya die Meere mit den damals größten Schiffen, die auch regelmäßig nach Indien und China fuhren.

Zur gleichen Zeit bestanden auf Java große Reiche, immer mehr Menschen schlossen sich zusammen und konnten so intensive Naßreiskultur betreiben. Der Hinduherrscher Sanjaya war der erste, so die Überlieferung, der einen Tempel baute. Seine Herrschaft wurde von dem buddhistischen Königshaus Sailendra abgelöst, unter dem die großartigen Baudenkmäler von Borobodur, Mendut, Kalasan und Sewu entstanden.

Rakai Pikatan, ein Nachfahre Sanjayas, vertrieb 856 n. Chr. die Dynastie Sailendra und baute zur Feier seines Sieges den prächtigen Tempel Loro Jonggran in Prambanan. Um 930 wurde die Hauptstadt allerdings aus unerfindlichen Gründen nach Ostjava verlegt.

König Airlangga, der als Asket und Förderer der Kunst in die Geschichte einging, gelangte 1019 auf den Thron. Unter seiner Herrschaft wurden klassische Sanskrit-Texte ins Javanische übersetzt. In den folgenden Jahrhunderten bauten die Herrscher Ostjavas die Erträge einer hochentwickelten Landwirtschaft und des zunehmend lukrativen Überseehandels weiter aus. Dabei entwickelten sich die Javaner rasch zu den geschicktesten Seefahrern Südostasiens.

Das Königreich Mejapahit beherrschte als erstes die gesamte indonesische Inselwelt – und die Handelshäfen von Sumatra, der Malaiischen Halbinsel, Borneo, Sulawesi, den

Molukken und Bali erkannten die Souveränität Mejapahits an. Den Höhepunkt seiner Macht erreichte das Königreich der Mejapahit im 14. Jahrhundert unter König Hayam Wuruk und Patih Gajah, nach dessen Tod das Reich rasch zerfiel. Neue muslimische Handelsstaaten kontrollierten in der Folge die Küstenregionen, und als die Muslime auch noch die größten Reisfelder Javas eroberten, wich die javanische Hindu-Aristokratie größtenteils nach Bali aus.

Schon seit Jahrhunderten waren muslimische Kaufleute von Indien und vom Mittleren Osten her nach Indonesien gekommen. Als im späten 13. Jahrhundert wichtige Handelsplätze Nord-Sumatras in die Hand der Moslems fielen, begannen indonesische Herrscher, zum Islam überzutreten; bevorzugte Sekte war der islamische Sufismus, dessen erotische Lehren, Askese, Tanz und Dichtung mit den Traditionen der indisch beeinflußten Hochkultur leicht vereinbar waren.

Die Verbreitung des Islam brachte den indonesischen Herrschern den Anschluß an das moslemische Handelsnetz, und damit waren sie zugleich vor den Interessensphären der Thai und der Javaner geschützt. Auch heute noch ist der Islam in Indonesien auf dem Vormarsch, über 80 Prozent der Bevölkerung hängen ihm an.

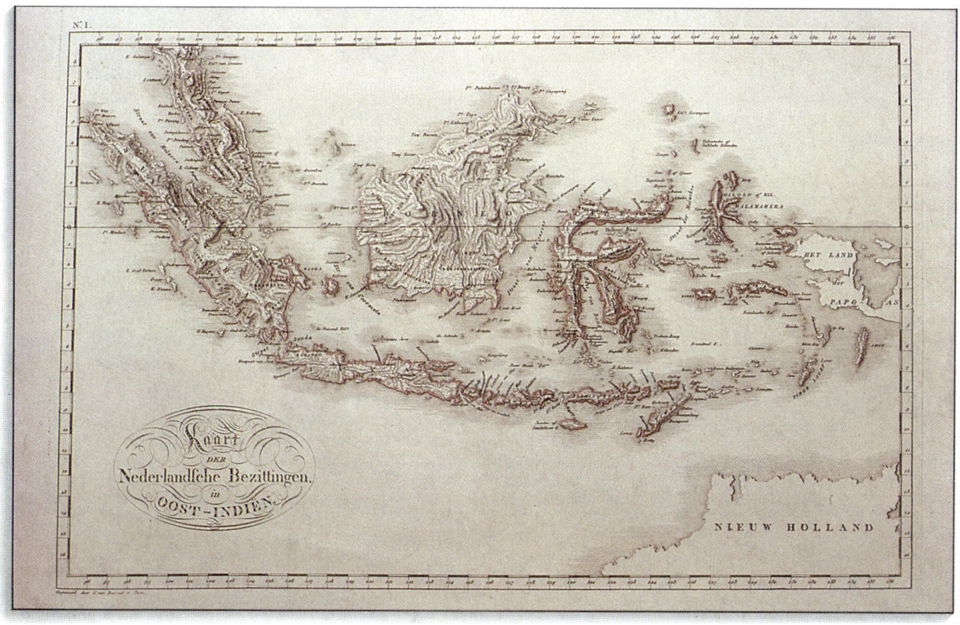


**Links: Sklavenhandel auf Timor. Oben: Landkarte der Region aus dem 19. Jahrhundert.**

**Die Ankunft der Europäer:** Im Jahre 1509 erreichten die Portugiesen die indonesischen Gewässer – nur zwölf Jahre nachdem Vasco da Gama die Südspitze Afrikas umsegelt hatte. Ihnen gelang es zwar nie, die Region unter ihre Herrschaft zu bringen, sie hinterließen aber dennoch bleibende Spuren. In vielen Küstenzonen gibt es heute portugiesisch-indonesische Gesellschaften, und zahlreiche portugiesische Wörter sind in die malaiisch-indonesische Sprache integriert. Am nachhaltigsten war vielleicht die Arbeit portugiesischer Missionare, die im 16. Jahrhundert rund 20 000 Indonesier zum Katholizismus bekehrten, von denen wiederum unter holländischer Herrschaft viele zum Protestantismus übertraten. Bis heute hat das Christentum in diesen Teilen des Archipels seinen bestimmenden Einfluß beibehalten.

Die erste holländische Expedition nach Indonesien (1596) stand im Zeichen von Krankheit und Meinungsverschiedenheiten; nur ein Drittel der Mannschaft kehrte nach einem Jahr mit einer mageren Gewürzausbeute nach Holland zurück. Trotzdem setzte in niederländischen Kaufmannskreisen eine fieberhafte Spekulierwut ein, und bald darauf wurden 22 Schiffe in den Indischen Ozean entsandt. Eifrige niederländische Händler gründeten im

Jahre 1602 aus eigenen Mitteln die Niederländisch-Ostindische Kompanie, die bald eine Regierungsvollmacht erhielt, um Handelsverträge abzuschließen, Truppen aufzubauen, Festungen anzulegen und im Namen der Niederlande in Asien Krieg zu führen. Der Traum der Holländer war es, den gesamten, äußerst lukrativen Gewürzhandel unter ihre Kontrolle zu bringen. Unter Führung von Jan Pieterszoon Coen gründeten sie alsbald einen Stützpunkt in Jayakarta (heute Jakarta), wo der begehrte Pfeffer angebaut wurde, und im Osten sicherten sie sich die kleinen Banda-Inseln, die Muskatnüsse und Muskatblüten lieferten.

In den vierziger und fünfziger Jahren des 16. Jahrhunderts konnten die Niederländer ihre Kontrolle über den Gewürzhandel ausbauen. Sie bekämpften konkurrierende europäische und indonesische Händler, bis sie schließlich zum Ende des 17. Jahrhunderts den Gewürzhandel des gesamten östlichen Archipels beherrschten. Auf Java führten jedoch Korruption und mehrere lange, kostspielige Kriege dazu, daß die Niederländisch-Ostindische Kompanie Ende des 18. Jahrhunderts bankrott war. Unerbittlich setzte Generalmarschall Daendels, ein Anhänger Napoleons, zahlreiche Reformen durch und baute Batavia (Jakarta) neu auf.

Im Jahr 1811 gelang dem jungen Engländer Sir Thomas Stamford Raffles die Eroberung Javas, und mit nur 31 Jahren wurde er zum Vizegouverneur ernannt. Während seiner Amtszeit suchte er das alte merkantilistische Handelssystem durch ein neues, auf einer Besteuerung beruhendes System zu ersetzen; aber nach der Niederlage Napoleons in Waterloo fiel Java an die Holländer zurück.

Der Besteuerungsplan Raffles' wurde allerdings in abgeänderter Form übernommen und erbrachte ein Jahrhundert lang immense Profite aus dem Verkauf von indonesischem Kaffee, Tee, Zucker, Chinin, Gummi, Palmöl, Zinn und Erdöl. Dies bewahrte die Holländer vor dem Staatsbankrott, und es wurden neue Wasserwege, Deiche, Straßen und ein Eisenbahnnetz in Holland finanziert.

Für die Indonesier war das im 19. Jahrhundert eingeführte „Kultivierungssystem" *(Cultuurstelsel)* allerdings erdrückend, denn durch Bodenbesteuerung und erzwungenen Arbeitseinsatz wurden sie praktisch zu Sklaven im eigenen Land. Die Ungerechtigkeit des Systems wurde in Romanen wie *Max Havelaar* (von einem desillusionierten Kolonialverwalter) angeprangert, bis liberale Reformen durchgriffen. Die Niederländer konnten bis 1910 ihre Kolonialherrschaft auf dem gesamten malaiischen Archipel durch mehrere blutige Feldzüge beibehalten.

**Nationalismus und Unabhängigkeit:** Es war eine Ironie der Geschichte, daß die niederländischen Bemühungen um politische Reformen und solche im Bereich des Erziehungswesens den Nationalismus in Indonesien förderten und ihm obendrein die intellektuelle Basis lieferten. Indonesier, die an holländischen Universitäten studierten, gründeten Hilfsorganisationen für ihre Landsleute, und es bildeten sich islamische Arbeitervereinigungen, um die wirtschaftliche Unterdrükkung zu schwächen. Vor 1920 und in den zwanziger Jahren kam es bei Streiks oft zu Gewalttätigkeiten, in deren Verlauf viele Gewerkschaftsführer inhaftiert oder getötet wurden. Schließlich übernahm die studentische Elite die Führung der Bewegung gegen den Kolonialismus. Ein junger Ingenieur namens

Sukarno gründete die erste Partei, deren erklärtes politisches Ziel die Unabhängigkeit des Landes war. Aufgrund seiner Rednergabe kam er bald wegen „hochverräterischen Äußerungen" ins Gefängnis. 1935 sah es so aus, als sei der Nationalismus im Keim erstickt.

1942 besetzten die Japaner in einer Blitzaktion die Insel Java, sie wurden als Befreier von der niederländischen Herrschaft begrüßt. Bald stellte sich aber heraus, daß auch die Japaner das Land nur ausbeuten wollten.

**<u>Links</u>: Holländische Abgeordnete besuchen um 1930 Bali. <u>Oben</u>: Die Irian-Jaya-Freiheitsstatue in Jakarta.**

Am 9. August 1945 – dem Tag, an dem die zweite Atombombe fiel – versprach der japanische Oberbefehlshaber von Südostasien allen ehemals niederländischen Gebieten Asiens die Unabhängigkeit. Sukarno wurde zum Leiter eines Vorbereitungskomitees ernannt, und Mohammed Hatta wurde sein Stellvertreter. Zwei Tage nach der japanischen Kapitulation vor den Alliierten verkündeten Sukarno und Hatta die Unabhängigkeit Indonesiens. Die Niederländer versuchten, ihre Kolonie zurückzugewinnen, aber unter der Aufopferung Tausender von Indonesiern auf dem Schlachtfeld kam es zum militärischen Patt. 1949 schließlich forderten die Vereinten Nationen die Niederlande auf, für Frieden zu sorgen, und ein Jahr später war die neue Republik Indonesien anerkannt.

In den fünfziger Jahren kämpften über dreißig Parteien um die Macht; die politische und wirtschaftliche Situation verschlechterte sich zunehmend. Im Jahr 1959 schließlich verhängte Sukarno das Kriegsrecht und gab dem westlichen Imperialismus die Schuld für die Probleme Indonesiens. Ausländische Investoren zogen sich zurück, die Defizite führten zum Staatsbankrott, und die Inflation nahm gewaltige Ausmaße an.

Eine Revolte junger Radikaler im Jahr 1965, bei der sechs hohe Generäle gekidnappt und getötet wurden, führte schließlich zur Machtübernahme General Suhartos. Monatelang dauerten die blutigen Auseinandersetzungen zwischen Kommunisten, Muslimen und dem Heer an. 1967 konnte Suharto seine Macht endlich festigen und die Ordnung im Land wiederherstellen.

Ein vorrangiges Ziel der Regierung Suharto in den letzten 20 Jahren war die Integration Indonesiens in die Weltwirtschaft, wozu man eine zweigleisige Strategie erarbeitete. Es wurden große Erträge aus dem Abbau von Bodenschätzen wie Kupfer, Zinn, Erdöl und Nutzholz erzielt, und es gelang, ausländisches Kapital für Investitionen zu gewinnen, vor allem im Bereich der Textilindustrie und in der weiterverarbeitenden Nahrungsmittelindustrie. Der wirtschaftliche Aufschwung lockte wahre Völkerscharen nach Jakarta und Surabaya, die nun zu den am schnellsten wachsenden Städten Asiens gehören. Die Strategie der Regierung, eine gewisse wirtschaftliche Unabhängigkeit zu erhalten und Fertigprodukte zu exportieren, soll dem Land zu bleibendem Wohlstand verhelfen.

# JAKARTA

Mit rund acht Millionen Einwohnern und als Hauptstadt eines Landes, das der Bevölkerungszahl nach die fünftgrößte Nation der Erde darstellt, ist **Jakarta** in jeder Hinsicht eine Metropole.

Die Stadt besteht noch weitgehend aus ein- und zweistöckigen Gebäuden, die in den letzten Jahrzehnten ziemlich ungeordnet aus dem Boden geschossen sind. Geschäfte, Behörden und sogar Fabriken findet man in Wohnvierteln. An vielen kleineren Straßen erzeugen Verkaufsgärtnereien und notdürftig zusammengezimmerte *kampung*-Wohnhäuser eine fast dörfliche Atmosphäre. Doch das Gesicht der Stadt ändert sich nun rapide, durch rasch aufschiessende Wolkenkratzer und glitzernde Einkaufszentren.

Wegen der drückenden Hitze und des Verkehrschaos ist Jakarta für den Touristen nicht unbedingt einladend, aber es bietet gute Museen und viele eindrucksvolle Beispiele der Kolonialarchitektur, dazu ein ausgezeichnetes Angebot an Geschäften, Restaurants, Theatern und Konzerthäusern. Das größte Plus der Stadt sind aber die freundlichen Einwohner – ein Besuch lohnt sich also trotzdem!

Jakarta liegt an der Mündung des **Ciliwung River,** wo im 16. Jahrhundert ein Handelshafen für Pfeffer gebaut wurde. Der Holländer J. P. Coen ließ 1619 an dieser Stelle ein neues Hauptquartier errichten und nannte die Stadt „Batavia".

Zunächst blühte Batavia wirtschaftlich unter der Niederländisch-Ostindischen Kompanie auf, hatte aber bald unter Korruption, Preisverfall sowie unter Malaria, Cholera- und Typhusepidemien zu leiden. Generalgouverneur W. Daendels (1808-1811) ließ die alte Stadt abreißen, um Baumaterial für eine neue Stadt weiter südlich zu gewinnen, dort wo heute der **Medan Merdeka** (Platz der Freiheit) liegt. Bauten im neoklassizistischen und französischen Empire-Stil in Verbindung mit Alleen und weitläufigen Gärten erzeugten eine Atmosphäre von Wohlstand und Eleganz. Ende des 19. Jahrhunderts war Batavia wieder eine blühende Stadt.

**Vorherige Seiten: Moslems beim Gebet in der Istiqlal-Moschee.**

In der kurzen Zeit der japanischen Besatzung (1942-45) wurde Batavia erneut in Jakarta umbenannt, und aus der holländischen Kolonialstadt mit 200 000 Einwohnern entwickelte sich rasch eine indonesische Metropole mit über einer Million Menschen. Seitdem hat sich die Stadt zum unangefochtenen Verwaltungs-, Kultur- und Wirtschaftszentrum Indonesiens entwickelt.

**Stadtrundgang:** Von **Old Batavia** ist nur der alte Stadtplatz erhalten geblieben. Er wurde restauriert und wieder **Taman Fatahillah** genannt. An seiner Nordseite steht **Si Jago,** eine alte Kanone, die oft als Fruchtbarkeitssymbol angesehen wird. Junge Paare bringen Opfergaben dar, und Frauen mit Kinderwunsch setzen sich rittlings auf das Kanonenrohr. In den benachbarten Kolonialbauten sind drei Museen untergebracht.

Das alte Rathaus an der Südseite des Platzes wurde im Jahre 1710 fertiggestellt, hier ist mittlerweile das **Museum für Stadtgeschichte** untergebracht. Es enthält Möbel aus dem 18. Jahrhundert, Porträts von Gouverneuren der Niederländisch-Ostindischen Kompanie sowie zahlreiche hinduistische und portugiesische Gebrauchsgegenstände. Der solide Bau wurde von den Gouverneuren bis in die sechziger Jahre dieses Jahrhunderts genutzt. An der Rückseite des Gebäudes liegen Verliese, in denen Gefangene, bis zu den Hüften in Abwässern stehend, Wochen auf ihr Urteil warten mußten. Hinrichtungen und öffentliche Folterungen, durchaus nichts Ungewöhnliches unter der holländischen Kolonialherrschaft, wurden täglich auf dem Stadtplatz durchgeführt.

An der Westseite des Platzes liegt das **Wayang-Museum,** in dem kunstvoll gefertigte Marionetten und Puppen aus ganz Indonesien zu sehen sind. Interessant sind auch die einfachen Reisstroh- und Bambuspuppen, eine Sammlung von *topeng*-Masken und Grabmäler von früheren holländischen Gouverneuren.

Auf der Ostseite des Platzes beherbergt das ehemalige Justizgebäude aus dem Jahr 1879 das **Museum für bildende Kunst**, mit Gemälden und Skulpturen junger indonesischer Künstler, einer

Sammlung seltenen Porzellans, darunter viele Teile aus der Zeit der Sung-Dynastie, javanesische Wasserkrüge *(kendhi)* und Töpferwaren aus der Mejapahit-Periode im 14. Jahrhundert.

Hinter dem Wayang-Museum stehen zwei holländische Häuser, im 18. Jahrhundert erbaut. Jenseits des Kanals liegt linker Hand ein solider Backsteinbau (um 1730), der das Stadthaus des Generalgouverneurs Van Imhoff war. Das Design und besonders die filigranen Holzarbeiten in chinesischem Stil sind typisch für die alten Wohnhäuser Batavias. Wenige Blocks weiter nördlich führt eine alte hölzerne Ziehbrücke über einen Kanal und sie erinnert an die Zeit, da Batavia als niederländische Stadt mit Wasserwegen durchzogen war.

**Glodok** – Jakartas Chinatown – liegt gleich neben dem europäischen Viertel. Nehmen Sie sich wenigstens eine Stunde Zeit, um zu Fuß durch diesen lebhaften Distrikt mit seinen engen Gassen und geschäftigen Läden zu gehen. Der **Jin-de-Yuan-Tempel** (1650) in der Gang Petak Sembilan ist der älteste unter den mehr als 70 chinesischen Tempeln Jakartas. Zahlreiche buddhistische und taoistische Gottheiten werden hier verehrt, darunter auch zum Gott erhobene Persönlichkeiten aus dem alten Batavia.

Im Norden liegt der alte Hafen **Sunda Kelepa** mit den über einen Kilometer langen Werftanlagen, die seit 1817 in Betrieb sind. Vor über 1500 Jahren begannen die Hindus hier mit dem Gewürzhandel. Alte zweimastige Schoner liegen hier, die heute noch zwischen Java, Kalimantan und Sulawesi verkehren.

Genau gegenüber steht ein **Aussichtsturm** (Uitkijk) aus dem 19. Jahrhundert. Gleich um die Ecke sind in der Jalan Pasar Ikan Überreste der alten Stadtmauer und zwei Lagerhäuser der Niederländisch-Ostindischen Kompanie aus dem Jahr 1652 erhalten, in denen mittlerweile das **Schiffahrtsmuseum** (Museum Bahari) mit Segelschiffen traditioneller Bauart aus dem ganzen Archipel und Ausstellungsstücken aus der Zeit des Gewürzhandels untergebracht ist. Von dort führt eine enge Gasse, vorbei an Ständen mit Seemannszubehör, hinunter zum

**Innenhof des Nationalmuseums.**

**Fischmarkt** (Pasar Ikan). Die Fischauktionen im Morgengrauen sind besonders aufregend.

Genau im Zentrum von Jakarta steht das **Nationaldenkmal** (Monas), ein stolzer, 137 Meter hoher Marmorobelisk. Auf der Aussichtsplattform – die einen herrlichen Blick auf die Stadt bietet – leuchtet eine mit 33 Kilogramm Gold überzogene Bronzeflamme, eine Kombination aus Olympischer Flamme, Washingtondenkmal und Phallussymbol, das im alten hinduistischen Java auf den indischen Gott Schiwa hinwies *(lingam).*

Der **Präsidentenpalast** an der Nordseite des Medan Merdeka besteht aus zwei Herrschaftshäusern des 19. Jahrhunderts, an die sich weitere Dienstgebäude anschließen. Während Präsident Sukarno im Palast residierte und häufig zu üppigen Banketten lud, zog es Präsident Suharto vor, in seinem anspruchslosen Haus in der Gegend von Menteng zu wohnen. Weiter östlich steht die **Istiqlal-Moschee,** die mit ihrer riesigen weißen Kuppel und den verwegenen Minaretten die größte in Ostasien sein soll.

Unmittelbar östlich davon liegen das **Lapangan Banteng** (Feld des wilden Ochsen) und an dessen Nordseite die neugotische **Nationalkathedrale** (1901 fertiggestellt), an der Ostseite der **Oberste Gerichtshof** (1848) und das **Finanzministerium** (1982) sowie an der Südseite das monströse **Hotel Borobodur.** Mitten auf dem Platz steht ein seine Ketten sprengender Riese aus Stein: die **Irian-Jaya-Freiheitsstatue,** die im Auftrag von Präsident Sukarno 1963 anläßlich des Anschlusses Irian Jayas (Westguinea) an Indonesien errichtet wurde.

An der Westseite des Medan Merdeka steht das **Nationalmuseum**. Es wurde 1868 von der Gesellschaft für Kunst und Wissenschaft in Batavia eröffnet und birgt unermeßliche Schätze an Antiquitäten, Büchern und volkstümlichen Ausstellungsstücken, die von den Holländern während des 19. und zu Beginn des 20. Jahrhunderts gesammelt worden waren. Im ersten Stock ist die Schatzkammer – in der erbeutete Stücke aus Königshäusern zusammengetragen wurden. Das Museum ist nur sonntags geöffnet.

**Im Hafen der Sunda-Insel Kelapa.**

Südwestlich des Platzes gelangt man über die Jalan Menteng Raya zum **Taman Ismail Marzuki** (TIM), dem mächtigen, den Künsten geweihten Gebäudekomplex mit Ausstellungshalle, der Kunstakademie, einem Planetarium, einem Tanzstudio, Kunstgalerie und fünf Theatern. Im TIM finden indonesische Tanz- und Theaterveranstaltungen statt.

Um Jakarta von einer ganz anderen Seite kennenzulernen, empfiehlt es sich, ein Taxi zu mieten und mit diesem auf kürzestem Wege durch die **Jalan Thamrin** zum Einkaufszentrum **Blok M** im Stadtteil **Kebayoran** zu fahren. Der Weg führt an den Wahrzeichen der neuen wirtschaftlichen Entwicklung Indonesiens vorbei: an Banken, Kaufhäusern und gleißenden Bürohäusern. Dominiert wird das Zentrum von einem neuen u-förmigen Bau, der **Blok-M-Mall.** Lohnenswert ist vor allem der Besuch des **Pasaraya-Kaufhauses** mit seinem unermeßlichen Angebot an Kunsthandwerk. Nach einem ausgedehnten Einkaufsbummel im Blok M laden die vielen eleganten Restaurants zum Essen ein.

Wer genug Zeit hat, sollte einen Abstecher nach **Taman Mini** machen, dem „Miniaturpark Indonesiens". Er liegt zehn Kilometer südlich von Jakarta. Jeder der 27 Provinzen Indonesiens ist ein Pavillon gewidmet, in dem mit originalgetreuen Materialien traditionelle Häuser der betreffenden Provinz nachgebildet wurden. Im Innern werden u. a. Kunstgewerbe, Kostüme und Musikinstrumente ausgestellt.

Außerdem laden mindestens 30 weitere Attraktionen zum Besuch ein, z. B. das **Gehege mit Tropenvögeln,** der **Orchideengarten,** ein **Modell der Tempelanlage Borobodur** und das großartige neue **Indonesien-Museum** – ein dreistöckiger Palast aus Bali, in dem der Besucher traditionelle Textilien, Häuser, Boote, Marionetten, Schmuckstücke und Brautkleider bewundern kann.

Etwa zehn Kilometer vom Zentrum entfernt wurde am Ufer der Bucht von Jakarta der Freizeitpark **Ancol Dreamland** erbaut. Hauptattraktionen sind das Dunia Fantasi, eine Art Disneyland mit fünf Schwimmbädern, ein großes Meerwasseraquarium, ein Golfplatz und ein Jachthafen.

**Die Tausend Inseln:** Vor der Küste Jakartas liegen im türkisen Wasser der Java-See 600 Inseln, die **Tausend Inseln** (Pulau Seribu). Man erreicht sie mit der Fähre oder einem gemieteten Boot von Tanjung Priok oder Pasar Ikan aus. Einige der näher gelegenen, besonders Onrust, wurden von der Niederländisch-Ostindischen Kompanie für Lagerhäuser und Trockendocks genutzt. Ruinen dieser Gebäude aus dem 17. und 18. Jahrhundert sind heute noch zu besichtigen.

Viele Inseln sind Privateigentum und dienen als Wochenenddomizile. Drei Inseln – **Pulau Putri**, **Pulau Ayer** und **Pulau Bidadari** – wurden zu einem Feriengebiet mit klimatisierten Bungalows ausgebaut. Allerdings verfügen nur Pulau Ayer und Pulau Bidadari über eine eigene Trinkwasserversorgung, auf Pulau Putri wurde eine Landebahn gebaut. Die Tausend Inseln sind von Korallenriffen umgeben und bieten ausgezeichnete Wassersportmöglichkeiten. Man kann schnorcheln, tauchen, Wasserski fahren, windsurfen, fischen und segeln.

**Links: Hochzeitsgewänder aus Westsumatra, ausgestellt in Taman Mini. Rechts: Blick auf Jakarta.**

# WESTJAVA

Auch das westliche, von Touristen wenig beachtete Drittel Javas bietet, nur Stunden von Jakarta entfernt, Sandstrände und atemberaubende Landschaften, die denen der vielbesuchten Gebiete Indonesiens in nichts nachstehen. Die Sundanesen Westjavas sind für ihre melodische Sprache, ihre Eigenständigkeit und ihre feste Verwurzelung im Islam bekannt. Das rauhe Hochland, in dem sie leben (die sogenannten „Sunda Highlands"), rühmt man wegen seines kühlen Klimas, seiner herrlichen Ausblicke und der Reiseannehmlichkeiten, die es bietet.

Dieser Teil der Insel ist, obwohl nur schwer zugänglich, seit Jahrtausenden bewohnt. Im frühen 16. Jahrhundert war der Küstenhafen Banten einer der größten Handelsplätze Asiens. Den Niederländern, die Anfang des 17. Jahrhunderts in Jakarta Fuß faßten, wurde bald ein gutes Stück des sogenannten Priangan-Hochlandes überlassen, das sie unter Generalgouverneur Daendels erschlossen. Daendels veranlaßte den Bau einer großen Poststraße quer durch Java und schaffte damit eine Verbindung von Jakarta zum Hinterland.

Nach 1830 betrieben die Niederländer hier Tee-, Chinin- und Gummiplantagen; moderne Industrie folgte nach, und letztlich wurde das Hochland von Westjava zu einer Hauptstütze der kolonialen Wirtschaft und gehört zu einem der wirtschaftlich hochentwickelten Gebiete Indonesiens. Die hochgelegenen Städte Bogor und Bandung, einst niederländische Verwaltungssitze, locken ständig neue Zuwanderer an, aber auch moderne Produktionsbetriebe, Textilfirmen, Arzneimittelbetriebe und eine Flugzeugfabrik haben sich hier niedergelassen.

**Jakarta entfliehen:** Abgesehen von den Tausend Inseln (Pulau Seribu), die zu Kurzaufenthalten locken, erstrecken sich an der Westküste, an der Meerenge von Sunda, kilometerlange Sandstrände, die von Jakarta aus schnell zu erreichen sind und die Möglichkeit bieten, einige Stunden der Stadt zu entfliehen, zu schwimmen oder einfach am Strand zu dösen. Für geschichtlich Interessierte lohnt sich der Besuch in **Banten,** das im 16. Jahrhundert eine der pulsierendsten Städte Asiens war. Banten wurde 1808 von den Holländern vollkommen zerstört und ist heute nur mehr ein kleines Fischerdorf, durch das ein schmaler, unbefestigter Pfad führt. Sehenswert sind die Ruinen zweier Paläste, eine holländische Festungsanlage, eine alte Moschee mit angeschlossenem Museum und ein berühmter chinesischer Tempel.

Von der kleinen Hafenstadt **Merak** aus fahren regelmäßig Fähren nach **Bakauhuni** an der Südspitze Sumatras. Die nahen Badeorte **Anyer** und **Carita** bieten viel Abwechslung und endlose, mit Palmen gesäumte Strände. Etwa 22 Kilometer von Anyer steht in Richtung Carita ein Leuchtturm und bei **Karang Bolong** ein riesiger Felsen, der einen natürlichen Arkadendurchgang zum Meer bildet. Karang Bolong ist bei den Einwohnern Jakartas sehr beliebt.

Die berüchtigten Vulkaninseln **Krakatau** liegen nur 150 Kilometer südwestlich von Jakarta. Vom Hafen Labuan aus

**Links: Das einnehmende Lächeln der Kinder auf Java. Rechts: Nebelschwaden am Mount Gede.**

sind sie mit dem Schiff in knapp zwei Stunden zu erreichen. Jahrhundertelang war der Vulkan untätig, bis er 1883 mit verheerender Gewalt ausbrach, ein riesiges Stück der Erdkruste wegriß, damit einen unterseeischen Trichter hinterließ, in den das Meereswasser einbrach und mit seinen Fluten über 35 000 Menschen in den Tod riß. Auch in den folgenden Jahrzehnten kam der Vulkan nicht zur Ruhe, mittlerweile hat sich ein neuer Vulkankegel mit klaffendem Halbkrater aus dem Meer erhoben, der **Anak Krakatau** („Sohn des Krakatau").

Von Labuan aus kann man auch mit dem Boot zum **Ujung-Kulon-Nationalpark** an der Südwestspitze Javas fahren, in dessen tropischem Urwald viele vom Aussterben bedrohte Tierarten leben. Wer Glück hat, sieht ein javanisches Nashorn *(badak)*. Ausflüge müssen bei einem Reisebüro oder beim PPA (Umweltamt) in Labuan gebucht werden.

Von Labuan aus führt Richtung Osten eine malerische Straße ins Hinterland, durch die Berge von Parahyangan, die Heimat der mysteriösen **Badui**-Stämme, die manchmal auch die „armen Leute Javas" genannt werden, da sie strikt jeden Fortschritt ablehnen.

Die vielleicht schönste Strecke führt von Jakarta in den Süden, in das **Hochland von Prahyangan** („Wohnstatt der Götter"), eine der hübschesten Landstriche Westjavas. Auf der neuen Jagorawi-Schnellstraße erreicht man in nur einer Stunde **Bogor.** In einem herrlichen **botanischen Garten** (Kebun Raya) wachsen über 15 000 tropische Pflanzenarten, u. a. Orchideen; ein Tiermuseum und eine große Bibliothek sind angeschlossen. Gleich neben dem Park liegt der imposante **Sommerpalast des Präsidenten,** einst die Residenz des Generalgouverneurs der Kolonie.

Eine gut ausgebaute Straße führt über den steilen **Puncak-Paß** (1474 m) in die kühle Gebirgsstadt **Cipanas,** in der so mancher Jakartaner eine Villa besitzt. Der nahegelegene botanische Garten ist berühmt für seine Gebirgsflora und Pflanzen aus allen gemäßigten Klimazonen der Erde. In etwa sechs Stunden kann man von hier aus den **Mount Gede** oder auch

**Der Präsidentenpalast in Bogor.**

den **Mount Pangrango** besteigen, mit ihren herrlichen Aussichten, Wasserfällen und interessanten Tieren.

Die wunderschöne, aber nicht ungefährliche Südküste Westjavas ist von Bogor aus schnell zu erreichen. Die Straße windet sich südlich von Ciawi durch üppige Vegetation mit Gummibäumen, Teeplantagen und Reisfeldern. Eine malerische Straße zweigt unterwegs nach Cibadak ab und führt hinab in das Fischerdörfchen **Pelabuhan Ratu,** wo der rauhe, vom Wind gepeitschte Indische Ozean sich an flachen schwarzen Sandstränden bricht. Hinter dem Städtchen erstrecken sich einige Badestrände, aber es wird immer wieder vor tückischen Strömungen gewarnt.

Eine kühle Abwechslung zum drükkend heißen Jakarta bietet im Hochland die Stadt **Bandung.** Sie liegt 700 m über dem Meeresspiegel in einem Kessel, der von allen Seiten von Berggipfeln umgeben ist. Bandung ist das wirtschaftliche und kulturelle Zentrum des Sunda-Landes. Die ehemalige holländische Beamten- und Universitätsstadt mit ihren breiten Boulevards und den eleganten Häusern galt vor dem Zweiten Weltkrieg als das „Paris von Java".

Heute hat Bandung über 1,5 Millionen Einwohner und ist noch immer eine schöne Stadt mit einigen Sehenswürdigkeiten. Das **Geologische Museum** an der Jalan Diponegoro zeigt neben einer außergewöhnlichen Sammlung von Felsgesteinen und Fossilien auch Nachbildungen des weltberühmten „Java-Menschen" *(Homo erectus).* Bandungs **Technische Hochschule** (ITB) ist die älteste und beste Universität Indonesiens. Um die Jalan Braga stehen noch viele Art-deco-Gebäude aus der Kolonialzeit.

Bandung umgeben eine Reihe von Vulkankegeln, die alle einen imposanten Anblick bieten. Am nächsten liegt 32 Kilometer nördlich der Vulkan **Tangkuban Prahu** (das „umgekippte Boot"). Eine steile Straße windet sich bis zum Kraterrand hinauf, um den kalte Nebelschwaden und Schwefeldämpfe wallen. Danach sollte man sich zur Aufwärmung und Entspannung ein Bad in den **heißen Quellen von Ciater** gönnen.

**Tangkuban Prahu liegt oft im Nebeldunst.**

# YOGJAKARTA

Inmitten eines fruchtbaren Reisanbaugebietes liegt an den Südhängen des mächtigen **Mount Merapi** die ansehnliche Stadt **Yogjakarta** (Yogja), eine Art Bastion, in der sich die traditionelle Lebensweise der Javaner erhalten hat. Die durchschnittliche Bevölkerungsdichte in dieser Gegend erreicht an die 3000 Menschen pro Quadratkilometer. Ähnlich dicht sind die kulturellen Attraktionen gesät, da hier die beiden großen Mataram-Reiche entstanden.

Vom 8. bis 10. Jahrhundert wurde die Region von einer Reihe hindu-buddhistischer Könige regiert, den Erbauern von Borobodur, Prambanan und anderen Tempelstätten. Im Jahre 928 verlegte der Herrscher die Residenz unerklärlicherweise nach Osten, wodurch Mataram für sechs Jahrhunderte in einen Dornröschenschlaf fiel. Erst Ende des 16. Jahrhunderts gründete der muslimische Herrscher Panembahan Senapati hier eine zweite Mataram-Dynastie, deren Nachkommen bis heute Zentraljava regieren. Seine größte territoriale Ausdehnung erreichte Mataram unter Senapatis Enkel Sultan Agung (1613-45). Die Macht seiner Nachkommen wurde durch endlose Auseinandersetzungen rivalisierender Gruppen bei Hofe und durch Kämpfe mit den Holländern und den Maduresen geschwächt. 1755 setzten die Niederländer die Zweiteilung des Reiches vertraglich durch, und die Hälfte des Landes übernahm Sultan Hamenkubuwana I., der während seiner Regierungszeit in Yogjakarta einen neuen Palast erbauen ließ.

Die weitere Geschichte des Sultanats Yogjakarta ist vom Widerstand gegen den ständig wachsenden holländischen Einfluß geprägt, von Invasionen der Holländer (1810) und der Briten (1812) und vom großen Java-Krieg (1825-1830). Während der Revolution (1946-1949) war Yogjakarta die provisorische Hauptstadt Indonesiens.

**Der „Nabel" des Universums:** Trotz aller Veränderungen, die die Stadt in den letzten Jahrzehnten erfahren hat, locken noch

**Javaner mit traditioneller Kopfbedekkung.**

immer die traditionellen Sehenswürdigkeiten Touristen an. Der 200 Jahre alte Königspalast **Kraton** in der Stadtmitte gilt als Symbol eines Glaubens, der den javanischen Herrscher als „Nabel" oder Zentrum des Universums ansieht. Der Palast stellt folglich den Mittelpunkt des Reiches und des gesamten Kosmos dar.

Im 19. Jahrhundert wurde das Innere des Kraton mit italienischem Marmor, gußeisernen Säulen, Kristalleuchtern und Rokoko-Möbeln nach europäischen Vorbildern ausgestattet. Bemerkenswert sind der zentrale Thronsaal, das angeschlossene Museum mit alten *gamelan*-Instrumenten und zwei mit *kala*-Köpfen geschmückte Tore.

Unmittelbar westlich und südlich des Kraton liegen die Ruinen von **Taman Sari.** Diese üppigen und erfinderisch geplanten Lustgärten aus dem 18. Jahrhundert mit einem künstlichen See, unterirdischen, unter dem Wasser gelegenen Gängen, Meditationsräumen, eingelassenen Badeteichen und einem europäischen Herrenhaus (dem sogenannten Wasserschloß) wurden nach dem Tod Hamenkubuwanas I. jäh verlassen. Taman Sari war ursprünglich befestigt und von einem künstlichen See umgeben. Heute findet gleich nebenan ein Vogelmarkt statt, und eine Kolonie junger Batikmaler hat sich in der Nähe niedergelassen.

Ein unterirdischer Gang führt hinter dem „Wasserschloß" zu einigen teilweise wiederhergestellten Badeteichen, die für Königinnen, Prinzessinnen und Konkubinen gebaut wurden. Daneben steht ein Beobachtungsturm, auf dem sich der Sultan tagsüber „ausruhte". Durch einen verzierten Arkadengang südlich des Badeplatzes gelangt man zum **Pesaran Pertapaan,** einem kleinen chinesischen Tempel mit einem kleinen Vorhof und Galerien zu beiden Seiten. Es heißt, der Sultan habe hier einmal sieben Tage und Nächte lang mit seinen Söhnen meditiert.

Nördlich der Badeteiche liegt der **Sumur Gumuling** („Rundbrunnen"), eine bemerkenswerte unterirdische Galerie, die von den Einheimischen häufig als Moschee bezeichnet wird und in der sich der Sultan angeblich mit der Göttin des südlichen Meeres traf, Nyai Loro Kidul,

**Im Marionettentheater werden Stoffe aus indischen und javanischen Epen gespielt.**

der vom Gründer der Dynastie alle Herrscher von Mataram als Ehemänner versprochen worden waren.

Ein Spaziergang über die Hauptverkehrsstraße von Yogjakarta, die **Jalan Malioboro,** beginnt vor der königlichen Audienzhalle am Stadtplatz (nördlich des Kraton) und endet nach ungefähr zwei Kilometern an einem *lingam* (Phallussymbol), das dem Schutzgeist Kyai Jaga geweiht ist. Auf dieser ehemaligen Prachtstraße staut sich heute der Verkehr. Zu beiden Seiten reihen sich Verkaufsstände mit Batiken, Leder- und Korbwaren, Schmuck aus Schildkrötenpanzern und anderen Souvenirs aneinander.

Das **Sana-Budaya-Museum** liegt am Nordwestende des Platzes und wurde 1935 vom Java-Institut gegründet, einer Kulturstiftung niederländischer und javanischer Mäzene. Heute werden dort prähistorische Gebrauchsgegenstände, hinduistische und buddhistische Bronzen, *wayang*-Marionetten, Tanzkostüme und alte javanische Waffen ausgestellt.

Yogjakarta ist für seine hochentwikkelte Kunst des Schattenspiels berühmt. Das *wayang-kulit*-Spiel liegt dem Javaner wohl am meisten am Herzen. Eine Vorführung steht und fällt mit dem *dalang* ( Puppenspieler), der jedesmal aufs neue die alten Geschichten aus dem indischen *Mahabharata*- und *Ramajana*-Epos mit Leben erfüllt. Die Vorführungen zum *Selamatan*-Fest anläßlich von Geburten, Hochzeiten oder Beschneidungen beginnen um 21 Uhr und dauern bis zum Morgengrauen. Jeden zweiten Samstag im Monat findet eine achtstündige Vorführung im **Sasana Inggil** südlich des Kraton statt, und für Touristen gibt es täglich um 15 Uhr eine kurze Vorstellung im **Agastya-Kunstinstitut.** Auch der **klassische javanische Tanz** wird in Yogjakarta gepflegt. Die Proben im Kraton sind öffentlich.

Yogjakarta ist zudem das Zentrum der Batik-Kunst. Am **Batik Forschungszentrum** (Balai Penelitian Batik) in der Jalan Kusumanegara 2 erhält man eine Einführung in die Kunst des wachsresistenten Färbens und in die verwirrende Vielfalt der Muster und Farben Javas. In der **Jalan Tirtodipuran** im Süden Yogjakartas exi-

**Verkehr auf einer staubigen Straße Yogjakartas.**

## Javanische Batik

Batiken sind ein wesentlicher Bestandteil javanischer Kultur, und man kann es sich nur schwer vorstellen, daß es sie irgendwann einmal nicht gab. Dennoch ist die Batikherstellung, wie wir sie kennen, vermutlich nicht so alt, und Kenner streiten sich, ob sie aus Indien stammt, wo bekanntermaßen seit Jahrhunderten mit dieser Methode Stoffe eingefärbt werden, oder ob die Javaner diese Kunst selbst entwickelten.

Ein Vorläufer der Technik könnte die Kunst des *kain simbut* aus Westjava sein, bei dem dicke Reispaste statt Wachs auf den Stoff aufgetragen wird, was die gleiche resistente Wirkung hat. Andere behaupten, daß das javanische *kain-kembangan,* eine Art Knüpfbatik, der Vorläufer von Wachs und Harz war.

Zwar hat man Bezeichnungen verschiedener Batikmotive in der javanischen Literatur bis ins 12. Jahrhundert zurückverfolgen können, die Verwendung der Begriffe *batik* und *tulis* tauchten aber erst auf, als sich der Islam auf Java breitmachte und indische Kaufleute bereits Handel auf dem Archipel betrieben. Die Bezeichnung *batik* wurde letztendlich vom javanischen *ntik* abgeleitet, was soviel bedeutet wie „etwas mit Punkten entwerfen".

Einig sind sich jedenfalls alle, daß javanische Batik die trefflichste der Erde ist. Und daß die Javaner so feine Muster herstellen können, verdanken sie dem als *canting* bekannten Werkzeug, einem Stift, mit dem das Wachs auf den Stoff aufgetragen wird, wodurch sehr feine Muster gezeichnet werden können *(batik tulis).*

Hinzu kamen eine ausgefeilte Technik zur Wachs- und Harzmischung, die Farbenzubereitung und Fixierung und das Ausarbeiten von unterschiedlichsten Motiven. Die notwendigen feinen, dichtgewebten Stoffe wurden bis vor kurzem importiert.

Schöne Batik herzustellen erfordert außerordentliche Geduld. Zunächst muß auf ein Stück Seide oder Baumwolle ein Muster aufgetragen werden. Flächen, die keine Farbe annehmen sollen, werden anschließend mit Wachs abgedeckt. Die Sorgfalt, die hierzu vonnöten ist, kann manchmal Hunderte von Stunden erfordern. Danach wird der Stoff in eine Farblösung getaucht und getrocknet.

Für den nächsten Färbeprozeß muß der Stoff entwachst werden. Häufig wird das Wachs einfach ausgekocht, manchmal nur von bestimmten Stellen gelöst und an anderen zusätzlich aufgetragen. Zum Schluß wird wieder neu eingewachst und der Vorgang so lange wiederholt (20 bis 30mal), bis die gewünschten Farbtöne endlich erreicht sind.

Eine einfachere Methode ist das sogenannte *batik cap,* bei dem das Wachs mit einem Kupferstempel aufgetragen wird. Diese Methode revolutionierte die Batikindustrie in den neunziger Jahren des 19. Jahrhunderts, denn sie förderte die Massenproduktion. Für den Laien ist es nicht leicht, die Unterschiede zwischen den beiden Techniken auszumachen. Auf der Rückseite eines Stoffes kann man bei genauem Betrachten erkennen, welche Methode verwandt wurde: Bei Anwendung der *batik-tulis*-Methode ist die Farbe auf beiden Seiten des Stoffes gleich intensiv, da das Wachs immer auf beide Seiten aufgetragen wird, bei Verwendung der *batik-cap*-Methode ist die Farbe auf einer Seite schwächer, da das Wachs auch nur einseitig aufgestempelt wurde. Neuer ist das „Batikmalen" auf Leinwand. Bei dieser Methode werden mit dem Pinsel Acryl- oder Ölfarben aufgetragen. ■

**In einer Batikfabrik in Yogjakarta.**

stieren über 25 Manufakturen, in denen man beim Ausziehen und Färben der Stoffe zuschauen kann. Im **Toko Terang Bulan** an der Jalan Malioboro werden Sarongs, Stoffe, Hemden und Kleider verkauft. Bekannte Künstler fertigen Batikbilder an.

**Die Altertümer Javas:** Ein unvergeßliches Erlebnis ist der Besuch eines der über hundert *candi*, der alten Denkmäler aus Stein, die verstreut in der Vulkanlandschaft Zentraljavas liegen. Seit der Jahrhundertwende werden sie mit großem Aufwand ausgegraben und restauriert, wobei man immer noch nicht viel über ihre Bedeutung innerhalb der alten indonesischen Gesellschaft herausgefunden hat. Zweifellos zählen die *candi* zu den vollkommensten Baudenkmälern der Frühzeit.

Der legendäre Stupa von **Borobodur,** 42 Kilometer nordwestlich von Yogjakarta, gilt als die größte buddhistische Anlage der Erde. Sie wurde zwischen 778 und 856 n. Chr. errichtet, dann aber nach weniger als einem Jahrhundert unerklärlicherweise verlassen.

1814 ließ der englische Vizegouverneur Thomas Stamford Raffles durch seinen Feldingenieur diesen „Berg buddhistischer Skulpturen" erkunden und in den folgenden Jahren völlig freilegen, was jedoch zu jahrzehntelangen Plünderungen und Mißbrauch durch Einheimische und holländische Kolonialbeamte führte.

Im Jahre 1900 endlich reagierte die holländische Regierung auf die Flut von Protesten und setzte eine Kommission für die Restaurierung und Erhaltung Borobodurs ein, allerdings erkannten die Restauratoren bald, daß die Fundamente nicht mehr zu retten waren. 1967 startete die UNESCO eine Rettungsaktion und rief zu Spenden auf. 1973 begann dann die Instandsetzung. Zehn Jahre lang arbeiteten 700 Männer sechs Tage in der Woche, um die 1,3 Millionen Steinblöcke abzutragen, chemisch zu behandeln und wieder zusammenzusetzen, was nur unter Einsatz von Kränen und Computern möglich war. Die Kosten des Projekts betrugen 25 Millionen US-Dollar. Man schätzt, daß ursprünglich 30 000 Steinschleifer und Bildhauer, 15 000 Trä-

**Borobodur, die größte buddhistische Anlage der Erde, wurde 300 Jahre vor Angkor Wat erbaut.**

ger und Tausende von Steinmetzen zwischen 50 und 75 Jahre brauchten, um Borobodur zu erbauen – etwa zehn Prozent der damaligen Bevölkerung Javas waren somit im Einsatz.

Aus der Luft betrachtet sieht Borobodur wie ein Mandala aus, eine geometrische Meditationshilfe. Aus der Ferne gesehen ist es ein Stupa oder ein Reliquiar, ein Modell des Kosmos in drei vertikalen Teilen, die die drei Existenzprinzipien des Mahayana-Buddhismus darstellen. Die Reliefs der untersten Ebene stellen das *khamadhatu*, die niedere Sphäre der leiblichen Bedürfnisse der Menschen, dar. Die mittleren Terrassen und Galerien lehren das *rupadhatu*, die Sphäre der körperlichen Existenz, anhand von Stationen aus dem Leben des Prinzen Siddhartha. Auf den oberen Ebenen symbolisieren Statuen des meditierenden Buddha den Übergang zum *arupadhatu*, der Ebene des Formlosen und der völligen Loslösung, die in dem großen abschließenden Stupa verkörpert ist.

Borobodur diente der Verherrlichung der höchsten Wirklichkeit, des erhabenen Reiches des Buddha, als greifbare Lehre für Priester und Pilger gleichermaßen. Man vermutet, daß Borobodur zugleich das Mausoleum eines buddhistischen Herrschers oder Heiligen war.

Ganz in der Nähe (östlich) liegen der kleine **Candi Pawon,** dessen Mauern mit himmlischen „Geldbäumen" und sphärischen Musikanten bedeckt sind, und der **Candi Mendut,** dessen Basreliefs Szenen aus Fabeln, Bodhisattwas und buddhistische Göttinnen schmücken. Im Inneren befinden sich drei der schönsten Buddhastatuen der Erde: ein drei Meter hoher sitzender Sakyamuni-Buddha und daneben die Bodhisattwas Wajrapani und Awalokiteswara.

Prambanan liegt 17 Kilometer östlich von Yogjakarta in einer Ebene, die mit den Ruinen antiker Bauten geradezu übersät ist und unter den Einheimischen als das „Tal der Könige" gilt. Die 856 n. Chr. vollendete Tempelanlage von **Prambanan** wurde zur Erinnerung an den Sieg des Hindu Rakai Pikatan über den letzten buddhistischen Sailendran-König von Zentraljava erbaut.

Das Gelände umfaßt insgesamt acht Bauten. Die drei Haupttempel liegen auf einer Nord-Süd-Achse; in der Mitte erhebt sich der große Schiwa-Tempel **Loro Jonggrang** („schlanke Jungfrau), an den beiden Enden schließen sich zwei etwas kleinere Schreine an, die Wischnu und Brahma geweiht sind.

Die Legende berichtet, daß die Prinzessin Loro Jonggrang einen ungeliebten Freier hatte, dem sie auftrug, innerhalb einer einzigen Nacht einen Tempel zu erbauen und dessen Bemühungen sie zunichte machte, indem sie viel zu früh die Morgendämmerung ankündigte. Der erzürnte Freier verwandelte sie daraufhin in Stein. Sie steht nun als Statue in der nördlichen Kammer des Tempels.

Himmlische Wesen, Tiere, Illustrationen aus dem *Natyasastra*, dem Handbuch des klassischen indischen Tanzes, und lebhafte Darstellungen des *Ramajana* schmücken die Balustraden.

Großartig sind die Aufführungen des **Ramajana-Balletts,** die von Mai bis Oktober bei Vollmond in vier aufeinanderfolgenden Nächten vor dem Loro Jonggrang stattfinden.

**Loro Jonggrang in Prambanan.**

# ZENTRAL- UND OSTJAVA

Eine Autostunde östlich von Yogjakarta liegt die alte Hofstadt **Surakarta** (auch „Solo" genannt) mit einem Palast aus dem 18. Jahrhundert, der heute noch genutzt wird. Dieser **Kraton Kasusuhunan** wurde in den Jahren 1743-46 an den Ufern des Flusses **Benganwan Solo** erbaut. Die Außenmauern umschließen, ähnlich wie bei dem Palast in Yogjakarta, ein Labyrinth von Gassen und Gevierten, zwei große Plätze, eine Moschee und einen inneren Palastkomplex. Der stattliche Thronsaal brannte 1985 aus und ist noch nicht wiederaufgebaut.

Das 1963 eingerichtete Palastmuseum zeigt alte javanische Hindu-Bronzen, herkömmliche Waffen und Kutschen aus der Zeit um 1740. Gleich westlich des Haupteingangs zum Palast liegt der **Sasana Mulya,** der Musik- und Tanzpavillon der Indonesischen Akademie der darstellenden Künste (ASKI), wo man Proben der *gamelan*-Musiker, javanischen Tänzern und dem Schattenspiel *wayang kulit* beiwohnen kann.

Etwa einen Kilometer nordwestlich des Hauptpalastes baute sich eine andere Linie des Königshauses ihren eigenen Kraton. Dieser 1866 vollendete **Pura Mangkunegaran** hat den größten Empfangspavillon *(pendopo)* in Java; er ist aus Teakholz gebaut, in traditioneller Weise ohne Nägel gefügt, und die Decke ist in der Mitte mit leuchtenden Farben bemalt, die von javanischen Tierkreissymbolen umrahmt sind. Am Osttor beginnen die Führungen durch das Museum im inneren Palast, das Stücke aus der sehr kostbaren Sammlung Mangkunegaran IV. zeigt: Schmuck, Tanzkostüme, *topeng*-Masken und *kris* (Dolche).

Solo ist ideal für einen Einkaufsbummel, um in Ruhe und fern der Hektik nach verborgenen Schätzen zu suchen. Unmittelbar südlich neben dem Mangkunegaran-Palast liegt der Antikmarkt (Trödelmarkt) **Pasar Triwindu.** Batikläden säumen die Hauptstraßen. Verlockend ist auch der riesige Kleidermarkt **Pasar Klewar** neben der großen Moschee.

**Das zentrale Hochland:** Häufig wird nur ein Tagesausflug zum **Dieng-Plateau** empfohlen, der aber nicht ausreicht, um die majestätische Schönheit dieses weiten Tafellandes nördlich von **Wonosobo** zu erkunden. Schwefelquellen, Kraterseen, Spalten, Höhlen und versteinerte Lavaströme deuten darauf hin, daß hier ein Vulkan vor Tausenden von Jahren ausbrach und die Region mit Lava und Asche überdeckte. Die bekannteste Lava-Höhle ist die **Gua-Semar-Höhle,** eine beliebte Stätte der Meditation. Man sagt, daß der Gott Semar hier lebe.

Dieng bedeutet soviel wie „der Aufenthalt der Götter". Tatsächlich war das Dieng-Plateau im 9. Jahrhundert zu Zeiten der Saliendra-Dynastie eine Kultstätte der Hindus, die mit mehreren hundert *candi* bebaut wurde. Acht dieser Tempel, die eine kleinere Version der Tempel in Prambanan darstellen, hat man teilweise wiederaufgebaut, davon stehen die meisten in einem sumpfigen Gebiet nahe dem Dorf **Dieng.**

**Die Nordküste:** Die Häfen an der Nordküste zählten zu den lebhaftesten und

**Tempel auf dem Dieng-Plateau.**

reichsten Handelsstätten Javas. Heute gehört das Kunsthandwerk aus dieser Gegend zum Besten, was in Indonesien angeboten wird, außerdem sind hier exzentrische Paläste, heilige Gräber, alte Moscheen, geschäftige Märkte und farbenfrohe chinesische Tempel zu sehen.

Die Stadt **Cirebon** ist bekannt für gute Meeresfrüchte und ihre bewegte Vergangenheit. Als Sitz eines einst machtvollen Sultanats, stehen dort gleich zwei Hauptpaläste. Der **Kraton Kasepuhan** ist eine Mischung aus javanischen, chinesischen, islamischen und europäischen Stilmerkmalen. Daneben steht die **Mesjid Ageng** (Große Moschee), eines der ältesten Zeugnisse des Islams auf Java (erbaut um 1500). Über einen belebten Markt kommt man zum **Kraton Kanoman,** der mit europäischem Mobiliar ausgestattet ist und dessen Wände mit Delfter Kacheln und chinesischem Porzellan ausgekleidet sind. Etwa 220 Kilometer östlich von Cirebon liegt **Pekalongan,** die Stadt, die sich selbst *Kota Batik* (Batikstadt) nennt.

In unzähligen Fabriken und Stoffläden werden die feinsten und kostbarsten Batiken Javas hergestellt und verkauft. Der einzigartige Pekalongan-Stil verbindet islamische, javanische, chinesische und europäische Motive in wunderbaren Pastelltönen. Markenzeichen der Stadt ist ein Blumenbukett mit fliegenden Kolibris und Schmetterlingen, eine Zeichnung, die auf holländisches Tafelgeschirr aus dem 18. Jahrhundert zurückgeht.

Weiter östlich liegt die lebhafte Provinzhauptstadt und das Handelszentrum **Semarang.** An der Jalan Suprapto steht die alte holländische Kirche mit ihrer kupfergedeckten Kuppel. Der interessanteste Stadtteil ist **Chinatown** mit Tempeln und Häusern im Nanyang-Stil.

Von Semarang aus Richtung Süden führt eine Straße hinauf in die Ausläufer des **Mount Ungaran.** Man sollte unbedingt einen Abstecher in den kühlen Gebirgsort **Bandungan** machen. Hier befinden sich die Tempel von **Gedung Songo,** einige der ältesten und sicherlich am spektakulärsten gelegenen Altertümer Indonesiens.

**Ostjava:** Ostjava ist ein Paradies für Individualisten, die alte Tempel aufspü-

**Alte holländische Lagerhäuser in Kalimas.**

ren wollen oder den atemberaubenden Ausblick vom Rand einsamer Vulkane suchen. Fünf Jahrhunderte lang (ab 930 n. Chr.) stand im Tal des Flusses **Brantas** auf Ostjava das Macht- und Kulturzentrum der Insel, und die Königreiche jener Epochen haben ein umfassendes Erbe an Tempelkunstwerken, Literatur, Musik und Bühnenkunst hinterlassen. Darüber hinaus warten die Vulkangipfel des östlichen Inselvorsprungs auch mit unvergleichlichen Landschaften auf.

**Surabaya** war bis zur Jahrhundertwende der größte Seehafen des Archipels; heute ist es nur mehr eine weitläufige Millionenstadt (rund vier Millionen Einwohner). Im Nordteil der Stadt liegen die alten Araber-, Chinesen- und Holländerviertel. Im **Hong-Tik-Hian-Tempel** an der Jalan Dukuh 11/2 finden tagtäglich Vorführungen mit chinesischen Handpuppen statt. Über die **„Rote Brücke"** gelangt man von hier zu dem alten niederländischen Händlerviertel.

Genau nördlich von Surabaya liegt jenseits der Meerenge die Insel **Madura,** auf der alljährlich im August und September die aufregenden *kerapan sapi*, die Ochsenrennen, stattfinden. Den Maduranern zufolge entstand dieser Sport vor vielen Jahrhunderten, als Bauern beim Pflügen über die Länge eines Reisfeldes Rennen mit ihren Gespannen veranstalteten. Die heutigen Ochsen brauchen nicht mehr zu pflügen, sie sind für die Rennen abgerichtet und der Stolz der ganzen Gegend. Auf der ganzen Insel finden Ausscheidungsrennen statt, bevor es zum großen Finale in der Hauptstadt **Pameskasan** kommt.

Etwa 55 Kilometer südlich von Surabaya liegt **Tretes,** ein idyllischer Bergort, von dem aus man zu Fuß oder auf Pferden einen Ausflug zu den nahe gelegenen Wasserfällen unternehmen kann. Wer sich mehr vornehmen möchte, kann durch üppige Bergwälder den 3340 m hohen **Mount Arjuna** besteigen oder über das **Lalijiwa-Plateau** zum **Mount Welirang** wandern. Das Gebiet ist übersät mit alten Tempeln *(candi)*. Der **Candi Jawi** steht etwa sieben Kilometer vor Tretes an der Hauptstraße und ist König Kertanegra gewidmet. Von hier blickt man auf den **Mount Penanggungan,**

**Ochsenrennen finden alljährlich auf Madura statt.**

den Sitz von 81 Heiligtümern, Grotten und heiligen Teichen.

Weitere Tempel stehen in der Gegend von **Malang.** Malang selbst ist eine ehemalige holländische Kolonialstadt, liegt über 450 m hoch und bietet ein angenehmes Klima. Östlich der Stadt stehen zwei interessante Tempel: der **Candi Jago,** ein terrassenförmig angelegter Schrein aus dem 13. Jahrhundert mit Reliefs, die Szenen aus dem *Mahabharata*-Epos zeigen und eine furchterregende Prozession der Dämonen aus der Unterwelt. Etwa fünf Kilometer in südwestlicher Richtung steht der hoch aufragende Tempel **Candi Kidal,** der aus derselben Zeit stammt.

Die einzige größere Tempelanlage Ostjavas ist **Candi Penataran,** 80 Kilometer westlich von Malang und unmittelbar nördlich von **Blitar** gelegen. Zu Zeiten des Mejapahit-Reiches galt Candi Penataran als Staatstempel (1197-1454). Diese Anlage weist keine Spitzdächer oder massive Stupas, vielmehr eine Reihe von Schreinen und Pavillons auf, die unter einer weiten Plattform angeordnet sind. Ähnlich wie der Haupttempel waren vermutlich auch die Pavillons ursprünglich mit Holz und Stroh gedeckt. Das massive dreistöckige Fundament wurde teilweise restauriert.

Naturfreunde schätzen die Mondlandschaft des **Mount Bromo,** des **Yang-Plateaus** und des **Ijen-Kraters**. Unter Rucksackreisenden gehört der vom Bromo aus beobachtete Sonnenuntergang zum Pflichtprogramm. Wer nicht zu Fuß gehen möchte, kann sich in **Cemoro Lawang** ein Pony mieten.

Der **Baluran-Nationalpark** an der Nordostspitze Javas ist mit seinen Vulkanen, der Küstenlandschaft, den Sumpfgebieten, Steppen und tropischen Regenwäldern sehr vielseitig. Wilde Büffel, Hirschrudel und sogar Leoparden leben innerhalb des Parks.

An der Südküste in der Nähe von **Sukamase** ist das **Meeru-Betiri-Reservat.** Hier kann man riesige Wasserschildkröten beobachten, wenn sie des Nachts ihre Eier in den schwarzen Sand der Strände legen. Die dichten Regenwälder in dieser Gegend bieten dem fast ausgestorbenen Java-Tiger eine letzte Zuflucht.

**Elner Mondlandschaft ähnelt die Umgebung des Bromo.**

# BALI: EIN PARADIES AUF ERDEN

Bali ist in vielerlei Hinsicht die schönste Insel Indonesiens. Entstanden durch eine von Ost nach West verlaufende Vulkankette, mit fruchtbarem Boden ausgestattet, der von tropischen Regenschauern ausreichend mit Wasser versorgt und von der Äquatorsonne erwärmt wird, ist die Insel vor allem ein üppig grünes Meisterwerk der Natur. Die Balinesen haben sich diesen Segen der Natur zunutze gemacht, erzielen in der Harmonie zwischen Land, Göttern und Menschen reiche landwirtschaftliche Erträge und erlangen somit einen hohen Grad an materieller und spiritueller Zufriedenheit. So kommt es, daß Bali seit langem als „Paradies auf Erden" gilt.

Die Touristeninvasion seit den sechziger Jahren dieses Jahrhunderts ließ befürchten, daß Bali seine Bilderbuchkultur verliert. Aber die Regierung war umsichtig, limitierte beim Bau von Hotels die Höhe auf maximal vier Stockwerke und setzte den Schwerpunkt des Tourismus auf den Süden der Insel.

Die Geschichte hat gezeigt, daß die Balinesen fähig sind, fremde Elemente in ihre lebendige Tradition aufzunehmen, ohne diese zu zerstören. Und die Vielseitigkeit balinesischer Kunst ist ein verblüffendes Beispiel dafür, daß die Balinesen zwar gegenüber allen Neuheiten aufgeschlossen sind, solche aber, die nicht mit ihrem kultivierten, auf Traditionen fußenden Lebensstil übereinstimmen, auch rasch wieder verwerfen.

Jeder Balinese wird in ein komplexes soziales Gefüge hineingeboren. Die Kinder genießen nahezu unbegrenzte Privilegien, weil man glaubt, daß ihre Seelen rein und dem Himmel näher sind. Babys dürfen die unreine Erde nicht berühren und werden überall herumgetragen. Balinesische Kinder sind nie allein, werden nie geschlagen und weinen selten. Am ersten Geburtstag des Kindes bringt ein Priester Opfergaben dar und setzt damit den lebenslänglichen Kreislauf komplexer Riten in Gang, die den Balinesen von der Wiege bis ins Grab begleiten. In jedem Dorf gibt es drei Tempel, von denen jeder einem Bereich zugeordnet ist (Ursprung, Leben und Andenken der Vorfahren) und in denen zu festgesetzten Zeiten Zeremonien abgehalten werden. Hinzu kommen regionale und überregionale Feste. In jedem Dorf *(desa)* bilden die Bewohner kleine Kooperativen *(banjar)* zur gegenseitigen Unterstützung bei Hochzeiten, Festen und Feuerbestattungen. Der *banjar* verfügt über das Gemeinschaftseigentum, eine Küche für Festlichkeiten, einen Trommelturm *(kulkul)* zur Einberufung von Zusammenkünften, ein Versammlungszelt *(bale)* und einen Gemeinschaftstempel.

Der enge Zusammenhalt von der Familie über das *banjar*, das Dorf, bis hin zur gesamten Inselkultur unterstützt die innere Sicherheit des Balinesen, und jede nachfolgende Generation empfindet diese überlieferte Lebensweise genauso kraftspendend wie die vorhergehende. Ähnlich ergeht es jedem Besucher auf Bali.

**Vorherige Seiten: *Eka Dasa Rudra* heißt ein rituelles Fest, das alle hundert Jahre einmal in Balis Pura-Besakih-Tempel gefeiert wird. Links: Balinesische *Legong*-Tänzerin.**

14

# SÜDBALI

Der Süden ist Balis touristisches, wirtschaftliches und politisches Zentrum. Hier liegen die drei bekannten Badeorte Kuta, Sanur und Nusa Dua, der internationale Flughafen und die Hauptstadt **Denpasar.** Der Touristenboom der letzten Jahrzehnte hat zu ungeahntem Wirtschaftsaufschwung und enormem Bevölkerungszuwachs in dieser Region geführt. Neben Hotels, Geschäften und Diskotheken lebt aber nach wie vor die traditionelle Dorfkultur unbehelligt weiter. Die Tempelfeste auf Südbali sind wegen ihrer Trancetänze und erdgebundenen Rituale legendär. Viele Tanzgruppen bieten allabendlich professionelle Vorführungen an.

Zehn Kilometer östlich von Denpasar liegt **Sanur,** das früher ein ruhiges Fischerdörfchen war und in den dreißiger Jahren unseres Jahrhunderts mit seinen einsamen Stränden westliche Intellektuelle und Künstler anlockte (z. B. die Anthropologin Margaret Mead und den Maler Walter Spies). Zu Beginn der sechziger Jahre setzte der Massentourismus ein, und entlang der Lagune entstanden mehrere Hotels. Heute reisen Tausende von Besuchern aus Australien, Europa, Japan und USA hierher, und doch wahren die Hotels eine Atmosphäre von Charme und würdiger Ruhe. In Sanur stehen heute drei große Hotels und viele Bungalow-Anlagen. Am Strand und entlang der Hauptstraße folgen Andenkenläden, Restaurants und Wechselstuben dicht aufeinander, doch nach einem nur halbstündigen Spaziergang landeinwärts bewegt man sich bereits inmitten grüner Reisfelder in einer anderen Welt.

Sanur strahlt trotz seiner vielen Touristen immer noch Ruhe und Frieden aus. Hier können Sie Ihren Tag leicht mit Strandspaziergängen ausfüllen und mit einem guten Essen und einer Tanzvorführung am Abend abrunden.

Da die gesamte Strandpromenade von Sanur inzwischen bebaut ist, schuf man mit Unterstützung der Weltbank in **Nusa Dua** auf der abgeschlossenen **Halbinsel Bukit** südlich des Flughafens ein neues Ferienzentrum. 1982 wurde dort das erste von mittlerweile zwölf Luxushotels eröffnet. Alle haben einen eigenen Strand, bieten vielerlei Sportmöglichkeiten an und sind von gepflegtem Rasengelände umgeben, das der Bali Tourist Development Corporation gehört. Nusa Dua ist unbehelligt von Souvenirverkäufern und grellen Plakatwänden und bietet alle Vorteile (und Nachteile) eines in sich geschlossenen Hotellebens.

Vom nahe gelegenen **Puru Uluwatu,** das auf einer steilen Klippe 100 Meter über dem Meer liegt, lassen sich Sonnenuntergänge beobachten.

An der Westküste Südbalis liegt **Kuta Beach,** das sich unlängst zu einem Einkaufs-und Strandparadies entwickelt hat. Es wurde in den frühen siebziger Jahren von Surfern „entdeckt" und besticht vor allem durch seinen breiten Strand, seine Brandung und spektakuläre Sonnenuntergänge. Am Strand und in den Nebenstraßen werden zahlreiche einfache Unterkünfte angeboten, und viele Restaurants, Cafés, Pubs, Boutiquen, Diskotheken, Kunstläden und kleine Reisebüros

**Links**: Traditionelles Auslegerboot am Strand von Sanur. **Rechts**: Die Fischgründe rund um Bali sind unermeßlich reich.

reihen sich aneinander. Jedenfalls ist Kuta einer der Orte auf Bali, in denen man gut einkaufen und essen kann. Und Fahrräder werden an mehreren Stellen verliehen, mit denen man in nur wenigen Minuten weg vom Trubel kommt und leere Strände und stille Reisfelder erreicht.

Nördlich von Kuta liegt **Legian,** ein eigenständiges, viel ruhigeres Touristenzentrum. Noch weiter nördlich folgt **Seminak** und danach die freie Natur. Am Nordende des Strandes, direkt an der Flußmündung, steht der **Peti-Tenget-Tempel.** Hier sollen der erste javanische Priester der Hinduisten und der erste Holländer die Insel betreten haben.

Noch weiter nördlich liegt an der Hauptstraße **Kerobokan,** ein Dorf, das sich seinen ursprünglichen Charakter bewahrt hat. Die Hauptstraße, an der mehrere Schreine liegen, führt zu einem Palast mit reichen Schnitzereien. Auch den „Jugendstil"-Tempel im benachbarten **Kaji** sollten Sie sich anschauen; von dort führt die Straße weiter nach **Sempidi** mit seinen bemoosten Kanälen, Bächen, Dämmen und Wasserfällen.

Die Einwohnerzahl von **Denpasar** hat sich seit 1945 verzehnfacht – es ist mittlerweile zu einer geschäftigen Stadt mit rund 200 000 Einwohnern angewachsen. Bis hin in die ausgedehnten Vororte gibt es eine Menge zu sehen. Am Hauptplatz ereignete sich im Jahr 1906 ein grauenhafter Massenselbstmord *(puputan),* zu dessen Gedenken staatliche Stellen ein Denkmal errichteten. Auf einer Straßenkreuzung steht die fünf Meter hohe Statue von Bhatara Guru, dem Lehrer und Verweser des Königreiches, und auf dem Platz selbst symbolisiert eine Bronzestatue in dreifacher Lebensgröße die Rolle der Bauern im Kampf für die Unabhängigkeit des Landes.

Im **Bali-Museum** am Ostende des Platzes werden archäologische Funde und balinesische Handwerkskunst gezeigt. Die Architektur des Museums vereinigt Tempel und Palast. Gegenüber dem *kulkul* steht ein erhöhter Pavillon. Das Hauptgebäude mit der großen säulenumstandenen Terrasse erinnert an den **Karangasem-Palast** in Ostbali. Das fensterlose Gebäude zur Rechten repräsen-

**Auch Parasailing wird am Strand von Sanur angeboten.**

tiert den Tabanan-Stil, in dem die Paläste Westbalis gebaut sind, während das Backsteingebäude auf der linken Seite an den Stil der Paläste um Singaraja im Norden erinnert.

Der erst kürzlich erbaute **Pura-Jagatnatha-Tempel** ist Sanghyang Widi Wasa, dem obersten Gott geweiht. Jeden Monat versammeln sich bei Vollmond Jugendliche, um ihm ihre Verehrung entgegenzubringen. Der hohe *padmasana* aus weißen Korallen symbolisiert die universale Ordnung, die Schildkröte und zwei *naga*-Schlangen sollen die Entstehung der Welt versinnbildlichen.

In den vierstöckigen Markthallen **Pasar Badung** in der Nähe des Zentrums werden Obst, Gemüse, Gewürze, Kleider, Korbwaren, allerlei rituelles Zubehör, Kochgeräte aus rostfreiem Material, Bambus und vieles mehr verkauft. In der nahen Umgebung, vor allem in der Jalan Sulawesi, gibt es viele Gewerbebetriebe und Goldschmiede. In der Jalan Gajah Mada befinden sich zahlreiche Elektrogeschäfte und Großbanken. Westlich des Kanals lockt das **Kumbasari-Einkaufszentrum** mit Kinos und Kunsthandwerksbuden. Das Nachtleben in Denpasar findet um Kumbasari und in der Nähe der beiden anderen nachts geöffneten Märkte an der **Kereneng-Busstation** und in der Jalan Diponegoro am **Pasar Malam Pekambinan** statt.

Am Vormittag sollten Sie Balis führendes Konservatorium, das **KOKAR/SMKI,** für Musik, Tanz und Marionettenspiel an der Jalan Ratna besuchen; die Proben sind öffentlich. ASTI, die Oberstufe der Schule, arbeitet auf dem Gelände des **Werdi Budaya,** im Zentrum für darstellende Kunst am Abian Kapas. Auch hier sind Zuschauer bei den Proben willkommen.

Auf der Freilichtbühne des Zentrums finden regelmäßig Abendvorstellungen statt. Und alljährlich im Juni und Juli wird das Kulturfestival mit umfangreichem Programm veranstaltet: *gamelan*- und Kunstwettbewerbe, Tanz- und Theateraufführungen und Ausstellungen von Kunsthandwerk. Tausende von Kunstliebhabern und Bali-Fans aus aller Welt kommen dann hierher.

**Unten links: Die steile Felsenküste bei Uluwatu. Rechts: Im Bali-Museum in Denpasar.**

# Streifzug durch Bali

Der Weg von den Stränden der Südküste ins Innere der Insel führt zunächst in den zentralen Bezirk **Gianyar,** eine Region, die sicherlich die exotischste und künstlerischste der Insel ist. Schon im 17. Jahrhundert bezogen die Radschas aus den Dörfern dieser Gegend nicht nur Schnitzereien und Schmuck, sondern auch ihre Tänzer.

Nordöstlich von Denpasar liegt das Dorf **Batubulan,** in dem Tag für Tag vor Touristen *Barong-* und *Kecak*-Tänze aufgeführt werden. Aber Batubulan ist auch wegen seiner herrlichen Tempel bekannt. Der in nahe gelegenen Steinbrüchen gewonnene Speckstein eignet sich ideal für die kunstvollen Schnitzereien, die die Schreine schmücken. Besonders interessant ist der **Pura-Puseh-Tempel.** Das massive Tempeltor ist auf der einen Seite von einem hinduistischen Pantheon und auf der anderen von einem meditierenden Buddha flankiert.

**Celuk** gilt als Zentrum der Gold- und Silberschmiede, die hier von jungen Jahren an ausgebildet werden und überwiegend Filigranarbeiten verkaufen. Aus dem ehemaligen chinesischen Handelsort **Sukawati** stammen die bedeutendsten Marionettenspieler Balis. In **Batuan** sind vor allem Tanz und Malerei sehr verbreitet. In den dreißiger Jahren war die Malschule von Bantuan unter der Leitung des deutschen Künstlers Walter Spies die erste in Bali, die weltliche Motive wiedergab.

In **Mas** wird vor allem die Kunst des Schnitzens gepflegt. Früher wurden hier nur religiöse Arbeiten oder Aufträge von Königen ausgeführt, heute entstehen überwiegend dekorative und expressionistische Werke für den Export. Ida Bagus Nyana lebte in Mas, dessen visionäre Skulpturen aus den vierziger Jahren in der Galerie seines Sohnes Ida Bagus Tilem ausgestellt sind. In **Peliatan** bietet eine besonders auftrittsfreudige Tanzgruppe das ganze Jahr über hervorragende Aufführungen an.

**Ubud** ist zum Mekka für einheimische und internationale Künstler geworden, die von der schöpferischen Atmosphäre profitieren. In den dreißiger Jahren tat sich der ortsansässige Aristokrat Cokorda Sukawati mit dem deutschen Maler Walter Spies zusammen und gründete die Künstlervereinigung Pita Maha. Viele Arbeiten dieser Gruppe sind im **Puri-Lukisan-Museum** ausgestellt. Zu den Mitgliedern der Pita-Maha-Gruppe zählte auch der bedeutende Maler I Gusti Nyoman Lempad. Seine Federzeichnungen fanden viel Anerkennung; einige seiner Arbeiten sind in den von seinen Kindern geführten Galerien ausgestellt.

Das schönste an Ubud ist aber die ländliche Umgebung. Nehmen Sie sich Zeit, aus dem Dorf hinauszuwandern, etwa zu dem rund eineinhalb Kilometer südlich gelegenen **„Affenwald"-Tempel.**

Östlich von Ubud sollten Sie die geheimnisvolle **Goa Gajah** (Elefantenhöhle) aufsuchen, in deren geschnitzter Eingangspforte man das Porträt eines Elefanten zu erkennen glaubte. Wahrscheinlich diente sie ehemals buddhistischen Einsiedlermönchen als Unterkunft; 1923 wurde sie einschließlich der

**Links: Auf Terrassen wird Reis angebaut und durch ein ausgeklügeltes System bewässert. Rechts: Ein Holzschnitzer bei der Arbeit.**

Badeteiche entdeckt und freigelegt. Ganz in der Nähe liegen die Ruinen von **Yeh Pulu** aus dem 14. Jahrhundert mit einem einzigartigen Fries, von dem es heißt, daß ein Riese es mit dem Daumennagel eingeritzt habe.

Nördlich von **Bedulu** liegt gleich an der Hauptstraße das **Archäologische Museum,** in dem jungsteinzeitliche Axtköpfe, Sarkophage, Waffen, Bronzeschmuck und chinesische Keramiken ausgestellt werden. In nächster Nähe wartet eine Anzahl von Tempeln mit interessanten Objekten auf. Am bekanntesten ist der **Pura-Penatera-Sasih-Tempel,** in dem eine als *Mond von Pejeng* bekannte 2000 Jahre alte Trommel aus Bronze gefunden wurde, die in Form einer Sanduhr aus nur einem Stück gegossen wurde.

An der Paßstraße, die zum **Mount Batur** hinaufführt, liegen zwei der heiligsten Orte Balis. **Gunung Kawi** ist ein einzigartiges uraltes Königsgrab in einer feuchten Schlucht, zu dem man über eine Treppe und durch einen steinernen Torbogen gelangt. Die **Pura-Tirta-Empul-Quelle** bei **Tampaksiring** entstand der Überlieferung nach, als der Gott Indra einen Stein durchbohrte, um mit dem heiligen Wasser *amerta* seine vergiftete Armee wieder zum Leben zu erwecken.

**Rundfahrt durch Nordbali:** Hinter Tampaksiring bietet sich ein überwältigender Ausblick über Bali und den unterhalb liegenden Vulkansee **Batur.** Am Rande des Kraters mit seinen 20 Kilometern Durchmesser liegt das Dörfchen **Penelokan,** in dem man motorisierte Kanus für Ausflüge zu der prähinduistischen Gemeinschaft der Bali Aga in **Trunyan** oder zu den heißen Schwefelquellen von **Toya Bungkah** mieten kann. Am Westrand des Kraters liegt **Kintamani,** und nicht weit davon, auf dem Gipfel des **Mount Penulisan,** wurde der höchstgelegene Tempel Balis erbaut, der **Pura Ulun Danu,** den die Könige von Pejeng vermutlich der Göttin Danu weihten.

Die Kultur des Nordens unterscheidet sich wesentlich von der des Südens: Die Menschen sprechen schneller, die Musik ist lebhafter und die Tempelverzierungen sind bizarrer. Die Reliefs am **Pura-Ma-**

**Eingang zur Goa Gajah.**

## PRACHTVOLLE BALINESISCHE TÄNZE

Das traditionelle Bali wurde einst als „Theaterstaat" beschrieben. Im Laufe der Jahre ist die so lebendige und kraftvolle Kultur dieser Insel sicher nicht unbeeinflußt geblieben, aber nach wie vor nehmen Tanz und Theater die beherrschende Rolle ein, die sie seit jeher im Leben der Balinesen spielten.

Wie auf Java, ist der indische Einfluß auch auf Bali unverkennbar. Die balinesischen Tänzer ähneln aber mehr als die javanischen den Tänzern, die auf klassischen hinduistischen Tempelreliefs dargestellt sind. Zwar nimmt der balinesische wie der javanische Tänzer die „indische" Stellung ein – seine Knie sind angewinkelt, die Füße nach außen gestellt, der Oberkörper ist aufrecht, der Kopf schräg, die Gestik der Hände und die Fingerbewegungen ausdrucksvoll –, aber er vermittelt dennoch gänzlich andere Eindrücke.

Die Javaner haben langsame, kontrolliert fließende Bewegungen, bei denen die Augen niedergeschlagen und die Gliedmaßen dicht am Körper gehalten werden; der balinesische Tänzer hingegen ist spürbar energiegeladen – er tanzt mit aufgerissenen Augen, vollführt Sprünge nach rechts und links, schreitet mit ausholenden Schritten einher, wirft die Arme in die Höhe und bewegt sich schnell und geschmeidig; einen echten Javaner würde dieser Ausdruck erschrecken.

Alle Tänze haben rituellen Charakter. Zu jedem Tempelfest gehören auf Bali Tanz- oder Theateraufführungen, mit denen die Götter unterhalten und wohlwollend gestimmt, aber auch die Teilnehmer erfreut werden sollen. Es wird fein unterschieden zwischen religiösen *(wali)*, rituellen *(bebali)* und lediglich unterhaltenden *(bali-balihan)* Tänzen.

Der *Legong-Keraton* ist seit den zwanziger Jahren der beliebteste Tanz auf Bali. Er ist häufig bei dörflichen Tempelfesten zu beobachten und zählt zu den beliebtesten Touristenattraktionen. Zwei sehr junge Tänzerinnen werden beim *Legong* von einem Zeremonienmeister vorgestellt, der zuerst die Bühne fegt und den Tänzerinnen ihre Fächer überreicht. In golden glitzernden Kostümen und mit *frangipani*-Blüten geschmücktem Haar führen die Tänzerinnen dann eine von insgesamt zwölf Geschichten vor.

Der bekannteste balinesische Tanz ist heute der *Barong*, der durch Margaret Meads Film *Trance and Dance in Bali* (um 1950) unsterblich wurde. Er stellt den Kampf der guten und bösen Mächte im Universum dar, die von dem gutmütigen Tier *Barong* und der Hexe *Rungda* verkörpert werden.

Der machtvolle *Kecak*-Tanz entwickelte sich 1928 aus dem Trancetanz *Sanghyang Dedari*. Der Chor wurde aus der Tanzgruppe herausgelöst und spielt in dem *Ramajana*-Epos nunmehr die Rolle der Armeen des Affenkönigs *Hanuman*. Der *Kecak* wird von hundert singenden und sich wiegenden Männern im Lendengewand getanzt und ist zur größten und viel bestaunten Touristenattraktion in Bali geworden.

In den dreißiger Jahren schuf der legendäre Tänzer und Choreograph I Nyoman Mario den *Kebyar*, einen virtuosen Solotanz, der im Sitzen nur mit dem Oberkörper ausgeführt wird. Eine weitere Kreation Marios ist der *Oleg Tambuliingan*, der das Liebesleben zweier Hummeln in einem Blumengarten schildert. ■

**Die klassische balinesische Maske eines alten Mannes, einer Figur des *Topeng*-Tanzes.**

**duwa-Karang-Tempel** in **Kubutambahan** beispielsweise sind eher „volkstümlich", zeigen leichenfressende Bestien, Liebende und einen holländischen Beamten auf einem Fahrrad. Auf den Reliefs am **Jagaraga-Tempel** erkennt man Europäer in einem Ford-Kombi, ein ins Meer stürzendes Propellerflugzeug und ein von Meeresungeheuern angegriffenes Dampfschiff.

Die ehemalige niederländische Haupt- und Hafenstadt **Singaraja** macht heute einen eher verschlafenen Eindruck. Das **Gedung Kerta** an der Jalan Veteran beherbergt eine große Sammlung von Manuskripten auf Palmblättern *(lontar).*

An der Nordküste ist der **Lovina-Strand** ideal für alle, die Ruhe und Abgeschiedenheit suchen. Eine alternative Straße windet sich in westlicher Richtung durch die Berge und führt am Ufer des **Bratan-Sees** vorbei. Hier steht ein staatlich betriebenes Gästehaus mit Restaurant. Am Ufer sollten Sie sich die anmutige Pagode des **Ulun-Danu-Tempels** ansehen, in dem die Wassergöttin Dewi Danu verehrt wird. Unterhalb des Sees gelangt man nach **Bedugul,** auf dessen Markt Orchideen und Farne verkauft werden.

Von Bedugul führt die Straße hinunter nach **Mengwi** mit dem prächtigen **Pura-Taman-Ayun-Tempel,** dessen weitläufige Anlage von einem Wassergraben umgeben ist und an einen Lotosteich grenzt. Nordöstlich von Mengwi gelangt man in den berühmten **Affenwald von Sangeh,** in dem auf Muskatbäumen und einem moosbewachsenen Tempel eine ungezogene Affenherde herumturnt.

An der Südwestküste von Bali thront auf einem großen Felsen vor der Küste der **Tanah-Lot-Tempel,** der von Nartha, einem Heiligen der Hindus, begründet wurde. Bei Ebbe kann man hinübergehen und zum Tempel hinaufsteigen.

**Ostbali:** Von Süden her führen alle Straßen durch **Gianyar,** das Zentrum der Webindustrie auf Bali. Noch immer werden hier handgewebte und handgefärbte Textilien hergestellt, allerdings verwendet man mittlerweile auch maschinengesponnene Garne, chemische Schnellfärber und Lamettafolien.

**_Kecak_-Tänzer vor dem Tanah-Lot-Tempel.**

Nicht weit entfernt liegt die einstige Königsstadt **Klungkung.** Im Zentrum sind die Gerichtshalle **Kerta Gosa** (aus dem 18. Jahrhundert) und der schwimmende Pavillon **Bale Kambang** sehenswert. Die Deckengemälde in der Kerta Gosa mit Szenen aus der *Bima Suarga* gelten als Gegenstück zu Dantes *Inferno*.

Von Klungkung führt durch üppige Reisfelder eine Bergstraße nordwärts zum **Pura-Besakih-Tempel,** dem „Muttertempel" Balis, in dem alle Gottheiten der Insel versammelt sind. In diesem jahrhundertealten Heiligtum besitzt jede der vielen balinesischen Gesellschaftsgruppen einen eigenen Schrein und hält eigene *odalan*-Feierlichkeiten ab. An der Küstenstraße östlich von Klungkung liegt der **Goa-Lawah-Tempel,** einer der neun großen Tempel Balis, der in eine Höhle hineingebaut wurde. Angeblich führt von hier aus ein unterirdischer Gang hinauf nach Besakih.

Etwa 15 Kilometer hinter Goa Lawah kommt man in die malerische Hafenstadt **Padang Bai.** Ausflugsschiffe machen hier fest, und eine Fähre setzt nach **Lombok** über. Weiter östlich erreicht man den neuen Badeort **Candi Dasa. Tenganan** liegt landeinwärts, in einem hügeligen Gebiet mit üppig wachsenden Bambuswäldern und vielen Feigenbäumen. Hier ist der prähinduistische Bali-Aga-Stamm zu Hause, der sich eigene Traditionen bewahrte. In Tenganan werden die heiligen *geringsing*-Stoffe gewoben, die in ganz Bali bei Tempelritualen verwendet werden und ihre Träger vor Krankheit und bösen Einflüssen schützen sollen.

Die östlichste Stadt auf Bali ist **Amlapura** (ehemals Karangasem), die Heimat des Königs von Bali, der als einziger nach der niederländischen Eroberung Amt und Titel behalten durfte. Sein Palast **Puri Kanginan** ist in europäischem und chinesischem Stil ausgestattet. Rund acht Kilometer weiter südlich, in **Ujung,** stehen die Ruinen seines ersten Palastes. Nördlich von Amlapura kann man die Teiche von **Tirta Gangga** besuchen, die nach ihrer Fertigstellung im Jahr 1946 als hydraulisches Meisterwerk gefeiert wurden. Mittlerweile bieten einige preiswerte Gästehäuser Zimmer an.

**Der Pura-Besakih-Tempel, Schauplatz der *Eka-Dasa-Rudra*-Zeremonie.**

# DIE ABGELEGENEREN INSELN INDONESIENS

Mehr als 60 Prozent der zwei Millionen Besucher, die jährlich nach Indonesien kommen, beschränken ihre Reise auf Java und Bali. Sicherlich sind diese beiden Inseln das Herz der indonesischen Kultur, und doch gehören noch weitere 13 675 Inseln zum Archipel, die in sich weitere Zentren bilden. Die meisten von ihnen besitzen eine eigene Kultur mit einzigartigen Sitten und Gebräuchen, und gerade das macht Indonesien zu einem der vielseitigsten Kulturkreise der Erde.

Sumatra ist die sechstgrößte Insel der Erde, ein ausgedehntes Gebiet mit Bergen, Wäldern und Sümpfen, das sich parallel zur Malaiischen Halbinsel erstreckt. Sumatra ist die vitalste Insel Indonesiens, die jährlich Milliarden Dollar mit dem Export von Öl und Gas umsetzt. Zusätzlich besitzt es enorme Kohlevorkommen und Holzplantagen. Sumatra ist auch völkerkundlich betrachtet eine reiche Insel mit Hunderten von ethnischen Gruppen, unter ihnen die Stämme der Batak und Minangkabau.

Nusa Tenggara, die Inselkette, die jenseits von Bali liegt, bildet die Übergangszone zur Welt des Pazifik. Der strenge Islam wurde nach und nach von Christentum und alten animistischen Riten zurückgedrängt. Beuteltiere, riesige Reptilien und andere australische Tier- und Pflanzengattungen sind hier beheimatet. Die Musik, die Kleidung, die Art zu wohnen und sogar das Auftreten der Einwohner nimmt Züge an, die für den Pazifikraum typisch sind.

Zwei Drittel Kalimantans (Borneos), der drittgrößten Insel der Erde, gehören zu Indonesien. Auch diese Insel ist reich an Bodenschätzen wie Erdöl, Erdgas und Kupfer. Und doch ist das Leben im Inneren der Insel primitiv und mysteriös. Hunderte der eingeborenen Dayak-Stämme pflegen dort noch eigene Sitten und Gebräuche und sprechen eine eigene Sprache.

Weiter östlich liegt Sulawesi (Celebes), eine mächtige, seltsam geformte Insel mit scheinbar vier baumelnden Armen. Vor allem bekannt als Heimat zweier auffälliger Volksgruppen – der Toraja und der Bugis – rühmt sich Sulawesi seiner großen Vielzahl an exotischen Stämmen, Landschaften und Naturwundern.

Die Molukken – Hunderte im Meer verstreuter Inseln – lockten in dieser Region als erste die Europäer an, denn sie galten als die berühmten Gewürzinseln, Heimat der Muskatblüten und -nüsse und der Gewürznelken, die auf dem europäischen Markt Gold wert waren. Heute ist das einst mächtige Sultanat der Molukken nur noch ein Schatten seiner selbst.

Noch weiter entfernt liegt Irian Jaya, die westliche Hälfte Neuguineas, die zweitgrößte Insel der Erde. Dies ist einer der letzten, von der Zivilisation weitgehend unberührten Orte, ein unerschlossenenes Gebiet, das sich noch der modernen Welt verschließt. Das Terrain erstreckt sich von malariaverseuchten Urwäldern bis hin zu schneebedeckten Berggipfeln, und viele der an die hundert Stämme leben noch wie in der Steinzeit.

**Vorherige Seiten: Licht und Schatten im Regenwald Indonesiens. Links: Die Inseln östlich von Bali sind nur dünn besiedelt.**

# SUMATRA

Sumatra, die drittgrößte Insel Indonesiens und die sechstgrößte der Erde, ist strategisch, wirtschaftlich und politisch schon immer eine Art „Rückgrat" des Archipels gewesen. Der Einwohnerzahl nach (30 Millionen) nimmt Sumatra die zweite, dem Exportvolumen nach (Erdöl, Erdgas, Gummi, Palmenöl, Tabak, Tee und Edelhölzer) die erste Stelle unter den indonesischen Inseln ein. Sumatra steht am Scheideweg Asiens, als Erbe einer großen und illustren Vergangenheit und dabei Heimat vieler stolzer und streng auf Unabhängigkeit bedachter Völker. Heute ist Sumatra nach Bali und Java das beliebteste Reiseziel Indonesiens.

Die südliche Hälfte ist der reichste und zugleich ursprünglichste Teil der Insel. Die Provinz Lampong liefert allein 40 Prozent des indonesischen Öl- und Gummivorkommens, und doch kann man immer noch auf den Fernstraßen einem Tiger begegnen. Während in Java die Siedler auch die abgelegensten Urwälder erschlossen haben, durchstreifen hier nach wie vor animistische Stämme wie die Kubu oder die Sakai die Sümpfe, um Affen oder Vögel zu jagen.

Überquert man von Westjava aus die Meerenge von Sunda, so ist der nächste Hafen auf Sumatra **Bakauhuni.** Von der Fähre aus kann man den gewaltigen Inselvulkan **Krakatau** sehen, bei dessen Ausbruch 1883 über 35 000 Menschen ums Leben kamen; das Klima der Erde war deshalb über ein Jahr lang beeinträchtigt. Die südlichste Eisenbahnstation Sumatras ist **Tanjungjarang.** Die Orte in der näheren Umgebung sind eher uninteressant, aber im nahe gelegenen **Way-Kambas-Reservat** kann man freilebende Elefanten und Tiger beobachten.

**Palembang,** etwa 200 Kilometer landeinwärts an den Ufern des Flusses Musi gelegen, ist die fortschrittlichste und zweitgrößte Stadt (600 000 Einwohner) Sumatras. Hier ist das Zentrum der Erdölindustrie; in **Plaju** entstand eine große petrochemische Produktionsgenossenschaft und in **Sungei Gerong** eine riesige

**Bewaldete Sumpfgebiete in Ostsumatra.**

Raffinerie. Etwa 800 vor Chr. war Palembang eine blühende internationale Hafenstadt und ehemals spirituelles Zentrum Tausender von Mönchen des Mahayana-Buddhismus, die hier studierten und buddhistische Schriften übersetzten. Heute ist die Stadt eher langweilig. Lediglich das **Rumah-Bari-Museum** ist sehenswert, das Kunst, Handwerk und Waffen verschiedener Epochen der regionalen Geschichte ausstellt.

Westlich der Ölfelder liegt das **Pasemah-Plateau,** das mit Megalithen, Säulen und anderen Steinruinen übersät ist. Es sollen die kunstvollsten Steinskulpturen Indonesiens sein (um 1000 n. Chr.). Unförmige Felsen wurden zu Kriegern auf Elefanten, kämpfenden Bullen und aggressiven Schlangen gehauen.

An der Westküste Sumatras kommt man in die Hafenstadt **Bengkulu** (Bencoolen), die 1685 von den Briten erbaut wurde. Das **Fort Marlborough** (1762) ist noch gut erhalten, im alten Pförtnerhaus stehen englisch beschriftete Grabsteine. Sir Thomas Stamford Raffles war zwischen 1818 und 1823 Vizegouverneur von Bencoolen. Besonders sehenswert ist auch der **Botanische Garten Dendam Taksuda.**

Sumatras größtes Naturreservat ist mit 1,5 Millionen Hektar Gesamtfläche das **Kerinci-Seblat-Reservat,** das sich längs der Grenze zwischen Jambi und den Provinzen Westsumatras hinzieht. Hauptort des Parks ist **Sungai Penuh,** von wo aus Wanderwege zu den Hochlandsümpfen von **Danau Bentu,** den tropischen Regenwäldern um **Gunung Seblat** und zum Kratersee des **Gunung Tujuh** führen. Zahlreiche Tiere leben in diesem Gebiet in freier Wildbahn, darunter Elefanten, Nashörner, Tiger, Tapire, gefleckte Bengalenkatzen und Malaienbären. Es sollen auch etliche Fabelwesen umherstreifen, unter ihnen auch der *orang-pendek* (halb Mensch, halb Affe) und der *cigau* (halb Löwe, halb Tiger).

**Padang** ist mit 250 000 Einwohnern die Hauptstadt der Provinz Westsumatra. Mit den breiten Straßen, der traditionellen Architektur und den gemächlichen *dokars* (Pferdewagen) wirkt die Stadt rückständig, obgleich sechs Kilometer

**Fort Marlborough in Bengkulu.**

entfernt der belebte Hafen **Teluk Bayur** liegt. Berühmt ist Padang für *nasi padang*, eine Zusammenstellung von 10 bis 20 scharfen Speisen, die kalt mit Reis serviert werden. Von Interesse ist nur das Museum mit einer Sammlung von Gebrauchsgegenständen der Minangkabau.

Die Heimat der freundlichen und kultivierten Minangkabau liegt im Hochland nördlich von Padang. Ihre Kultur beherrscht diese Region und steht im krassen Gegensatz zu der der Batak, die im Hinterland leben. Anthropologen sind immer wieder von den Minangkabau fasziniert, da sie streng am Islam festhalten und zu den größten noch verbliebenen matriarchalischen Gesellschaften gehören. Einer Legende nach entstammt ihr Name einem Sieg *(menang),* den vor langer Zeit ein Wasserbüffel *(kabau)* aus Sumatra über einen aus Java erlangte.

Wenige Fahrstunden nördlich von Padang liegt **Batusangkar,** die ehemalige Residenz der Minangkabau-Könige. Im Zentrum steht noch ein gut erhaltenes Clanhaus *(rumah adat)* und ganz in der Nähe liegt das **Padang Panjang,** das Konservatorium für Tanz und Musik der Minangkabau.

Die eigentliche Hauptstadt der Minangkabau ist das 920 Meter über dem Meer gelegene wunderschöne **Bukittinggi,** ein kühler, aber sonniger Ort, dessen Bewohner außergewöhnlich gelassen und freundlich sind. Wahrzeichen der Stadt ist der Uhrturm auf dem Hauptplatz. Angeschmiegt an einen der nahegelegenen Hügel liegt das **Rumah-Adat-Baandjuang-Museum**, ein 140 Jahre altes Clanhaus, in dem Kulturgüter der Minangkabau ausgestellt sind, darunter Hochzeits- und Tanzkostüme, Kopfbedeckungen, Musikinstrumente und andere kunstgewerbliche Produkte.

Auf einem anderen Hügel im Westen der Stadt liegt das von den Holländern erbaute **Fort de Kock** (1825) mit Blick über das umliegende Land, auf den rauchenden Vulkan **Gunung Merapi** und den **Ngarai Canyon,** den sogenannten „Grand Canyon" Indonesiens. Ein Pfad schlängelt sich durch die Klamm nach **Kota Gadang,** in ein Dorf, das berühmt für seine filigranen Silber- und Goldarbeiten und handgewebten Tücher ist.

Fährt man auf dem Trans-Sumatra-Highway nördlich durchs Hochland, so überquert man bei **Bonjol** den Äquator; eine große Weltkugel und ein Schild markieren die Stelle. Etwa zwei Stunden östlich der Stadt **Padang Sidempuan** stehen die Ruinen von **Padang-lawas,** einem ehemaligen Hindu-Tempel (aus dem 11. und 12. Jahrhundert). Der Highway trifft bei **Sibolga** erneut auf die Küste. Von hier aus setzen Fähren zu den entlegenen Nias-Inseln über.

Eine einsame Attraktion im nördlichen Teil Zentralsumatras ist der große ovale, blaugrüne **Toba-See,** der auf einer Hochebene im Land der Batak liegt. Sechs Hauptstämme der Batak mit über drei Millionen Angehörigen leben hier. Jeder Stamm pflegt seinen eigenen Dialekt und eigene Bräuche. Konfrontiert mit dem nahezu fanatischen Glauben an den Islam, wie ihn die Stämme der Aceh und Minangkabau betreiben, blieben die Batak animistisch und lebten als Kannibalen, bis Mitte des 19. Jahrhunderts Missionare sie zu einer mystischen Version des Christentums bekehrten.

**Der Uhrturm in Bukittinggi.**

Der Toba-See bildete sich nach einem prähistorischen Vulkanausbruch und ist mit 1707 Quadratkilometern der größte See in Südostasien, mit 450 Metern einer der tiefsten der Erde und mit 900 m ü. d. M. einer der höchstgelegenen. Inmitten von pinienbewachsenen Bergzügen und schroffen Felsen herrscht hier ein kühles, angenehmes Klima, manchmal regnerisch, aber niemals feucht.

**Prapat** ist ein großer Ferienort am Ostufer des Sees. Hotels, ein Golfplatz und der Samstagsmarkt laden zum Verweilen ein, aber der schönste Ort liegt inmitten des Sees, auf der **Insel Samosir.** Täglich verkehren Schiffe zwischen Prabat und Samosir, die die Passagiere direkt nach Tuk Tuk bringen oder zu einem der vielen *losmen,* die auf der Insel für Übernachtungen zur Verfügung stehen. Im Touristenort **Tuk Tuk** wurde auch ein Gemeinschaftssaal für Tanzveranstaltungen der Batak gebaut. Besuchen Sie aber auch die vielen anderen kleinen Dörfer auf der Insel, vor allem **Tomok** und **Simanindo.** Der interessanteste Ort ist jedoch zweifellos **Ambarita** mit seinen drei megalithischen Steinmonumenten. In einem der Monumente steht ein kannibalischer Frühstückstisch. Hier tötete man das Opfer, enthauptete und zerlegte es auf einem Stein und kochte es mit Büffelfleisch, um es dann dem Radscha zu servieren, der dazu Blut trank.

Fast 50 Kilometer östlich des Sees liegt die zweitgrößte Stadt Sumatras, **Pematang Siantar,** das Zentrum der Gummi- und Palmölgewinnung. Im **Simalungun-Museum** ist eine hervorragende Sammlung von Gebrauchsgegenständen der Batak untergebracht. Der Highway führt von hier weiter zur Küste an die Meerenge von Malakka und dann nordwestlich nach Medan.

Das ausufernde, dichtbesiedelte **Medan** (1,5 Millionen Einwohner) ist die größte Stadt Sumatras, das Tor zum Norden der Insel. Medan entwickelte sich nach der Eroberung des Sultanats von Deli durch die Holländer (1872) zu einer blühenden Handelsstadt. Zahlreich sind die architektonischen Überreste aus der Kolonialzeit, Baudenkmäler des Rokoko-, Art-deco- und Jugendstils. Das Han-

**Ein traditionelles Clanhaus der Minangkabau in Westsumatra.**

delszentrum liegt entlang der Jalan Jendral A. Yani und um den Merdeka-Platz. Ein lebhafter Markt wird in der Nähe abgehalten. Medans Hauptattraktionen sind die große **Moschee Masjid Raya** und der Sultanspalast **Istana Maimun,** der in üppigem italienischem Rokoko erbaut wurde. Jenseits des Deli-Flusses gelangt man in die **Europäische Stadt**, in der an breiten Straßen große Villen im Kolonialstil mit weitläufigen Gärten liegen. Auch die im Art-deco-Stil erbaute protestantische **Immanuel-Kirche** von 1921 und das **Bukit-Kubu-Museum,** in dem gezeigt wird, wie die Stämme auf Sumatra leben, können Sie hier sehen. Indonesiens größter chinesischer Tempel, **Vihara Gunung Timur,** steht in der Jalan Hang Tua. Sowohl Buddhisten als auch Taoisten kommen zur Andacht hierher. Fotografieren ist verboten.

Sumatras nördlichste und Indonesiens westlichste Provinz ist Aceh, in der die ersten Kontakte zu anderen Ländern zustande kamen. Indische Kaufleute brachten im 7. und 8. Jahrhundert den Hinduismus und den Buddhismus ins Land; den Islam führten Araber und Inder dann im 13. Jahrhundert hier ein. Im 16. Jahrhundert gingen die Portugiesen in Aceh an Land, im darauffolgenden Jahrhundert kamen die Holländer und die Briten.

Am schnellsten erreicht man Aceh auf dem Trans-Sumatra-Highway von Medan aus entlang der Küste. Eine interessantere Straße aber führt durch das **Alas-Tal**. Der erste Stopp auf diesem Weg ist 68 Kilometer südlich von Medan **Brastagi,** ein Bergort und zugleich die Marktstadt der Region. Von den Holländern stammen noch die Gästehäuser, Villen und ein imposantes Hotel. In Brastagi herrscht ein mildes Klima, ideal für den Anbau von Schnittbohnen, Karotten, Tomaten, Passionsfrüchten, Orangen und Blumen. Aceh ist die Heimat der Karo Batak, deren mächtige Holzbauten besichtigt werden können.

**Kabanjahe** liegt zwischen der Provinz Aceh und der Region des Toba-Sees. Im Hinterland von Kutacane leben die Gayo und Alas. Im 17. Jahrhundert eroberte der Sultan von Aceh das zerklüftete Hochland und führte den Islam ein, aber viele

**Der Toba-See liegt auf einer Hochebene, die nach prähistorischen Vulkanausbrüchen entstand.**

Gayo hielten an ihrem animistischen Glauben fest.

Eine enge Straße windet sich durch das Alas-Tal zum **Mount-Leuser-Naturreservat** hinauf, das nach dem gleichnamigen, 3466 Meter hohen Vulkan benannt wurde. Elefanten, Tiger, Orang-Utans und eine Menge anderer Säugetiere leben in den dichten Wäldern des Reservats. Nördlich des Parks stehen in **Blangkeseren** zahlreiche Clanhäuser der Gayo und Alas.

Wenn die Hauptstraße bei **Bireuen** wieder an die Küste gelangt, bewegt man sich schon mitten im Kulturland der Aceh. Die Dörfer in dieser Gegend sind von Reisfeldern und Kokospalmenwäldern umgeben, die rechtwinkligen Pfahlbauten sind mit Palmblättern gedeckt. Von **Sigli** (ehemals Padri) brachen die Pilger *(hajis)* nach Mekka auf. Die Holländer eroberten die Stadt um 1804 und zerstörten sie. Ruinen der **Padri-Kraton-Festung** können an der Straße nach Banda Aceh besichtigt werden.

**Banda Aceh,** die Hauptstadt der Region, wurde am Zusammenfluß zweier Flüsse erbaut. Das Fort und der Palast des Sultans wurden zerstört, als 1874 die Holländer einfielen, und nur noch Ruinen der glorreichen Vergangenheit von Aceh können besichtigt werden.

Der **Gunuggan-Palast** wurde im frühen 17. Jahrhundert von Iskandar Muda oder seinem Sohn erbaut. Königliche Grabmäler – unter ihnen auch die Iskandar Mudas – umgeben die ehemaligen Häuser der Aristokraten. In ihnen ist mittlerweile das **Rumah-Aceh-Awe-Gentah-Museum** untergebracht, in dem Dolche, Kleider und Schmuck ausgestellt werden. Die hölzerne **Masjid-Raya-Moschee** wurde ohne einen einzigen Nagels erbaut.

Jenseits von Banda Aceh, an der nördlichsten Spitze Sumatras kommt man an windige und von einer starken Brandung umspülte Strände. Indonesiens äußerster Zipfel ist die Insel **Pulau Weh,** die mit der Fähre oder dem Flugzeug erreicht werden kann. Hervorzuheben sind hier der zollfreie Hafen von Sabang und ihr glasklares Wasser, das Tiefseetauchern ideale Bedingungen bietet.

Die Große Moschee in Banda Aceh.

# NUSA TENGGARA: DIE KLEINEN SUNDA-INSELN

Zu Nusa Tenggara (altjavanisch: südöstliche Inseln) zählen die dicht beieinander liegenden, dünnbesiedelten Atolle östlich von Bali. Zu holländischen Zeiten nannte man sie die unbedeutenderen Sunda-Inseln, zu denen damals auch noch Bali zählte. Bali wurde jedoch 1951 von der neuen Republik Indonesien zur unabhängigen Provinz erklärt, während die anderen Inseln in zwei getrennte Provinzen eingeteilt wurden. Das westliche Nusa Tenggara umfaßt Lombok und Sumbawa, das östliche Sumba, Flores, Timor und auch die übrigen angrenzenden Inseln.

Während die großen Sunda-Inseln (Java, Sumatra, Borneo) in der seichten Java-See liegen und ihre Fläche sich durch zunehmendes Schwemmland vergrößert, ragen die wie unverrückbare Felsblöcke eng beieinanderliegenden kleinen Sunda-Inseln mit hohen Bergen, steilen Küsten und schmalen Stränden aus einem tiefen Seebecken heraus. Das Meer und die Meerengen sind hier so tief, daß es auch während der Eiszeit, als der Meeresspiegel weltweit etwa 200 Meter niedriger lag als heute, keinerlei Landverbindungen zwischen den Inseln gab.

Einer der bekanntesten Naturforscher des 19. Jahrhunderts, Sir Alfred Russell Wallace, verbrachte mehrere Jahre damit, die Tierwelt Indonesiens zu studieren, und er stellte einen großen Unterschied zwischen der eurasischen Tierwelt auf den großen Sunda-Inseln (Affen, Elefanten, Tiger, Nashörner, Hirsche usw.) und den australischen Arten auf den kleinen östlichen Inseln fest. Wallace zog eine Grenze zwischen den Faunagruppen in Bali und Borneo auf der einen Seite und Lombok und Celebes auf der anderen (die sogenannte Wallace-Linie). Spätere Studien haben jedoch gezeigt, daß einige der eurasisch geprägten Arten auf allen Nusa-Tenggara-Inseln vorkommen, während sie auf Neuguinea und in Australien ausgestorben sind. Bei den östlichen Sunda-Inseln handelt es sich folglich um eine Übergangszone (Wallacea), in der eurasische und australische Tierarten nebeneinander leben.

Nusa Tenggara gehören zu den ärmsten und unfruchtbarsten Inseln Indonesiens. Die Mehrheit der zehn Millionen Einwohner sind Bauern und Fischer. Die Regierung versucht, die Verkehrswege auszubauen, mehr Schulen einzurichten und das Gesundheitswesen zu verbessern, was einen Umschwung in einigen ländlichen Gegenden herbeiführte. Viele der abgelegeneren Inseln und Dörfer im Hinterland sind allerdings so isoliert, daß der Fortschritt ihnen relativ wenig anhaben konnte.

**Lombok:** Lombok ist eine Insel voller Gegensätze und Widersprüche: In islamische Zeremonien wurden auch hinduistische Rituale einbezogen. Tropisch feuchter Regenwald grenzt an dürre Ebenen. Und Lombok blieb der negative Einfluß westlicher Kultur weitgehend erspart. Die vielsprachige Bevölkerung – Sasak, Balinesen, Chinesen, Araber – hält an ihrer geruhsamen und von Traditionen geprägten Lebensweise fest.

**Luftaufnahme der südöstlichen Inseln Indonesiens.**

Fast alle Sehenswürdigkeiten Lomboks wie Tempel, Paläste und Dörfer sind an der Westküste zu finden, und die drei größten Städte – Ampenan, Mataram und Cakranegara – liegen nur sechs Kilometern landeinwärts dicht beieinander.

Der Hafen von **Ampenan,** früher ein wichtiger Stützpunkt des Gewürzhandels, besteht heute nur mehr aus einer heruntergekommenen hölzernen Mole mit verlassenen Warenlagern. Das **Maritime Museum** an der Hauptkreuzung versucht, die glorreiche Vergangenheit Ampenans festzuhalten. Das regionale Touristenbüro (Diparda, 70 Jalan Langka) informiert über die Feste, die auf der Insel gefeiert werden.

Von Ampenan führt eine kleine Straße nördlich durch ausgetrocknete Flußbetten und Kokosnußwälder zum Tempel **Batu Bolong Cliff,** der auf einem hohen Felsen über der Ebene thront und sich durch einen natürlichen Steinbogen auszeichnet. Weiter im Norden liegt der hübsche Strand von **Senggigi,** der sich rasch zum Touristenzentrum Lomboks entwickelt. Einige Gästehäuser und kleine Hotels laden zum Übernachten ein. Und vor dem kilometerlangen weißen Sandstrand liegt ein herrliches Korallenriff, das viele Urlauber zum Schnorcheln anlockt.

**Mataram**, die moderne Provinzhauptstadt, hat dem Touristen außer Banken und anderen Serviceeinrichtungen wenig Interessantes zu bieten. Die weißen Tempel von **Mount Pengsong,** zu denen eine lange steile Treppe zwischen Feigenbäumen hinaufführt, stehen im Süden der Stadt. Affen tollen an den umliegenden Abhängen herum.

**Cakranegara** liegt ein wenig östlicher und ist die interessanteste Stadt auf der Insel. Um die Jahrhundertwende war sie die königliche Hauptstadt und ist heute noch immer wichtigstes Handelszentrum Lomboks. Vor allem im arabischen Viertel herrscht geschäftige Aktivität – hier werden die ausgefallensten *sarung* verkauft. Im balinesischen Viertel jenseits des Flusses Ancar findet man vor Sauberkeit blitzende Häuser mit kleinen Innenhöfen im einmaligen Lombok-Bali-Stil. Der zentral gelegene **Pura-Meru-Tempel,** der Haupttempel der hinduistischen

**Ein Blick über Lombok.**

Gemeinde von Lombok, überragt die Hauptstraße. Gleich gegenüber liegt der **Puri Mayura,** der königliche Garten, mit einem Pavillon, der ehemals den Aristokraten der Insel als Gerichtshof und Versammlungsort diente. Der königliche Palast dahinter ist ein relativ schlichtes Gebäude, ein teils im holländischen und teils im balinesischen Stil erbauter Bungalow, der von einem Graben umgeben ist. In ihm ist heute ein Museum mit Fotografien und anderen Erinnerungsstücken aus der holländischen Kolonialzeit untergebracht.

Überragt wird das Inselinnere Lomboks von dem 3800 m hohen Vulkan **Mount Rinjani** mit seinem Kratersee. Der Aufstieg ist mühsam und nicht jedermanns Sache. Man muß sich – auch für die Vorbereitung – viel Zeit nehmen und darf nur in der Trockenzeit (April - Oktober) aufsteigen. Vom hohen Kraterrand aus bietet sich eine atemberaubende Aussicht über die östliche Inselwelt. Im tropischen Regenwald im Inselinneren liegen die 17 Meter hohen **Otakokok-Fälle.** Angeblich besitzen sie heilende Kräfte.

**Sumbawa:** Die zerklüftete Form der Insel Sumbawa – sie ist größer als Bali und Lombok zusammen – entstand als Folge mächtiger Vulkanexplosionen. Sumbawa ist in drei Distrikte unterteilt, die ungefähr den ehemaligen Sultanaten entsprechen: Im Osten liegt **Bima,** im Westen **Sumbawa** und im Inselinneren **Dompu.** Die meisten der 800 000 Einwohner sind Bauern und Fischer, und eine breite Mehrheit bekennt sich zum Islam. Aus Bima stammen die meisten Mekkapilger Indonesiens.

In der Stadt Bima ist einzig der Palast des Sultans sehenswert, in dem eine ausgezeichnete Sammlung königlicher Kronen und *kris* mit Griffen aus edelsteinbesetztem Gold und Elfenbein untergebracht ist. Man gelangt nur mit einer Genehmigung der Stadtverwaltung und nach Zahlung einer Gebühr ins Innere. Eine weitere königliche Residenz weist **Sumbawa Besar** (40 000 Einwohner) auf, die andere Hauptstadt der Insel. Der 1885 ganz aus Holz errichtete Pfahlbau ist mit zwei ungewöhnlichen Schnitzarbeiten versehen.

**Der Kratersee am Mount Rinjani, Lombok.**

In den Hügeln östlich von Sumbawa Besar, in der Nähe des Dorfes **Batu Tering,** sind viele große Steinsarkophage mit eingemeißelten Reliefs zu sehen, auf denen menschliche Gestalten und Krokodile zu erkennen sind. Vermutlich waren dies königliche Grabstätten einer späten neolithischen Kultur vor ca. 2000 Jahren.

Wanderer und Bergsteiger reizt es sicher, den **Gunung Tambora** zu besteigen, den größten Vulkan der Erde. Bei seiner Explosion im Jahr 1815 waren mit einer Kraft, die mehreren Wasserstoffbomben gleichkommt, 100 Millionen Kubikmeter Erdinneres in die Atmosphäre geschleudert worden, wodurch es 1816 zum „Jahr ohne Sommer" kam. Heute hat man von dem 2820 m hohen Kraterrand eine wunderbare Aussicht über die Inselwelt. Von Dempu aus ist es ein Tagesmarsch bis zum Kraterrand.

**Komodo:** Inmitten der Meeresenge zwischen Sumbawa und Flores liegt die Insel Komodo, die Heimat des weltgrößten Reptils, des **Komodo-Drachens** *(Varanus komodoensis).* Dieser riesige Waran (von den Einheimischen *ora* genannt) gehört zu den ältesten Tierarten der Erde. Er ist eng mit den Dinosauriern verwandt, die vor 100 Millionen Jahren auf der Erde lebten. Auf Komodo halten sich noch einige hundert ausgewachsene Drachen. Die Männchen werden bis zu drei Meter lang und erreichen ein Gewicht von 150 Kilogramm. Die Weibchen sind etwa um ein Drittel kleiner. Touren zu den Drachen organisiert das Direktorat für Naturschutz (PPA). Die Führer der PPA kennen sich so gut aus, daß man auf alle Fälle ein paar Drachen zu sehen bekommt. Empfehlenswert ist ein Teleobjektiv, denn man sollte den Tieren nicht zu nahe kommen, da sie mit dem Schwanz tödliche Streiche austeilen können und ihr Speichel extrem giftig ist.

**Sumba:** Diese Insel südlich von Flores und Sumbawa war immer eine der rückständigsten des Archipels, die überwiegend flach und zur Trockenzeit total ausgedörrt ist. Sumba bietet dem Touristen die Möglichkeit, Überreste der alten heidnischen Kultur kennenzulernen.

Über ganz Westsumba verstreut findet man megalithische Gräber, die beein-

**Unten links:** Das Weben eines Musters kann Monate beanspruchen. **Unten rechts:** Ein behauener Megalith.

druckendsten in **Tarung, Pasunga, Lai Tarung** und **Sodan,** aber auch einige im Distrikt der Hauptstadt **Waikabubak.** Das spannendste Inselritual ist das *pasola*, bei dem Gruppen farbenprächtig gekleideter Reiter auf ungesattelten Pferden mit Lanzen gegeneinander kämpfen. Zwar hat die Regierung verordnet, daß die Speere stumpf sein müssen, dennoch kommt es hin und wieder zu Todesfällen. Das *pasola*-Ritual findet im Februar und im März statt.

Ostsumba ist bekannt für seine *ikat*-, Holz- und Webarbeiten, bei denen man Kettfäden färbt, bevor die Schußfäden verwebt werden. Das Weben eines Tuches ist eine langwierige, oft mehrere Monate in Anspruch nehmende Prozedur. In **Praliu** und außerhalb von **Waingapu** kann man Frauen beim Weben zuschauen. *Ikat*-Zentren haben sich an der Südostküste in der Nähe von **Ngallu** und **Baing** gebildet.

**Flores:** Der Name Flores stammt von den Portugiesen, die diese Insel 1512 *Cabo das Flores* (Kap der Blumen) nannten. Flores stand lange unter fremder Herrschaft. Jahrhundertelang gehörte es zu den bedeutendsten Handelsstützpunkten. Im 14. Jahrhundert wurde es in die politischen und wirtschaftlichen Interessen des hindu-javanischen Mejapahit-Reiches verwickelt. Handelskontakte im 15. und 16. Jahrhundert mit dem Sultanat von Ternate führten dazu, daß einige Gemeinden an der Küste zum Islam konvertierten. Mitte des 16. Jahrhunderts kamen die Portugiesen, errichteten eine Mission in Larantuka und bauten ein Fort auf der Insel Solor östlich von Flores. Der Katholizismus verbreitete sich rasch, heute gehören ihm etwa 90 Prozent der einen Million Inselbewohner an.

**Labuhanbajo** ist der westlichste Hafen in Flores. Von hier aus führt die Hauptstraße in das 1100 Meter hoch gelegene liebliche **Ruteng.** Gute Hotels laden zum Bleiben ein, und auf dem Markt werden bestickte *sarung* angeboten.

Eines der wichtigsten Ereignisse auf Flores ist die alljährliche *Maha-Kudas*-Messe in **Bajawa**. Vor der Messe wird eine rituelle Hirschjagd im nahen Wald veranstaltet, und im Anschluß findet eine

**Im Mittelpunkt des Interesses auf Komodo.**

Prozession der Kämpfer und Dorfbewohner statt, die einem Kruzifix rund um die Stadt folgen.

**Ende** ist die Hauptstadt von Flores. Vom 17. bis 19. Jahrhundert zählte sie zu den bedeutendsten islamischen Handelshäfen. Noch heute ist die Atmosphäre der Stadt vom Islam geprägt. Mittlerweile ist der Handel allerdings in chinesischen Händen. Wenige Stunden östlich von Ende gelangt man nach **Keli Mutu** und zu den drei nahe beieinanderliegenden Vulkanseen, die als Hauptattraktion der Insel gelten. Zwei der Seen sind burgunderrot, der dritte leuchtet hell-türkis.

**Larantuka** am östlichsten Punkt von Flores war fast 300 Jahre lang von den Portugiesen besetzt. In den örtlichen Ritualen sind immer noch die iberischen Einflüsse erkennbar. Während der Osterprozession tragen Männer in weißen Kutten den schwarzen Sarg des Erlösers durch die Straßen.

**Adonara und Alor-Inseln:** Die alte portugiesische Festung (1566) in **Salor** ist in überraschend gutem Zustand. Mittlerweile rostige Kanonen sind in Richtung Meer gerichtet, so als ob sie Wache hielten. Die nahe Insel **Lembata** ist vor allem für den primitiv betriebenen Walfang bekannt, und aus **Pantar** und **Alor** östlich von Lembata stammen die bekannten bronzenen Kesselpauken. Hunderte, ja wahrscheinlich Tausende dieser sogenannten *moko*-Pauken werden als wertvolle Erbstücke bewahrt oder zur Zahlung des Brautpreises verwendet.

**Timor:** Die Insel **Timor** ist wegen ihres wohlriechenden Sandelholzes bekannt geworden. Chinesen, Javaner und islamische Händler segelten nach Timor, um das Holz zu kaufen. Den Holländern gelang es schließlich, den Handel mit Westtimor unter ihre Kontrolle zu bringen, während die Portugiesen den Osttimors übernahmen. Erst 1975 wurde Osttimor unabhängig, bis ein Jahr später Indonesien militärisch einschritt und das Gebiet annektierte. Inzwischen kann man in Osttimor wieder reisen, allerdings benötigt man für den Aufenthalt außerhalb der Provinzhauptstadt Sigli eine Sondergenehmigung, in der alle geplanten Aufenthaltsorte eingetragen werden müssen.

**Vulkanseen bei Keli Mutu.**

# KALIMANTAN (BORNEO)

Seit jeher waren mit Kalimantan, dem größeren Teil Borneos, der zu Indonesien gehört, exotische und manchmal erschreckende Vorstellungen verbunden. Allein mit dem Namen assoziiert man unergründliche Urwälder, dampfende Sümpfe, primitive Kopfjäger und wilde Tiere. Aber Kalimantan ist längst nicht mehr das gottverlassene Hinterland, das es einstmals war.

Seine unermeßlichen Bodenschätze wie Erdöl, Erdgas, Kupfer und Diamanten (der Name Kalimantan wurde von der malaiischen Bezeichnung für Diamanten-Fluß abgeleitet) machen einen Großteil der Exporte aus und ermöglichen so den Import seltener Materialien für den eigenen Gebrauch. Inzwischen verkehren täglich Flugzeuge zwischen Java und den größeren Städten an der Küste Kalimantans, wo es immer mehr vornehme Touristenhotels und Restaurants gibt. Und doch kann der Abenteurer weiterhin abgelegene Dayak-Dörfer und wilde Orang-Utans im unberührten Urwald flußaufwärts entdecken.

Borneo ist eine der ältesten Inseln des Archipels. Im Gegensatz zu den meisten Inseln Indonesiens hat Borneo keinen Vulkan. Vielmehr ist das Inselinnere durch eine Falte in der Erdkruste gestaltet, und eine zerklüftete Bergkette zieht sich entlang der Grenze zwischen dem indonesischen und dem malaiischen Teil (Sabah und Sarawak). Im Hochland entspringen die Hauptflüsse Kalimantans, lange und breite Wasserwege, die mit zahlreichen Nebenflüssen die Insel förmlich durchfurchen. Die Flüsse schwemmen enorme Mengen Sand und Geröll in das seichte Chinesische Meer und in die Java-See, wodurch neues Land aufgeschüttet wird und sich die Insel ständig vergrößert. Im seichten Wasser des Küstenbereichs wachsen dichte Mangrovenwälder, und die meisten der 5,5 Millionen Einwohner leben im Inselinneren. Die großen Städte wurden meist 50 Kilometer von der Küste entfernt an den Ufern

**Benjarmasin, das „Venedig Indonesiens“.**

der Flüsse angelegt. Die Bevölkerung ist eine Mischung aus Chinesen, Malaien, Javanern und anderen Nachkommen von Einwanderern, die Jahrhunderte zuvor als Minensucher, Händler, Fischer oder Piraten nach Borneo kamen. Im Rahmen einer Umsiedlungspolitik der indonesischen Regierung sind Tausende von Balinesen und Javanern mit ihren Familien nach Kalimantan umgezogen. Flußaufwärts leben im unerschlossenen und abgelegenen Hinterland immer noch etwa eine Million Angehörige von mehr als 200 unterschiedlichen Stämmen, die gemeinhin unter dem Sammelbegriff Dayak bekannt sind.

**Pontianak,** die Hauptstadt Westkalimantans, liegt direkt am Äquator an den Ufern des gleichnamigen Flusses. Die meisten der 250 000 Einwohner sind Chinesen. In Pontianak selbst gibt es nicht viel zu sehen, aber von hier aus führt eine Straße nach **Singkawang** mit seinem hübschen chinesischen Tempel und goldfarbenen Sandstränden. Noch weiter nördlich kommt man nach **Sambas,** wo *kain-sambas*-Kleider verkauft werden.

***Gamelan*-Instrumente im Mularwarman-Museum.**

**Banjarmasin** ist die größte Stadt im Süden Borneos, die auf einer Insel am Zusammenfluß von Martapura und Barito liegt. Die beiden Flüsse sind durch unzählige kleine Kanäle miteinander verbunden, und Tausende von Booten verkehren täglich auf diesen Wasserstraßen und prägen das Bild der Stadt, die als das „Venedig Indonesiens" gilt. Die meisten der einheimischen Banjaresen – Abkömmlinge von Piraten, die vor etwa 30 Jahren hierherkamen – sind gläubige Moslems. Benjarmasin ist das Zentrum des Edelsteinhandels in Indonesien. Hier sind Halbedelsteine wie Amethyste, Saphire und Achate günstig zu bekommen.

Zwei Stunden flußaufwärts in Richtung Westen liegt **Mandomai,** Ausgangspunkt für Ausflüge zu den Dayak-Dörfern bei **Kandagan.** Kunsthandwerk ist hier wesentlich billiger als in den Städten. Der größte Nationalpark der Region ist das **Cape-Puting-Reservat,** in dessen tierreichem Sumpfgebiet auch die **Camp-Leakey-Orang-Utan-Rehabilitationsstation** untergebracht ist.

Nach Kalimantans Diamantenzentrum **Martapura,** etwa 40 Kilometer östlich von Benjarmasin, gelangt man über verschlungene Wasserwege am besten mit einem gemieteten Motorkanu.

Der Ölumschlagplatz **Balikpapan** ist der geschäftige Mittelpunkt Ostkalimantans mit großen Ölraffinerien und einem modernen Hafen. Tausende von zugereisten Ölarbeitern *(oilies)* und Holzfällern *(chippies)* leben in Gemeinschaftsunterkünften, kaufen in Supermärkten oder kleinen Markthallen ein, schicken ihre Kinder auf Privatschulen und amüsieren sich am Wochenende in ihrem Club. Viele Durchreisende verweilen nicht lange in Balikpapan, da es sie den Mahakam-Fluß weiter aufwärts zu den Stämmen der Dayak zieht.

Nahe der Mündung des Mahakam liegt **Samarinda.** 1730 als Handelsstützpunkt gegründet, ist es heute noch die Provinzhauptstadt. Dutzende von Holzfabriken haben hier ihren Sitz, und das Geräusch der Sägewerke konkurriert mit den Rufen der Muezzins von den Minaretten der örtlichen Moscheen. Ein kurzes Stück flußaufwärts erreicht man **Tenggarong,** das fast 200 Jahre lang Regierungssitz

# DIE DAYAK

Die weit verstreuten und relativ primitiven Stämme der Dayak leben heute noch mehr oder weniger genauso wie vor Jahrhunderten. Der Sammelbegriff Dayak ist bei den ungefähr 200 Stämmen selbst nicht in Gebrauch, da jeder von ihnen einen eigenen Namen besitzt, einen eigenen Dialekt spricht und seit Jahrhunderten überlieferte Sitten und Gebräuche pflegt.

Die Dayak sind ursprünglich hellhäutig, denn sie stammen von mongolischen Einwanderen ab, die um 5000 v. Chr. auf die Insel kamen. Seither entwickelte sich ihre Kultur in der Abgeschiedenheit. Als Chinesen und Malaien sich auf der Insel breitmachten, zogen sich die Stämme weiter ins Inselinnere zurück. Je mehr die Zivilisation allerdings auch ins Hinterland Borneos vordringt, desto mehr assimilieren sich selbst die Dayak. Die Behörden ermuntern sie, Gewürznelken und Pfeffer für den Verkauf anzubauen. Viele der Stammesangehörigen haben sich in den Randbezirken der Städte und Dörfer und in Holz- oder Ölcamps in der Hoffnung angesiedelt, eine Arbeit zu finden.

Ein typisches Dorf der Dayak besteht aus einem Langhaus *(lamin)*, einem massiven hölzernen Pfahlbau, in dem bis zu 50 Familien wohnen. Es gibt Langhäuser, die 180 Meter lang sind. Jeder Stamm baut andere Langhäuser, aber nahezu alle bestechen durch wunderschöne Türrahmen, Balken und Geländer, in die Drachen, Schlangen, Vögel und Dämonen geschnitzt sind. Zu jedem Langhaus gehört ein geweihter Kräutergarten und eine Sammlung ererbter Steinbildnisse. Auf den großen Terrassen werden Paddel, Netze, Fallen und Blasrohre aufbewahrt. Die Küche ist meist in einem eigenen Bau untergebracht, der durch eine Holzbrücke mit dem Haupthaus verbunden ist.

Die Dayak haben einen bemerkenswerten Sinn für geometrische Muster. Am gebräuchlichsten sind menschenähnliche Figuren und stilisierte Tierbilder, vor allem Vögel und Reptilien. In jeder Abbildung kommen Spiralen, Haken und Mäander vor. Stoffe werden aus Baumrinde und *ikat* aus Gemüsefibern hergestellt.

Perlenstickerei und Korbwaren gehören ebenfalls zu den Handarbeiten der Dayak. Tausende von kleinen Glasperlen schmükken Portemonnaies, Tabakbeutel, Dolche, Korbdeckel, Kleidersäume, Mützen und Stirnbänder. Viele Arten von Umhängetaschen und Rucksäcken werden aus Rattan und Bambusstreifen hergestellt und häufig mit zweifarbigen Mustern verziert.

Es ist noch nicht so lange her, daß Totenschädel an den Dachbalken der Langhäuser hingen oder in geflochtenen Körben neben den Häusern aufbewahrt wurden. In einigen abgelegenen Dörfern findet man sie noch heute. Aber grundsätzlich ist die Kopfjägerei in Borneo abgeschafft. Früher war ein Kopf als Beute ein Grund zum Feiern, denn dem Totenschädel, der über dem Feuer getrocknet wurde, sprach man magische Kräfte zu. Er sollte das Langhaus vor allem Übel bewahren. Die Seele der Toten wurde hin und wieder mit kleinen Nahrungsgaben und sogar Zigaretten „gefüttert". Mit der Zeit aber erloschen die Kräfte eines Totenschädels, und so mußten neue beschafft werden. Stämme ohne Totenschädel galten als schwach und für Seuchen anfällig. ■

**Stammesangehöriger der Dayak im kunstvoll gearbeiteten Kriegsschmuck.**

des Sultans von Kutei war. In der ehemaligen Residenz ist heute das **Mulawarman-Museum** untergebracht, mit einer wunderbaren Sammlung chinesicher, vietnamesischer und japanischer Keramik. Daneben kann man sich die Erbstükke des Herrscherhauses von Kutei anschauen. Im Museumsgarten stehen viele Holzarbeiten der Dayak. Passagierschiffe verkehren regelmäßig von Tenggarong aus auf dem Fluß und halten an jedem interessanten Ort an. Allerdings brauchen Sie etwas Zeit und viel Geduld, da die Boote recht langsam vorankommen und vor allem in der Regenzeit mit starken Flußströmungen zu kämpfen haben. Organisierte Touren können in Tenggarong gebucht werden.

An der Küste weiter nördlich stößt man auf den **Kutei-Nationalpark.** Das riesige Reservat umfaßt 200 000 Hektar Land, und die flachen Dipterocarpus-Wälder gelten weltweit als die größten und artenreichsten Regenwälder ihrer Art. Hier haben die Orang-Utans, andere Affen, Büffel und mehr als 300 exotische Vogelarten einen Lebensraum. Für Touristen besteht kaum eine Möglichkeit, in dieses Gebiet zu kommen.

Die an Öl reiche Stadt **Tarakan** ist eine Station auf dem Weg nach Malaysia (Sabah) oder durch die Straße von Makassar nach Sulawesi. Außer einem sehenswerten Markt hat die Stadt nicht viel zu bieten. Empfehlenswert ist, 57 Kilometer weiter in Richtung Süden nach **Tanjung Selor** zu fahren und dort ein Boot zu chartern, um auf dem Kayan in das Gebiet der Dayak zu gelangen. Die Stämme der Kenjah leben am Oberlauf des Kayan. An Häusern, Mauern, Säulen und Schilden findet man als vorherrschenden Schmuck den *aso*-Drachen – er gilt als ein Symbol für Wohlstand – und geschwungene Ranken.

Gelegentlich kann man mit den Missionsflugzeugen nach **Longbawang** und **Longberini** fliegen. Beide Orte liegen in der Nähe des **Hulu-Bahau-Sungai-Malinau-Reservats,** das 950 000 Hektar Regenwald und tropische Savannen umfaßt. Angehörige der Dayak können als Führer durch die Wildnis dieses unerschlossenen Parks engagiert werden.

**Hängebrücke im Gebiet der Dayak.**

# Sulawesi (Celebes)

Sulawesi (Celebes) ist vor allem als Heimat zweier eindrucksvoller Volksstämme bekannt, der Toraja im Hochland und der seefahrenden Bugi. Aber auf dieser seltsam geformten Insel leben noch mehr Volksgruppen, die genauso exotisch anmuten wie die Landschaften und die zahlreichen Naturwunder Sulawesis.

Atemberaubende Landstriche und außergewöhnliche Menschen prägen den Süden Sulawesis, der sich zu einem der meistbesuchten Touristenregionen auf der Insel entwickelte. **Ujung Pandang,** die Hauptstadt der Provinz, ist eine moderne, lebendige Stadt mit 700 000 Einwohnern. Wie alle indonesischen Städte hat sich auch ihr Stadtbild in den letzten Jahren sehr verändert, und das herrschaftlich anmutende Äußere einer holländischen Kolonialstadt wird unterbrochen durch Wohnblocks, Straßen und Abwasserkanäle, die der Stadt ein modernes aber langweiliges Gesicht verleihen.

Die alte Festung in Ujung Pandang wurde im 17. Jahrhundert von den Holländern wiederaufgebaut und **Fort Amsterdam** benannt. Innerhalb der Mauern ist das **Ujung-Pandang-Provinzmuseum** mit Sammlungen alter Keramik, Münzen, Musikinstrumenten und Kleidungsstücken untergebracht. **Pantere Anchorage,** im Norden der Stadt, ist Anlegeplatz für viele *pinisi*-Schoner.

Südlich von Ujung Pandang liegt **Sungguminassa,** die ehemalige Hauptstadt des Sultanats von Tallo. Im **Ballompoa-Museum** sind Waffen und königliche Insignien ausgestellt. In der Nähe von Sungguminassa sind die Könige von Goa (17. Jahrhundert) begraben.

**Cape Bira** ist das Zentrum der buginesischen Schiffbauindustrie. Hier baut man mit uralten Werkzeugen und ohne die Verwendung von Metall oder Nägeln noch immer die bauchigen *prahu*-Segler. Alle Arbeitsgänge, von der Auswahl der Teakholzstämme bis hin zum Stapellauf, werden von Riten begleitet, damit das Schiff seetüchtig werde. **Watampone** ist die ehemalige Hafen- und Hauptstadt des

***Prahu*** **in der Java-See.**

Königreiches von Bone. Ungewöhnlich ist die Wohnhausarchitektur im Viertel der Bugi. Das **Lapawawoi-Museum** besitzt die Insignien der Könige von Bone.

Verstreut über die zerklüfteten Berge und die fruchtbaren Plateaus im südlichen Zentralsulawesi leben zahlreiche Volksstämme, die „Hochlandvölker" oder Toraja genannt werden. Sie beherrschen noch altes Handwerk, haben die Sozialstruktur und die Stammesriten bis heute kaum verändert und leben seit ehedem in hochgelegenen Siedlungen, die von Steinmauern umgeben sind.

Die Toraja sind für ihre rituellen und farbenfrohen Totenfeiern bekannt, mit denen sie sicherstellen wollen, daß die Seelen der Toten angemessen ins Jenseits gelangen. Die Begräbnisfeier gipfelt in der rituellen Schlachtung von bis zu 50 Wasserbüffeln. Die Tiere werden durch einen einzigen Schwertstreich getötet. Der Sarg wird schließlich in einer Felsengruft *(liang)* beigesetzt, die an der Steilküste in den Stein eingemeißelt wird.

**Rantepao** ist ein Touristenzentrum mit kleinen Hotels, Restaurants und Läden. In den nahe gelegenen Dörfern kann man Märkte besuchen und traditionelle Häuser anschauen, in denen Angehörige der Toraja ihr herkömmliches Handwerk, das Weben und das Holzschnitzen, demonstrieren und ihre Rituale und Volkstänze vorführen. In der Nachbarschaft können Sie einige Felsgruften mit Abbildungen der hier Begrabenen *(tautau)* besichtigen.

Der Norden Sulawesis, obgleich weniger erschlossen als der Süden, ist in mancher Hinsicht die zivilisierteste und malerischste Gegend der Insel. Atemberaubend sind die Vulkanlandschaften, die von Wald umgebenen Seen im Hochland und die exotischen wilden Tiere. Die Provinzhauptstadt **Manado** ist eine saubere Stadt, in der ein chinesisch-europäisches Völkergemisch lebt. In den Bergen von Minahasan liegt der **Tondano-Lake-Distrikt,** mit vielen sehenswerten Dörfern und megalithischen Monumenten. Kokosnußplantagen ziehen sich endlos an der Küste hin, und vorgelagerte Korallenriffe eignen sich ideal zum Schnorcheln und Tauchen.

**Bestattungsprozession der Toraja.**

# MOLUKKEN: DIE GEWÜRZINSELN

Jedes Schulkind hört irgendwann einmal von den legendären Gewürzinseln, der Heimat der Muskatblüte und -nuß, des Pfeffers, des Zimts und der Gewürznelke, deren Entdeckung den Lauf der Geschichte maßgeblich beeinflußt hat. Die Suche nach einem Seeweg zu diesen Inseln leitete das Jahrhundert der Entdekkungen und des Kolonialismus ein. Der einträgliche Gewürzhandel trug wesentlich dazu bei, daß der europäische Handel zunahm und die Kolonialmächte entstanden, was weltweite, bis heute spürbare Folgen nach sich zog.

Das Wort Molukken wurde von dem arabischen Wort Maluku abgeleitet und bedeutet „Land der Könige“. Ursprünglich gehörten lediglich die eine Kette bildenden kleinen Inseln Ternate, Tidore, Moti, Mare und Makian vor der Westküste der Insel Halmahera zu den Molukken. Fast alle Inselbewohner bauten Gewürze an und handelten mit ihnen. Heute zählen insgesamt 999 weit verstreute Inseln zu den Molukken, darunter die Banda-Inseln, Ambon, Buru und Ceram.

Regierungssitz, Handels- und Kommunikationszentrum auf den Molukken ist **Kota Ambon** auf der gleichnamigen Insel. Die Stadt wurde 1574 von den Portugiesen gegründet, und die Bevölkerung gehört überwiegend dem Christentum an. Am deutlichsten erinnert **Fort Victoria** an die koloniale Vergangenheit, eine holländische Festungsanlage, die von den Portugiesen begonnen wurde. Interessant ist das **Sawalima-Museum** auf einem Hügel im östlichen Teil von Kota Ambon, mit einer Sammlung außergewöhnlicher Kunstgegenstände der einheimischen Stämme.

Südöstlich von Kota Ambon liegt der **Mount Sirimahu,** berühmt wegen seiner prähistorischen Megalithen und der außergewöhnlichen Aussicht, die man vom Gipfel über die Inselwelt hat. In den Bergen schlummert das alte Dorf **Soya,** mit einer holländischen Kirche (1817) und der Residenz des ehemaligen Radscha.

**Blick von Ternate auf die Insel Tidore.**

Jenseits von Soya mündet die Straße in mehrere Fußpfade, die hier als die „Straßen Golgathas" bekannt sind und zu den Dörfern **Ema, Kilang, Naku** und **Hatalai** an den Südhängen des Mount Sirimahu führen. In jedem dieser Dörfer steht ein uralter heiliger Megalith.

Die beiden Inseln **Ternate** und **Tidore** bestehen aus Vulkankegeln, die bis zu 1700 m hoch sind und einen Durchmesser von knapp zehn Kilometern haben. Jahrhundertelang galten diese beiden Inseln wegen ihrer Gewürznelken als der kostbarste Teil Indonesiens. Die Stadt **Ternate** entstand um **Benteng Oranye,** einen befestigten holländischen Handelsstützpunkt aus dem 17. Jahrhundert. Im ehemaligen Sultanspalast **Kedaton,** der auf einem Hügel oberhalb der Stadt liegt, ist mittlerweile ein Museum für verschiedene Kunstgegenstände aus vier Jahrhunderten untergebracht.

**Unten links:** Ein Mädchen aus Kota Ambon im Tanzkostüm. **Unten rechts:** Muskatbäume auf den Banda-Inseln.

Nur 20 Minuten dauert die Bootsfahrt von Ternate nach Tidore, und doch kommt man in eine ganz andere Welt. In **Soa-Siu,** der Hauptstadt der Insel, fühlt man sich durch die weißen Häuser mit iberischen Giebelbogen in spanische Zeiten zurückversetzt. Oberhalb der Stadt liegen die Ruinen des Sultanspalastes und zweier spanischer Festungen.

Die Berge der großen Insel **Ceram** erreichen Höhen bis zu 3000 m. Hier lag die Heimat des Hitu-Adels, und überall verstreut findet man Dörfer und alte Festungsanlagen, während es nur wenige Städte und Straßen gibt.

Weitgehend unbekannt ist auch die von Riffen und Sumpfgebieten umgebene Insel **Buru.** Sie ist dicht bewaldet und die Heimat riesiger Insekten und verschiedener Stämme. Für einen Abstecher dorthin benötigt man eine Genehmigung der Militärbehörde in Kota Ambon.

Die Muskatinseln **Banda** spielen eine große Rolle in der Weltgeschichte. Oberhalb der Hauptstadt **Banda Neira** auf der gleichnamigen Insel sind die beiden holländischen Festungen **Fort Belgica** und **Fort Nassau** sehenswert und im Stadtzentrum eine holländische protestantische Kirche. Viele der Herrenhäuser holländischer Plantagenverwalter (*perkeniers*) sind noch gut erhalten.

# Irian Jaya

Irian Jaya heißt der westliche Teil der riesigen Insel Neuguinea (ehemals Holländisch-Neuguinea), der 1963 nach einem Militärcoup Präsident Sukarnos Indonesien überlassen wurde.

Irian Jaya ist die abgeschiedenste und urtümlichste Region der Erde. Die Küste ist von undurchdringlichen Mangrovensümpfen umgeben, das Innere beherrscht von dichten Urwäldern und überragt von rauhen, felsigen und zum Teil schneebedeckten Bergspitzen, die bis zu 5000 m hoch sind. Straßen sind so gut wie keine angelegt, eine Wasser- oder Luftverbindung wird selten angeboten, und die Dörfer im Inselinneren sind nur zu Fuß über abenteuerliche Pfade zu erreichen, wozu man Wochen braucht.

Wegen der außergewöhnlichen Beschaffenheit kann niemand genau sagen, wieviele Völker und Kulturen in Irian Jaya vertreten sind. Hier werden mehr als 100 fremde Sprachen von völlig verschiedenen Stämmen gesprochen, die zum Teil noch wie in der Steinzeit leben.

Auf der Insel gibt es eine bemerkenswerte Pflanzen- und Tierwelt. Farne, Orchideen und Kletterpflanzen verbinden sich mit dem Dipterocarpus-Regenwald der Ebenen. Etwa 700 Vogelarten wurden identifiziert, darunter der große flügellose Kasuar und der legendäre Paradiesvogel *(Paradisea apoda)*. Beuteltiere wie das Baum- und das Zwergkänguruh leben in den Wäldern und Savannen. Wilde Reptilien, wie das Krokodil und die „Todesviper", sind von den Einheimischen gefürchtet.

An der Westspitze Neuguineas wurde vor 50 Jahren Öl entdeckt. **Sorong** wuchs zu einer Hafenstadt von 40 000 Einwohnern. Hotels und Bars für angereiste Arbeiter schossen aus dem Boden. Mit einem Boot gelangt man zum **Radscha-Empat-Inseln-Naturreservat,** in dem man den Paradiesvogel in seiner natürlichen Umgebung beobachten kann.

**Jayapura,** die Provinzhauptstadt und größte Stadt Irian Jayas (50 000 Einwohner), wurde ursprünglich von den Hollän-

**Hütten im Großen Baliem-Tal, dem unzugänglichsten Gebiet Irian Jayas.**

dern gegründet, um politischen Einfluß auf das nördliche Neuguinea auszuüben. Ende des Zweiten Weltkrieges befand sich hier das Hauptquartier des Generals Douglas MacArthur.

Im **Yotefa-Naturreservat,** östlich von Jayapura an der Bucht von **Yos Sudarso,** gibt es wunderschöne Strände. Vor der Küste liegen Wracks von Schiffen aus dem Zweiten Weltkrieg. Weiter östlich leben die Sepik, die für ihre primitiven Rindenbilder und geschnitzten Figuren ihrer Vorfahren bekannt sind.

Der **Cendrawasih-Universität,** im Osten von Jayapura, ist das **Anthropologische Museum** angegliedert, in dem die Sammlung von Gegenständen der Asmat sehenswert ist, die durch die Unterstützung der Rockefeller Foundation erworben werden konnte. Überall in der Welt werden die Statuen und Waffen der Asmat wegen ihrer Ausgewogenheit und Schönheit von Liebhabern der „primitiven Kunst" geschätzt. Obwohl die Asmat an der Südküste leben, kann man beim **Asmat Handicraft Project** in Jayapura Asmat-Schnitzereien kaufen.

Das größte und unzugänglichste Hochlandgebiet ist das **Große Baliem-Tal,** ein 72 Kilometer langer, vom Baliem-Fluß gebildeter Korridor im Herzen Irian Jayas. Über 100 000 Angehörige des Dani-Stammes leben hier weit verstreut in winzigen Dörfern. Nur mit dem Flugzeug gelangt man hierher, es sei denn, man hat einen Monat lang Zeit, um zu Fuß zu wandern. Von Jayapura aus kann man regelmäßig nach **Wamena** fliegen. Die Dörfer im Großen Baliem-Tal sind durch Trampelpfade und holperige befahrbare Wege verbunden. Warme Kleidung, solides Schuhwerk und ein Rucksack sind unerläßlich. In den Hotels von Wamena kann man Träger und Führer engagieren, und diese arrangieren auf Wunsch sogar Tanzdarbietungen.

Manche überqueren den Fluß und wandern drei Stunden lang nach **Akima,** wo der mumifizierte Großvater des Häuptlings gegen eine kleine Gebühr besichtigt werden kann. Einige Stunden Fußmarsch weiter, in **Ywika,** bietet eine katholische Mission komfortable Übernachtungsmöglichkeiten.

**Die Schilde der Asmat-Stammesangehörigen sind von Kennern der „primitiven Kunst" sehr geschätzt.**

Malaysia
80 km
Südchinesisches Meer
Andamanische See
Straße von Malakka
THAILAND
MALAYSIA
INDONESIEN
SUMATERA (SUMATRA)
TAMAN NEGARA NATIONALPARK
Songkhla
Hat Yai
Pattani
Yala
Narathiwat
Kota Bharu
Tumpat
Alor Setar
Sungai Petani
George Town
Butterworth
Bukit Mertajam
Taiping
Ipoh
Kuala Terengganu
Kuantan
Kuala Lumpur
Petaling Jaya
Kelang
Seremban
Melaka
Muar
Batu Pahat
Keluang
Johor Bahru
Singapur
Mersing
Dungun
Kemaman (Chukai)
KEDAH
PERLIS
PERAK
KELANTAN
TERENGGANU
PAHANG
SELANGOR
NEGRI SEMBILAN
MELAKA
JOHOR
RIAU
G. Chamah 2171
G. Besar 1749
G. Korbu 2183
G. Benom 2107
G. Lawit 1519
G. Mandi Angia 1459
G. Tapis 1512
G. Tiong 1014
Dung Na Ma 616
Buket Bubat 1145
P. LANGKAWI
P. PINANG
P. TIOMAN
Tanjungbalai
Rantauprapat
Dumai
Pakanbaru
Bengkalis
BENGKALIS ISLAND
RUPAT ISLAND
BATAM I.

# MALAYSIA: DAS FERIENPARADIES

Die Reiseprospekte verkünden hier ganz unbescheiden, daß „nur Malaysia alles hat, was das Herz begehrt". Und sie haben recht! Mit malerischen Fischerdörfchen, anheimelnden Hügellandschaften, unberührten tropischen Regenwäldern und endlosen, einsamen, weißen Stränden, ergänzt durch die kulturelle Vielfalt seiner Bevölkerung, bietet Malaysia eine unwiderstehliche Mischung aus ländlichem Charme, faszinierenden Lebensweisen und einem verlockenden Hauch von Abenteuer. Alles zusammen sorgt dafür, daß auch der anspruchsvolle Besucher im siebten Reisehimmel schwebt.

Dies ist jedoch nur die Spitze „der Kokospalme". Zu den Reizen der 13 Einzelstaaten Malaysias zählen ebenfalls traditionelle Kunst- und Handwerksformen, farbenprächtige religiöse Feste und unzählige Gaumenfreuden, die selbst den größten Feinschmecker verzücken werden. Allein das Aufzählen einiger köstlicher malaiischer Speisen läßt einem das Wasser im Mund zusammenlaufen.

Malaysia liegt im Zentrum Südostasiens. Mit einer Fläche von 342 000 Quadratkilometern ist es etwa so groß wie Japan. Allerdings leben wesentlich weniger Menschen in Malaysia als in Japan (15 Millionen gegenüber 121 Millionen). Auf die Malaiische Halbinsel entfallen 40 Prozent der Gesamtfläche und 86 Prozent der Bevölkerung. Ostmalaysia mit den Teilstaaten Sarawak und Sabah ist von der Halbinsel durch 640 Kilometer Chinesisches Meer getrennt. Die Malaien und die Ureinwohner des Landes stellen die größte Bevölkerungsgruppe dar, aber der weite Begriff Malaysier umfaßt auch Minderheiten wie Chinesen und Inder.

Malaysia zählt weltweit zu den Hauptlieferanten von Rohzinn, Palmöl und Gummi. Während das Land früher vor allem von der Landwirtschaft lebte, förderte die gegenwärtige Regierung die Industrialisierung, erweiterte das Angebot an Dienstleistungen und erzielte damit spektakuläre Erfolge. Zudem erleichterten die Einkünfte aus den Öl- und Gasexporten sowie der Zuwachs an Auslandsinvestitionen den Einstieg in die Automobil- und Computerindustrie. Praktisch über Nacht erlebte Malaysia ein Wirtschaftswunder, das in Asien nahezu beispiellos ist.

Trotz der Veränderungen, die im High-Tech-Zeitalter mit seiner rasanten Entwicklung wohl zwangsläufig auftreten, ist Malaysia ein Land der *kampung* (Dörfer), Dschungel, Strände und Reisfelder geblieben. Die freundliche, zutiefst religiöse und so vielfältige Bevölkerung macht nach wie vor den Reiz dieses Landes aus.

**Vorherige Seiten: Topspinning zählt hier zu den beliebtesten Sportarten.**

*Mula-mula...* es war einmal... Traditionelle malaiische Erzählungen über den Ursprung des Landes beginnen immer mit den Worten *Mula- mula...* Archäologische Funde deuten darauf hin, daß die Anfänge der menschlichen Besiedlung um 35 000 v. Chr. lagen. Aus dieser Zeit stammt auch der Schädel des ersten *Homo sapiens* in Asien, der in den Niah-Höhlen in Sarawak gefunden wurde. In Kalksteinhöhlen bei Perak auf der Malaiischen Halbinsel entdeckte man Steinwerkzeuge, die an die 10 000 Jahre alt sind. Es waren zweifellos die zentrale Lage Malaysias und seine natürlichen Bodenschätze, die bereits zu jener Zeit die Menschen anzogen.

Zu den ältesten Einwohnern Malaysias zählen die Orang Asli auf der Halbinsel und andere nomadische Stämme in Sabah und Sarawak. Ihre Vorfahren stammen aus Yunnan in Südchina und gelangten über die Halbinsel und das Festland Indonesiens bis hierher. Ihnen folgten um 2000 v. Chr. die etwas kultivierteren Proto-Malaien. Die nächste Gruppe von Einwanderern waren die Deutero-Malaien, die Landwirtschaft betrieben und sich in kleinen, autonomen Gemeinschaften ansiedelten, aus denen sich das soziale Gefüge des heutigen Indonesien und Malaysia herausbildete. Die Malaien auf der Halbinsel sind mit den Malaien auf Sumatra, auf der anderen Seite der Straße von Malakka, eng verwandt.

Heute werden die Malaien der Halbinsel und die Orang Asli („erste Menschen“) als die Ureinwohner Malysias angesehen und als *bumiputra* (Söhne der Erde) bezeichnet. Auch wenn sie sich rein äußerlich erheblich unterscheiden, bilden sie doch sehr ähnliche, auf Landwirtschaft und auch Fischerei beruhende Dorfgemeinschaften, die bis heute eine wesentliche Rolle in Malaysia spielen.

Im 1. Jahrhundert v. Chr. wurden erstmals Handelskontakte zwischen der Halbinsel und den Handelsmächten China und Indien geknüpft. Im Laufe der nächsten 1000 Jahre prägten hinduistische und buddhistische Elemente der indischen Kultur die Sprache und die Bräuche, bis allmählich der Islam die Oberhand gewann.

Die Verbreitung des Islam ging von Malakka aus, einem kleinen Küstendorf, das als strategischer Handelsstützpunkt immer mehr an Bedeutung gewann. Der Prinz von Sumatra, Parameswara, gründete Malakka im Jahre 1403, das schon bald zu den wohlhabendsten Hafenstädten zählte. Zu seinen Bewunderern gehörte auch der berühmte Admiral und „Drei-Juwelen-Eunuch“ Cheng Ho, ein Abgesandter des Kaisers von China. Die Erben Parameswaras bauten das Reich aus, bis schließlich die gesamte südliche Halbinsel dazugehörte. Malakka gewann zunehmend an Bedeutung, und der Islam galt als Staatsreligion. Über 100 Jahre bestand das sogenannte

klassische Zeitalter der malaiischen Kultur, in dem die meisten der heutigen Provinzen Malaysias ihren Ursprung haben.

1511 gelangte eine große portugiesische Flotte unter Alfonso de Albuquerque, dem Begründer des portugiesischen Reiches in Asien, nach Malakka und nahm das Sultanat in Kürze ein; der Sultan mußte mit seiner Familie ins Landesinnere fliehen. Bis 1641 wurde Malakka von den Portugiesen verwaltet, bis holländische Truppen die portugiesische Festung A Famosa („die Ruhmreiche“) eroberten und Malakka als Außenposten des niederländischen Reiches einnahmen, während sie Batavia (das heutige Jakarta) zu ihrer

Hauptstadt erklärten. Damit war das blühende Zeitalter Malakkas vorüber.

Nach den Holländern gewannen die Briten im Fernen Osten an Einfluß. Die British East India Company gründete unter Captain Francis Light 1786 einen Handelsstützpunkt in Penang (vor der Nordwestküste der Malaiischen Halbinsel). 1795, zur Zeit der Napoleonischen Kriege, besetzten die Briten außerdem Malakka und kamen damit einer Verabredung mit den Holländern nach, die verhindern wollten, daß abgesehen von den Niederlanden auch noch die holländischen Außenposten an Frankreich fielen.

Im Jahre 1824 schließlich traten die Holländer Malakka formell an England ab. Laut Vertrag gaben sie sämtliche Rechte und Ansprüche auf die Malaiische Halbinsel auf, während die Briten ihrerseits auf Gebiete in Ostindien verzichteten. Man versprach, sich gegenseitig nicht einzumischen.

1826 schlossen sich Singapur und Malakka mit Penang zur Straits Settlements zusammen, einer Kronkolonie unter der Verwaltung eines britischen Gouverneurs. Sechs Jahre später (1832) wurde der Sitz der britischen Verwaltung nach Singapur verlegt, das um 1860 Malakka und Penang als wichtigste Häfen der Region ablöste.

1874 entsandte Goverüeur Sir Andrew Clark britische Berater nach Perak, Selangor und Sungei Ujong, deren Status aber erst 1891 anerkannt wurde. 1886 wurde der Malaiische Staatenbund gegründet (Federated Malay States), dem Perak, Negri Sembilan und Pahang angehörten, während die vier nördlichen Staaten Kedah, Perlis, Kelantan und Trengganu mit dem südlichsten Staat Johore die Gruppe der nichtföderierten Staaten (Unfederated States) bildeten.

Zur gleichen Zeit machten die Gebiete an der Nordküste Borneos eine getrennte Entwicklung durch. In Sarawak, einer Provinz des Sultanats von Brunei, wehrte man sich gegen den Machtmißbrauch des dortigen Gouverneurs, bis James Brook, ein Abenteurer, der gerade auf den umliegenden Meeren segelte, 1839 auf Borneo landete und half, eine örtliche Rebellion von Einheimischen niederzuschlagen. Innerhalb von zwei Jahren wurde er zum Radscha von Sarawak ernannt. Brooke und seine Nachfahren regierten über 100 Jahre und führten das Land aus dem dunklen Zeitalter heraus, schafften Kopfjagden ab und dehnten den Handel aus.

Auch in Nordborneo mußte sich die British North Borneo Company mit dem Widerstand der Einheimischen gegen eine weiße Regie-

**Links: Alfonso de Albuquerque leitete das Kolonialzeitalter in Asien ein. Oben: Malakka war einst ein geschäftiger Hafen.**

rung auseinandersetzen, bis es der Handelsgesellschaft um die Jahrhundertwende gelang, nach dem Tod des Rebellenführers Mat Salleh die Herrschaft über Sabah zu erringen.

Die Briten bauten in den nachfolgenden 40 Jahren ihre Vorherrschaft in Malaysia aus. Eines der aufsehenerregendsten Experimente dieser Zeit war die Einführung des Gummibaumes (neun Gummibäume aus Brasilien wurden 1878 angepflanzt) – ein Ereignis, dessen Bedeutung man erst mit der Erfindung des ersten pneumatischen Reifens durch John Dunlop richtig einschätzen konnte. Henry Ford schickte zur gleichen Zeit sein erstes Automobil aufs Fließband. Der Direktor des Botanischen Gartens von Singapur, Henry Ridley, prophezeite dem Gummi eine große Zukunft, und schon bald machten Gummiplantagen drei Viertel der genutzten Landfläche aus. Zinnabbau wurde längst von den Chinesen im großen Stil betrieben.

Die japanische Invasion im Jahre 1941 bereitete den Kolonialherren ein böses Erwachen. Dreieinhalb Jahre lang kämpften die Briten, zusammen mit den Malaien und chinesischen Guerillas, einen Dschungelkrieg, bis im September 1945 die Kolonialmacht der Briten durch eine Militärverwaltung wiederhergestellt wurde. Der Krieg gegen die Japaner hatte den Nationalismus der Einheimischen geweckt, und die Briten sahen sich plötzlich einem neuen politischen Selbstbewußtsein gegenüber.

Die Straits Settlements wurden aufgehoben, Penang und Malakka wurden den malaiischen Staaten der Halbinsel angegliedert, und eine neue malaiische Union entstand, die von einer Zentralregierung mit einem Gouverneur an der Spitze regiert werden sollte. Die oberste Macht sollte von den Sultanen zur britischen Krone verlagert werden, so daß neuerlich eine Kolonie entstehe. Diese Idee fand aber bei den Malaien keinen Anklang. Vielmehr trafen sich im März 1941 in der Hauptstadt Kuala Lumpur 41 Delegierte malaiischer Organisationen, um Pläne zur Bekämpfung der Union zu besprechen und sich zur United Malay National Organisation (UMNO) zusammenzuschließen. Die Briten gaben daraufhin ihre Unionspläne auf und etablierten 1948 die Malaiische Föderation; die Souveränität der Sultanate wurde nicht angetastet. Neun Provinzen sowie Malakka und Penang gehörten der Föderation an, die eine gemeinsame Bundesregierung mit einem britischen Hohen Kommissar an der Spitze bildeten. Singapur wurde zur Kronkolonie ernannt, später auch Sarawak und Nordborneo, die nicht mehr unter der Verwaltung der Familie Brooke bzw. der North Borneo Company standen. Die Föderation stellte den ersten Schritt auf dem Weg zur Unabhängigkeit dar. Neben nationalem Druck hatte auch

die kommunistische Bewegung dazu beigetragen, die Unabhängigkeit zu beschleunigen. Im Dschungel operierende Guerillagruppen griffen koloniale Einrichtungen an und bedrohten Dörfer. Ein zwölf Jahre andauernder Nervenkrieg gegen die britischen Sicherheitskräfte begann, und der „Notstand“ hielt bis 1960 an, als die Kommunisten praktisch ausgelöscht waren. 1955 endlich hatte sich die Lage soweit beruhigt, daß die ersten Bundeswahlen abgehalten werden konnten. Die UMNO und die MCA (Malayan Chinese Association) formten mit dem MIC (Malayan Indian Congress ) ein Bündnis, das 51 der insgesamt 52 Sitze erhielt und mit Tunku Abdul Rahman an der Spitze die Unabhängigkeit endgültig einleitete: *Merdeka* (die Freiheit) wurde am 31. August 1957 erlangt und Tunku zum ersten unabhängigen Premierminister der Malaiischen Föderation ernannt. Zwei Tage später erkannte der damalige König und Herrscher über die Malaiische Föderation, Yang di-Pertuan Agong, Tunkus Status offiziell an und zog zum Zeichen dieser Anerkennung bei einer feierlichen Zeremonie den goldenen *kris* des Staates aus der Scheide, um die blanke Klinge zu küssen.

**Links: Tunku Abdul Rahman bei der Unabhängigkeitserklärung 1957. Oben: Moderne Kirchenarchitektur.**

Im Jahre 1961, nach einer Phase der Reformen und des Fortschritts, legte Tunku den Plan eines politischen Bündnisses mit dem Namen Malaysia vor, das Malaya, Singapur, Nordborneo, Sarawak und Brunei umfassen sollte. Alle Staaten, mit Ausnahme von Brunei, begrüßten dies begeistert, indonesische Oppositionelle sprachen dagegen von einer „neokolonialistischen Verschwörung“, und die Philippinen protestierten, da sie eigene Ansprüche auf Nordborneo erhoben. 1963 ging Indonesien auf Konfrontationskurs, der im bewaffneten Einmarsch in Nordborneo (das inzwischen Sabah hieß) und Sarawak vom indonesischen Kalimantan aus gipfelte. Eine Umfrage der Vereinten Nationen bestätigte Nordborneos Wunsch, dem Bund beizutreten, wurde jedoch von Indonesien und den Philippinen zurückgewiesen. Trotzdem wurde am 16. September 1963 die Föderation Malaysia offiziell gegründet, und 1966 gab die neue Regierung Indonesiens ihren harten Kurs auf, und auch die Philippinen fanden sich 1977 damit ab, daß Sabah von nun an zu Malaysia gehörte. Singapur verließ 1965 den Bund, um ein unabhängiger kleiner Staat zu werden.

1970 trat der hochgeschätzte „Vater von Malaysia“, Tunku Abdul Rahman, in den Ruhestand und übergab sein Amt an Tun Abdul Razak, dem 1976 Datuk Hussein Onn nachfolgte. Fünf Jahre später (1981) wurde Datuk Seri Mahathir Mohamad Premierminister. 1990 gewann seine Partei erneut die landesweiten Wahlen.

Malaysia setzte auf Fortschritt und wirtschaftliche Entwicklung und erreichte, daß der Lebensstandard der Bevölkerung heute zu den höchsten in Südostasien gehört. Einer der Eckpfeiler dieser neuen Politik war die New Economic Policy (NEP), die sich für die gerechte Verteilung des Wohlstands unter den verschiedenen ethnischen Gruppen einsetzte. Verbände und Eigentumsgemeinschaften sind nur zwei Beispiele dieser Politik, die eine höhere Beteiligung der *bumiputra* in allen Bereichen der Wirtschaft zu erreichen sucht.

Es hat viele Jahrhunderte gedauert, bis eine nationale Identität entstand – die heute höchstens durch Rassenkonflikte gestört werden könnte – und das Land von den Alpträumen des Kolonialismus und der Invasion durch die Japaner erlöst wurde. Mit einem starken nationalen Bewußtsein und den Erfahrungen der Vergangenheit können die Malaien optimistisch dem 21. Jahrhundert entgegensehen.

UNITED ASIAN BANK

# KUALA LUMPUR

„Am Anfang war der Schlamm...“. So könnte eine wahre, aber reichlich unattraktive Chronik von **Kuala Lumpur** beginnen.... Nach den Wurzeln der Stadt muß man nicht erst mühsam suchen, da man in Kuala Lumpur, im Herzen der Malaiischen Halbinsel gelegen, überall auf Zeugnisse der Vergangenheit stößt.

Obwohl seit einigen Jahren Schnellstraßen und Wolkenkratzer förmlich aus dem Boden schießen und sich ein Jet-set etablierte, hat Kuala Lumpur noch immer dörflichen Charakter, und in rätselhafter Weise verschmelzen Vergangenheit und Gegenwart, östliche Mystik und westliche Technologie zu einer einzigartigen Einheit, die zweifelsohne funktioniert.

In engen Gassen und auf sechsspurigen Autobahnen stehen europäische Luxusschlitten und etwas preisgünstigere japanische Autos Stoßstange an Stoßstange – und da die Malaysier offensichtlich eine Vorliebe fürs Auffahren haben, sind die Stoßstangen meistens ziemlich stark verbeult. Inzwischen drängelt sich täglich eine zunehmende Anzahl von Proton Sagas dazwischen, der seit 1985 das malaiische Nationalauto ist, Produkt eines 88-Millionen-US$-Joint-venture-Projekts des malaysischen Staates mit japanischen Partnern.

Stahlbeton- und Glashochhäuser drängen sich immer mehr zwischen die älteren unaufdringlicheren Gebäude der Kolonialzeit. Nachts, wenn die Straßenhändler sich des guten Geschäfts erfreuen, treffen sich gekrönte Häupter, der Jetset und gewöhnliche Sterbliche in eleganten In-Lokalen wie dem Tin-Mine-Nachtclub (Zinnminen-Club), ein Name, der etwas ironisch auf die bescheidenen Anfänge der Stadt verweist.

Vor etwa 140 Jahren war Kuala Lumpur noch eine „sumpfige Flußmündung“. Damals reiste eine Gruppe von Zinnsuchern im Auftrag des örtlichen Malaienfürsten stromaufwärts zum Zusammenfluß der trüben Wasser des **Klang** und des **Gombak** und entdeckte im Landesinneren in der Nähe von **Ampang** riesige Zinnvorkommen.

Unter Yap Ah Loy, dem strengen und genauen Verwalter des Sultans, der für Frieden unter den streitbaren chinesischen Bergleuten sorgen sollte, und später unter Frank Swettenham, dem britischen Statthalter von Selangor, erblühte Kuala Lumpur zu einer südostasiatischen Großstadt. Die wachsende Infrastruktur und das gute Kommunikationsnetz trugen zusammen mit den rapide zunehmenden Zinn-und Gummierträgen dazu bei, daß Kuala Lumpur rasch Hauptstadt von Selangor wurde.

1974 wurde die Stadt mit 244 Quadratkilometern Gesamtfläche und 1,5 Millionen Einwohnern zu einer eigenen Verwaltungseinheit erklärt und damit formell vom Mutterstaat Selangor abgetrennt. Diese lebhafteste Stadt Asiens breitet sich weiter aus, und ihre Wolkenkratzer werden immer höher.

**Die Altstadt:** Wenn der Tourist heute zu der nach wie vor sumpfigen Mündung des Klang und Gombak kommt, so findet er auf einer Landzunge die großartige **Masjid-Jame-Moschee** (die Freitagsmoschee), die 1909 inmitten eines Ko-

**Vorherige Seiten und links: Die zierlichen Minarette der Masjid-Jame-Moschee bieten einen Kontrast zu den Hochhäusern der Stadt. Rechts: Überragt die Stadt und ihre Umgebung: der Dayabumi-Komplex.**

kospalmenhains von dem englischen Architekten A. B. Hubbock nach dem Vorbild einer Mogul-Moschee Nordindiens erbaut wurde. Der Eingang der Moschee liegt an der Jalan Tun Perak. Im Innern befindet sich ein von Arkaden umschlossener Hof *(sahn)* und eine von drei Kuppeln gekrönte Gebetshalle, die von zwei hohen Minaretten flankiert ist.

Hinter der Moschee stehen an der Kreuzung Jalan Tunku Abdul Rahman und Jalan Raya eine Reihe öffentlicher Gebäude aus der Kolonialzeit, die alle im maurischen Stil – den man für islamische Länder als angemessen betrachtete – erbaut sind. Die Gebäude wurden von A. C. Norman errichtet, einem Kollegen Hubbocks im Ministerium für Öffentliche Angelegenheiten. Das **Informationsministerium,** das alte **Rathaus,** das **Parlament** (High Court), das ehemalige **Verwaltungsgebäude der Kolonialherren** (Secretariat), das heutige Sultan-Abdul-Samad-Gebäude, in dem auch der Gerichtshof untergebracht ist, und das **Alte Hauptpostamt** sind um die Jahrhundertwende erbaut worden. Sie sind – unbeirrt von den Veränderungen der Zeit – funktionelle und wunderbare Zeugnisse einer eleganten Vergangenheit.

Der **Oberste Gerichtshof** gehört zu den am meisten fotografierten Gebäuden der Stadt. Sein Uhrturm ist 40 Meter hoch (der Big Ben Malaysias), hat eine goldene Kuppel und ist flankiert von zwei niedrigeren Kuppeltürmen. Zu offiziellen Anlässen blitzen vielfarbige Lichter durch die Arkaden des Gerichtshofes, und man glaubt, in die arabische Märchenwelt versetzt zu sein.

Gegenüber liegt – eine weitere Schöpfung Normans – der **Selangor Club** im englischen Tudorstil (1890), in dem sich die ehemaligen englischen Kolonialisten trafen. Vor dem Club dehnt sich eine weitläufige Grünanlage aus, der **Padang,** auf dem „wichtige" gesellschaftliche Ereignisse wie Teetrinken und Kricketspielen stattfanden – und immer noch stattfinden. Alljährlich am 31. August ist der Padang Schauplatz der Feierlichkeiten zum Unabhängigkeitstag. Unter dem grünen Rasen des Padang erstreckt sich eine riesige Tiefgarage.

**Der Selangor Club am Padang in Kuala Lumpur.**

Eine andere Art Zeremonie spielt sich allabendlich auf dem Padang ab, wenn die Transvestiten und Transsexuellen der Stadt sich versammeln und wie auf einem Laufsteg den Platz entlangflanieren und ihrer Umgebung im wahrsten Sinne des Worte etwas Farbe verleihen.

Das Ausstellungs- und Informationszentrum für malaiische Kunst, Handwerk und Möbel, das **Infokraf,** ist in einem wunderschönen Kolonialgebäude in der Jalan Raya gegenüber der alten Post untergebracht. In starkem Kontrast dazu schließt sich der **Dayabumi-Komplex** an, eine interessante Kombination arabischer und moderner Hochhausarchitektur. In diesem 1985 errichteten Gebäude, das als teuerster Bau Malaysias gilt, befinden sich Behörden, ein Einkaufszentrum und das neue **Hauptpostamt**. Vom 30. Stock aus hat man eine atemberaubende Aussicht. Eine Fußgängerbrücke führt vom Dayabumi-Komplex über den Fluß Klang zu der Art-deco-Halle des **Hauptmarktes** (1936). Vorbilder waren der Londoner Covent Garden und der Quincy Market in Boston. Heute verfügt das hohe, längliche Gebäude mit seiner rosa und hellblau gestrichenen Fassade über eine vielbesuchte Weinbar. Neben den üblichen Souvenirläden und Schnellrestaurants und neben Obst, Gemüse, Fisch und Fleisch werden auch malaiische Kunst- und Handwerksartikel verkauft. Im übrigen wird es häufig als Kulisse für Konzerte, *wayang*-Puppentheater und traditionelle Tanzdarbietungen genutzt.

Das geistige Zentrum Kuala Lumpurs und zugleich das nationale Symbol des Islam ist die **Masjid-Negara-Moschee**, die 1965 auf einer Fläche von 5,2 Hektar an der Jalan Sultan Himshamuddin erbaut wurde. Eine sternenförmige gezackte Kuppel und ein frei stehendes 73 Meter hohes Minarett, das aus einem Springbrunnen ragt, dominieren den Bau. Die 18 Spitzen der Kuppel symbolisieren die 13 Einzelstaaten Malaysias und die fünf Säulen des Islam. Die Masjid Negara ist eine der größten Moscheen Südostasiens, in deren Bau sich traditionelle islamische Stilelemente mit modernen verbinden. 8000 Menschen faßt die große Gebetshalle; am Freitag, dem Feiertag der Mos-

**In der ehemaligen Residenz des Sultans Abdul Samad ist der Oberste Gerichtshof untergebracht.**

lems, ist die Halle mit betenden Moslems angefüllt.

A. B. Hubbock ließ 1911 auch den **Hauptbahnhof** bauen, ein maurisches Wunderwerk, das mit seinen unzähligen Türmchen, Minaretten, Kuppeln und Arkaden dem Wort grandios eine neue Dimension verleiht. Selbst das **Bahnhofshotel**, das vor kurzem renoviert wurde, bewahrte den Glanz alter Pracht.

Gegenüber, auf der anderen Seite der Jalan Sultan Hishamuddin, steht das im maurischen Stil gehaltene **Malaiische Eisenbahnverwaltungsgebäude,** daneben das schlichtere frühere **Majestic Hotel,** ein herrlicher Kolonialbau, in dem seit 1983 die **Nationale Kunstgalerie** mit Werken malaiischer Künstler untergebracht ist.

Oberhalb der Jalan Travers liegt an einem Hang das **Muzium Negara** (Nationalmuseum) mit einem traditionell geschwungenen Dach und einer von italienischen Mosaiken verzierten Fassade. Zu den zahlreichen malaiischen Ausstellungsstücken des Museums gehören auch lebensgroße Darstellungen einer königlichen Hochzeit und der Beschneidung eines Prinzen.

In der Nähe des Museums befindet sich der südliche Eingang zu einem Park – eine blumenbedeckte, mit Bäumen und sanften Hügeln umsäumte Oase und einem See in der Mitte –, der seine Existenz einem britischen Offizier verdankt, der Swettenham 1888 davon überzeugte, daß Kuala Lumpur, damals eine junge Stadt, auch Grünflächen erhalten sollte. Auf einem der Hügel liegt das strahlend weiße, 1962 eingeweihte **Parlamentsgebäude**, eine Mischung aus alten und modernen Stilelementen, mit einem hohen, 18stöckigen Turm und einem querschiffartigen Plenarsaal. Auf einem kleineren Hügel steht das **Nationaldenkmal,** das den Opfern im Kampf gegen die kommunistische Unterwanderung in den fünfziger Jahren gewidmet ist.

Direkt außerhalb des Parks gelangt man zum **Carcosa,** dem Inbegriff eines kolonialen Bungalows, der 1897 für den britischen Gouverneur des Malaiischen Staatenbundes erbaut wurde und später Wohnsitz des britischen Hohen Kommis-

**Blumenladen im Zentrum Kuala Lumpurs.**

sars war. Carcosa und das neuere **Istana-Tetamu**-Gästehaus wurden im Jahr 1989 zum exklusiven **Carcosa-Seri-Negara-Hotel** umgebaut, das gerade rechtzeitig fertig wurde, um die englische Königin Elizabeth II. und Prinz Philip, die zu einem Commonwealth-Treffen nach Malaysia gekommen waren, angemessen zu beherbergen.

**Chinatown** ist ein enges Viertel in der Nähe des großen Hauptmarktes (zwischen Jl. Bandar, Jl. Sultan und Jl. Petaling), in dem immer hektische Betriebsamkeit herrscht. In den kleinen Seitenstraßen werden – scheinbar zu jeder Tages- und Nachtzeit – Textilien, Obst, Gemüse, Blumen, Tiere, Heilkräuter und vielerlei exotische Dinge verkauft. Das organisierte Chaos, das „Einkaufen" genannt wird, erreicht seinen Höhepunkt in der Abenddämmerung, wenn die Jalan Petaling gesperrt und der **Nachtmarkt** (Pasar Malam) aufgebaut wird.

In Chinatown bauen neben den Verkaufsständen nach Einbruch der Dämmerung auch viele Garküchen in engen Gassen und vor den Geschäftsgebäuden ihre Buden auf. Die Qualität der Speisen, die diese fahrenden Köche anbieten, ist meist hervorragend. Das malaiische Gegenstück zu den chinesischen Garküchen finden Sie ein paar Blocks weiter an der Jalan Dang Wangi, wo die Stände von **Munshi Abdullah** und von **Campbell** des Nachts auf dem nahe gelegenen Parkplatz aufgebaut werden.

Neben den herrlichen Speisen kennt dieser Stadtbezirk auch ungewöhnliche Beispiele religiöser Architektur. Im gewaltigen und überaus dekorativen **Sri-Mahamariamman-Tempel** (1873) an der Jalan Bandar beten Hindus zu dem vierarmigen Gott Murugan, seinen beiden Ehefrauen und einer sechsarmigen Göttin. Zu den berühmteren chinesischen Tempeln zählen der verzierte **Chan-See-Shu-Yuen-Tempel** im Süden der Jalan Petaling und der taoistische **Sze-Ya-Tempel** gegenüber dem Hauptmarkt in der Jalan Hang Kasturi, der um 1880 von Yap Ah Loy erbaut wurde.

Nordöstlich von Chinatown, eingebunden in die Jalan Ampang, Jalan Raja und Jalan Tun Razak, gelangt man zum

**Ein wahrsagender Sikh wartet auf Kundschaft.**

sogenannten **Goldenen Dreieck,** einem Geschäftsviertel mit hohen Bürotürmen, Einkaufszentren und Fünf-Sterne-Hotels. Auf der Jalan Ampang kommt man zur alten **Padang-Lumba-Kuda-Rennbahn** und zum **Selangor Turf Club.** Höhepunkt dieses Stadtteils ist aber sein vielseitiges Großstadtleben, vor allem das Nachtleben bietet auch den unermüdlichsten Nachtschwärmern ausreichend Abwechslung.

Die Jalan Ampang führte einst zu den reichen Zinnminen im Osten der Stadt. Die Zinnbarone bauten entlang der Straße verschwenderische Villen, die Residenz **Chan Chin Mooi** gehört genauso dazu wie das **Bok-Haus**, in dem jetzt das wundervolle, altehrwürdige Restaurant **Le Coq d'Or** seine Räume hat. In der ehemaligen Residenz **Dewan Tunku Abdul Rahmans** sind eine Kunstgalerie und ein Reisebüro untergebracht. Der buddhistische **Khoon-Yam-Tempel**, der älteste Tempel der Chinesen in Kuala Lumpur, steht an der Straße etwas weiter oberhalb, genau gegenüber dem **Ming Court Hotel.**

In der Jalan Raja Chulan (Goldenes Dreieck) wurde das **Karyaneka-Kunstgewerbezentrum** eröffnet, in dem jedem der 13 malaiischen Staaten ein eigener *kampung*-Pavillon mit einer Ausstellung ganz typischer Kunst- und Handwerksarbeiten gewidmet wurde. Ausgestellt sind handgewebte Textilien, Holzarbeiten, Batikarbeiten, Korbwaren, Silber- und Zinngegenstände, Muschelarbeiten und Keramik.

Der Bezirk nördlich des Kelang-Flusses gewann für die Einheimischen und für Touristen an Popularität. Am äußersten Ende der Jalan Tunku Abdul Rahman erleben Sie den meistbesuchten **Nachtmarkt** Kuala Lumpurs. Zahlreiche preiswerte Hotels für bescheidene Ansprüche bieten in der Umgebung Übernachtungsmöglichkeiten an, und viele leichtlebige Damen flanieren die Straßen auf und ab. Zentrum aller Aktivitäten ist aber der **Chow-Kit-Markt,** der anerkannt beste und preisgünstigste Eßmarkt Kuala Lumpurs. Östlich des Chow Kit an der Jalan Raja Alang lockt der **Pasar Minggu** (Sonntagsmarkt), der seine Stände bereits Samstag nachts öffnet und erst in den frühen Morgenstunden des Montags schließt. Kunstgewerbe wird reichlich feilgeboten, darunter malaiische Mützen *(songkok),* Gebetbücher, handgedruckte Batiksarongs, *kelantan*-Silberarbeiten und traditionelle Töpferwaren *(labu).*

Am entgegengesetzten Ende der Jalan Chow Kit erhebt sich das **Putra World Trade Center,** mit einem Konferenzsaal, einem Hotel und einem 40stöckigen Hochhaus, in dem die **Tourist Development Corporation of Malaysia** (TDC) untergebracht ist. Viele internationale Konferenzen und Ausstellungen werden in diesem Zentrum veranstaltet. Auf der gegenüberliegenden Straßenseite, lockt das attraktive Einkaufszentrum **The Mall**. Um ein riesiges Atrium herum reihen sich ausgefallene Boutiquen und Luxusläden mit westlichen Designerprodukten aneinander. Das sechste Stockwerk ist einer traditionellen malaiischen Straße mit Garküchen und Andenkenläden nachempfunden, während im obersten Stockwerk ein Vergnügungspark eingerichtet wurde.

**Links: Der kunstvoll verzierte Sri-Mahamariamman-Tempel. Rechts: Ein beliebter Treffpunkt ist das Einkaufszentrum The Mall.**

# DIE UMGEBUNG VON KUALA LUMPUR

**Petalang Jaya** (PJ), eine Satellitenstadt mit 250 000 Einwohnern, liegt an der Bundesstraße, nur zehn Kilometer südlich von Kuala Lumpur. Diese Stadt hat zwar Touristen nicht viel zu bieten, aber ihre bodenständige Atmosphäre mit Garküchen und raucherfüllten Jazz- und Gin-Kneipen ist eine willkommene Alternative zum snobistischen Nachtleben des Goldenen Dreiecks. Petalang Jaya ist auch der Sitz der **Malaya-Universität** mit ihrem asiatischen **Kunstmuseum**.

Hat man PJ erst einmal verlassen, so kommt man über die Bundesstraße durch das **Klang-Tal**, am Flughafen vorbei, nach **Shah Alam,** der neuen Hauptstadt von Selangor. In der **Istana Bukit Kayangan** lebt der Sultan von Selangor. Aber die ins Auge fallende Hauptattraktion der Stadt ist zweifellos die **Staatsmoschee** mit einer der größten Kuppeln und den höchsten Minaretten der Erde.

Am Ende der Bundesstraße erreicht man die Stadt **Klang,** die am Ufer des gleichnamigen Flusses erbaut wurde. In dem ehemaligen Kaufhaus **Gedong Raja Abdullah** (1857) ist heute ein Museum untergebracht, in dem die farbenfrohe und ebenso gewalttätige Vergangenheit der Stadt wieder lebendig wird. **Port Klang,** der wichtigste Seehafen Kuala Lumpurs, liegt acht Kilometer weiter westlich. Viele kommen hierher, um frische Meeresfrüchte zu speisen.

In einem gigantischen Kalksteinfelsen, etwa 13 Kilometer nördlich der Hauptstadt, erstrecken sich die **Batu-Höhlen,** die vor etwa 400 Millionen Jahren entstanden und erst 1878 rein zufällig von dem amerikanischen Wissenschaftler William Hornaday entdeckt wurden. In der größten Höhle, die die Ausmaße einer Kathedrale hat, steht ein Hindualtar, zu dem alljährlich Pilger kommen, um das *Thaipusam*-Festival zu Ehren des Hindugottes Murgan zu feiern. Als Zeichen der Buße tragen einige der Gläubigen im Trancezustand *kavadis* – hölzerne Traggestelle, die mit langen spitzen Haken am Körper befestigt wurden. Begleitet von aufmunternden Zurufen der Zuschauer und unablässigen Trommelschlägen, demonstriert diese Prozession anschaulich die Kraft religiösen Glaubens.

Eine Alternative zu den Batu-Höhlen bieten die großzügigen Anlagen des **Templar-Parks,** eines 1200 Hektar großer Naturparks im Norden der Stadt. Üppiges Grün, zahlreiche Wasserfälle, Teiche und einsame Urwaldpfade lassen den Streß des Stadtlebens vergessen. Auch **Mimaland,** im Nordosten an der alten Bundesstraße von Pahang gelegen, ist ein 120 Hektar großer – an den Wochenenden überlaufener – Erholungspark, der phantastische Gärten, einen See zum Fischen und Rudern, ein Schwimmbad und einen Streichelzoo für Kinder aufweist.

Nordöstlich von Kuala Lumpur werden an der Jalan Pahang die **Selangor-Zinnwarenfabrik** die berühmten malaysischen Zinnarbeiten aus hochwertigem Zinn hergestellt. Fährt man die Bundesstraße weiter, so erreicht man den staatlichen **Zoo** mit über 2000 verschiedenen Tierarten.

**Links: Eine „Kathedrale" der Batu-Höhlen. Rechts: Gläubige tragen als Zeichen der Buße *kavadis,* hölzerne Gestelle, die mit spitzen Haken am Körper befestigt werden.**

CHRIST CHURCH MELAKA
1753

# MALAKKA

Die geschichtsträchtige Stadt Malakka (Melaka) liegt strategisch günstig an der Meerenge von Malakka, 150 Kilometer südlich von Kuala Lumpur. Sie wurde Anfang des 15. Jahrhunderts von dem malaiischen Prinzen Parameswara, dem Herrscher über Temasek (Singapur), gegründet, der sie nach einem Baum in seiner Nähe benannte. Nach und nach entwickelte sich das Fischerdörfchen zu einem bedeutenden Handelshafen, mit dem bereits 1409 ein Gesandter des Ming-Kaisers, Admiral Cheng Ho, offizielle Beziehungen knüpfte und damit eine lang andauernde Handelsbeziehung zwischen Malakka und China einleitete.

Die Nachkommen der ersten chinesischen Siedler wurden Baba („an der Meerenge geborene Chinesen") genannt, ihnen gelang es, eigene Traditionen in die malaiische Umgebung zu integrieren. Den Chinesen folgten eine Reihe europäischer Kolonialisten: Zuerst machten sich die Portugiesen breit (1511), danach die Holländer (1641) und schließlich die Briten (1824). Architektonische und kulturelle Zeugnisse dieser Epochen prägen das Stadtbild und machen aus Malakka eine historische Fundgrube, die durch moderne Gebäude und Hotels wenig irritiert wird.

Die schönsten historischen Bauten stehen am **Holländischen Platz**, der von rötlichen Ziegelsteingebäuden aus der holländischen Kolonialzeit eingerahmt ist. Das **Stadhuys,** das der ursprüngliche Regierungssitz der Holländer war, wurde um das Jahr 1650 fertiggestellt und gilt als das älteste holländische Gebäude im Fernen Osten, in dem mittlerweile das gutbestückte **Malakka-Museum** untergebracht ist. Seine Ausstellungsstücke dokumentieren lückenlos die Geschichte der Stadt von der Zeit der alten malaiischen Königreiche bis hin zur Anwesenheit der Portugiesen und Holländer und der Besetzung des Landes durch die Briten. Neben dem Stadhuys steht die **Christuskirche,** die 1741 anläßlich des hundertjährigen Bestehens der holländischen Kolonie begonnen und 1753 fertiggestellt wurde. In der Nähe, an der Jalan Laksamana, steht die **Franz-Xaver-Kirche** (1849) mit zwei schlanken neugotischen Kirchtürmen.

Am südlichen Ende des Holländischen Platzes erhebt sich der **Residency Hill** mit den Ruinen der **Paulskirche,** die um 1590 von den Portugiesen auf den Grundmauern einer Kapelle aus dem Jahre 1521 erbaut wurde. Der hl. Franz Xaver zelebrierte hier das erste Mal 1545 eine Messe und wurde 1553 vorübergehend in der Paulskirche aufgebahrt. In den Ruinen stößt man auf einige Grabsteine mit lateinischen, holländischen und portugiesischen Inschriften. Der gesamte Hügel wurde seit 1753 als Friedhof für einflußreiche Holländer genutzt.

Am Fuße des Hügels steht die **Porta de Santiago** – einziges Überbleibsel der um 1512 erbauten portugiesischen Festung **A Famosa.** Ursprünglich umfaßte A Famosa den ganzen Hügel einschließlich des europäischen Viertels, und innerhalb der Mauern standen eine Burg, zwei Paläste und fünf Kirchen. 1541 nahmen die Holländer die Festung ein und bauten sie

**Links: Der rote Ziegelsteinbau der Christuskirche gehört zum holländischen Erbe in Malaysia. Rechts: Paranakan-Kultur in Malakka.**

wieder auf. Doch die Briten zerstörten die Festungsanlage zu Beginn des 19. Jahrhunderts (bis auf die Porta de Santiago) vollkommen.

Gegenüber dem Tor kommt man zum **Padang Pahlawan,** auf dem Tunku Abdul Rahman nach Verhandlungen mit den Engländern in London die Unabhängigkeit Malaysias verkündete. Auf dem Platz finden des Nachts die ersten Ton-Licht-Shows Asiens statt. Gegenüber dem Padang liegt das **Declaration of Independance Memorial Building,** in dem anhand von Schriftstücken, Fotografien, Filmen, Videos und anderem Material der Kampf um die Unabhängigkeit dokumentiert wird. Die Räume beherbergten den Malakka-Club (1911), in dem britische Offiziere und Plantagenbesitzer unter sich blieben.

Hinter dem Denkmal steht der **Sultanspalast Melaka**, eine Kopie des Palastes von Sultan Mansur Shah aus dem 15. Jahrhundert, der erst kürzlich sorgfältigst rekonstruiert wurde und die Geschichte Malakkas und deren Bedeutung für das heutige Malaysia symbolisiert.

Drei Kilometer südlich des Holländischen Platzes auf einer Hügelkuppe erheben sich die Ruinen des **St. John Fort** (um 1770), in dessen Umgebung eine moderne Wasserkläranlage und einige Hochhäuser entstanden. Im Nordosten der Stadt liegt **Bukit China,** ein alter chinesischer Friedhof mit über 12 000 Gräbern aus der Ming-Zeit, der zu den ältesten chinesischen Zeugnissen des Landes und als der größte chinesische Friedhof außerhalb Chinas gilt.

Der heute verschlammte Malakka-Fluß war ehemals eine viel genutzte Handelsroute und trennt das europäische vom chinesischen Viertel. Eine Betonbrücke führt von der Westseite des Holländischen Platzes in die Altstadt, das heutige **Chinatown,** ein faszinierendes Durcheinander von Tempeln, Cafés und Antiquitätenläden.

Der älteste chinesiche Tempel Malaysias ist der **Cheng-Hoon-Teng-Tempel** (Tempel der grünen Wolke) in der Jalan Tekong, der 1645 gebaut und 1704 und 1804 erweitert wurde. Er ist mit mythischen chinesischen Figuren aus Porzel-

**Der Blick auf den Malakka-Fluß hat sich in den letzten Jahren wenig geändert.**

lan- und Glasscherben verziert, die den Zusammenhang von Taoismus, Buddhismus und Konfuzianismus darstellen sollen. Die nahe gelegene **Kampong-Keling-Moschee** (1868), die nach Vorbildern in Sumatra erbaut wurde, hat ein dreifach gestuftes Dach und wundervoll geschnitzte Decken. Der **Sri-Poyyatha-Vinayagar-Moorthi-Tempel** nahe bei wurde 1780 von der hinduistischen Gemeinde Malakkas erbaut.

Zu den bekanntesten Straßen Malakkas zählt die **Jalan Tun Tan Cheng Lock,** die nach einem bedeutenden Baba von Malakka benannt wurde, der für die Unabhängigkeit des Landes kämpfte. Die Straße ist gesäumt von alten Häusern der Baba, die einen Einblick in die Architektur Malakkas vor 200 Jahren gewähren. Viele dieser Häuser weisen aufwendig geschnitzte Türen auf und bergen zahlreiche Antiquitäten aus mehreren Generationen. In einem der alten Geschäftshäuser ist mittlerweile das **Baba-Nyonya-Museum** untergebracht.

Parallel dazu verläuft die **Jalan Hang Jebat** (die frühere Jonkers Street und Jalan Gelanggang), in der sich zahlreiche Antiquitätenläden konzentrieren. Vom viktorianischen Messingbett über das chinesische Möbelstück aus Rosenholz bis hin zu verblichenen Fotografien wird viel Außergewöhnliches angeboten. Den Preis sollte man durch Handeln auf ein für Händler und Käufer angemessenes Niveau bringen. Gut besuchte Eßstände und Cafés verteilen sich entlang der Straße, von denen vor allem das Café **Jonkers Melaka** im kühlen Innenhof eines alte Kaufhauses zu empfehlen ist.

Etwa 1,5 Kilometer vom Zentrum entfernt, in der Nähe des Strandes, leben die Nachfahren der ersten portugiesischen Einwanderer im sogenannten **Eurasian Settlement.** Dieses Viertel wurde 1930 gegründet und besteht aus einigen unscheinbaren Wohnhäusern, in denen noch *cristao*, ein portugiesisch-malaiischer Dialekt gesprochen wird.

Jährlich feiern die Bewohner der Siedlung die **Festa de San Pedro.** Die Fischer schmücken dann ihre Boote, die während einer Messe vom Gemeindepfarrer gesegnet werden.

**Bunte Kacheln sind typisch für Malakka.**

# PENANG

Man nehme eine tropische Insel, richte einen luxuriösen Badeort ein und würze alles mit einer Prise Geschichte und einer Handvoll herrlicher, den Gaumen verwöhnender Spezialitäten der Gegend. Dieser Leckerbissen hieße dann **Penang,** die „Perle des Ostens", vor der Nordwestküste der Halbinsel gelegen, deren Name auf malaiisch – Pulau Pinang – die „Insel der Betelnuß" bedeutet.

Penang gehörte ursprünglich zum Reich des Sultans von Kedah und war nur dünn besiedelt, bis 1786 seine Ruhe von der British East India Company gestört wurde, die beschloß, auf der strategisch günstig gelegenen Insel einen Handelsstützpunkt zu errichten und die erste britische Siedlung, noch vor Malakka und Singapur, zu gründen. Früher konnte man Penang nur mit dem Flugzeug oder der Fähre erreichen, bis im September 1985 zwischen der Malaiischen Halbinsel und der 285 Quadratkilometer großen Insel Penang die 13 Kilometer lange **Penang-Brücke** gebaut wurde.

**Links**: Blick auf die Strandanlage eines Luxushotels in Batu Ferringhi. **Unten**: Die siebenstöckige Pagode der Tempelanlage Kek Lok Si.

Mittlerweile stehen in Penang einige neuere Hotels, und in Georgetown (Bandaraya Tanjung) fällt vor allem das **Komtar-Regierungsgebäude** auf, dessen zylindrischer Wolkenkratzer hoch in den Himmel ragt. Aber dieses Symbol des Fortschritts gehört zu den wenigen, die inmitten der Zeugen der Vergangenheit stehen. Das alte **Fort Cornwallis,** die erste britische Militärbasis an der Nordostspitze der Insel, wurde um 1800 von Strafgefangenen erbaut. Nur noch die äußeren Mauern blieben erhalten; gleich daneben der **Padang** und das **Esplanade,** beides Herzstücke des alten Georgetown. Das berühmte Wahrzeichen ist der dazugehörige Uhrturm, den einst ein reicher chinesischer *towkay* namens Cheah Chin Gok der Stadt zum 75jährigen Jubiläum Königin Viktorias vermachte. Die zahlreichen Kolonialgebäude des Viertels werden überragt vom **Gerichtshof** und auch der **Georgskirche** (1818), die älteste anglikanische Kirche in Südostasien. Gegenüber, auf der anderen Straßenseite der Leboh Farquhar, können Sie das **Penang-Museum** und die **Penang-Kunstgalerie** besuchen.

Weiter westlich stößt man auf die weiße Fassade des **Eastern and Oriental Hotel,** eines der elegantesten Hotels im Fernen Osten, das ehemals zum Raffles Hotel in Singapur gehörte. Den Charme der E & O Hotels macht noch immer der Hauch verblichenen Ruhms aus.

Ein kleiner Spaziergang durch das alte Georgetown bietet einen faszinierenden Einblick in die kulturelle Vielfalt der Insel. In der Nähe des Museums steht an der Leboh Pitt der vielbesuchte chinesische Tempel **Kuan Yin,** eines der ältesten Gebäude der Stadt, das vor rund 150 Jahren erbaut wurde. Einen krassen Gegensatz dazu bildet die Kapitan-Kling-Moschee, die um 1800 von den ersten indischen Moslems in Penang errichtet wurde. Die Vielseitigkeit religiöser Architektur in Penang wird ergänzt durch den **Wat Chayamangkalaram** in der Lorong Burma, mit dem größten liegenden Buddha der Erde (33 Meter lang).

Die wohl bekannteste religiöse Stätte in Georgetown ist aber das **Khoo Kongsi** an der Kreuzung Leboh Pitt und Leboh Acheh. Ein *kongsi* ist ein Clan-Haus, das sowohl als Tempel als auch als Treffpunkt aller Angehörigen einer chinesischen Familie bzw. aller, die den gleichen Nachnamen tragen, dient. Khoo Kongsi wurde Ende des 19. Jahrhunderts erbaut und, nachdem das Dach abgebrannt war, restauriert. Es beherbergt eine Vielzahl an Gemälden, Holzschnitzereien und Steinmetzarbeiten.

Wer Souvenirs sucht, sollte in den engen Gassen nahe der **Penang Road** herumstöbern, in der zahlreiche Kunst- und Antiquitätenläden ihre Waren anbieten. Ganz in der Nähe, in der **Leboh Campbell,** kann man mit Straßenhändlern um die Preise für Nylonhemden, Kunstkrokoledersehuhe und Schmuck feilschen. Im übrigen werden in zahlreichen kleineren Läden mit bedeutungsvollen Namen wie Rope Walk oder Love Lane alle nur erdenklichen Utensilien angeboten. Weniger wohlgesonnen gestimmt, könnte man den Großteil der Waren als Ramsch bezeichnen – und dennoch gelingt oft ein Schnäppchen. Vor allem wird man hier fündig, wenn man *mah-jongg*-Spiele, chinesische Namensstempel, Räucherwerk und medizinische Kräuter sucht.

Einige wenige Kilometer westlich von Georgetown liegt die **Staatsmoschee,** ein ultramodernes Gebäude mit einer goldenen Zwiebelkuppel. Hoch über Geogetown erhebt sich auf dem **Air Itam** die „Pagode der Zehntausend Buddhas", der **Kek-Lok-Si-Tempelkomplex,** Malaysias größter Buddhistentempel, in dessen Innerem Tausende von Buddha-Statuen aus verschiedenen Ländern aufbewahrt werden. Neben der siebenstöckigen Pagode umfaßt die Anlage noch einen dreistöckigen Tempel, Schildkrötenteiche, eine riesige Statue der Göttin der Barmherzigkeit, Kuan Yin, und die unvermeidlichen Souvenirläden.

Etwas nördlich des Kek Lok Si fährt eine alte Seilbahn zum Gipfel des **Penang Hill** hinauf. Einschließlich des Umsteigens auf halber Höhe braucht man eine halbe Stunde bis zu diesem auf 830 m Höhe gelegenen herrlichen kühlen Erholungsgebiet und hat von dort einen wundervollen Blick über die Insel und die

**Das Hochhaus des Komtar-Regierungsgebäudes überragt Georgetown.**

Malaiische Halbinsel. Die Gärten, das kleine Hotel, der Tempel, die Moschee, ja das ganze Leben auf dem Penang Hill erinnert an vergangene Zeiten. Etwa drei Kilometer nordöstlich erstrecken sich die **Botanischen Gärten,** auch Waterfall Gardens genannt, da sie um Süßwasserquellen herum angelegt wurden.

Der **Temple of the Azure Cloud** kann trotz seines romantischen Namens für Menschen, die eine Abneigung gegen Schlangen haben, zum Alptraum werden. Früher stand dieser schlichte, etwa 13 Kilometer südlich von Georgetown gelegene Tempel auf dem Reiseplan jedes Touristen. Man sieht ja schließlich nicht jeden Tag gelbe und grüne Vipern über Altäre, Schreine und Räucherschalen gleiten. Heute entdeckt man nur noch mit etwas Glück die eine oder andere schlafende Schlange. In einer der beiden Hallen leben zwei angeblich friedliche Vipern, die sich unbeeindruckt von den Fremden fotografieren lassen.

**Batu Ferringhi** an der Nordküste der Insel gehört zu den beliebtesten Ferienstränden Südostasiens. Verschiedene Luxushotels bieten eine große Auswahl an Freizeitmöglichkeiten (Segeln, Reiten, Wandern u. a.), und am Strand kann man in der Sonne baden. Außerdem sorgen zahlreiche Restaurants und Kunstgalerien für Abwechslung. Das zauberhafte Fischerdörfchen **Telok Bahang** liegt gleich nebenan, und etwa 1,5 Kilometer weiter erreicht man die angeblich größte Schmetterlingsfarm der Erde, mit einer riesigen Voliere, in der man unzählige Schmetterlings- und Pflanzenarten ausmachen kann.

Übrigens werden in Penang die feinsten Speisen der gesamten Region angeboten. Trotz ihres wenig einladenden Äußeren bieten die Verkaufsstände an den Straßen und die meist überfüllten Cafés in der Altstadt Köstliches an – vom indischen Curry über malaiisches *nasi* (Reis) und chinesische *bah kut teh* (Schweinerippchen in Kräutersoße) bis zur *laksa* (Fischsuppe) aus Penang. Die Garküchen im Zentrum von Georgetown, u. a. am **Gurney Drive** und an der **Jalan Burma,** sind für eine kulinarische Entdeckungsreise der ideale Schauplatz.

**Die moderne Penang-Brücke steht im Kontrast zu der alten Holzbrücke im Vordergrund.**

# LANGKAWI

Nordwestlich der Halbinsel, eingebettet in die Andamanische See, liegen die **Langkawi-Inseln.** Anders als auf den übrigen Inseln an der Westküste Malaysias, sind die Mehrzahl der etwa 30 000 Einwohner Malaien. Drei der 99 Inseln sind unbewohnt, zwei nur dünn besiedelt.

In den letzten Jahren hat die Regierung versucht, die Langkawi-Inseln zu einem der besten Touristenorte zu lancieren. Um die Inseln zugänglicher und attraktiver zu machen, wurde ein Flughafen gebaut, ein regelmäßiger Fährverkehr zwischen dem Festland und den Inseln eingerichtet und Langkawi zum zollfreien Gebiet erklärt (1987). Trotzdem blieb der erhoffte große Ansturm aus. Sogar in der Hauptsaison bieten die Langkawi-Inseln noch immer eine ruhige und relativ unberührte tropische Inselwelt.

Mit der Fähre von **Penang** oder **Kuala Perlis** sind die Inseln leicht zu erreichen. In knapp einer Stunde fährt man von **Alor Star** nach Kuala Perlis und nimmt dann die Fähre, die gute zwei Stunden zu den Inseln braucht. Eilige fliegen von Penang, Kuala Lumpur, Alor Star oder auch von Singapur aus.

Die Hauptinsel ist **Pulau Langkawi,** deren Hauptstadt **Kuah** an der Südküste liegt. Das kleine Kuah wurde durch seinen Duty-free-Status vollkommen umgekrempelt. Nahezu jeder Laden ist vollgestopft mit Alkoholika, Zigarrettenstangen und elektronischen Geräten. Daneben wird in kleinen Geschäften örtliches Kunstgewerbe angeboten, überwiegend Muschelarbeiten und Steine, die mit winzigen Gemälden verziert sind. In Kuah stehen mehrere kleine Hotels und das von der Regierung eingerichtete **Langkawi Island Resort.**

Mittlerweile wurden in nahezu jedem Teil der Insel Hotels, Chalets und Bungalows gebaut. Zu den bekanntesten Ferienorten zählen **Pantai Cenang** im Südwesten der Insel mit dem riesigen Ferienzentrum **Pelangi Beach** und einer Vielzahl von Strandbungalows und **Pantai Rhu** an der Nordküste. Die berühmten **Telaga-Tujuh-Wasserfälle** liegen im Inselinneren. Das Wasser läuft durch sieben Becken, die stufenförmig aufeinanderfolgen. Der Legende nach wuschen die Bergfeen ihre Haare im Wasserstrahl der Kaskaden.

**Telaga Air Panas** hingegen ist bekannt für seine Thermalquellen. Und in deren Nähe, am Ende eines unwegsamen Pfades inmitten des fast undurchdringlichen Urwaldes, erreicht man den **Durian-Perangin-Wasserfall.**

Fischerboote verkehren zwischen den kleineren Inseln der Langkawi-Gruppe. Von **Tanjong Rhu** aus fährt man um das Nordkap herum zu den grauen Kalksteinfelsen vor der Küste, dort liegt die **Gua-Cerita-Höhle** (Höhle der Legenden), in der alte Inschriften des Korans gefunden wurden. Den Eingang erreicht man über eine wacklige Bambusleiter.

Auf der zweitgrößten Insel, **Dayang Bunting,** liegt der **See der schwangeren Mädchen,** durch einen schmalen Isthmus vom Meer getrennt. Unfruchtbare Frauen pilgern hierher und trinken sein Wasser, in der Hoffnung, eines Tages doch noch schwanger zu werden.

**Links: Sonnenaufgang über Pulau Langkawi. Rechts: Blick über die Ferienanlage eines Luxushotels auf Pulau Langkawi.**

# BERGDÖRFER

Das Hochland in Malaysia und in Asien überhaupt ist zur Zeit der britischen Kolonialherrschaft vor allem von den Beamten, die der Hitze und Luftfeuchtigkeit im Flachland entfliehen wollten, erschlossen worden. Nach der Unabhängigkeit blieben einige der so entstandenen Orte erhalten, sei es zur Erinnerung an eine koloniale Vergangenheit oder um sie als Ferienorte zu nutzen.

**Genting Highlands:** Nur 50 Kilometer von Kuala Lumpur entfernt, erreicht man auf 1700 m Höhe **Genting Highlands,** in dem das einzige Spielkasino Malaysias Spieler und solche, die es werden wollen, willkommen heißt. Wenn auch Roulette, Blackjack, Bakkarat und andere Glücksspiele zur Hauptattraktion des Ortes zählen, kann man sich außerhalb des Spielkasinos auch auf einem wunderschönen Golfplatz oder in Vergnügungsparks die Zeit vertreiben, vor allem aber das angenehm kühle Klima genießen.

**Fraser's Hill:** 50 Kilometer weiter nördlich kommt man nach **Fraser's Hill** (auf etwa 1500 m Höhe), einem ruhigen Ort mit Freizeitzentren um einen Golfplatz herum. Das schönste Erlebnis in Fraser's Hill ist ein Spaziergang durch den Urwald und eine Dusche im **Jerlau-Wasserfall.**

Der Ort wurde nach einem britischen Abenteurer benannt, Louis James Fraser, der im 19. Jahrhundert angeblich von einer Hütte in den Bergen aus undurchsichtige Geschäfte abwickelte. Die Hütte gibt es nicht mehr, dafür entstanden aber in der kühlen und klaren Bergluft von gepflegten kleinen Rosengärten umgebene Bungalows.

**Maxwell Hill:** Malaysias ältestes Bergdorf, das heutige **Bukit Larut,** liegt auf 1020 m Höhe oberhalb von Taiping im Norden des Staates Perak. Hier gibt es weder Golfplätze noch extravagante Restaurants oder Schwimmbäder. Einzige „Attraktion" in diesem Ort sind ein einsamer Badminton-Platz und schier endlose Dschungelpfade. Die Luft ist recht kühl, Dunstschwaden hängen tief über dem Urwald, und die Aussicht von Penang nach Pangkor wechselt aufgrund der Wolkenbildung über der Straße von Malakka ständig. Maxwell Hill ist mit seinen komfortablen Bungalows, in denen es jeweils einen Kamin gibt, ein Refugium, in dem man inmitten der Natur Ruhe und Entspannung findet.

Die Straße nach Maxwell Hill ist für den öffentlichen Verkehr gesperrt, nur von der Regierung eingesetzte Landrover dürfen sie befahren und Besucher von Taiping zu den Bungalows in Maxwell Hill und zurück transportieren. Sie verkehren stündlich zwischen Morgengrauen und Dämmerung.

**Cameron Highlands:** Die größte Bergstation Malaysias ist **Cameron Highlands,** etwa 220 Kilometer nördlich von Kuala Lumpur gelegen. Cameron Highlands gehört zwar zu Pahang, kann aber nur über Perak erreicht werden. Die Straße ins Bergland zweigt bei Tapah von der Hauptstraße ab und windet sich 46 Kilometer lang zwischen den Felsen hindurch steil hinauf. Unterwegs trifft man an den Straßenrändern immer wieder auf *Orang Asli,* eingeborene Stammesangehörige, die seit prähistorischen Zeiten in den Ur-

**Links**: Tee-Ernte im Hochland. **Rechts**: Bei Gunung Brinchang ist der Urwald besonders dicht.

# TAMAN NEGARA: DAS GRÜNE HERZ

Malaysias beliebtestes Urwaldgebiet ist der riesige Taman-Negara-Nationalpark, der sich über das bergige Landesinnere von Pahang, Kelantan und Trengganau erstreckt. Innerhalb dieses Gebietes um das Zentralmassiv des Gunung Tahan, des höchsten Berges in Westmalaysia, erheben sich unzählige Kalksteinhügel, die dicht mit Urwald bewachsen sind. Reißende Flüsse durchdringen die Region, die die Heimat unzähliger wilder Tiere ist.

Taman Negara kann man nur per Schiff erreichen. Von Kuala Tembeling aus fahren Boote den schlammigen Tembeling hinauf. Bei ausreichendem Wasserstand braucht man drei bis vier Stunden, bei Niedrigwasser müssen die Fahrgäste aussteigen und am Ufer ein Stück zu Fuß weitergehen.

Das Hauptquartier des Nationalparks ist Kuala Tahan, mit Gästehäusern, Bungalows, einer Jugendherberge, in der auch selbst gekocht werden kann, und Campingmöglichkeiten. In einem kleinen Lebensmittelladen kann man sich mit dem Nötigsten versorgen, aber es stehen auch zwei Restaurants zur Verfügung.

Jeden Abend veranstaltet die Verwaltung eine Dia- und Filmvorführung über den Nationalpark mit seiner Pflanzen- und Tierwelt. An der Rezeption des Hauptquartiers kann man Führer engagieren. Im übrigen sind aber die Pfade des Parks gut markiert, ebenso auch einige verborgene Plätze, von denen aus man die sich nähernden Tiere am besten beobachten kann. Da der Boden oft unter Wasser steht, ist es so gut wie unmöglich, im Park einfach herumzulaufen. Es empfiehlt sich daher, bei der Verwaltung ein Boot zu mieten.

Taman Negara, dessen Geschichte 130 Millionen Jahre zurückreicht, ist vermutlich der älteste Urwald der Erde. Viele Pflanzen in diesem Gebiet sind hochspezialisiert und als Parasiten oder in symbiotischer Lebensweise auf andere Spezies angewiesen.

In einem Regenwald ist es immer laut, ja manchmal sogar lauter als im Verkehrsgewühl einer Großstadt. Tag und Nacht sind Insektengeräusche, Vogelgezwitscher und Tierschreie zu hören. Bei insgesamt 250 verschiedenen registrierten Arten wird das Beobachten von Vögeln im Park zu einer wahren Wonne. Farbenprächtige Nashornvögel sitzen in den Baumwipfeln, Eisvögel und Fischadler halten sich entlang der Flüsse auf. Langschwänzige Makaken und andere Affen kann man zwar hören, bekommt sie aber selten zu Gesicht. Dafür sind Warane und Otter gewöhnlich leicht zu beobachten.

Auch größere wilde Tiere leben in diesem Park, verlassen aber selten den dichten Urwald und sind daher nur schwer auszumachen. Hirsche und Wildschweine leben rund um das Hauptquartier. Und tiefer im Urwald trifft man mit etwas Glück auf einen Tapir, vielleicht auch einen Elefanten, ein Nashorn oder sogar einen Tiger.

Wandert man von Kuala Tahan etwa 15 Minuten flußabwärts, so gelangt man zu der Gua-Telinga-Höhle (Ohrhöhle). Am Ende eines niedrigen und engen Ganges kommt man durch Schlamm und Vogeldreck in einen unterirdischen Raum, in dem man mit der Taschenlampe Tausende von Fledermäusen, die an der Decke hängen, erkennen kann. Sie ernähren sich von Früchten und Insekten. Andere Höhlenbewohner sind riesige Kröten und Schlangen, deren Beute wiederum die Fledermäuse sind. ■

**Mit etwas Glück kann man im Nationalpark dem Tapir begegnen.**

wäldern Malaysias leben. **Ringlet** ist die abgelegenste der drei Bergstädte, 13 Kilometer von der Hauptstadt **Tanah Rata** entfernt, und drei Kilometer weiter folgt **Brinchang.**

Zwischen 1500 und 1800 m hoch gelegen, wurde das Cameron-Hochland 1885 von William Cameron, einem Landvermesser der Regierung, entdeckt, der die Gegend kartographierte und nach seinen Worten „eine hübsche Hochebene fand, umgeben von sanften Hügeln und erhabenen Bergen". Später folgten Teeplantagenbesitzer, Farmer, die Gemüse anbauten, und reiche Kolonialisten, die auf der Flucht vor Hitze und Feuchtigkeit im Flachland waren. Die Kolonialisten machten aus dem Hochland ein Ebenbild englischer Landsitze, sie bauten zwischen Tanah Rata und Brinchang Tudor-Häuser nach, die an einem wunderschönen Golfplatz liegen.

**Malaysias Bergorte liegen inmitten der reichen Natur.**

Der größte Teil des Cameron-Hochlandes ist dicht mit Tee bepflanzt. Man kann den **Blue Valley Tea Estate** besichtigen und sich Anbau, Ernte und Behandlung des Tees erklären lassen. Im übrigen schmeckt der Tee hier oben irgendwie frischer und aromatischer als sonst.

Das Cameron-Hochland ist übersät mit Dschungelpfaden. In den Hotels und in den Läden in Tanah Rata kann man Wanderkarten kaufen, um sich über zahllose kleine Trampelpfade bis hin zu angelegten Wanderwegen zu informieren. Auf dem 2000 m hohen Gipfel des Hochlandes liegt **Gunung Brinchang.** Der Urwald ist in dieser Gegend besonders dicht, und es empfiehlt sich, immer jemandem Bescheid zu geben, bevor man nach Gunung Brinchang aufbricht, damit eine Suche eingeleitet wird, wenn man sich verirrt hat. Der prominenteste Besucher, der hier verschwand, war „Thailands Seidenkönig" Jim Thompson, ein amerikanischer Unternehmer, der im März 1967 in den Urwald aufbrach und nicht mehr zurückkam.

Nach einer Wanderung empfiehlt es sich, im **Ye Old Smokehouse** einzukehren, der perfekten Nachbildung eines englischen Landhauses, das mit offenem Feuer, einem typischen Pubessen und Guinness-Bier aufwartet.

# DIE OSTKÜSTE

In Butterworth, auf der Malaiischen Halbinsel gegenüber von Penang gelegen, beginnt der Ost-West-Highway, der über eine Strecke von 373 Kilometern durch die landschaftlich reizvollsten Gebiete Malaysias bis hin zur thailändischen Grenze verläuft. Er endet bei **Gerik,** und die weiterführenden Straßen werden von dort aus mit jedem Kilometer schlechter. Östlich von Gerik liegt der riesige **Temenggor-See,** an dem man sehr gut fischen und wandern kann.

Etwa 100 Kilometer weiter kommt man nach **Kota Bahru,** der Hauptstadt von Kelantan, nahe der thailändischen Grenze. Es besitzt einen attraktiven Hauptmarkt, auf dem über drei Stockwerke eine enorme Auswahl an Fisch, Obst, Gemüse, Fleisch und Trockenfrüchten angeboten wird.

Hinter dem Markt liegt der **Padang Merdeka** mit der **Istana Balai Besar,** dem kürzlich renovierten Sultanspalast (1844) und der **Staatsmoschee**, dem **Parlament** und dem **Staatsmuseum**, einem ehemaligen Palast, in dem heute eine Vielzahl wertvoller Kunstgegenstände überwiegend aus Kelantan ausgestellt werden, wo die besten Handwerker Malaysias zu Hause sind, darunter Keramik- und Silberwaren, Trachten, Drachen *(wau),* Riesenkreisel *(gasing)* und antike Vogelkäfige.

Kelantan ist auch das Zentrum der malaiischen Batik und der *sungkit*-Weberei. Junge Mädchen weben Seide oder Baumwolle zu meterlangen Stoffbahnen, die mit handgemalten Motiven verziert werden, aus denen sie Kleider, Bett- und Tischwäsche nähen.

Der berühmteste Strand der Ostküste ist der von **Pantai Cinta Berahi,** der auch „der Strand der leidenschaftlichen Liebe“ genannt wird. Abgesehen von seinem romantischen Namen und dem weißen Sand unterscheidet er sich allerdings nicht wesentlich von den anderen Stränden der Ostküste.

**Trengganu:** Südlich von Kota Bahru führt die Straße durch einige Fischerdörf-

**An der Ostküste locken kilometerlange einsame Strände.**

chen und an endlosen Kokospalmenhainen vorbei nach **Kuala Trengganu,** der Hauptstadt der gleichnamigen Provinz. Am Ende der Jalan Bandar gibt es einen Bootsverleih für Fahrten auf dem gleichnamigen Fluß. Die Inseln **Kapas** und **Redang** eignen sich gut zum Baden, und **Marang** ist so liebenswert, da es seinen ursprünglichen dörflichen Charakter bewahrt hat.

Jedes Jahr zwischen Mai und September kommen riesige Leder-Schildkröten an den Strand von **Rantau Abang** (etwa 50 Kilometer südlich von Kuala Trengganu), um hier ihre Eier abzulegen. Das Beobachten der langsamen *penyu*, wie die Schildkröte auf malaiisch heißt, zählt zu einer der größten Attraktionen für Touristen.

**Kuantan:** Auch an den Stränden und in der Umgebung von Penangs Hauptstadt **Kuantan** kann man Schildkröten beobachten. Kuantan ist obendrein bekannt für seine Holzschnitzereien und Webereien. Vor der Küste liegen einige Inseln, die ein Eldorado für Schwimmer und Taucher sind (März-Oktober, da von November-Februar der Monsun wütet). Aber die meisten Strandurlauber sammeln sich in **Cherating,** einer Reihe kleinerer Strandbäder nördlich von Kuantan, mit einem breiten Angebot von einfachen Strandbungalows bis hin zur feudalen Anlage eines Club Mediterranée.

Abenteuerlich ist ein Tagesausflug von Kelantan zum **Chini-See** (80 Kilometer). Genaugenommen sind es zwölf ineinanderfließende Wasserbecken, die den See bilden. Man erreicht ihn in etwa einer Stunde mit dem Boot von Kampung Tasek Chini die Flüsse Pahang und Chini aufwärts. Der See ist ganzjährig befahrbar, wenn auch immer wieder seichte Stellen vorkommen, über die man das Boot schieben muß. Von Juni bis September ist er bedeckt von einem dichten Lotusblütenteppich.

**Mersing:** Etwa 190 Kilometer südlich von Kuantan liegt der geschäftige Fischerhafen **Mersing.** Jährlich im Mai wird hier *Kayu Papan* gefeiert, ein Fest, bei dem der Trancetanz *Kuda Kepang* im Mittelpunkt steht. Mersing vorgelagert ist eine Gruppe von 64 Vulkaninseln,

**Eine Schildkröte legt ihre Eier in den Sand.**

deren berühmteste, **Pulau Tioman,** als eine der schönsten Inseln der Erde gilt. Arabische Handelsreisende entdeckten sie vor etwa 2000 Jahren und schätzten vor allem die idealen Anlegeplätze und die Süßwasserquellen im Inselinneren. Keramikfunde aus der Ming-Zeit deuten darauf hin, daß auch die ersten chinesischen Handelsschiffe hier anlegten.

Das Tioman von heute ist eine tropische Trauminsel. Hollywood drehte hier den Film *South Pacific* und die Geschichte des legendären Bali-Hais. Das rauhe Inselinnere wird von den „Eselsohren" überragt, urwaldbewachsenen Bergspitzen. Ein Trampelpfad führt nach **Kampong Juara,** einem einsamen Strand an der Ostküste.

Das **Tioman Island Resort** bietet einen Golfplatz, Tennisplätze und andere Freizeitmöglichkeiten. Ansonsten kann man sich in Strandbungalows oder Zimmern in Langhäusern entlang der Strände von **Kampong, Tekek** und **Salang** an der Westküste einmieten.

Eine Reihe kleinerer Inseln können von Mersing aus erreicht werden, die sich ideal zum Schnorcheln, Tauchen und Fischen eignen. Auf **Pulau Rawa** – etwa eine Stunde mit dem Boot von Tioman entfernt – gibt es eine Safari-Anlage mit Strandbungalows. **Pulau Sibu Besar** kann man in zwei Stunden mit dem Boot erreichen. Es ist mit dichtem Urwald bewachsen, hat goldenfarbige Strände, bietet allerdings nur einfachste Unterkünfte. Im blauen Wasser um **Pulau Babi Besar** tummeln sich Pfeilhechte und Barsche. In **Pulau Hujong** werden privat Bungalows vermietet, die man von Mersing aus buchen sollte. **Pulau Tinggi** wurde zuletzt für den Tourismus erschlossen, es wartet mit einem Hotel im Stil eines malaiischen *Kampung* auf.

**Desaru:** Die südöstliche Ecke in der Provinz Johor war ehemals abgelegenes Urwaldgebiet, wurde aber für den Tourismus erschlossen und zu einem Mega-Zentrum mit Namen **Desaru** ausgebaut. Eröffnet wurden bereits ein großes Hotel, eine Jugendherberge, Strandbungalows und Campingplätze, ein Club und ein Tauchzentrum. Mit einem Etat von zwei Milliarden Malaysia-Dollar sind bis 1994

**Tioman zählt zu den schönsten Inseln der Erde.**

neun zusätzliche Hotels, 4000 Eigentumswohnungen, ein Freizeitpark, ein Jachthafen, Tennisanlagen und vier Golfplätze geplant.

**Johor Bahru:** Diese lebhafte Metropole, an der Spitze der Malaiischen Halbinsel gegenüber von Singapur gelegen, entwickelte sich rasch zu Malaysias bedeutendster Stadt (nach der Hauptstadt). Die Einwohnerzahl explodierte in den letzten Jahren auf über eine Million, und die örtliche Wirtschaft floriert durch neue Fabriken und ausländische Investitionen. **Johor Bahru** zählt mit Sinagpur und den indonesischen Riau-Inseln zu einem revolutionären Wachstumsdreieck. Mittelpunkt von „JB" ist der berühmte Damm, der nach Singapur führt. Er wurde 1924 angelegt und 1942 teilweise durch die britische Armee zerstört, um den Vorstoß der Japaner aufzuhalten. Die lebhafte Altstadt liegt direkt am Ufer.

**Istana Besar**, der große Palast, wurde für Sultan Abu Bakar – den „Vater des modernen Johor" – in den sechziger Jahren des 19. Jahrhunderts als Residenz erbaut. Er wird noch für offizielle Veranstaltungen genutzt. Der Palast ist vollgestopft mit Antiquitäten, unter anderem aus der viktorianischen Zeit.

Der gegenwärtige Sultan lebt in einem moderneren Palast, dem **Istana Bukit Serene,** den ein 32 Meter hoher Turm überragt, der nachts erleuchtet wird. Umgeben ist der Palast von der Anlage des **Istana-Gartens,** in dem die Nachbildung eines japanischen Teehauses steht und in dem auch die erlesene Autosammlung des Sultans untergebracht ist. Der **Johor-Zoo**, die ehemals private Tiersammlung des Sultans, ist seit 1962 der Öffentlichkeit zugänglich und schließt sich dem Garten an.

Eine beherrschende Position an der Straße von Malakka nimmt die elegante **Abu-Bakar-Moschee** ein, eine interessante Mischung aus traditionell islamischem und klassischem italienischem Design. Sie wurde um das Jahr 1900 erbaut und bietet bis zu 2000 Gläubigen Platz. Ein weiteres Wahrzeichen der Stadt ist das **State Secretariat Building,** ein wuchtiger Art-deco-Bau, der um 1940 fertiggestellt wurde.

**Johor Bahru bei Nacht.**

# SABAH

Die Einheimischen nennen das exotische Sabah romantisch „Das Land unterhalb des Windes“, da es unterhalb des tödlichen Taifungürtels liegt. Nur wenige Touristen verschlägt es nach Sabah, diese lernen dann aber eines der ungewöhnlichsten Gebiete überhaupt kennen.

Die beiden Provinzen Sabah und Sarawak bilden Ostmalaysia und bedecken etwa ein Drittel von Borneo. Obwohl sie größer als die anderen elf Staaten zusammen sind, leben hier nur 14 Prozent der 17 Millionen Einwohner des Landes. Beide Staaten sind reich an Bodenschätzen und liefern einen großen Anteil des Kupfer-, Öl- und Erdgasvorkommens Malaysias, was sie wirtschaftlich stärkt und ihnen politische Macht sichert. Auch wenn Sabah und Sarawak ein gemeinsames Schicksal haben, unterscheidet sich ihre Geschichte doch sehr stark.

Bis ins späte 19. Jahrhundert wurde die Küste von Sabah von ortsansässigen malaiischen Sultanen, chinesischen Händlern oder auch von Piraten kontrolliert. Das Hinterland war das Reich der eingeborenen Stämme, z. B. der landwirtschaftlich orientierten Kadazan und der primitiv lebenden Murut. 1881 gelangte Sabah unter die Herrschaft der britischen North-Borneo-Company, die die örtlichen Bodenschätze ausbeuten wollte. Bis zum Zweiten Weltkrieg blieb Sabah die private Domäne der Company, dann wurde es zur Kronkolonie, bis 1963 schließlich Sabah und Sarawak Mitglieder eines unabhängigen Malaysia wurden.

**Kota Kinabalu:** Sabahs Hauptstadt ist eine zwar wuchernde, aber immer noch recht gemütliche Stadt an der Westküste, von der aus man wunderschöne Sonnenuntergänge beobachten kann. In den letzten zehn Jahren hat sich Kota Kinabalu rasend schnell vergrößert, und Hochhäuser schossen aus dem Boden. Das beeindruckendste Gebäude ist der Turm der **Sabah Foundation,** ein Vieleck mit 72 Seiten und 30 Stockwerken, in dem die Büros einer von den staatlichen Zinnerträgen finanzierten Stiftung untergebracht sind.

Ganz in der Nähe stehen die **Staatsmoschee**, ein besonders schönes Beispiel islamischer Architektur, und daneben das ausgezeichnete **Staatsmuseum**, im Stil eines Langhauses der Rungus- und Murut-Stämme erbaut. Das Museum birgt eine Fülle von historischen und stammesgeschichtlichen Gegenständen und eine Ausstellung über die faszinierende Flora und Fauna Sabahs. Teil des Komplexes sind auch eine wissenschaftliche Abteilung zur Erklärung der Petrochemie und eine Kunstgalerie.

Im Stadtzentrum bieten moderne Geschäfte und chinesische Kaufläden ihre Waren an, und die kleine, an der Küste gelegene Wasserstadt **Kampong Ayer** lädt zu Erkundungen ein.

Südlich des Flughafens erstreckt sich der drei Kilometer lange Strand von **Tanjung Aru.** Das Meer ist klar, der Strand sauber, und in den kleinen Strandbars und nahen Restaurants werden Meeresfrüchte angeboten. Ganz in der Nähe der Küsten ragen aus azurblauem Wasser die kleinen bewaldeten Inseln des **Tunku-Abdul-Rahman-Nationalparks** her-

**Vorherige Seiten: Kalksteinfelsen im Mulu-Nationalpark Sarawaks. Links: Mount Kinabalu, Asiens höchster Berg. Rechts: Für eine Zeremonie elegant und würdig gekleidet.**

aus. Die Parkverwaltung ist auf **Pulau Gaya,** der größten Insel, die 15 Minuten Bootsfahrt vom Zentrum entfernt liegt. Ein knapp 20 Kilometer umfassendes Wegenetz durchzieht den Urwald, und ein Bungalow an der Police Beach kann nächteweise gebucht werden. Zu den Urwaldtieren zählen Affen, exotische Vögel und das seltene Bartschwein. Vor der Küste locken farbenprächtige Korallenriffe Taucher und Schnorchler an.

**Mount Kinabalu:** Jeder in Malaysia weiß um das Überirdische dieses mysteriösen Berges, und je mehr man sich seinem zerklüfteten Profil nähert, desto mehr erahnt man die Bedeutung, die er für die einheimischen Kadazan hat, die ihn *Aki Nabalu* nennen, den für Gott reservierten Platz. Angeblich haben die Seelen der Vorfahren die Felsen so angehäuft, und nur wenige der Einheimischen riskierten es bisher, ihn zu besteigen und damit die Seelen zu stören. Trotz der Tabus und der Mythen, die sich um den Berg bildeten, wagte es der junge britische Offizier Hugh Low 1851, die Bergspitze zu erklettern. Begleitet von einem Stammesführer der Kadazan und diversen Bergführern, erreichte Low tatsächlich den Gipfel und hinterließ zum Zeichen seines Erfolges einen kleinen Brief in einer Flasche. Low ahnte damals noch nicht, daß er auf der höchsten Erhebung Südostasiens, mehr noch, dem höchsten Berg zwischen Neuguinea und dem Himalaya stand. Zu seinen Ehren wird der Berg heute **Low's Peak** genannt und die 1800 Meter tiefe Schlucht **Low's Gully.**

Verschiedene Unterkunftsmöglichkeiten werden im Hauptquartier des **Kinabalu-Nationalparks** vermittelt. Nahe dem Gipfel stehen auf 3300 m Höhe auch ein paar Berghütten. Alle Unterkünfte sollten von Kota Kinabalu aus im voraus gebucht werden. Jeder Bergsteiger muß eine staatliche Genehmigung (zehn M-Dollar) mit sich führen und einen registrierten Bergführer engagieren. Beides vermittelt das Hauptquartier oder die Sabah-Nationalparkverwaltung in Kota Kinabalu.

Im Regenwald des Kinabalu-Nationalparks wurden Pflanzen aus fast allen Teilen der Erde identifiziert, darunter 1500

**Vom Nebel umhüllte Baumwipfel auf einer Anhöhe des Kinabalu.**

Arten von Orchideen und die berühmte *Rafflesia*, die größte Blume der Erde. 518 Arten von Vögeln wurden gezählt, zahllose Reptilien und kleinere Säugetiere. Auf der Ostseite des Mount Kinabalu sprudeln die **heißen Quellen von Poring,** in denen ein Bad, vor allem bei Muskelkater, sehr wohltuend ist.

**Sandakan:** In der geschäftigen Hafenstadt **Sandakan** an der Nordküste von Sabah werden die für die Insel wichtigen Güter wie Holz und Kautschuk verladen. Die Stadt selbst hat keine besonderen Sehenswürdigkeiten zu bieten, ist aber der ideale Ausgangspunkt, um die umliegenden Naturreservate zu erkunden.

Eine zwanzigminütige Autofahrt entfernt findet man das **Sepilok-Reservat,** ein Orang-Utan-„Rehabilitationszentrum". Dieses Reservat gilt als beste Möglichkeit in Südostasien zur Beobachtung der sanften Giganten außerhalb eines Zoos. Hier werden junge verwaiste Orang-Utans aus dem Urwald oder zu groß gewordene Tiere aus privaten Haushalten aufgenommen. Sie lernen, wieder ein Leben in freier Wildbahn zu führen, ihr Futter zu finden, zu klettern und Nester zu bauen. Manche von ihnen kommen immer wieder auf einen Besuch zu ihrer Aufzuchtstation zurück.

Gegenüber dem Hafen Sandakans findet man die **Gomantong-Höhlen,** die zu den größten Höhlen Borneos gehören und über einer Million Schwalben Nistplätze bieten. Ihre Nester werden eingesammelt und als Delikatesse an China-Restaurants in ganz Asien verkauft.

Eine Stunde fährt man mit einem Schnellboot von der Küste aus zum **Schildkröteninseln-Nationalpark,** der drei kleine Inseln umfaßt, an deren Strände des Nachts Schildkröten an Land kommen, um ihre Eier in den Sand zu legen und zu vergraben. Unterkünfte werden in rustikalen Bungalows auf **Pulau Selingan,** der größten der drei Inseln, angeboten, die im voraus gebucht werden müssen, und jeder muß sich selbst versorgen. Man kann auch zu dem geplanten Reservat der Nasenaffen den **Kinabatangas** flußaufwärts fahren. Dazu muß man ein eigenes Boot mieten oder die Tour von Sandakan aus buchen.

**Der weite Blick von John's Peak.**

# SARAWAK

Vor noch nicht allzulanger Zeit war ein Besuch des am Fluß gelegenen **Sarawak** mit ziemlicher Sicherheit ein kopfloses Unternehmen, und zwar im wahrsten Sinne des Wortes. Die Iban, der größte Eingeborenenstamm in Sarawak, waren bis vor wenigen Jahrzehnten noch kriegerische Kopfjäger. Heute noch hängen an manchen Langhäusern der Eingeborenen die vor langer Zeit bei Gefechten erbeuteten Schädel ihrer Feinde.

Die Geschichte Sarawaks ist einzigartig und faszinierend. Fast hundert Jahre lang, bis die Japaner zu Beginn des Zweiten Weltkrieges hier landeten, war Sarawak im Privatbesitz der sogenannten weißen Radschas – Regenten und Angehörige der Familie Brooke, deren Leben an einen Roman erinnert.

James Brooke war ein schneidiger junger englischer Krösus, der in den späten dreißiger Jahren des 18. Jahrhunderts auf der Suche nach Abenteuern im Südchinesischen Meer segelte. Er half einem Vasallen des Sultans von Brunei, eine Rebellion niederzuschlagen und wurde daraufhin – sozusagen als Belohnung – zum Radscha von Sarawak ernannt. Der kränkelnde James dankte 1863 zugunsten seines Neffen Charles Brooke ab. Charles war ein besserer Verwalter als sein Onkel, er baute die Handelsbeziehungen aus, schränkte die Kopfjägerei ein und machte aus Kuching eine blühende Stadt. Der letzte Radscha, Vyner Brooke, trat die Macht nach dem Zweiten Weltkrieg an die Briten ab. Und 1963 wurde Sarawak zur Provinz des unabhängigen Malaysia.

**Kuching:** An den Ufern des Flusses Sarawak gelegen, ist **Kuching,** das ehemalige Zentrum der weißen Radschas, das Tor zu einem weiten tropischen Hinterland. Wenn auch der Fortschritt in den letzten Jahren hier Fuß faßte, behielt die Stadt dennoch ihren dampfenden tropischen Charme und erinnert an Szenen aus dem Film *Indiana Jones.*

Die **Istana** wurde 1870 anläßlich der Hochzeit von Charles Brooke auf einem grasbewachsenen Vorsprung am Ufer

**Die Hauptverkehrsader in Sarawak ist der gleichnamige Fluß.**

des Sarawak River erbaut und seither wiederholt renoviert. Heute dient sie als Residenz des Gouverneurs von Sarawak.

Weiter flußabwärts steht **Fort Margherita,** das seinen Namen nach Charles Brookes Frau erhielt. Am südlichen Flußufer breiten sich in der **Main Baazar Road** ein riesiger Freiluftmarkt und der im Kolonialstil errichtete Bau des **Gerichtshofes** (1874) aus, in dem die weißen Radschas ihre willkürliche Rechtssprechung ausübten. Gegenüber dem Gerichtshof steht ein **Charles-Brooke-Denkmal** aus dem Jahre 1924.

Die **Masjid Negara** (die Staatsmoschee) dominiert die Silhouette von Kuching mit ihren goldenen Kuppeln. Sie sieht zwar sehr alt aus, stammt aber aus dem Jahre 1968. Am östlichen Ende der Main Bazaar Road steht der älteste chinesische Tempel der Stadt, **Tua Pek Kong** (1876). Der Bau dieses Tempels symbolisiert die feste Einbindung der chinesischen Gemeinschaft in die Gesellschaft Sarawaks. Die ersten chinesischen Einwanderer brachte James Brooke im Jahre 1839 persönlich mit.

**Im Sarawak-Museum werden Vergangenheit und Gegenwart verbunden.**

Das mit Abstand schönste Gebäude in Kuching ist aber das **Sarawak-Museum,** das von saftig grünem Rasen umgeben ist und am Ende der Jalan Tun Haji Openg steht. Der Wissenschaftler Alfred Russell Wallace hatte bereits viele Jahre auf Borneo verbracht, als er sich schließlich mit Charles Brooke anfreundete. Auf Wallace' Anregung hin ließ Brooke das Museum bauen, um die Sammlung eingeborener Kunst und Handwerksarbeiten aufzubewahren, aber auch, um einen Teil der umfangreichen Pflanzensammlung von Wallace aufzunehmen.

Kuching ist eindeutig eine Flußstadt, liegt aber nicht weit von der Küste entfernt. In eine breite Bucht am Fuße des **Santuhong,** etwa 32 Kilometer nördlich der Hauptstadt, schmiegt sich der Ferienort **Damai Beach.** Schwimmen, Windsurfen und Schnorcheln sind hier die beliebtesten Formen der Freizeitbetätigung, und auf markierten Wegen kann man in den nahen Urwald wandern.

Der **Bako-Nationalpark** auf einer Halbinsel an der Mündung des Sarawak (37 Kilometer nördlich von Kuching)

bietet auf nur 27 Quadratkilometern vielseitige Landschaften: ursprünglichen Regenwald, sandige kleine Buchten und steile Felsenriffe. Im Urwald sind insektenfressende Pflanzen beheimatet, und man begegnet Langschwanzmakaken, Wildschweinen und Sambarhirschen. Markierte Pfade führen durch den Park, und ein Rasthaus bietet Übernachtungsmöglichkeiten an.

**Das Land der Langhäuser:** Jenseits von Kuching sind die zahlreichen Flüsse, die sich durch Sarawaks grünes Hinterland ziehen, wichtigere Verkehrswege als Straßen. Nur über sie gelangt man zu den kleinen Siedlungen im Inneren von Sarawak. Der wichtigste und größte Fluß ist der **Rejang,** über den man bis zu Eingeborenenstämmen wie den Iban im Zentrum des Langhauslandes vordringt.

Die verschlafene Kleinstadt **Sibu** an der Kreuzung der Hauptstraße mit dem Rejang eignet sich als Ausgangspunkt für einen Ausflug flußaufwärts. Schnellboote fahren von hier aus regelmäßig nach **Kapit** und **Belaga,** Orten an den oberen Läufen des Rejang.

**Kapit** liegt mitten im Land der Iban, des größten Eingeborenenstamms Sarawaks, ehemaligen Kopfjägern, denen Borneo seinen romantisch-schauerlichen Ruf verdankt. Bis in die fünfziger Jahre unseres Jahrhunderts wurden abgetrennte Köpfe von den Jägern mit nach Hause gebracht und an den Giebeln der Langhäuser aufgehängt, um diese vor dem Einfluß böser Geister zu schützen.

Der Besuch eines Langhauses der Iban ist der Höhepunkt jeder Reise nach Sarawak. Einige hundert von ihnen bieten Übernachtungsmöglichkeiten an. Man kann in Kuching geführte Touren zu den Iban buchen oder auf eigene Faust losziehen. Auf alle Fälle muß man Verpflegung und möglichst Geschenke für die Ältesten des Langhauses mitnehmen, um sich für die Gastfreundlichkeit, die man jedem Fremden entgegenbringt, zu bedanken. Zwei Wochen sollte man wenigstens für eine Reise in die unberührten Gebiete einplanen. Beraten wird man im **Tourist Information Center** in Kuching, die besten Tips bekommt man aber von Reisenden, die man unterwegs und in Kapit oder Belaga trifft.

**Niah-Höhlen:** Über vier Millionen Salanganen (eine Schwalbenart) nisten in den Niah-Höhlen, und ihre Nester werden auch hier seit Jahrhunderten gesammelt und als teure Delikatesse verkauft. Zwar gehört das Gebiet mittlerweile zum **Niah-Nationalpark** und sollte daher geschützt sein, aber das Sammeln der Nester ist noch erlaubt. Inoffiziell sind die Höhlen privat aufgeteilt, und natürlich hüten die Nestsammler ihren Handel eifersüchtig und vermachen die ererbten Teile ihren Söhnen.

**Gunung Mulu:** Eines der neuesten (1985) und größten Naturreservate in Malaysia ist der **Gunung-Mulu-Nationalpark** im äußeren Norden Sarawaks nahe der Grenze zu Brunei. Zum Park gehört eines der größten Systeme von Kalksteinhöhlen der Erde, in dem noch immer zahllose unerforschte Felskammern auf ihre Entdeckung warten und dessen ganzes Ausmaß bis zum heutigen Tag niemand kennt. Die mächtige **Sarawak-Höhle,** die größte der Erde, mißt 600 Meter in der Länge, 450 Meter in der Breite und 120 Meter in der Höhe.

**Links: Nasenaffen haben fast schon eine menschliche Körperhaltung. Rechts: Ein Zug von Fledermäusen in Mulu.**

CORPS

Philipppinen
400 km
Alle Angaben in Meter
Straße von Luzon
BABUYAN - INSELN
Calayan I.
Dalupiri I.
Camiguin I.
Fuga I.
Babuyan-Kanal
Mayraira Pt.
Escarpada Pt.
Aparri
Laoag
Tuguegarao
Chico
Vigan
LUZON
Palanan
Bontoc
Cagayan
Mt. Pulog
2933
Baguio
Solano
Casiguran
Dagupan
Agno
Pampanga
Tarlac
Cabanatuan
Quezon Stadt
POLILLO-INSELN
Olongapo
Manila
Polillo I.
Philippinisches
Meer
Südchinesisches
Meer
San Pablo
Calauag
CATANDUANES I.
Lucena
Virac
Batangas
Naga
Mayon Vulkan
2462
Calapan
Buenavista
Mamburao
BURIAS I.
Legaspi
MINDORO
Sibuyan-See
Straße von Mindoro
Straße von Tablas
San Jose
Masbate
Catarman
MASBATE I.
SAMAR
Oras
Catbalogan
Nabas
Roxas
Visayan-See
Cuyo-Ost-Passage
Tacloban
Libro Pt.
Culasi
PANAY
Cadiz
Ormoc
LEYTE
Iloilo
CEBU
Baybay
PALAWAN
Cuyo I.
Camotes See
Hinundayan
DUMARAN I.
PHILIPPINEN
Cebu
Roxas
Binalbagan
Palawan - Passage
BOHOL
Surigao
NEGROS
Long Pt.
Tagbilaran
Cawit Pt.
Puerto Princesa
CAGAYAN IS.
Tanjay
Mindanao-See
Butuan
Mt. Mantalingajan
2085
Lianga
Brooke's Point
Mt. Malindang
2425
Cagayan de Oro
Agusan
Ozamiz
Marawi
C. Buliluyan
Pagadian
MINDANAO
Sulu- See
Mt. Tagubud
2804
Ragang - Vulkan
2815
Tagum
Straße von Balabac
Pulangi
Cotabato
Davao
Tugubun Pt.
Zamboanga
Golf von Moro
Upi
Golf v. Davao
Basilan
Lebak
General Santos
Kudat
PANGUTARAN GR.
BASILAN I.
Mt. Busa
2083
C. San Augustin
Mt. Kinabalu
4100
JOLO GR.
Jolo
Senaja
TAPUL GR.
Tinaca Pt.
MALAYSIA
Hog Pt.
Tawi Tawi I.
SULU -ARCHIPEL
Straße von Sarangani
BORNEO
Celebes -
See
INDONESIEN
Sapulut
TAWI TAWI GR.
Tawau

# Die Philippinen: Fiesta in Asien

Die Philippinen haben Liebhaber Asiens schon immer fasziniert. Der aus etwa 7000 Inseln bestehende Archipel stellt mit seiner wechselvollen Geschichte nach wie vor ein Kuriosum dar. 1521 wurde er von einer spanischen Expedition unter der Führung des Portugiesen Ferdinand Magellan „entdeckt" und nach und nach vereinnahmt. Die Zeit der Kolonialisierung ist noch heute zu spüren und trug auch dazu bei, daß das Leben auf den Philippinen so einzigartig ist.

Die lange Herrschaft der Spanier hat die Philippinen so sehr geprägt, daß es noch heute als das „Spanien Asiens" gilt. Ein Filipino scheint die Fiesta genau so ernst zu nehmen wie der Südeuropäer – und auch die Siesta ist hier Pflicht, was oft der tropischen Sonne und der üppigen Natur des Landes zugeschrieben wird.

Ein Sprichwort besagt, daß der Filipino die Reste seiner Mahlzeit nur aus dem Fenster werfen muß, um im folgenden Jahr ernten zu können. Fruchtbares Land, ein fischreiches Meer und ein Jahreszeitenablauf, in dem sich regenreiche und regenarme Monate abwechseln, sind das natürliche Erbe der Bewohner der Philippinen. Es ist also kein Wunder, daß die Spanier, als sie das Kreuz und das Schwert brachten, hier ein zufriedenes Volk antrafen, das ohne jegliche Feindschaft, auf viele kleine Inseln verteilt, in Sultanaten lebte.

Regionale Unterschiede sind mit Stolz bewahrt worden und haben das untergehende spanische Weltreich und die zweite Kolonialmacht, die Vereinigten Staaten, überdauert.

Die Philippinen sind das einzige katholische Land in Südostasien. Nachdem Englisch 70 Jahre lang die offizielle Landessprache war, findet der englischsprechende Besucher hier leichter einen Gesprächspartner (auch in den Dörfern ) als anderswo in Asien.

Auf den Philippinen, die so viel weniger „fernöstlich" sind als alle anderen Länder Asiens, genießt man Speisen, die eine ausgewogene Mischung aus einfachster Zubereitung, chinesischem Einfallsreichtum und spanischer „gutbürgerlicher" Küche sind; nur hin und wieder dominieren ein paar Chilis die Gerichte.

Der Filipino ist ein musikalischer Mensch, den neben seiner Lebhaftigkeit und seinem unfehlbaren Humor auch Launenhaftigkeit und eine gewisse Flatterhaftigkeit charakterisieren. Aus der Mischung aus angeborenem malaiischem und spanischem Temperament resultiert ein ungestümes, zugleich aber recht charmantes Auftreten. Diese Widersprüchlichkeit des Pinoy (wie sich der Filipino selbst nennt) führt zu seelischen Wechselbädern nach dem Motto: himmelhoch jauchzend, zu Tode betrübt, was es dem Fremden manchmal nicht gerade leicht macht, den Filipino zu verstehen.

**<u>Vorherige Seiten</u>: Flaggen spielen beim *Ati-Atihan*-Fest in Kalibo in der Provinz Aklan eine große Rolle.**

Die Philippinen liegen zwischen dem 21. und dem 5. nördlichen Breitengrad am westlichen Rand des Pazifischen Ozeans und bestehen aus einem fast versunkenen Gebirgsmassiv, das ein Teil der Gebirgskette ist, die sich von Indonesien bis nach Japan hinzieht. Das Land mißt in Nordsüdrichtung über 1770 Kilometer, während die größte Ost-Westentfernung 1102 Kilometer beträgt.

Die Philippinen bedecken eine Fläche von 311 600 Quadratkilometern, davon verteilen sich 65 Prozent auf Mindanao und Luzon, die mit 56 Millionen Einwohnern (65 Prozent der Gesamtbevölkerung) auch am dichtesten von allen bewohnten Inseln (zehn Prozent von über 7000) besiedelt sind. Zusammengenommen entspricht die Landmasse der Inselgruppe etwa der Fläche Italiens. Da die Philippinen jedoch aus unzähligen kleinen Inseln bestehen, ist die gesamte Küste doppelt so lang wie die der Vereinigten Staaten.

Die höchsten Berge auf den Philippinen sind Vulkane. Zwölf sind noch aktiv, einige ruhen und viele sind erloschen. Die Verbindung mit der „Feuerkette" am Rand des Pazifiks ist unzweifelhaft. Die geologischen Bruchlinien entlang der gesamten Inselgruppe belegen die dramatischen vulkanischen Vorgänge während der ersten Millionen Jahre ihres Bestehens. An diesen Spalten entstand auch der Mindanao-Graben (östlich der Insel Mindanao), dessen Tiefe ungefähr 10 700 Meter beträgt. Er ist damit der zweittiefste Graben der Erde.

60 Pflanzenarten aus Borneo wachsen auf den südlichen Inseln Mindoro, Palawan und Mindanao. Andere Pflanzen, vor allem Farne und Orchideen und die Diptereocarpus-Urwälder sind identisch mit denen in Thailand, Indochina und Indonesien.

In der Wildnis von Palawan und Calmianes leben die gleichen Hirscharten, Wiesel, Mungos, Stachelschweine und Ottern wie im Landesinneren von Borneo. Bestimmte Spitzmäuse in Palawan und eine seltene Fledermausart auf Mindanao haben Verwandte auf Celebes. Die Fische in den Gewässern von Ostsumatra und Westborneo sind denen im Südwesten der Philippinen sehr ähnlich. Auch die Fischarten Ostmindanaos und Neuguineas scheinen miteinander verwandt zu sein. Viele Vogelarten Borneos und Malaysias nisten ebenfalls in Palawan.

1962 wurden in den Tabon-Höhlen, hoch oben auf den Klippen über dem Südchinesischen Meer in Nordpalawan, die versteinerte Schädeldecke einer Frau zusammen mit anderen menschlichen Knochen, Steinwerkzeugen und fossilen Skeletten verschiedener Fledermäuse und Vögel gefunden. Man datierte die „Frau von Tabon" anhand der Radiocarbonmethode auf ungefähr 22 000 v. Chr. und identifizierte sie als Australoide.

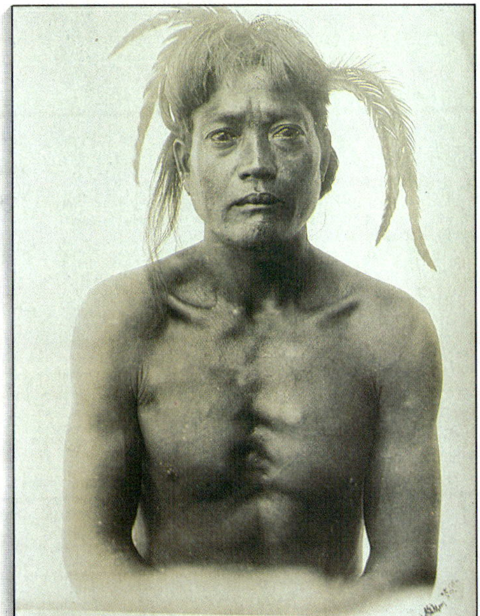

Sollte sich diese Einstufung bestätigen, dann gehören die Bewohner der Philippinen zu einer riesigen prähistorischen Familie, der nicht nur die chinesischen und alle asiatischen Rassen einschließlich der Filipinos angehörten, sondern auch die Bewohner der pazifischen Inseln und Australiens. Wissenschaftler vermuten sogar, daß die austronesische Zivilisation älter ist als die chinesische oder indische und daß sie ihren Ursprung in Südostasien hat. Im 3. Jahrtausend v. Chr. kamen Austronesier in Kanus hierher und führten Keramik, Holzschnitzereien, Segeltuch und die Kunst des Tätowierens zusammen mit einem sehr hochentwickelten geometrischen

Kunststil ein. Noch heute wenden viele kulturelle Minderheiten, die am Rand oder außerhalb der christlichen dominierten Zivilisation des Landes leben, bei der Herstellung von Matten, Hütten, Schmuck, Waffen, Gefäßen und Kleidern diesen Kunststil an.

Die Geschichte der einzelnen Völker auf den Philippinen fügt sich zu einem farbenprächtigen Mosaik der Kulturen zusammen. Es gibt insgesamt drei Dutzend ethnische Hauptgruppen, die unabhängig voneinander auf den Inseln des Landes leben.

Fast zehn Prozent der Gesamtbevölkerung, das sind etwa fünf Millionen Menschen, kann man als kulturelle Minderheit bezeichnen, die ihr Leben außerhalb des christlich geprägten Kulturkreises im Flachland verbringt. 60 Prozent dieser Minderheit leben – mit Ausnahme der moslemischen Filipinos, die zum großen Teil auf Mindanao und auf den Sulu-Inseln beheimatet sind – in den höchst unzugänglichen Bergprovinzen in Nord- und Zentral-Luzon, in den Hochebenen, Regenwäldern und an den abgeschiedenen Küsten Mindanaos und Palawans.

Die größte Minderheit der moslemischen Filipinos, auch Moro genannt, beanspruchen Mindanao und die Sulu-Inseln als ihr eigenes heiliges Land und versuchen auch heute noch, von der Staatsregierung im fernen Norden politisch und geographisch unabhängig zu leben. Die Moslems unterteilen sich wiederum in fünf Hauptgruppen: Tausug, Maranao, Maguindanao, Samal und Badjao.

Erst um etwa 1000 v. Chr. kamen die ersten Händler aus China, Indien, Indonesien und den arabischen Ländern auf die Philippinen und brachten Keramik, Textilien, Eisenwaffen und -werkzeuge, Schmuck und andere Kleinigkeiten mit, die sie gegen Perlen, Korallen, Gold und vermutlich auch Reis, Trockenfrüchte und Kunsthandwerk eintauschten. Im 12. Jahrhundert brachten die Chinesen ausgefallene Keramik- und Metallobjekte mit, die auf den Philippinen als Grabbeigaben verwendet und erst kürzlich in alten Gräbern wiederentdeckt wurden.

**<u>Links</u>: Ein Ureinwohner. <u>Oben</u>: Taufszene im Rahmen der Christianisierung im 16. Jahrhundert.**

Im frühen 14. Jahrhundert führten Händler den Islam ein, der sich rasch von den Sulu-Inseln aus bis in den Norden der Philippinen verbreitete. Auf der Grundlage des neuen Glaubens enstanden viele kleine Sultanate, die später entschlossen gegen die Spanier, die Amerikaner und die Regierung des jungen philippinischen Nationalstaates kämpften.

Das moderne Zeitalter begann, als am 16. März 1521 Ferdinand Magellan auf der Insel Samar landete. Er war vom spanischen König ausgeschickt worden, um eine westliche Route durch den Pazifik zu finden und Reichtümer aus Indien mitzubringen. Die Entdeckung endete jedoch mit der Ermordung Magellans nach einem Streit mit Lapulapu, einem Häuptling auf der Insel Mactan.

Vier weitere spanische Expeditionen scheiterten, und erst 1565 kam Miguel Lopez de Legazpi über Mexiko nach Cebu und beanspruchte das Inselreich für den spanischen König Philipp II., von dem auch der Name Philippinen abgeleitet wurde.

Scharen von Eroberern aus Mexiko nahmen, ohne auf Widerstände zu stoßen, Luzon und die Visaya-Inseln ein und ernannten sich rasch zu Herren großer Güter mit einheimischen Tagelöhnern. Die mitgereisten Mönche en ausging, nicht mehr aufhalten. In den letzten Jahrzehnten des 19. Jahrhunderts entstanden unterschiedlichste nationalistische und revolutionäre Gruppierungen. José Rizal und Andres Bonifacio traten als Führer der Propagandabewegung (Filipinos und Spanier sollten gleichberechtigt sein) und des Katipunan (geheimer Bund, der den bewaffneten Widerstand forderte) hervor, und Emilio Aguinaldo ließ am 12. Juni 1898 die erste philippinische Republik ausrufen.

Kurz zuvor war der Kuba-Krieg zwischen Spanien und Amerika ausgebrochen. Am 1. Mai 1898 (während die philippinischen Revolutionäre auf die Hauptstadt zumarschierten) segelte Admiral George Dewey in die

christianisierten die Bevölkerung, aber bald entstand ein verbissenes Gerangel der unterschiedlichen Orden mit den politischen und militärischen Machthabern um Prestige, Privilegien, Macht und Reichtum.

Im späten 18. und frühen 19. Jahrhundert ließen die Spanier wichtige politische, wirtschaftliche und soziale Reformen zu, die den Ureinwohnern ein Mitspracherecht einräumten. Zucker, Tabak, Indigo und Hanf erzielten die meisten Erträge, und der *Manila Galleon* wurde das Außenhandelsmonopol entzogen. Doch die Reformen konnten die nationalistische Bewegung, die von liberalen Kirchenvertretern, Gelehrten und Studenten in Spani-

Bucht von Manila ein, schlug die spanische Flotte in die Flucht und zwang den spanischen Kommandanten nach kurzem Widerstand zur Aufgabe. Zum Ende des Spanisch-amerikanischen Krieges mußte Spanien neben den Philippinen auch Puerto Rico und Guam an die USA abtreten.

Die Filipinos, die während des Krieges auf der Seite der Amerikaner gekämpft hatten, waren jedoch über die Folgen des amerikanischen Sieges enttäuscht, da man ihnen nicht die erwartete Unabhängigkeit zugestand, sondern statt dessen einen Kolonialismus neuen Stils bescherte. Die Amerikaner versprachen aber schließlich am 15. November 1935, die

Philippinen bis zum Jahr 1945 in die Unabhängigkeit zu führen. Doch dann brach der Zweite Weltkrieg aus und machte alle Pläne zunichte.

Am 10. Dezember 1941 landeten japanische Truppen auf den Philippinen und kämpften sich den Weg von der Bataan-Halbinsel aus über die Festungsinsel Corregidor nach Manila frei. Trotz des Widerstandes der amerikanischen und philippinischen Truppen unter dem Befehl von General Douglas MacArthur gelang es den Japanern schließlich, die gesamte Inselgruppe einzunehmen. MacArthur, der am 6. Mai 1941 aus der belagerten Festung Corregidor flüchten mußte, schwor mit den Worten „I shall return" wiederzukommen, was er am 20. Oktober 1944 in Begleitung eines massiven amerikanischen Truppenaufgebots auch wirklich tat.

Unterstützt von philippinisch-amerikanischen Verbänden, die drei Jahre als Guerillas gegen die japanischen Besatzungstruppen gekämpft hatten, schlug sich MacArthur im Februar 1945 nach Manila durch und befreite die Philippinen. Trotz großer Verluste wurde der Sieg enthusiastisch gefeiert. Am 4. Juli 1946 wurde den Philippinen von den Amerikanern endlich die Unabhängigkeit garantiert, und dennoch blieb die Beziehung zwischen den beiden Ländern problematisch, wegen der sogenannten „parity", die wirtschaftlichen Privilegien, die sich die Amerikaner vorbehielten, der „bases", die militärischen Stützpunkte, die die USA auf den Philippinen einrichteten und der Neigung der Großmacht, sich in die Innenpolitik des Landes einzumischen.

Bisher gelang es keiner der philippinischen Regierungen, das Land in eine echte Demokratie zu führen und es zur Ruhe kommen zu lassen. Ferdinand Marcos wurde 1965 zum Präsidenten gewählt, rief 1972 das Kriegsrecht aus und regierte 20 Jahre autoritär, bis 1986 politische Mißstände und soziale Unruhen zu seiner Entmachtung führten. Eine viertägige gewaltfreie Revolution stürzte den Präsidenten und setzte Corazon Aquino, die Witwe des ermordeten Oppositionsführers Benigno Aquino, als Präsidentin ein.

**Links: Die nationalen Helden der Philippinen. Oben: Cory Aquino verkörperte die Hoffnungen des Volkes.**

Aquino mußte mit der schwierigen wirtschaftlichen Lage des Landes, verschiedenen Militärcoups und Terroranschlägen von kommunistischen Rebellen in Luzon und der Nationalen Befreiungsfront der Moro im Süden fertig werden.

Für die ersten demokratischen Wahlen seit über 20 Jahren verzichtete sie 1992 – trotz Unterstützung vieler Filipinos – auf eine erneute Kandidatur. Fidel Ramos wurde zum neuen Präsidenten des Landes gewählt.

# MANILA

Ein geeigneter Ausgangspunkt für einen Spaziergang durch Manila könnte **Fort Santiago** sein, das mit einem Taxi leicht vom Stadtteil **Ermita** aus, in dem sich die meisten Hotels befinden, zu erreichen ist.

Manila wird vom **Pasig River** geteilt, und die meisten Adressen der Stadt orientieren sich an diesem Fluß und liegen entweder nördlich oder südlich des Pasig. Fort Santiago liegt südlich, nahe der Mündung in die **Bucht von Manila**, dort, wo ehemals die Bambusfestung des Radscha Sulayman stand, der die befestigte Stadt mit ihren damals etwa 2000 Einwohnern regierte.

Nach einer Legende soll Sulayman das Fort niedergerissen haben, bevor er sich den spanischen Eroberern unter der Führung von Miguel Lopez de Legazpi ergab (1571). Aber Legazpi ließ die Festung wiederaufbauen und gründete im gleichen Jahr das spanische Manila, eine mittelalterliche befestigte Stadt, die zum dauerhaftesten Denkmal der spanischen Herrschaft im Fernen Osten werden sollte. Diese Stadt, die die Spanier Intramuros (innerhalb der Mauern) nannten, war quasi eine erweiterte Version des Fort Santiago, von Gräben und 10 Meter dicken Mauern mit Wachtürmen umgeben und mit Geschützvorrichtungen versehen.

Vier Tore verbanden die Stadt mit den außerhalb liegenden Vororten, in denen sich Indios (wie die Spanier die Eingeborenen nannten), Mestizen, Chinesen, Inder und andere Minderheiten, darunter auch ein paar spanische Bürgerliche, angesiedelt hatten. Handel und Verkehr florierten und zogen immer mehr Menschen an, so daß diese Vororte die Stadt hinsichtlich Fläche und Einwohnerzahl überflügelten.

Einen Überblick verschafft man sich, wenn man vom inneren Tor des Forts auf dem gut erhaltenen Burgwall zunächst einmal um Intramuros herumwandert. Dabei passiert man ein stattliches Gebäude, in dem Erinnerungsstücke an den Nationalhelden Dr. José Rizal aufbewahrt werden. An einer anderen Ecke der Festung kann man **Rizals Zelle** besichtigen, in der er am Vorabend seiner Hinrichtung im Jahre 1896 sein Abschiedsgedicht verfaßte. Der Innenhof daneben dient mittlerweile dem **Radscha-Sulayman-Theater** als Freilichtbühne, auf der eine philippinische Schauspieltruppe regelmäßig Vorstellungen in philippinischer Sprache präsentiert. Gegenüber dem Fort Santiago steht die **Kathedrale von Manila,** ein imposanter Bau aus ungebrannten philippinischen Ziegeln.

Die Mauer um Intramuros maß vier Kilometer, innerhalb derer, einem Plan Legazpis entsprechend, die nachfolgenden spanischen Gouverneure 18 Kirchen, mehrere Kapellen, Klöster, Schulen, ein Krankenhaus, eine Drukkerei, eine Universität (1611), Paläste für den jeweiligen Gouverneur und den Erzbischof, Kasernen und Wohnhäuser für die Gemeinde errichten ließen. Die Gebäude wurden so angelegt, daß insgesamt 64 Häuserblocks in einem Siebeneck entstanden und die Mauer dementsprechend sieben Tore bekam.

Die einzigen Gebäude, die – wie durch ein Wunder – den verheerenden Bombenangriff der Amerikaner (1945) überstanden, sind die **San-Agustín-Kirche** und das angegliederte Museum, die an der Kreuzung der General Luna Street mit der **Calle Real,** der ehemaligen Hauptstraße, liegen. Der Eingang zum Kirchenhof ist von zwei furchterregenden chinesischen Granitlöwen flankiert.

Ursprünglich stand hier die erste Kirche von Intramuros, die aus Bambus und Nipa (einer einheimischen Palmenart) kurz nach der Vertreibung Sulaymans unter Legazpi erbaut worden war. Aber bereits 1599 wich sie einem Neubau, der 1606 fertiggestellt wurde. Dieser zweite Bau steht noch heute und überdauerte alle Katastrophen.

Gleich neben der Kirche sind im **Klostermuseum** zahlreiche Handwerks- und Gebrauchsgegenstände sowie religiöse Kunstwerke ausgestellt. Die umfangreiche Sammlung der Augustiner-Mönche mit Gegenständen, die diese im Laufe ihrer 400jährigen Tätigkeit auf

**Vorherige Seiten**: Der Vulkan Mayon. **Links**: Der Roxas Boulevard in Manila bei Nacht.

den Philippinen anhäuften, wird ebenfalls gezeigt.

Gegenüber dem Kirchhof liegt die **Plaza San Luis,** ein rekonstruierter Häuserblock mit Antiquitätenläden, Restaurants, einem Café und einem weiteren Museum, der **Casa Manila**, in dem Szenen des aristokratischen Lebens um die Jahrhundertwende nachgestellt wurden. In den Räumen und im Hof finden auch regelmäßig Vorstellungen statt, bei denen Schauspieler in historischen Kostümen das ehemalige Leben in Intramuros darstellen.

Von der Plaza San Luis in Richtung Osten kommt man, an weiteren Überresten Intramuros vorbei, zur **Muralla Street**. Folgt man den Mauern oder tritt aus dem Stadttor hinaus, so kommt man wieder zum Pasig oder auf den belebten Platz **Liwasang Bonifacio** mit der **Statue des Andres Bonifacio.** Der Platz wird im Norden vom **Postamt** und im Osten vom renovierten **Stadttheater** (Art-deco) begrenzt. Zwischen diesen markanten Gebäuden verläuft ein Netzwerk von Straßenüberführungen, auf denen der Stadtverkehr nie zur Ruhe kommt. Die linke Fahrspur führt zur **Jones-Brücke,** die mittlere zur **MacArthur-Brücke** und die rechte zur **Quezon-Brücke,** die in die Stadtteile nördlich des Pasig führen.

Geht man an der San-Agustín-Kirche in Richtung Westen, so gelangt man zum **Bonifacio Drive,** der südlich zum **Roxas Boulevard** direkt an der Bucht führt. Dieser Weg an den alten Mauern und den Gräben Intramuros vorbei, die mittlerweile Grünanlagen sind und teils als Golfplätze genutzt werden, ist besonders hübsch.

Am Roxas Boulevard schließt sich der riesige **Rizal-Park** an, ehemals wegen seiner Form *luneta* (kleiner Mond) genannt, in dem Rizal hingerichtet wurde. Weiter rechts steht das alte **Manila Hotel** und im Zentrum des Parks ein **Rizal-Denkmal**, an dem offizielle Besucher immer wieder Kränze niederlegen. Es wird rund um die Uhr bewacht, und die regelmäßigen Wachablösungen mit militärischem Drill sind zu einer echten Touristenattraktion geworden.

**Filipinos kleiden sich zu feierlichen Anlässen in Tracht. Die Frauen tragen ein *baro't saya,* die Männer den *barong tagalog.***

Das Denkmal ist zugleich der zentralste Punkt auf der Insel Luzon, Ausgangspunkt für alle Entfernungsberechnungen, Kilometerstein 0.

Hinter dem Monument ist im spanischen Original und in mehreren Übersetzungen das letzte Gedicht Rizals, *Mi Ultimo Adios*, angebracht, und eine Marmorplatte markiert die Stelle seiner Hinrichtung.

Der Bereich des Denkmals wird vom Roxas Boulevard im Westen, der Kulaw Street im Süden, der Orosa Street im Osten und der Padre Burgos Street im Norden begrenzt. Nördlich locken der **Japanische** und der **Chinesische Garten** zu einem Besuch, für den man ein geringes Eintrittsgeld entrichten muß. Auf dieser Seite liegt auch das **Stadt-Planetarium**, in dem zweimal täglich audiovisuelle Vorführungen stattfinden.

Im Süden des mittleren Parkbereichs befindet sich die **Nationalbibliothek.** Im Osten, auf der anderen Seite der Orosa Street, steht das riesige **Department of Tourism Building,** in dem man sich Reiseführer, Bücher und Informationsmaterial besorgen kann. Im Osten verläuft die Taft Avenue, die Hauptstraße südlich des Pasig. Sowohl die Burgos Street als auch die Kalaw Street münden in die **Taft Avenue.** Folgt man der Burgos Street, so kommt man zum ehemaligen **Regierungsgebäude**, in dem vorübergehend das **Nationalmuseum** untergebracht ist. Die Taft Avenue weiter nördlich führt wiederum am **Maharnilad** (Rathaus) vorbei und schließlich zum **Liwasang Bonifacio,** von dem aus man über die drei bereits erwähnten Brücken in den Teil Manilas kommt, der nördlich des Pasig liegt. Von der Taft Avenue kann man in jede beliebige Straße rechts einbiegen, um nach Ermita zu kommen. Die erste ist die United Nations Avenue, in der das Manila Hotel steht.

**Ermita,** der sogenannte Touristengürtel, ist ein seltsames Viertel, dessen Anziehungskraft wohl auf der Nähe zum Rizal-Park und zur Bucht von Manila beruht. In diesem Stadtteil stehen Dutzende von Hotels und Pensionen,

**Straßenszene in Manila, wiedergegeben auf einer alten Postkarte.**

und es wimmelt geradezu von Restaurants, Nachtbars, Biergärten, Boutiquen, Antiquitätenläden, Raritätenkabinetten und Reisebüros. Nach Süden führt die **M.H. del Pilar** und nach Norden die **A. Marbini.**

Auf der M.H. del Pilar, der „Reeperbahn" Manilas, stehen die Damen, um Kundschaft für die einschlägigen Etablissements zu gewinnen. Hier und da finden sich auch sehr anspruchsvolle Clubs, in denen philippinische Folksänger oder Rock- und Jazzbands auftreten und in denen auch die Jeunesse dorée Manilas verkehrt. Die Verbindung zwischen den beiden Stadtteilen Ermita und **Malate** bildet die **Pedro Gil Street,** in der auch eine Reihe guter Restaurants zu finden ist.

Lohnenswert ist es, im **Buchladen Solidaridad** in der Padre-Faura-Straße zu stöbern, er hat ein reiches Angebot an philippinischen Titeln, neuesten Übersetzungen ausländischer Bücher und Zeitschriften. Manchmal wird er auch zur Galerie umfunktioniert. Parallel zu den Hauptstraßen von Ermita verläuft direkt am Ufer der **Roxas Boulevard.** Auf der Seeseite des Boulevards kommt man dann am **Philippinischen Marinehauptquartier** vorbei zum **Cultural Center of Philippines (CCP),** dessen Bau von Imelda Marcos angeregt wurde. In diesem Zentrum sind zwei Theater, zwei Kunstgalerien, ein Museum und eine Bibliothek untergebracht. An der Buendia Avenue hinter dem CCP endet dann das eigentliche Stadtgebiet Manilas.

Die Ninoy Aquino Avenue, in die der Roxas Boulevard übergeht, führt zu den Flughäfen **Manila International Airport** und **Domestic Terminal.** Ersterer hat einen großen Duty-free-Bereich mit zahlreichen Modeboutiquen und einem Spielkasino. Im übrigen sind weitere Spielkasinos innerhalb und außerhalb der Stadt, darunter ein berühmtes im **Hotel Silahis** am Roxas Boulevard.

Eine beliebte Touristenattraktion ist in der Nähe der Flughäfen das **Nayong Filipino,** eine Miniaturausgabe von Dörfern aus den einzelnen Regionen des Landes. Kurzurlaubern wird auf

**Der Hauptaltar der San-Agustín-Kirche in Intramuros.**

diese Weise ein Einblick in die verschiedenen Kulturen und Regionen der Philippinen geboten. Dazu gehört das **Philippine Museum of Ethnology** mit Ausstellungsstücken der ethnischen Minderheiten des Landes, in dem auch ausgewählte philippinische Souvenirs verkauft werden.

Von der Ninoy Aquino Avenue aus fahren Busse (oder Taxis) über die Schnellstraße **Epifanio de los Santos** (EDSA) nach **Makati.** Die Hauptstraße von Makati, **Ayala Avenue,** auch die „philippinische Wallstreet" genannt, gilt als das Finanzzentrum der Metropole. In der Makati Avenue, die von der Ayala Avenue abzweigt, steht das **Ayala-Museum,** mit einem hervorragenden Archiv und Diaschaukästen ausgestattet, die die wichtigsten Perioden der philippinischen Geschichte erläutern. Außerdem sind exakte Kopien von Booten und Schiffen, die einst auf den philippinischen Gewässern verkehrten, vorhanden, und in einer riesigen Voliere kann man die vielseitige philippinische Vogelwelt bewundern.

Die Ayala Avenue mündet in die EDSA, und jenseits des Highways residieren im **Forbes-Park** die Reichen Manilas. Die McKinley Street führt am **Manila Polo Club** vorbei bis zum **Manila American Memorial Cemetery,** auf dem 17 000 gefallenene Soldaten der alliierten Truppen Reihe für Reihe unter weißen, unbeschrifteten Kreuzen begraben liegen. Ganz in der Nähe ist auch der Heldenfriedhof **Libingan ng Mga Bayani** mit dem **Grab des unbekannten Soldaten,** auf dem ein ewiges Licht brennt.

Manila nördlich des Pasig bietet im Gegensatz zum Süden nur wenige Attraktionen für den Besucher.

Über die Jones-Brücke, vom Liwasang Bonifacio aus, gelangt man nach **Chinatown,** über die Quezon-Brücke nach **Quiapo,** dem ehemaligen „Herz" der Stadt. Neben der **Quiapo-Kirche** bieten Straßenstände Kräuter, Salben, Amulette, Kerzen, religiöse Kalender, Almanache, Blumen und Lose an.

Auf dem **Quezon Boulevard** in Richtung **Recto Avenue** kann man vielseitig

**Vom palmengesäumten Roxas Boulevard hat man einen herrlichen Blick auf den Sonnenuntergang.**

# DER NATIONALHELD

Bei einer Reise durch die Philippinen entdeckt man in jeder Stadt immer wieder einen Basketballplatz sowie eine kleine Betonbühne für Modenschauen, und irgendwo steht mit Sicherheit ein Denkmal des Mannes, der als Nationalheld in regelmäßigen Abständen gefeiert wird.

Dieser Mann ist Dr. José Rizal, der 1861 geboren und 35 Jahre später von den Spaniern hingerichtet wurde und damit den ersten asiatischen Unabhängigkeitskrieg gegen eine Kolonialmacht auslöste. In seinem kurzen Leben wurden José Rizal Beinamen wie „der große Malaie" und „der Stolz der malaiischen Rasse" gegeben.

Er war Künstler, Bildhauer und Dichter, Schriftsteller, Musiker und Wissenschaftler, Linguist, Ingenieur, Arzt, Propagandist und – vor allem – Sozialreformer.

Die beiden spanischen Romane *Noli Me Tangere* (Berühr mich nicht, 1887) und *El Filibusterismo* (Die Unabhängigkeitsbewegung, 1891) verfaßte er in größter Armut lebend in Europa, wo er die philippinische Unabhängigkeitsbewegung anführte. Die Romane machten ihn als Sprecher der philippinischen Reformbewegung bekannt, und die Bücher wurden, dank der Hilfe von Freunden, in der Heimat verbreitet und von den spanischen Machthabern sofort als aufrührerisch verdammt. Seine satirischen Romane gegen die ausbeuterische religiöse und politische spanische Obrigkeit, die in einem Scheinverfahren später gegen ihn verwendet wurden, prophezeiten ein Anschwellen der nationalen Befreiungsbewegung, die sich in einer Revolution zu entladen drohen würde.

Rizals Persönlichkeit hatte viele – auch widersprüchliche – Seiten. Er glaubte an friedliche Reformen und lehnte revolutionäre Waffengewalt ab. Trotz der Warnungen seiner Eltern und Freunde kam er 1892 nach Hause. Auch im erzwungenen Exil, auf der einsamen philippinischen Insel Dapitan, ließ er sich nicht entmutigen.

Er war in allen Bereichen aktiv, mal arbeitete er an einem Wasserversorgungssystem für die Stadt, dann wieder praktizierte er als Augenarzt und entdeckte sogar eine neue Eidechsenart, die er nach Europa brachte und die nach ihm benannt wurde.

Er offenbarte auch eine romantische Veranlagung, als er sich in Josephine Bracken, die Tochter eines seiner Patienten, eines Iren aus Hongkong, verliebte. Sie zog zu ihm und inspirierte ihn vermutlich zu den wundervollen Sonaten, die von ihrem idyllischen Leben im Exil zeugen.

Als 1898 der Kuba-Krieg ausbrach, meldete sich Rizal freiwillig für den Sanitätsdienst. Man erlaubte ihm, nach Kuba zu gehen – doch noch vor seiner Ankunft in Kuba holte man ihn wieder zurück, um ihn wegen aufrührerischer Tätigkeiten vor Gericht zu stellen.

Am Abend vor seiner Hinrichtung schrieb Rizal ein langes Abschiedsgedicht an sein geliebtes Land *(Mi Ultimo Adios)* und versteckte es in einer Petroleumlampe. Er blickte dem Tod durch Erschießen gelassen ins Auge, und als der Schießbefehl gegeben wurde, versuchte er, sich nochmals umzudrehen, um ein letztes Mal den Sonnenaufgang über seinem Land zu sehen.

Der Patriotismus dieses Mannes, den Generationen von Filipinos wegen seines Charismas, seines Märtyrertodes und seines leidenschaftlichen Kampfes für sein Land verehren, war beispiellos. ■

**Eines der zahlreichen Denkmäler des Patrioten José Rizal.**

einkaufen: Stoffhändler, Armeewarenläden und Pfandhäuser verkaufen Außergewöhnliches, Handleser und Astrologen bieten ihre Dienste an, Kampfsportschulen, Restaurants und Kinos sorgen für Abwechslung.

Über 60 000 Studenten studieren im **Universitätsviertel** rechterhand der Recto Avenue. An der Mündung der Recto Avenue in die Mendiola Street steht die neugotische **San-Sebastián-Kirche,** deren Einzelteile Ende des 19. Jahrhunderts in Belgien angefertigt und dann hierhergebracht und zusammengesetzt wurden.

Auf der Mendiola Street kommt man, an Privatschulen vorbei, zum **Malacañang-Palast,** dem Regierungssitz des philippinischen Präsidenten. Seit dem Ende der Ära Marcos ist der Palast zur Hauptattraktion Manilas geworden. Tickets für die stündlichen Führungen werden im Department of Tourism verkauft. Gezeigt werden die luxuriös ausgestatteten Säle des Palastes, das Arbeits- und das Schlafzimmer des früheren Präsidenten Marcos und ein Teil der weitläufigen Luxusgemächer der ehemaligen First Lady. Der nahezu makabere Höhepunkt eines Rundgangs ist der Keller, in dem Imelda Marcos ihre Garderobe einschließlich der mittlerweile weltberühmten Schuhsammlung aufbewahrte.

Zurück auf der Mendiola Street und der Recto Avenue gelangt man über die Nicanor Reyes Street hin zur **España Street,** an der der ausgedehnte Campus der **Santo-Tomas-Universität** liegt, die 1611 von Dominikanermönchen gegründet wurde. Santo Tomas ist die älteste Universität Asiens, die sich einer Bibliothek mit einer Sammlung seltener Manuskripte und 12 000 Bänden sowie eines hervorragenden Museums rühmt, das genauso alt wie die Universität selbst ist.

Die España Street führt direkt zur Grenzlinie zwischen Manila und Quezon, das bis zur Eingemeindung die offizielle Landeshauptstadt war. Am Ende der España beginnen an den **Welcome Rotundas** die beiden Hauptverkehrsadern Quezons. Rechts führt die Rodrigues Avenue nach Cubao, einem Geschäftszentrum, dessen auffälligstes Bauwerk das **Araneta Coliseum** ist, das in den frühen sechziger Jahren erbaut wurde und als der Welt größtes überdachtes Stadion gilt.

Die zweite Hauptstraße, die Quezon Avenue, führt geradewegs zur **Capital Site Rotunda.** Am Rondell steht das **Rathaus von Quezon** und das **Philippine Heart Center for Asia.** Im letzten Abschnitt der Quezon Avenue liegen schließlich der **Zoo von Fr. Aquilar** und ein **National-** und **Wildpark**. Auf der großen Rotunda steht die **Quezon Memorial Hall,** die für den philippinischen Commonwealth-Präsidenten Manuel Luis Quezon erbaut wurde. Die bescheidenen Anfänge des geplanten **Stadtmuseums** kann man hier ebenfalls begutachten.

Die **University Avenue** beginnt am anderen Ende des Platzes und führt zum weitläufigen Campus der **Universität der Philippinen.** In dieser Gegend ist die Luft merklich kühler und die Atmosphäre insgesamt entspannter als in der Innenstadt.

**Uhrturm der Santo-Tomas-Universität.**

# Die Umgebung Manilas

Normalerweise unternehmen Kurzurlauber Tagestouren von Manila aus nach Tagaytay, um den Taal-See und den Taal-Vulkan zu sehen; sie fahren nach Laguna, um über die Stromschnellen der Pagsanjan-Fälle zu fahren und auf die Insel Corrigidor in der Bucht von Manila.

**Tagaytay** liegt etwa eine Autostunde südlich der Hauptstadt. Man erreicht es über gut ausgebaute Schnellstraßen, die durch die grüne Landschaft der Provinz Cavite führen.

Es gibt drei Wege von Manila nach Tagaytay: Einer führt über die neue Küstenstraße, die am Ende des Roxas Boulevard beginnt und die Vororte ab Parañaque mit ihren chronischen Verkehrsstaus umgeht. Außerdem kann man über die Querino Avenue fahren, die am Flughafen beginnt, und unterwegs die Kirche von **Las Piñas** mit ihrer einmaligen **Bambusorgel** im Inneren besichtigen. Der dritte Weg führt über die südliche Schnellstraße bis Carmona, wo man diese verläßt und dann – der Beschilderung folgend – nach Tagaytay fährt.

Ausgangspunkt für den Weg zum **Taal-See** und zum **Taal-Vulkan** sind die Hütten am **Tagaytay Ridge** oder die **Taal Lodge** und **Villa Adelaida**.

An der Kreuzung vor dem Tagaytay Ridge führt eine holprige, steile Straße hinunter nach **Talisay,** einem kleinen Ort am Taal-See. Dort gibt es Boote zu mieten, mit denen man zur Vulkaninsel hinüberfahren kann.

Weiter südlich laden in der Provinz Batangas die beliebten Badestrände von **Matabungkay** und **Nasugbu** ein, an denen preiswerte Übernachtungsmöglichkeiten angeboten werden. Außerhalb von Batangas finden Taucher und andere Wassersportler in der Nähe von **Anilao** ideale Bedingungen.

Auf der Halbinsel **Calatagan**, südwestlich von Batangas, liegt ein wunderschönes spanisches Dorf, das ehemals eine Hazienda innerhalb eines riesigen Waldgebietes war; die weißsandigen Strände der Halbinsel sind relativ unberührt. Reizvoll ist auch der Ort **Punta Baluarte,** der an einer Felsküste liegt und ein wenig an die Orte der Costa Brava in Spanien erinnert.

Auf dem Rückweg nach Manila sollte man einen Abstecher zu den historischen Städten Cavites einplanen. In **Kawit** kann man die frühere Residenz (mittlerweile ein Museum) des philippinischen Revolutionspräsidenten Emilio Aguinaldo besichtigen, von der aus er 1896 die Unabhängigkeit des Landes von Spanien verkündete.

An den Straßenrändern von Cavite werden preiswert frische Austern und Muscheln angeboten. Im übrigen reihen sich viele einfache Badeorte aneinander, von denen der „exklusivste" **Puerto Azul** in Ternate ist. Puerto Azul bietet einen hervorragenden Golfplatz (entworfen von Gary Player), ein Hotel, Strandbungalows und alle möglichen Wassersportarten.

Auf der anderen Seite der Laguna Bucht, südöstlich von Manila (zwei Stunden Fahrtzeit), liegt **Pagsanjan.** Unterwegs durchquert man die Kurorte **Los**

**Links: Ein seilgesichertes Floß fährt nahe an den Wasserfall von Pagsanjan heran. Rechts: Sodaquellen in Hidden Valley bei Alaminos.**

**Baños** und **Pansol,** die mit intimen römischen Bädern, kleinen Bungalows und Picknickhütten ausgestattet sind.

Rund 40 Kilometer vor Pagsanjan lohnt es sich, in **San Pablo** die sieben Miniaturseen anzusehen, und ganz in der Nähe von **Alaminos** erholen sich viele Touristen in den Sodaquellen des bekannten tropischen **Hidden Valley,** in dessen Umgebung ein Wasserfall rauscht und uralte Mammutbäume stehen. Nicht weit entfernt liegt auch der künstlich angelegte **Caliraya-See,** der von Orten im Country-Club-Stil umgeben ist.

Pagsanjans Name wurde von dem Wort *sanga*, das Zweig bedeutet, abgeleitet, da die Stadt an einer Gabelung zweier Flüsse liegt. Viele Kurzentren und Hotels in Pagsanjan bieten Bootstouren flußaufwärts zum Wasserfall an. Hinter diesem befindet sich eine kleine Höhle, die man auf einem mit Seilen gesicherten Floß erreichen kann. Und im Anschluß läßt man sich von zwei Kanufahrern auf *banca* (Auslegerkanus) flußabwärts durch die Stromschnellen fahren. Dies ist zwar keine echte Wildwasserfahrt, verlangt aber große Geschicklichkeit von den *bangkeros* (Bootslenker).

Auf dem Rückweg nach Manila kommt man hinter Los Baños durch **Calamba,** den Geburtsort José Rizals. Das alte Haus der Rizals liegt direkt an der Hauptstraße inmitten von Obstbäumen und ist heute ein nationaler Wallfahrtsort. Es macht Spaß, durch den duftenden Garten zu spazieren und den Wohlstand der Oberschicht im 19. Jahrhundert zu bewundern.

Vom Bootssteg vor dem CCP-Komplex in Manila aus starten täglich Hovercraft- und Bootsfähren nach **Corregidor.** Diese kaulquappenförmige Insel war ein wichtiger Stützpunkt in der Bucht von Manila. Zum „Felsen", wie die Insel genannt wird, pilgern Jahr für Jahr Veteranen aus dem Zweiten Weltkrieg und an der Geschichte interessierte Touristen. Eine Gedenkstätte für die gefallenen amerikanischen und philippinischen Soldaten steht in einem Park im Inneren der Festungsinsel. Am **Suicide Cliff** (Selbstmordfelsen), von dem sich japanische Soldaten ins Meer stürzten, um sich nicht dem Feind ergeben zu müssen, haben japanische Besucher einen kleinen buddhistischen Schrein aufgestellt.

Eine Rundreise durch die Insel führt zum nahen **Malinta-Tunnel,** in dem die philippinisch-amerikanischen Befehlshaber im Sommer 1942 ihre Taktik planten. Weiter geht es zum **Battery Way,** nahe dem Selbstmordfelsen, und zu den Ruinen der auf einem Plateau gelegenen **Topside Barracks** mit Blick auf die Küste Bataans. Auf dieser Insel verschanzten sich die Japaner 1945 in Kalksteinhöhlen, während die Alliierten die Rückeroberung einleiteten.

Genau in der Mitte der Insel steht auf einem Hügel das **Corregidor Inn,** von dessen Terrasse man einen weiten Ausblick hat: Im Norden liegt, fast zum Greifen nahe, Bataan, und im Süden sind die schimmernden weißen Buchten von Cavite zu sehen; Schiffe ergänzen hier und da das Bild.

**Bataan:** Zwei Stunden nordwestlich von Manila liegt **Bagac,** ein weißsandiger Badeort in der Provinz Bataan, in dem alle erdenklichen Wassersportmöglichkeiten angeboten werden. Von Bagac

**Die Bambusorgel in der Kirche Las Piñas.**

und dem nahe gelegenen **Mariveles** aus verlief der schreckliche Todesmarsch, der unter den alliierten Gefangenen 1942 mehr Todesopfer forderte als die Kämpfe in Bataan. Die Strecke ist markiert.

Am Ortseingang von Bagac hat die Japanisch-buddhistische Gesellschaft einen **Freundschaftsturm** errichten lassen, dessen riesige Bronzeglocke mit einem mächtigen Baumstamm als Klöppel angeschlagen wird.

Bataan ist ähnlich wie Corregidor Wallfahrtsort für Veteranen, die als Touristen an den Ort ihrer Leiden und Abenteuer zurückkehren. Das ganze Jahr über werden Kränze niedergelegt. Am 9. April, dem Tag von Bataans Niederlage, führt der Präsident einen Zug der Kriegsveteranen auf den **Berg Samat** an, auf dem eine blutige Schlacht vor der amerikanisch-philippinischen Kapitulation (1942) geschlagen wurde. Nahe dem Gipfel steht das Kriegerdenkmal *Dambana ng Kagitingan* (Schrein des Heldenmuts), zu der ein riesiges Kreuz gehört. Ein Aufzug bringt die Besucher auf das Kreuz, und oben entschädigt ein fantastischer Blick weit über die Bucht von Manila und das Chinesische Meer für die Mühen.

Nördlich von Bataan liegt die Provinz **Zambales** – eine zerklüftete Bergregion mit malerischer Küste, die die Westgrenze der Provinzen Zentralluzons bildet. Der lange umstrittene amerikanische Marinestützpunkt **Subic Bay** beherrscht die Umgebung der Stadt **Olongapo.** Die Badeorte zwischen **San Antonio** und **Iba** waren ganz auf die Bedürfnisse der amerikanischen Soldaten eingestellt.

Noch weiter nördlich in der Provinz **Pangasinan** kommen Sie zu den unter Touristen berühmten, **Alaminos** vorgelagerten „Hundert Inseln". Eine Fähre verkehrt zwischen **Barrio Lucap** und den winzigen Inseln am Golf von Lingayen. **Quezon** ist die einzige Insel mit Trinkwasser und Übernachtungsmöglichkeiten. Pangasinan ist auch wohlbekannt für seine „Gesundbeter", die hauptsächlich in den Städten **Villasis, Rosales, Asingan** und **Urdeneta** anzutreffen sind. Der MacArthur-Highway führt weiter nach Baguio-Stadt und Ilocos.

**Ruinen der Garnisonsgebäude der Armee auf der Insel Corregidor.**

# ILOCOS

Dicht an der Nordküste von Luzon erstreckt sich das faszinierende und malerische Gebiet Ilocos, mit einem schmalen fruchtbaren Küstenstreifen, der im Osten von den steil aufsteigenden dunkelblauen Bergen und im Westen vom Südchinesischen Meer begrenzt wird. Eingeengt von zwei Naturextremen, ist es für die Einheimischen nicht immer einfach zu überleben, aber mit viel Geduld und Geschick lernten sie, dank ihrer Beharrlichkeit und ihres Fleisses, mit den Gegebenheiten umzugehen.

Ilocos schließt sich gleich hinter **Sison** in der Provinz Pangasinan an, wo sich die Straße gabelt und rechts nach **Baguio** und links nach **La Union,** der südlichsten Provinz Ilocos, führt. Ilocos' Hauptstadt **San Fernando** liegt vier Stunden Fahrzeit von Manila entfernt. Unterwegs kommt man durch **Agoo** mit dem **Ilocos-Museum**, einer Fundgrube für Kunstgegenstände aus Ilocos, und der schönen **Basilica Minore von Agoo,** die im Jahre 1578 von Franziskaner-Mönchen aus Bambus und Nipa (einer Palmenart) erbaut, bei einem Erdbeben im Jahre 1892 zerstört und erst kürzlich restauriert und wieder der Öffentlichkeit zugänglich gemacht wurde.

Hinter **Bauang** (23 Kilometer nördlich von Agoo) erstreckt sich über rund zehn Kilometer ein scheinbar endloser Sandstrand bis hin nach San Fernando, mit Badeorten, die vor allem von Gästen aus Baguio und von amerikanischen Soldaten besucht werden.

Der ehemalige **Marcos-Highway** verbindet Agoo mit Baguio, und der **Naguillan-Highway** führt nach Bauang. Für beide Strecken braucht man ungefähr eine Stunde Fahrzeit. Agoo rühmt sich eines Parks und Golfplatzes, der von einer umstrittenen Marcos-Büste, einem riesigen Zementabbild des Ex-Präsidenten, bewacht wird.

Einmal in San Fernando, sollte man sich unbedingt frische Meeresfrüchte gönnen und einen „springenden Salat" aus frisch gekochten Shrimps mit einem

**Reisernte in Vigan, in der Nähe von San Fernando.**

Schlag *calamansi*, einer einheimischen Limonenart, oder *kinilaw* versuchen, rohe Fischstücke, die man in eine mit Schalotten und Chilis gewürzte Essig-Öl-Sauce tunkt.

Verläßt man San Fernando auf dem Maharlika-Highway, um an der Küste Ilocos' weiterzufahren, so sollte man sich unterwegs unbedingt die Kirchen von **San Juan** und **Balaoan** anschauen. Feine gewebte Decken und handgefertigte *boelos* (Macheten) – die schönsten der Gegend – werden in **Bangar** an der Straße verkauft.

Die nächste Provinz heißt **Ilocos Sur** und ist bekannt wegen ihrer hübschen alten Kirchen. Der Glockenturm der hoch oben auf einem Hügel gelegenen Kirche **Sta Maria** findet mittlerweile mehr Beachtung als das Kirchenschiff, da er in einem klassischen philippinischen Film aus den frühen fünfziger Jahren eine wesentliche Rolle spielte. Neun Kilometer weiter nördlich kommt man nach **Santa** mit einer kleinen Kirche inmitten sanft geschwungener Hügel, deren weißgetünchte Fassade von der Feuchtigkeit grünlich angehaucht ist. Die neogotische **Kirche von Bantay** wacht über einen weiten Platz.

Zwischen Sta Maria und Santa führt eine schmale Schnellstraße in die Berge hinauf, in Richtung **Bangued,** der Hauptstadt der relativ unberührten Provinz **Abra.** In Bangued und in den nahe gelegenen Dörfern kann man exquisite Handarbeiten erstehen – darunter kleine Taschen und Körbe aus Schilfgras –, die von der Minderheitengruppe der Tinguian hergestellt werden. Die heißen Quellen von **Mepasu,** die Höhlen von **Lagayan** und die Wasserfälle von **Ar-Arbis** können alle mit dem Auto erreicht werden, allerdings ist die Umgebung eher unwirtlich.

Die Hauptstadt der Provinz Bantay ist **Vigan,** mit der eindrucksvollen **Kathedrale von Vigan** und dem sehenswerten **Burgos-Haus,** einem zweistöckigen Kolonialgebäude, in dem der Priester und Märtyrer José Burgos geboren wurde und in dem heute eine **Antiquitätensammlung,** ein **Archiv** und eine **Bibliothek** untergebracht sind. Einige Gemälde mit

**Volksfest vor der Kirche in Bantay, Ilocos.**

Szenen der Basi-Revolte im Jahre 1807 faszinieren durch ihre phantasievolle volkstümliche Gestaltung. Unter den zahlreichen Antiquitätenläden gilt der **St Josephs Antiquity Shop** als besonders vertrauenswürdig.

In der **Syquia-Villa,** in Vigans Viertel *mestizo*, werden Erinnerungsstücke an den früheren Präsidenten Elpido Quirino aufbewahrt.

Auf der Küstenstraße weiter nördlich fahrend erreicht man **San Vicente, Magsingal** und **Cabugao** mit ihren Barockkirchen. Sehenswert ist auch das kleine **Magsingal-Museum,** das dem Publikum so gegensätzliche Ausstellungsstükke wie Blasrohre der Minderheitengruppe der Tingguian und antiken spanischen Altarschmuck zugänglich macht.

In einer unerschlossenen Bucht, etwa drei Kilometer hinter Cabugao, liegt **Pugos,** ein unberührter Strand, an dem das Meer recht ruhig und warm ist. Bis zur Grenze nach **Ilocos Norte** sind es von hier aus nur noch ein paar Kilometer. Die erste Stadt in Ilocos Norte ist **Badoc.** Im **Luna-Haus** werden Reproduktionen der Gemälde des berühmten philippinischen Malers Juan Luna ausgestellt. Auch die Kirche in Badoc lohnt einen Besuch.

Die schönste Kirche in der Umgebung ist aber unzweifelhaft die von **Paoay,** nördlich von Badoc, eine atemberaubende Mischung aus sogenanntem Erdbebenbarock (massive Pfeiler) und ostasiatischen Stilelementen, die an die Kirchen Javas erinnert. Die Kirche wurde zu Beginn des 18. Jahrhunderts erbaut und 1793 restauriert.

Vor der Stadt liegt der **Paoay-See,** an dessen Ufer **Malacanang Ti Amianan,** das ehemalige Wochenendhaus der Familie Marcos steht, das mittlerweile eine Attraktion Ilocos' darstellt.

In dem Küstenort **San Nicolas,** 14 Kilometer weiter, werden die traditionellen *burnay*-Krüge hergestellt, gedrungene Tonkrüge, die mit einer einfachen Glasur überzogen werden.

Die Provinzhauptstadt **Laoag** besitzt einen internationalen Flughafen. Ein weiteres Beispiel des „Erdbebenbarocks" ist die **Kathedrale von Laoag** (16. Jahrhundert). In **Sarrat,** östlich von Laoag, wurde Ferdinand Marcos geboren, und im angegliederten **Marcos-Museum** kann man Familienstücke besichtigen, darunter das Bett, in dem der umstrittene Mann aus Ilocos geboren wurde. Die Uhr daneben zeigt die genaue Stunde seiner Geburt an. Die **Kirche** und das **Kloster** von Sta Monica – Beispiele kolonialer Architektur – sind durch eine wuchtige Brücke miteinander verbunden.

Die Küstenstraße führt weiter nach **Bacarra.** Schnitzarbeiten, darunter die 17-saitige Holzharfe, die bei Stadtfesten gespielt wird, stammen aus Bacarra, und bekannt ist auch der vom Erdbeben beschädigte **Glockenturm** der Kirche, deren Fassade ziemlich nachlässig restauriert wurde. Reizvoll sind die **La-Paz-Sanddünen** außerhalb der Stadt.

Am **Kap Bojeador** erhebt sich auf zerklüfteten Felsen ein ansehnlicher **Leuchtturm.** Wenige Kilometer weiter gelangt man nach **Pagudpud** mit dem weniger bekannten, aber wundervollen, weißen Strand von **Saud.** Kurz bevor man an die Nordküste Luzons kommt, wendet sich die Straße gen Osten der Provinz Cagayan zu.

**Links: Die Kirche von Paoay ist eine Mischung aus barocker und ostasiatischer Architektur. Rechts: Ausschnitt einer geschnitzten Kirchentür.**

# BAGUIO UND DAS NÖRDLICHE HOCHLAND

Ein beliebtes Touristenziel ist die Sommerhauptstadt **Baguio,** ein Bergferienort inmitten von Kiefernwäldern in 1500 Metern Höhe. Im Jahre 1990 wurde ein großer Teil der Stadt und der umliegenden Gebiete bei einem Erdbeben verwüstet. Die Aufräumarbeiten sind noch längst nicht abgeschlossen.

Dennoch reicht ein Wochenende in Baguio kaum aus, um alle Attraktionen der Stadt zu besichtigen. Doch nicht nur die Sehenswürdigkeiten sind es, die Baguio so anziehend machen, auch das Gefühl der Muße, das den Besucher beim ersten anregenden Duft der Kiefern entgegenschlägt, verlockt dazu, länger zu bleiben. Die Durchschnittstemperatur liegt bei 18° C und bietet zusammen mit den sauberen Parks, den lieblichen Gärten und den Straßen, die in Serpentinen in die zerklüfteten Berge hinaufführen, eine willkommene Abwechslung zu Hitze und Hektik im Tal. So mancher Besucher mag zunächst über den Touristenrummel, der hier nach wie vor herrscht, entsetzt sein, aber der Charme Baguios gleicht dieses Manko allemal wieder aus.

Lange Spaziergänge sind sehr beliebt – vor allem Ausflüge auf der **Session Road,** die mit ihren zahlreichen Läden jeder Hauptstraße zu Ehren gereichen würde. Am nördlichen Ende der Session Road findet der **Markt von Baguio** statt, auf dem Obst und Gemüse aus dem Hochland, Meeresfrüchte aus den nahen Küstenstädten und frische Pilze, Marmelade, Handwerksgegenstände und Armeewaren angeboten werden. Von hier aus gelangt man rasch in den **Burnham-Park,** wo Parkbänke zum Verweilen einladen. In der Lagune lassen sich Liebespaare auf Booten treiben.

Es ist recht schwer, sich als Autofahrer in Baguio zu orientieren, wenn man keine detaillierte Karte bei sich hat. Wesentlich einfacher ist es, mit einem Taxi oder einem Jeepney ans Ziel zu gelangen. Die Jeepneys, die in den Seitenstraßen der

**Die Kinder sind in der herrlichen Berglandschaft von Baguio in ihrem Element.**

Session Road stehen, haben vorgeschriebene Routen, bringen jedoch im Grunde jeden zu einem festen Preis an jeden beliebigen Ort. Mit dem Taxi kann man sich zu den **San-Carlos-Höhen** nahe der Naguillan-Straße (von hier aus kann man den eindrucksvollsten Sonnenuntergang beobachten) oder zum **Mount Santo Tomas,** der mit einem Ausblick über das Chinesische Meer und mit einer Radarstation aufwartet, fahren lassen.

Im Westen zwischen San Carlos und Santo Tomas befindet sich die **Grotte von Lourdes,** ein Wallfahrtsort, zu dem 225 Stufen hinaufführen, ein mühsamer Anstieg, bei dem Glaubenseifer und Kondition der Gläubigen auf dem Prüfstand stehen. Auf dem Weg zu den **heißen Quellen von Asin** im Südwesten liegt ein Holzschnitzerdorf, in dem man den Handwerkern bei der Arbeit zuschauen kann.

Im Norden des Stadtzentrums, an der Bokawkan Street, werden im **Easter Weaving Room** Textilien und Kuriositäten der Gegend zu Spottpreisen angeboten. Die Weber lassen sich auch gerne fotografieren. Weiter nördlich, etwa zehn Minuten mit dem Auto vom Stadtzentrum entfernt, steht an der **Magsaysay Avenue** der **Bell-Tempel,** ein graziöser Bau mit Drachen und chinesischen Ornamenten, der allerdings nur zu festgelegten Zeiten besichtigt werden kann. Seine Priester, die dem Buddhismus, Taoismus, Konfuzianismus und Christentum gleichermaßen anhängen, betätigen sich auch als Wahrsager.

Im Nordosten der Stadt, an der **Leonard Wood Road,** befindet sich der ehemalige **Botanische Garten,** der mittlerweile **Chion-Park** heißt. Ein nachgebautes Igoroten-Dorf gibt Einblick in die unterschiedlichen Bauweisen der einzelnen Bergstämme. Handwerks- und Silberschmiedeläden locken zum Kauf an.

Weiter oberhalb liegt **Mansion House,** die Sommerresidenz der philippinischen Präsidenten. Von hier überblickt man den gegenüberliegenden **Wright-Park** und eine Reitbahn mit Reitschule und Pferdeverleih. In der Torres Street reihen sich, vor allem gegenüber dem **Mines View Park,** zahlreiche Souvenirläden aneinan-

**Das Gemüseangebot auf dem Markt von Baguio ist reichlich.**

der. Der Park ist ein klassisches Motiv auf den meisten Postkarten der Stadt. Dabei ist seine einzige Attraktion eine Aussichtsplattform, die einen Blick auf das Becken von Baguio bietet. In einem Graben in der Nähe stehen Kinder und betteln um Münzen. Man wirft sie hinunter und sieht, wie sie im Gebüsch begierig danach suchen.

Südlich des Sommersitzes des Präsidenten locken der **Baguio Country Club** und die ehemalige John Hay Air Base, heute ein staatlich geführtes Erholungszentrum, Besucher an. Innerhalb der gepflegten Anlage entstand der **Friedhof des Negativismus,** ein Friedhof der anderen Art, auf dem für einige Verlierertypen Grabmäler mit witzigen Inschriften aufgestellt wurden. Falls Sie schlechte Laune haben, können Sie ihre „bad vibrations" hier beerdigen.

Man findet in Baguio problemlos eine Unterkunft, es sei denn, man kommt in der **Karwoche,** dem Höhepunkt der Ferienzeit. Dann ist die Stadt so überlaufen, daß es aussichtslos ist, ein Quartier zu finden. Die Touristeninformation in der **Governor Pack Road** an der südlichen Einmündung in die Session Road kann Ihnen vielleicht helfen.

Zu den beliebtesten Ausflugszielen von Baguio aus Richtung Norden zählen **Bontoc,** das etwa sechs Stunden entfernt liegt, **Banawe** (zwei Stunden) und **Sagada** (nahe Bontoc); sie können über den Halsema-Highway auf einer abenteuerlichen, landschaftlich sehr schönen Strekke, die ehemals nur ein Bergpfad war, erreicht werden. An jeder Biegung hat man einen überwältigenden Blick auf die Kordillerenkette, die teilweise Höhen von über 2100 m erreicht.

Frühmorgens fahren die Busse zum **Mount Data,** dessen Anstieg etwa 100 Kilometer von Baguio entfernt in einer meist vom Nebel eingehüllten Holzfällerstadt beginnt.

Zwei Stunden weiter erreicht man die Provinzhauptstadt **Bontoc** und **Sagada**. Mit viel Charme ausgestattet ist Sagada die gemütlichere der beiden Städte, die vor allem Rucksacktouristen anzieht, die das angenehm kühle Klima, die wunderschöne Landschaft und die Wanderwege, in der Umgebung verborgene Höhlen, Teiche und Wasserfälle schätzen.

Das tagsüber erheblich wärmere Bontoc, das in einem tiefen Tal am Chico-Fluß liegt, besitzt eher die nüchterne Ausstrahlung eines Handelsstützpunktes. Trotzdem lohnt hier ein Besuch des örtlichen **Museums**. Frühmorgens fährt von Bontoc aus ein Bus nach **Banawe** zu den berühmten Reisterrassen. Von dort gibt es eine direkte Verbindung zurück nach Manila.

Etwa vier Stunden von Baguio entfernt liegt **Kabay-an,** in dessen nahe gelegenen Grabhöhlen vor 500 Jahren Mumien bestattet wurden, die anders als die ägyptischen Mumien nicht in Gaze eingewikkelt, sondern nackt sind. Auf der Haut sind noch immer ihre geometrischen Tätowierungen erkennbar. Einige der Mumien sind im Rathaus ausgestellt, die meisten aber sind in den von Menschen angelegten Grabhöhlen, z. B. in der **Banagao Mummy Cave** und dem **Tenongchol Burial Rock** aufbewahrt.

In der Nähe ragt der höchste Berg Ilocos auf, der **Mount Pulag,** der geheiligte Gipfel der Igoroten.

**Links:** Eine Frau des Ifugao-Stammes mit Stirnband aus Schlangenwirbeln und tätowierten Händen, ein Symbol von Weiblichkeit. **Rechts:** Ein Dorf der Batad, inmitten von Reisfeldern.

# DIE VISAYA-INSELN

Wie eine Kette unregelmäßiger Perlen, verbunden durch unterschiedlich dicke geographische Fäden, liegen die Visaya-Inseln im Zentrum der Philippinen. Hier entspricht das Leben ganz dem ruhigen Fluß, den man im Südpazifik erwartet. Spricht man die Einwohner von Luzon auf diese Inseln an, so erwähnen sie die langsamere Gangart, den verführerischen Tonfall der Sprache und die sinnlichen Frauen auf den Inseln.

Zwischen Manila, Cebu und allen anderen Hauptstädten der Visaya-Inseln verkehren Flugzeuge, die eine knappe Stunde unterwegs sind. Die subtilen Unterschiede zwischen den Inseln können aber nur erfaßt werden, wenn man sich ihrer Heimat auf eine ihnen gemäßere Art nähert. Deshalb erkunde man die Visaya-Inseln am besten auf dem Seeweg, wo man sich auch auf den typischen gemächlichen Lebensrhythmus einstellen kann.

**Samar:** Diese große, gegenüber der südlichen Spitze Luzons gelegene Insel erreicht man von Manila aus, indem man über den Maharlika-Highway bis zur Küste reist und dann auf die schnelle Fähre umsteigt. Die erste Stadt auf der Insel, **Allen,** liegt in der Nähe heißer Quellen. Die größte Straße der Insel führt die Küste entlang bis zur nördlichen Provinzhauptstadt **Catarman.** Zahlreiche interessante Wasserfälle, die allerdings nur zu Fuß und über unwegsames Gelände erreicht werden können, locken Touristen in das Inselinnere.

Im Südwesten der Insel verbindet die längste Brücke auf den Philippinen, die **San-Juanico-Brücke,** Samar mit der nahe gelegenen Insel Leyte. In der Nähe von **Basey** liegen der **Sohotan-Nationalpark** und verschiedene andere Natursehenswürdigkeiten.

**Leyte:** Die Hauptstadt auf Leyte ist **Tacloban,** das Handelszentrum der östlichen Visaya-Inseln. Auf dem **Capitol Building** ist die historische Landung General Douglas MacArthurs 1945 auf der Insel in einem Flachrelief festgehalten. Die eigentliche Gedenktafel findet man ein paar Kilometer südlich der Stadt am roten Strand. Ganz in der Nähe steht das **Sto Nino Shrine and Heritage Museum.** Die hier ausgestellten Kunstwerke und Antiquitäten wurden von der hier geborenen Imelda Marcos zusammengetragen wurden.

**Cebu:** Ein bei Touristen beliebtes Ziel auf den Philippinen ist **Cebu**, die „Königin unter den südlichen Städten“ und die Hauptstadt der gleichnamigen Provinz. Cebu wird als Handels und Wirtschaftszentrum auf den Philippinen nur von Manila übertroffen und gilt als das unbestrittene Zentrum der Visaya-Region. Zu erreichen ist Cebu mit dem Flugzeug und mit dem Schiff. 14 Stunden ist man von Manila aus unterwegs.

Auf der mit Cebu durch eine Brücke verbundenen kleinen Insel **Mactan** landete 1521 Ferdinand Magellan und wurde schließlich von Häuptling Lapulapu im Kampf um Mactan getötet. Das **Magellan-Monument** das 1886 errichtet wurde, markiert am Strand die Stelle seines Todes. Dagegen steht vor dem Rathaus **(Lapulapu City Hall)** ein Denkmal zu Ehren Lapulapus.

**Links: Zum *Ati-Atihan*-Fest verkleiden sich viele als eingeborene Ati und schwärzen sich die Gesichter mit Ruß. Rechts: Ein Blick über den Strand von Tambuli auf der Insel Cebu.**

Die Küstenorte auf Mactan sind auf Horden von Touristen eingestellt, vor allem Japaner, die im Juli und August anreisen. Zu empfehlen sind die Strände **Costabella** und **Tambuli.** Die Insel **Olango** gilt als Taucherparadies.

Ferdinand Magellan hinterließ ein großes Holzkreuz, das die ersten Kontakte zwischen den Philippinen und der westlichen Kultur symbolisieren sollte. Die Überreste wurden in ein neues schwarzes *tindalo*-Holzkreuz eingearbeitet und in einem kleinen Pavillon an der Magellan Street ausgestellt. Das **Magellan-Kreuz** gilt als das bedeutendste Wahrzeichen von Cebu.

Ganz in der Nähe steht die **San-Agustin-Kirche,** die 1565 erbaut wurde, um das älteste christliche Zeugnis des Landes aufzunehmen, ein Bildnis des Jesuskindes, das Magellan der Königin Juana von Cebu anläßlich ihrer Bekehrung zum Christentum geschenkt hatte. Als 40 Jahre später Legazpi das Land eroberte, fand er das Bild gut erhalten vor. Seit 1965 heißt die Kirche aufgrund einer Anordnung des Papstes **Basilica Minore of Santo Nino,** womit ihre Bedeutung als Wiege des Christentums im Fernen Osten anerkannt wurde.

Das Meer überragt **Fort San Pedro,** dessen Bau 1565 Legazpi begann. Die dreieckig angelegte Festung wurde 1738 vollendet und diente als Aussichtsposten, um die Ankunft muslimischer Plünderer aus Mindanao rechtzeitig auszumachen. Jetzt ist hier die Niederlassung des **Department of Tourism** untergebracht.

In der Nähe der Festung verläuft die **Colon Street,** die älteste Straße auf den Philippinen. Hier ist das Paria-Viertel, Cebus Chinatown. Chinesen haben Cebu in vielen Bereichen geprägt. Ihnen vor allem ist die Entwicklung Cebus zu einem bedeutenden Industrie- und Handelszentrum zu verdanken.

Kulturell interessant sind die **Casa Gorordo,** in der Szenen aus dem Aristokratenleben um die Jahrhundertwende nachgestellt wurden, sowie das **Museum der San-Carlos-Universität,** das **Jumalon's Family Cultural Project,** in dem faszinierende Mosaike aus Schmetterlingsflügeln gezeigt werden, und die

**Ein Teil des ursprünglichen Magellan-Kreuzes wurde in ein größeres Holzkreuz integriert.**

## ATI-ATIHAN

Filipinos wissen, wie man eine tolle Party aufzieht. Ihnen ist jeder Anlaß willkommen, um zusätzlich zu den vielen üblichen Festen, Festivals, Feiertagen und Ferien weitere Feste zu feiern. Insbesondere die dritte Januarwoche ist eine herausragende Zeit im vollen Festkalender. Dann ist die zeremonielle Katharsis für immer mehr Filipinos, die nach Kalibo, einer Stadt in der Provinz Aklan auf der Insel Panay, strömen, um das Fest zu feiern, bei dem am meisten los ist: das *Ati-Atihan*-Festival.

*Ati-Atihan* bedeutet drei Tage andauerndes organisiertes Chaos, eine rußgeschwärzte Orgie, während der sich unter dem Ruf „Hala Bira!" (Geh weiter und kämpfe) Mythos und Show, Kinderalpträume und religiöse Elemente auf den Straßen von Kalibo in einer wilden Feier überlagern. Wenn nicht der Leib, so wird doch die Seele gereinigt.

Am Festtag ist um 10 Uhr morgens bereits die ganze Stadt auf den Beinen, dazu kommen noch Touristen, die auf unzähligen Schiffen und in Flugzeugen herbeiströmen. Jeder hat sein Gesicht mit Ruß geschwärzt. Die ersten Alkoholleichen liegen bereits auf den Straßen, während Trommel- und Zimbelschläge die explosive Stimmung in der Mittagshitze hochpeitschen. Kongolesische Krieger liefern sich Scharmützel mit spanischen Caballeros. Cowgirls tanzen Salsa mit King Kong. Ein japanischer Löwentänzer treibt eine angeheiterte Varieté-Königin in die Ecke, Szenen, die sich hundertfach wiederholen.

Das Festival geht auf zwei historische Ereignisse in Kalibo zurück. Zum einen verschlug es zehn Führer der Datu mit ihren Gefolgsleuten auf der Flucht vor einem Tyrannen in ihrer Heimat Borneo nach Panay, wo sie Land eintauschen wollten. Nach anfänglichem Mißtrauen verkauften die pygmäischen Ati-Ureinwohner ihr angestammtes Flachland gegen Gold; zum Dank veranstalteten die überglücklichen Neuankömmlinge ein humorvolles Fest für ihre neuen Nachbarn, bei dem sie sich ihre Gesichter mit Ruß schwärzten, um so die Hautfarbe der Ati nachzuahmen (*Ati-Atihan* bedeutet nämlich in der Übersetzung „wie es die Ati machen").

Ein anderer Vorfall ereignete sich vier oder fünf Jahrhunderte später, als die mittlerweile christianisierten Einwohner Panays in ständiger Angst vor den plündernden und nach Sklaven jagenden Piraten aus Mindanao lebten. Im Chaos eines solchen Überfalls, so heißt es, sei das Jesuskind erschienen und habe die Plünderer in die Flucht geschlagen. Dieses Wunder veranlaßte die Einwohner von Kalibo, ihr Erntedankfest mit dem Fest von Santo Nino Ende Januar zusammenzulegen.

Kalibos *Ati-Atihan* wurde mit der Zeit so populär, daß auf den übrigen westlichen Visaya-Inseln ähnliche Feste veranstaltet werden. In der alten Provinz wird *Binirayan* und *Handugan* gefeiert. In der Stadt Iloilo wird seit kurzem eine üppigere und choreographierte Ausgabe veranstaltet, das sogenannte *Dinagyang,* und auch in Bacolod entstand ein eigenes Fest derselben Art. Alle neuen Versionen haben in irgendeiner Form etwas mit der Landung der Datu aus Borneo in Panay und dem nachfolgenden Handel mit den Ureinwohnern zu tun.

In Ibajay, nordwestlich von Kalibo, wird eine bescheidenere Variante des Festes zelebriert – die Einwohner behaupten hier, daß sich das sogenannte *Ati-Atihan* in ihrer Stadt ereignete, als die pygmäischen Ati von den Bergen herabkamen, um mit den Nachkommen der Datu zu feiern. ■

**Feuerschlukker beim *Ati-Atihan*-Festival auf der Insel Panay.**

**Medalle-Sammlung** alter Cebu-Fotografien.

**Bohol:** Nur 20 Minuten Flugzeit benötigt man von Manila bis zu der kleinen Insel Bohol, an deren Küste Legazpi im Jahre 1563 vor Anker ging und angeblich mit Häuptling Sikatuna Blutsbrüderschaft schloß. Eine Gedenktafel wenige Kilometer außerhalb von **Tagbilaran** kennzeichnet die Stelle. Die gesamte Insel ist von einem gut durchdachten Straßennetz durchzogen, und an der Küste folgt eine herrliche weißsandige Bucht auf die andere.

Sieben Kilometer außerhalb von Tagbilaran steht die Kirche von **Baclayon,** die älteste Steinkirche des Landes, die 1595 erbaut wurde und heute ein interessantes Museum beherbergt, mit Reliquien, Meßgewändern, Ikonen und alten Gesangsnoten, die in lateinischer Sprache auf Tierhäute geschrieben wurden. Vor der Südküste Bohols liegt die Insel **Balicasag,** ein Marinestützpunkt und ein idealer Ort zum Tauchen.

Nördlich von Tagbilaran, in **Maribojoc,** steht der alte **Punta-Cruz-Wachturm** und etwas weiter die Kirche von **Calape,** mit einem Gnadenbild der Jungfrau Maria. Auf einem Sonntagsausflug nach **Antequera,** im Landesinneren, kann man frühmorgens Flechtarbeiten aus Schilf, Weide oder Gras preiswert erstehen.

Das Schönste an Bohol ist jedoch die einzigartige Landschaft bei **Carmen,** etwa 55 Kilometer nordöstlich von Tagbilaran. Hier erheben sich einige hundert Hügel wie riesige Heuhaufen (30 Meter hoch) aus dem flachen Umland. Diese Kalk-, Sandstein- und Schieferhügel werden **Schokoladenhügel** (Chocolate Hills) genannt, da das grüne Gras, mit dem sie bewachsen sind, im Hochsommer von der heißen Sonne versengt wird und sich braun verfärbt.

**Negros:** Von Tagbilaran fliegt man in 20 Minuten nach **Mactan;** von Cebu aus setzt eine direkte Fähre nach **Bacolod** oder nach **Dumaguete** über, oder man nimmt den Bus, der auf eine Fähre verladen wird.

Die **Silliman-Universität** in Dumaguete, der Hauptstadt der östlichen Provinz von Negros, ist hochangesehen. Wunderbare Badestrände, ideal zum Schnorcheln, reihen sich entlang der Küste nördlich und südlich der Stadt aneinander. Gegenüber liegt die Insel **Siquijar,** auch als die Zauberinsel der südlichen Philippinen bekannt, da viele *mananambal* (Volksheiler) auf dieser winzigen Insel leben. Je nachdem, wie sie ihre Fähigkeiten einsetzen, bezeichnet man sie als „weiße" oder „schwarze" Magier.

Bacolod, Hauptstadt der westlichen Provinz von Negros, besitzt eine Anzahl Hotels, Restaurants und Einkaufszentren, darunter einige gutsortierte Antiquitätenläden, Keramikgeschäfte und Webstätten, in denen die *hablon*-Arbeiten hergestellt werden.

Nördlich von Bacolod liegt das zauberhafte Städtchen **Silay** mit seinen malerischen Häusern aus der kastilischen Vergangenheit. Die **Hofilena-Kunstsammlung** besteht u. a. aus Werken von José Rizal und den philippinischen Meistern Juan Luna und Felix Hildalgo. Sogar einige Picassos und Goyas sind darunter.

Weiter nördlich steht auf dem Vicmíco Anwesen eine **Kapelle** mit einem psy-

**Die Schokoladenhügel in Bohol.**

Nordöstlich von Mindoro liegt die Gruppe der **Lubang-Inseln** mit ihren außergewöhnlich zahlreichen Stränden und Felsenhöhlen. Mit dem Schlauchboot erreicht man von **San Jose** an der Südwestküste aus drei kleine Inseln, deren von jadegrünem Wasser umspülten Strände atemberaubend schön sind, und weitere sechs Stunden dauert die Fahrt zum **Apo Reef,** dem angeblich besten Tauchrevier auf den Philippinen.

Das 670 Kilometer westlich von Manila gelegene **Palawan** gilt als beliebtestes Erholungsziel der Städter. Täglich verkehren Flugzeuge zwischen Manila und Puerto Princesa und zweimal wöchentlich eine Fähre zwischen Manila und Coron auf Calamianes.

**Puerto Princesa** an der Ostküste ist die größte Stadt der Insel und Ausgangspunkt für Reisen zu allen anderen Orten der Palawan-Gruppe.

Von Baheli aus (60 Kilometer von Puerto Princesa entfernt) erreicht man nach dreistündiger Bootsfahrt den bekannten **St Paul's Subterranean National Park.** Mächtige Marmorklippen türmen sich über einer kuppelförmigen, kathedralenartigen Höhle, die zu einem acht Kilometer langen unterirdischen Fluß führt.

Die südwestlich gelegene Stadt **Quezon** liegt fünf Stunden von Puerto Princesa entfernt. Mit dem Boot erreicht man in 30 Minuten die nahe gelegenen, 1962 entdeckten **Tabon-Höhlen.** Erst 29 der vermutlich 200 Höhlen wurden bisher von Archäologen erforscht.

Nahe der nördlichen Inselspitze wurde das feudalste philippinische Ferienzentrum, **El Nido Resort,** angelegt. Charterflugzeuge verkehren zwischen Manila und diesem außergewöhnlich schönen Ort mit seinen einsamen Buchten, grünen Lagunen und versteckten Höhlen, unberührten Korallenriffen und exotischen Fischen, die manchmal sogar aus der Hand fressen.

Ganz in der Nähe erheben sich die schwarzen Marmorklippen, in deren unzähligen Nischen und Felsvorsprüngen eine Art Mauersegler ihre Nester bauen, die von Feinschmeckern in der berühmten asiatischen Schwalbennestersuppe besonders geschätzt werden.

**Unten links:** Anläßlich des *Moriones*-Festivals tragen Einheimische stolze Masken römischer Soldaten. **Unten rechts:** Ein Kokusnußdrink ist als Erfrischung am Strand sehr beliebt.

HongkongBank

SOUTH BRIDGE CENTRE

# SINGAPUR: DIE STADT DES LÖWEN

Besucher, die in Singapur etwas von dem Geheimnis spüren wollen, das man gewöhnlich mit seinem Gründer Thomas Stamford Raffles in Verbindung bringt, werden nur gelegentlich auf ihre Kosten kommen.

Sie können natürlich im legendären Raffles Hotel übernachten, Heimat des *Singapore Sling* und Inbegriff kolonialen Charmes. Eine Alternative bietet sich gleich nebenan in der „Raffles City“ mit dem 73stöckigen Westin Stamford, dem höchsten Hotel der Erde (226 Meter), mit seiner ganzen High-Tech-Aluminiumpracht.

Der Kontrast zwischen den beiden Hotels verdeutlicht das Klischee, das dieser 616 Quadratkilometer großen Insel und ihren 2,5 Millionen Einwohnern anhaftet: Singapur sei eine aufregende Mischung aus Ost und West, Altem und Neuem. Obwohl mehr als drei Viertel der Bevölkerung Chinesen sind, ist die Amtssprache in Singapur Englisch und so weit verbreitet, daß man selbst Schlangensuppe in Chinatown oder französische Gerichte im Maxim's auf englisch bestellen kann. Neben Chinatown besitzt Singapur ein Little India, die Arab Street und Geylang, ein Viertel mit überwiegend malaiischer Kultur.

Westliche Besucher sind angenehm überrascht, wenn sie peinlichst saubere Taxis vorfinden, deren Fahrer kein Trinkgeld erwarten, und wenn sie ein gastronomisches Paradies antreffen, in welchem man unbesorgt alles bestellen kann, ohne auch nur ein Haar in der Suppe zu finden. Die baumgesäumten breiten Straßen sind gefegt, und das Attribut „Garden City“ trifft auf Singapur wirklich zu, dessen sinnvoll geplantes staatliches Wohnungsbauprogramm und die über die ganze Insel verstreuten Parks von Städteplanern weltweit zu Recht als Vorbild gerühmt werden.

Einige Besucher aus den Industriestaaten, deren Erwartungen durch alte Geschichten vom exotischen Sündenbabel Singapur genährt wurden, werden erstaunt feststellen, daß Trishaws (Fahrrad-Rikschas) eigentlich nicht mehr üblich sind, und daß die Luft in Singapur keineswegs mehr opiumgeschwängert ist, vielmehr vor Ort eines der schärfsten Drogengesetze der Welt greift.

Demnach sollte man den Zeitungsartikeln nicht glauben, die behaupten, daß Singapur außer sterilen Wolkenkratzern und Einkaufszentren nichts zu bieten hat. Bei genauerer Betrachtung ist das neue Singapur sogar interessanter als das alte. Hier lebt immer noch eine durch und durch asiatische Gesellschaft, die die Nachkommen der drei großen Kulturen Asiens repräsentiert.

Selbst Denkmäler aus Stein und Beton haben ihren eigenen Reiz, ebenso ein Spaziergang durch künstlich angelegte Freizeitparks, die demonstrieren sollen, was die Zukunft bringen wird. Der eigentliche Charme der Stadt besteht jedoch in der vitalen und dynamischen Verschmelzung von Vergangenheit und Gegenwart in einer lebendigen Gesellschaft. Und nirgendwo kann man dieses weltweite Drama, in dem sich alte Gesellschaftsformen und Werte mit denen der Gegenwart vermischen und zaghafte Schritte in die Zukunft wagen, so gut beobachten wie in Singapur.

**<u>Vorherige Seiten</u>: Die beeindruckende und abwechslungsreiche Skyline Singapurs. <u>Links</u>: Das Raffles-Denkmal.**

# EINE KLEINE INSEL, DIE ES IN SICH HAT

Als 1819 Sir Thomas Stamford Raffles, einer der wenigen britischen Kolonialisten mit Weitblick und Bildung, in Singapur an Land ging, war er überzeugt, daß diese Insel an strategischer Stelle im Südchinesischen Meer eines Tages ein wichtiger Hafen sein würde.

Die Geschichte Singapurs beginnt jedoch nicht mit der Ankunft Raffles'. Die malaiischen Annalen besagen, daß Singapurs Name von *singa* (Löwe) abgeleitet wurde. Da dieses Tier hier eigentlich nicht heimisch war, bleibt anzunehmen, daß die Anekdote über einen malaiischen Prinzen, der einen Löwen auf der Insel sah und danach die Stadt benannte, zu jenem kräftig mit Mythologie gewürzten Bereich der Geschichte gehört.

Die ersten schriftlichen Aufzeichnungen über Singapur, entstanden um das 13. Jahrhundert, beschreiben die Insel unter ihren verschiedenen Herrschern, und man vermutet deshalb, daß zu unterschiedlichen Zeiten die Könige der Thai, die Javaner, ja sogar die Könige von Chola im fernen Indien in Singapur einfielen und dort herrschten.

Anfang des 15. Jahrhunderts eroberte das mächtige Königreich Majapahit, das heutige Indonesien, Singapur, zog es aber vor, weiter nördlich Malakka zu einem großen Hafen auszubauen. Singapur blieb ein unbedeutendes Fischerdorf, bis im Januar 1819 Raffles landete und Singapur zu einem freien Hafen ausbaute. Sechs Monate nach seiner Ankunft zählte Singapur bereits 5000 Einwohner, und 1824, bei der ersten offiziellen Volkszählung, waren es bereits 11 000.

Zwar gab es keinen Löwen in Singapur, dafür aber genügend Tiger. Es wird berichtet, daß in den fünfziger Jahren des 18. Jahrhunderts an die 300 Einwanderer von Tigern getötet wurden, als sie, um Ackerbau betreiben zu können, den dichten Dschungel abholzten. Mit vereinten Kräften führten sie trotz allem ihr Vorhaben durch, und Singapur entwickelte sich rasch zu einem wohlhabenden Handelshafen. Noch vor dem Ende des 19. Jahrhunderts galt Singapur als eine der bedeutendsten Handelsniederlassungen des britischen Weltreiches.

Die wichtigsten Handelsgüter waren Tee und Seide aus China, Holz aus Malaya und Gewürze aus Indonesien. Die Kolonie importierte sowohl Opium und Stoffe aus Indien als auch in England hergestellte Waren. Der Status eines freien Handelshafens zog viele Händler an und beschleunigte Singapurs Entwicklung derart, daß es bald die älteren britischen Kolonialhäfen dieser Region, wie Penang und Bencoolen auf Sumatra, an Größe und Bedeutung eingeholt hatte.

Singapurs Handel und der gute Ruf nahmen weiter zu, als sich im späten 19. Jahrhundert Tausende von chinesischen und indischen Händlern in der Stadt niederließen.

Der Erste Weltkrieg hatte keinen direkten Einfluß auf Singapur, vielmehr herrschte zu gleicher Zeit auf der Insel großer Wohlstand, der vom Aufschwung des malaiischen Kautschukhandels herrührte.

Während des Krieges verbannte aber die britische Kolonialverwaltung die deutsche Gemeinde aus Singapur, was zu einer Revolte einiger in Singapur stationierter indischer Soldaten führte, die von einer indischen Unabhängigkeitsbewegung und vom deutschen Geheimdienst angestiftet worden war. Die Briten konnten den Aufstand jedoch mit der Unterstützung ihrer japanischen Verbündeten in einigen Tagen niederschlagen.

1911 zählte Singapur bereits 250 000 Einwohner, und bei einer neuerlichen Volkszählung wurden 48 verschiedene Rassen und 54 unterschiedliche Sprachen registriert.

Die große Wirtschaftskrise des Westens in den zwanziger Jahren wirkte sich auch auf Singapur aus, da die Warenpreise, darunter die für Kautschuk, fielen. Doch trotz relativer Armut war Singapur als größter britischer Marinestützpunkt östlich des Suezkanals immer noch wirtschaftlich abgesichert, bis die Japaner 1941 in Malaya einmarschierten. Um einen Zusammenstoß mit der britischen Flotte auf See zu vermeiden, landeten sie am 8. Dezember zunächst im Norden von Malaya und drangen auf der Halbinsel südlich in Richtung Singapur vor. Winston Churchill appellierte an den örtlichen Gouverneur, bis zum „bitteren Ende“ zu kämpfen, aber die britische Verwaltung in Singapur ergab sich bereits am 8. Februar 1942.

Die Japaner benannten Singapur in *Syonan* (Licht des Südens) um und wüteten rücksichtslos, so daß viele Zivilisten, vor allem Chinesen, unsagbares Leid ertragen mußten.

Der Handel in Singapur brach völlig zusammen, und die Bevölkerung mußte in den Hinterhöfen Tapioka anbauen, um nicht zu verhungern. Mit der Landung der Alliierten im August 1945 endete schließlich die dreieinhalb Jahre andauernde japanische Herrschaft. Danach trennten die Briten Singapur von Malaya und ernannten es zur Kronkolonie.

In Singapur und Malaya sahen sich die zurückkehrenden Briten mit der Kommunistischen Partei Malayas konfrontiert, die sie aber anhand von Notstandsgesetzen rasch ausschalten konnten. Ältere Einwohner und ehemalige politische Führer Singapurs erzählen gern, daß ihnen während der japanischen Besatzungszeit klar wurde, daß sie sich nie auf Fremdhilfe verlassen konnten und nicht mehr von einer fremden Macht abhängig sein, sondern sich selbst regieren wollten und daß diese Erkenntnis letztendlich zur Unabhängigkeit Singapurs führte.

In Anbetracht der Nachkriegsstimmung gestatteten die Briten 1948 eingeschränkte Wahlen zum Stadtrat. Bereits 1955 konnten freie Wahlen abgehalten und Singapurs Unabhängigkeit durchgesetzt werden.

Entsprechend seiner polyglotten Natur bekam Singapur David Marshall, einen Nachkommen irakischer Juden und brillanten, in England ausgebildeten Juristen und Mitglied der Labour Party, als Ministerpräsidenten.

Marshall blieb nicht ganz ein Jahr im Amt. Sein Nachfolger, Lim Yew Hock, setzte in langen Verhandlungen 1959 schließlich die

**Links: Sir Thomas Stamford Raffles. Oben: Der Raffles-Platz in Singapur um 1920.**

Selbstverwaltung Singapurs und eine neue Verfassung durch.

Die dramatischen Veränderungen, unter denen sich der ehemals verschlafene Kolonialhafen zu einer Metropole entwickelte, sind vor allem der People's Action Party (PAP) zu verdanken, deren Führer, Lee Kuan Yew, schließlich der erste Premierminister des Landes wurde.

Anfangs kämpfte die PAP erbittert um die damals überwiegend kommunistisch orientierten Chinesen, die sie zur Unterstützung der geplanten Malaiischen Föderation bewegen wollten, denn die Kommunisten stimmten zwar auch für einen Anschluß Singapurs, hielten aber den Vorschlag der Briten, nicht nur Malaysia und Singapur, sondern auch noch Nordborneo und Sarawak der Malaiischen Föderation anzugliedern, für ein imperialistisches Komplott, von dem sie nichts wissen wollten.

Der PAP gelang es, das Volk von der Notwendigkeit eines Anschlusses an Malaysia zu überzeugen, und im September 1963 stimmten die Einwohner Singapurs in einem historischen Referendum tatsächlich für die Föderation. Schwerwiegende Differenzen zwischen den Führern Malaysias und Singapurs führten allerdings am 9. August 1965 zur Trennung, und Singapur wurde erstmalig ein souveräner, demokratischer Staat.

Nur wenige glaubten, daß Singapur lange überleben, geschweige denn gedeihen könne. Die Fakten sprachen dagegen: Singapurs Bevölkerung nahm ständig zu, und es gab nur wenige Bodenschätze. Der Abzug der britischen Truppen und ihrer Angehörigen, insgesamt etwa 100 000 Personen, die Tausenden von Einwohnern Arbeit gegeben hatten, war bereits geplant.

Doch trotz aller Widrigkeiten wurde Singapur als unabhängiger Staat erfolgreich und überlebte besser als erwartet.

Singapurs einziger Reichtum, neben dem der Einwohner, ist sein tiefes Hafenbecken, das an der Einfahrt zur Straße von Malakka liegt, einer der wichtigsten Handelsrouten der Erde. Öl vom Mittleren Osten nach Japan, Mineralien von Australien nach Europa, Waren aus Europa und den USA werden durch Singapurs Gewässer transportiert.

Singapurs Politiker befürchteten jedoch, daß ein Hafen allein nicht ausreichen würde, um rund eine Million Menschen zu beschäftigen, und begannen, die Industrienationen für Investitionen in der Republik Singapur zu interessieren. Rücksichtslos wurde an der Westküste das Marschland des Jurong gerodet, um Platz für neue Fabriken zu gewinnen und diese an Industrielle zu verpachten.

Als zusätzlichen Anreiz für Investoren wurden die Arbeitszgesetze verschärft, die Streiks verhinderten und damit die Lohnkosten drückten. Man war der Ansicht, daß schlecht bezahlte Arbeitsplätze besser waren als gar keine.

Der Staat nahm selbst den Bau erschwinglicher Wohnhäuser in Form eines einzigartigen, ehrgeizigen Wohnungsbauprogramms in Angriff und richtete zugleich ein Pflichtsparprogramm ein, nach dem ungefähr ein Viertel jedes Gehalts automatisch eingezogen und in einen neu eingeführten sogenannten Rentenfond eingezahlt wird, den Central Provident Fund (CPF), so daß jeder Bürger das CPF-Kapital für den Kauf einer Wohnung verwenden kann. Die Regierung, die das westliche Wohlfahrtssystem als demoralisierend ansieht, glaubt, mit dieser Regelung den Bürger

an die Stadt zu binden und den Einwanderern einen Anteil an der Zukunft des Landes zu bieten. Außerdem wurde für alle Männer über 18 Jahre der Militärdienst eingeführt. Diese Entscheidung war ausschlaggebend für die Entwicklung einer neuen Identität Singapurs.

Wie schwer es wirklich war, diese Identität zu schaffen, bestätigte der gegenwärtige Premierminister Goh Chok Tong mit der Aussage, daß es in Singapur Bewohner gibt, die bereits viermal ihre Nationalität wechseln mußten, denn vor der japanischen Besatzung

**Am Nationalfeiertag wird in Singapur stolz Flagge gezeigt.**

waren sie britische Staatsbürger, während der Besatzung japanische Staatsangehörige, nach der Befreiung wieder Briten, 1963 wurden sie mit dem Anschluß an die Föderation zu Malaysiern und 1965 schließlich Staatsbürger von Singapur. Der Regierungschef fügte hinzu, er hoffe, daß es dabei bleibe.

Die Menschen in Singapur haben trotz der turbulenten Ereignisse der letzten Jahrzehnte emotional kaum Schaden genommen. Die meisten sind optimistisch und halten sich nicht mit Vergangenem auf. Japaner, Briten und viele andere Nationalitäten sind in Singapur gleichermaßen willkommen, und trotz seiner freien Marktwirtschaft pflegte Singapur auch diplomatische Beziehungen und einen regen Handel mit den meisten der ehemals kommunistischen Staaten.

Von staatlicher Seite nimmt man in Singapur auf viele Lebensbereiche Einfluß, wie die Slogans „Seid höflich zueinander", „Sprecht Mandarin", „Haltet Singapur sauber" zeigen. Auch das Bevölkerungswachstum wird kontrolliert, indem Familien mit weniger Kindern bei der medizinischen Versorgung bevorzugt werden. Dies führte dazu, daß Singapur, einst von Arbeitslosigkeit bedroht, vorübergehend Arbeitskräfte aus dem Ausland holen mußte.

Eine Nation, die wie besessen bauen mußte, um ihren vielen Bürgern ein Dach über dem Kopf zu schaffen, verfügt nun über ausreichend Bausubstanz, von Luxuseigentumswohnungen bis hin zu Bürohochhäusern.

Die Befürchtung, daß die verschiedenen Rassen sich in Singapur auseinanderleben könnten, ist in den Hintergrund getreten. Die Nation sieht sich einem ganz anderen Problem gegenüber, nämlich, wie sie das Erbe alter ethnischer Kulturen für die Touristen bewahren kann, die schließlich enttäuscht sind, wenn die Bewohner Singapurs nicht so „exotisch" und „farbenfroh" daherkommen, wie sie es sich vorgestellt haben.

Die nächste Generation wird mit anderen Problemen konfrontiert werden, aber dabei wird es sich nicht um Überbevölkerung, Unterversorgung und Armut handeln, sondern um sinkende Geburtenraten, überschüssigen Wohnraum und die Aufrechterhaltung einer strengen Arbeitsmoral, die durch höheren Konsum und einen gesicherten Lebensstil gefährdet ist. Zweifelsohne wird es auch dann noch genügend Entwicklungsländer geben, die ihre Armutsprobleme gerne gegen Singapurs Wohlstandssorgen eintauschen würden.

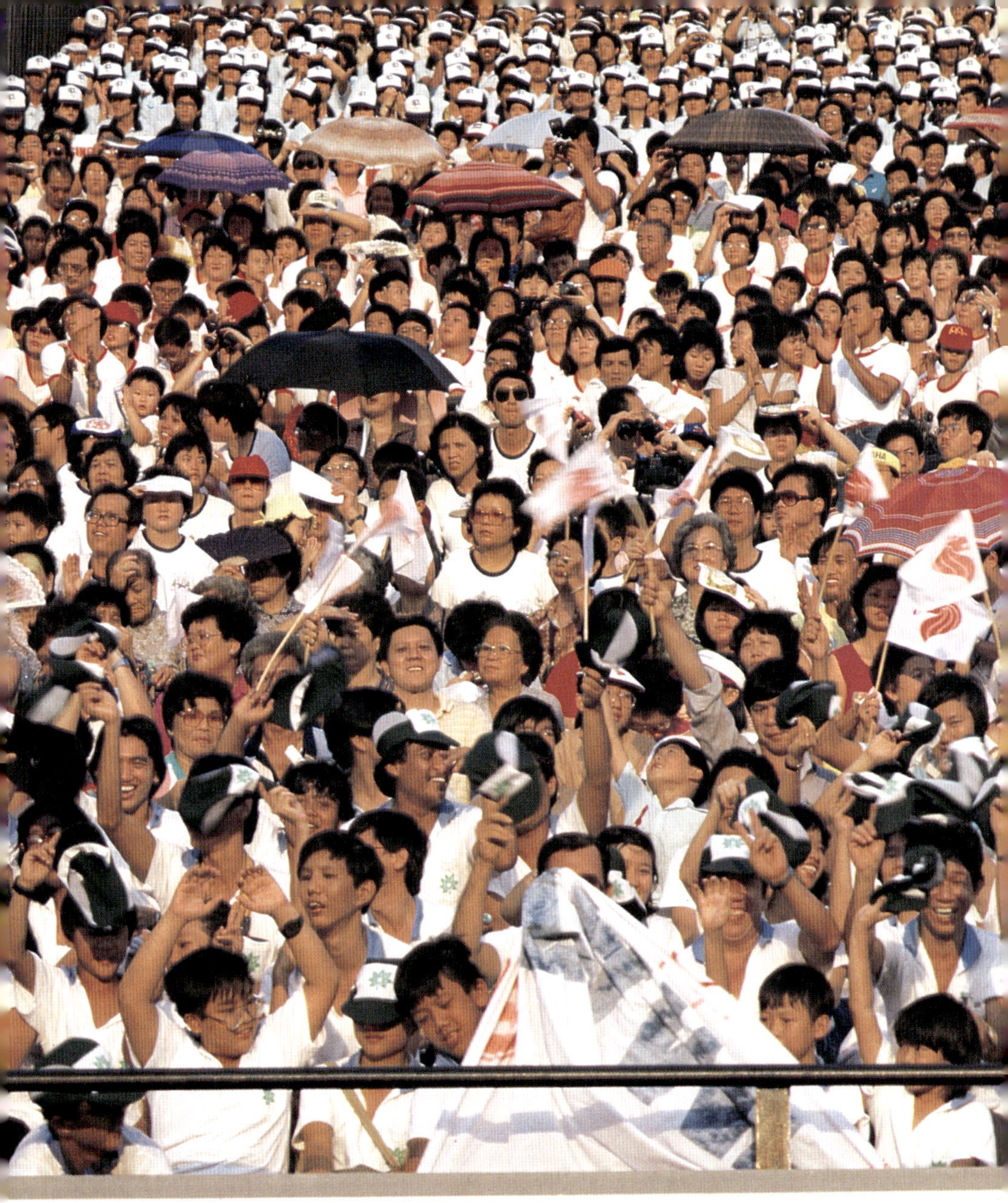

# A nation o

# n the move

Tmn. Jaya
Jln. Pontian
Tmn. Sri Skudai
Skudai
Tmn. Sri Putri
Tmn. Skudai Bahru
Tmn. Ungku Tun Aminah
Jln. Gelang Patah
Tmn. Damai
Kempas
Kr. Tebrau
Jln. Kota Tinggi
Tmn. Desa Jaya
Tmn. Johor Jaya
Tmn. Daya
Pandan
Pelentung
Pasir Gudang Highway
Permas Jaya
Jln. Masai
Tampoi
Tmn. Perling
Jln. Skudai
Jln. Tebrau
Johor Bahru
Königl. Mausoleum
Istana Tengku Mahkota
Abu- Bakar- Moschee
Istana Besar
Zoo
Selat Johor
MALAYSIA
P.BULOH
Putri Narrows
Kretengs
Kramji Dam
Woodlands New Town
Industriegebiet (Seneko)
Sembawang
Chong Pang
Selat Simpang
Yishun New Town
YISHUN
Kg Kit
SELE
Tebing Runtoh
Tg Gedong
Ng.- Kay- Boon- Gebiet
Thong Hoe
Industriegebiet (Kranji)
SINGAPUR
Bukit Timah Expressway
Nee Soon
Sembawang Rd.
Chye Kay
Flugve
Sarimbun Reservoir
Lim Chu Kang
S. Kangkar
Kranji Res.
Industriegebiet (Sungai Kadut)
Woodlands Rd.
MANDAI- ORCHIDEENGÄRTEN
ZOOLOGISCHER GARTEN
Seletar Res.
Sungai Seletar Res.
Yio Chu Kang
Tg Murai
Murai Res.
Ama Keng
S. Tengah
S. Peng Siang
Lim Chu Kang Rd.
Kankar Pendas
Choa Chu Kang New Town
Atik- Hong- und Atik- Chiang- Gebiet
CHOA CHU KANG
BUKIT PANJANG
Upper Thomson Rd.
YIO CHU KANG
Kg. Pendas
Tg Sopek
Tg Chengting
Payan Reservoir
Lam San
Bukit Panjang
Bukit Panjang Newtown
Lower Pierce Res.
Sembawang Hill Estate
Ang Mo Kio New Town
Choa Chu Kang
Tg Tengan
Bulim
KLAN- HONG- GEBIET
BUKIT GOMBAK
Upper Pierce Res.
BUKIT- TIMAH - RESERVAT
NATUR- RESERVAT
Kong- Meng- San- Phor- Kark- See- Tempel
Tg Pasir Laba
Jalan Bah
Hong Kah
Bukit Batok New Town
Upper Bukit Timah Rd.
Windsor Park Estate
Bishan New Town
Selat Johor
Tengeh Reservoir
Jurong Town
Pan-Island Expressway
Rennbahn
MacRitchie Res.
Upper Jurong
Jurong - See
Bukit Timah
Rundfunkstation
Toa Payoh New Town
BOON LAY
Wissen- schaftszentrum
Dunearn Rd.
Bukit Timah Rd.
Tuas Road
International Rd.
JURONG- PARK
Rathaus (Jurong)
Pan-Island Expressway
Jurong- Krokodil- Paradies
QUEEN ASTRID PARK
Industriegebiet (Jurong)
Jurong- Vogelpark
Clementi New Town
Botanischer Garten
Jalan Buroh
Pandan Res.
WOLLERTON PARK
NEWTON
FARRE PARK
CLEMENTI
Jurong- Fischmarkt
CITY
P. DAMAR LAUT
New Ming Village
Universität
Queens- town
Alexandra Est.
FORT CANNING PARK
Selat Jurong
P. MERLIMAU
WEST POINT GARDEN
Pasir Panjang
QUEENS- TOWN
Rathaus
P. PESEK
P. M. LAUT
Ayer Rajah Expressway
OUTRAM PARK
Cliff
P. PESEK KECHIL
Selat Pessek
P. RETAN LAUT
Haw Par Villa
Kent Ridge
Bahnhof
Festival- Markt
P. AYER CHAWAN
P. SERAYA
Telok Blangah
Seil- bahn- station
MOUNT FABER SCENIC PARK
Selat Ayer Merba
Tg Pangkong
Selat Sarka
Tg . Butun
LABRADOR PARK
Keppel Harbour
P. SAKRA
P. AYER MERBAU
World Trade Centre
P. BRANI
Fort Siloso
Selat Pandan
Maritime- Museum
Buran Darat
Korallarium
Tg Da
P. BUKUM
SENTOSA
P. BUSING
P. ULAR
P. SERINGAT
P. TEKUKOR
P.SAKIJANG PELEPAH
P. HANTU
P. BUKUM KECHIL
Tg Romos
Malay Keramat
Selat Salu
P. SUBAR DARAT
P. SUBAR LAUT
P. SAKIJANG BENDERA
SPERR- GEBIET
P. SUDONG
P. JONG
P. SEMAKAU
P. SEBAROK
Singapur
4 km

# Die Stadt

Ursprünglich war Singapur nichts anderes als ein 616 Quadratkilometer großer Fels- und Erdklumpen, der aus dem tropischen Meer ragte. Mit der Zeit entstand auf diesem geologischen Fundament jedoch ein dynamisches Ensemble aus Glas- und Stahltürmen, hinter dessen Kulissen die Regierung und die privaten Unternehmen die Fäden einer der am besten funktionierenden Gesellschaften der Erde ziehen. Busse, kreischende Containerkräne, Leuchtstofflampen, Computer und Fahrstühle tragen mit ihren unterschiedlichen Geräuschen zur Lärmkulisse dieser High-Tech-Welt bei.

Aber da ist ein drittes, weitaus komplexeres Element, das die Insel, die Nation und die Stadt vom steinernen Inneren bis zum chromblitzenden Äußeren prägt, und das sind die Einwohner mit ihren unterschiedlichen Kulturen, ihren Gewohnheiten, ihren Stimmungen und ihrem Charme. Wer durch Singapur spazierengeht, bewegt sich in einem Mosaik der Kulturen und wandelt auf den Spuren der Geschichte. Jede spontane Anwandlung, zum Beispiel einmal in eine beliebige Gasse in Chinatown einzubiegen, kann den Besucher auf nahezu dramatische Weise in ein längst vergangenes Jahrhundert oder in einen ihm völlig fremden Kulturkreis versetzen.

Das wiederholte Erfahren dieses Kontrastes macht Singapur so spannend. Zwar ist hier das moderne Asien auf engstem Raum präsent, doch trotz der imposanten Wolkenkratzer, die den Fortschritt des 20. Jahrhunderts symbolisieren, bewahrte Singapur seine althergebrachte ehrwürdige Kultur.

**Das koloniale Herz:** Im Zentrum Singapurs erstreckt sich die riesige gepflegte Parkanlage des **Padang**. Padang bedeutet auf malaiisch soviel wie kahl, und so sah dieser Platz auch aus, als die Briten ihn zum ersten Mal betraten. Der Padang war der einzige trockene Platz in einer ansonsten sumpfigen Landschaft, der von den Europäern rasch als Stützpunkt auserkoren wurde. Um den Padang herum gruppiert sich mit seinen kolonialen Bauwerken der sogenannte **Historische Distrikt.** Treppen führen hinauf zu den Säulen am neoklassizistischen **Rathaus** (erbaut 1929), in dem im Jahre 1945 Lord Louis Mountbatten die Kapitulation der Japaner entgegennahm. Gleich daneben steht das Gebäude des **Supreme Court** (Oberster Gerichtshof, 1939), in dem die Richter bei Verhandlungen noch immer gepuderte Perücken tragen. Der Rasen ringsherum gehört zu dem alten, nach wie vor aktiven **Singapore Cricket Club**.

Unweit des Padang, an der Coleman Street, steht, von Rasen umgeben, die **St. Andreas-Kathedrale.** Sir Thomas Stamford Raffles höchstpersönlich wählte diese Stelle für eine Kirche aus, die später in englischer Gotik neu erbaut wurde. Die Kirchenglocken – nach dem Vorbild der Glocken von Big Ben gegossen – erklingen über den Köpfen von mehr als 1000 Gläubigen.

Ganz in der Nähe, an der Kreuzung von Queen Street und Bras Basah Road, steht die älteste Kirche der römisch-katholischen Gemeinde, die **Kathedrale zum Guten Hirten** (1846). Noch älter ist die **Armenische Kirche** (1835) in der Hill Street, die von der einst blühenden armenischen Gemeinde gegründet wurde.

Das berühmteste Kolonialgebäude in Singapur ist zweifelsohne das **Raffles Hotel** zwischen Bras Basah und Beach Road, das von den armenischen Brüdern Sarky 1887 erbaut wurde und sich rasch zum beliebtesten Treffpunkt der viktorianischen Gesellschaft entwickelte. Im Laufe der Jahre logierten hier Könige und Königinnen, Präsidenten und Premierminister und literarische Größen wie Somerset Maugham, Joseph Conrad und Rudyard Kipling.

Zugleich spiegelt die Umgebung des Padang auch das glitzernde Angesicht eines modernen Singapur wider, das von dem riesigen **Raffles City** dominiert wird, in dem das mit 73 Stockwerken höchste Hotel der Erde untergebracht ist, das Westin Stamford. Südlich davon gelangt man zum **Marina Square,** dem größten Einkaufszentrum und Hotelkomplex der Stadt. Zwischen Raffles City und Marina Square entsteht ein riesiges Kongreß- und Ausstellungszentrum,

**Vorherige Seiten: Zuschauer bejubeln die Paraden am Nationalfeiertag. Unten links: Die Türme des Westin-Stamford-Hotels überragen den Padang. Unten rechts: Der Supreme Court.**

**Suntec City,** das in den späten neunziger Jahren eröffnet werden soll.

Das **Parlamentsgebäude** zwischen Padang und Singapore River war ursprünglich das Privathaus eines reichen Kaufmannes, wurde dann als Gerichtshof genutzt und schließlich 1965 zum Sitz der Regierung Singapurs auserwählt. Daneben, im **Viktoria Theater** (1860), finden Theaterstücke, Tanz- und Musikvorführungen statt. In der Nähe des Flusses steht ein drittes Kolonialgebäude, **Empress Place,** ein ehemaliges Ministerium, das kürzlich in ein Kulturzentrum umgewandelt wurde und Restaurants, Läden, eine Kunstgalerie und eine Ausstellungshalle beherbergt, in der laufend Kunst- und geschichtliche Ausstellungen der besten Museen Chinas gezeigt werden.

Auf dem Kai hinter dem Empress Place befindet sich das **Sir-Thomas-Stamford-Raffles-Denkmal,** und zwar genau an der Stelle, wo Raffles 1819 zum ersten Mal an Land gekommen sein soll. Von hier aus hat man einen beeindruckenden Blick auf das alte und das neue Singapur.

Die elegante Stahlkonstruktion der **Cavenagh-Brücke,** die nur für Fahrradfahrer und Fußgänger freigegeben ist, wurde in Schottland hergestellt. Ein altes Schild verbietet Ochsenkarren das Befahren.

Am Westufer des Singapur-Flusses liegt der **Finanzdistrikt,** in dem die meisten Kolonialgebäude den Glas- und Stahlriesen der Banken und führenden Aktiengesellschaften weichen mußten. Die Hochhäuser konzentrieren sich am **Shenton Way** und um den **Raffles-Platz** herum. Mit 280 Metern – die maximale in Singapur erlaubte Höhe – ist das dreieckige OUB Center das höchste Gebäude.

Die Geschichte überlebt in verborgenen Ecken und Winkeln der Stadt. Die Halle des **Telok Ayer Market** zwischen Shenton Way und Cross Street wurde um 1890 ebenfalls in Schottland konstruiert, um den halben Globus verschifft, im Hafengebiet von Singapur aufgebaut und kürzlich renoviert. Das **Fullerton Building** und das **Bank of China Building** am Boat Quay gehören zu den wenigen Artdeco-Gebäuden, die glücklicherweise den Bauboom überlebten.

**Die Elgin-Brücke führt über den Singapore River.**

Am **Boat Quay** stehen noch alte Kaufläden und ehemalige Lagerhäuser, vor denen früher größere und kleinere Handelsschiffe be- und entladen wurden. Auf dem Fluß selbst drängten sich zahlreiche schwerfällige Bumboats, die von der Regierung im Rahmen einer Aufräumaktion der späten siebziger Jahre flußabwärts in die **Marina Bay** verbannt wurden. Auf einigen umgebauten Bumboats werden heute Flußtouren veranstaltet. Oberhalb der Coleman-Brücke liegt auch **Clarke Quay,** ein weiteres Lagerhaus-Areal, das demnächst saniert werden soll.

An der Mündung des Singapore River in die Marina Bay steht die **Merlion-Statue,** die Symbolfigur des modernen Singapur, eine Kombination aus Löwe und Fisch. Vom nahe gelegenen **Clifford-Pier** aus setzen Fähren nach Bantam und Bintan im Riau-Archipel Indonesiens über (bei klarer Sicht kann man die Inseln sogar von hier aus erkennen), oder man verhandelt mit einem gerissenen alten Kapitän über den Preis für eine Flußtour auf klapprigen Bumboats. Die **Change Alley** gleich dahinter ist nur noch ein Schatten ihrer selbst. Außer ein paar Schwarztauschern sind hier nur noch wenige Leute unterwegs.

Auf der gegeüberliegenden Seite der Bucht erstreckt sich **Marina South,** ein großzügiges Freizeitzentrum mit Bowlingbahnen, Tennis-, Squash und Golfübungsplätzen und einem Yachtclub, zugleich geschäftiges Zentrum von Straßenhändlern und kleinen Restaurants im **Marina Village.** In diese Gegend wird sich der Business District mit seinen Hochhäusern weiter ausdehnen, sobald sich das aufgeschüttete Land in etwa 20 Jahren endgültig verfestigt hat.

In der **Tanjong Pagar Conservation Area** im Dreieck zwischen Neil-, Craig- und Tanjong-Pagar-Straße wurden die ehemaligen Kolonialgebäude renoviert, indem die alten Fassaden zwar erhalten und neu gestrichen wurden, das Innere aber völlig neu und modern ausgebaut wurde. Seit dem Abschluß der ersten Renovierungsphase (1990) entstand hier ein vor allem abends lebhaftes Vergnügungsviertel mit Restaurants, Bars und Antiquitätenläden.

**Im Tanjong-Pagar-Areal wurden die Fassaden der alten Gebäude renoviert, dahinter verbergen sich moderne Häuser.**

**Der Hafen:** Schoner und alte Klipper landeten in der Marina Bay, bevor die Schiffsriesen und Stahlcontainer unserer Tage angesagt waren. Heute werden die größten Geschäfte weiter westlich im **Tanjong Pagar Containerhafen** abgewickelt. Ein Großteil des Hafens ist der Öffentlichkeit nicht zugänglich, aber vom Clifford-Pier aus starten Rundfahrten, die durch die geschäftigen Hafenanlagen und vorbei an den riesigen farbigen Containerstapeln führen.

Tanjong Pagar Terminal ist der größte und am meisten genutzte Hafen Singapurs. Raffles, der 1819 Singapur zu einem Teil des Empire erklärte, hatte bereits erkannt, daß von hier aus die Straße von Malakka, die das Südchinesische Meer mit dem Indischen Ozean verbindet, rasch zu erreichen war und beschloß, an dieser strategisch günstigen Stelle einen Hafen zu gründen.

Bei einer Kapazität von über 400 Schiffen kann man im Hafen ein Meer der schwimmenden Stahlkolosse bestaunen, das sich bis zum Horizont erstreckt. Alle 10 Minuten legt ein Schiff an oder läuft aus. Vier Tonnen Fracht pro Sekunde werden im Jahresdurchschnitt be- oder entladen, und mit der dynamischen Expansion seiner Wirtschaft holte Singapur 1990 Hongkong und Rotterdam als größte Containerhäfen der Welt ein. Und Singapurs Bedeutung wird zunehmen, wenn zur Jahrtausendwende der neue Hafen auf der Brani-Insel fertig ist.

Singapur besitzt nicht nur den größten Frachthafen der Welt, sondern gilt auch als größtes Schiffsbau- und Schiffsreparatur-Zentrum der Region, mit dem größten Zubringerhafen, und als ein Finanz- und Versicherungszentrum der Schiffahrt. Zugleich werden gewaltige Mengen Öl (aus Sumatra und dem Südchinesischen Meer) umgeschlagen, die größte Ansammlung von Ölraffinerien in Asien konzentriert sich hier, und der Hafen ist Standort einer riesigen internationalen Handelsflotte. Gigantische Supertanker und Containerschiffe dominieren das Hafenbild, und die kleinen Bumboats müssen mit hohen Bugwellen kämpfen, wenn sich diese Riesen durch das schimmernde Wasser schieben.

**Ein Blick auf den Containerhafen bei Nacht.**

GOLDEN VALLEY

# DIE ORCHARD ROAD

Ganz Asien kennt keine Straße, die mit der **Orchard Road** vergleichbar wäre. Sie ist das Einkaufs- und Vergnügungszentrum Singapurs, das mit einer Konzentration an Hotels ein Mekka für Touristen darstellt. Vor allem zur Weihnachtszeit ist diese Straße ein einziges Lichtermeer und scheint förmlich unter Strom zu stehen. Hotels, Einkaufszentren und Warenhäuser reihen sich aneinander bis in die **Scotts Road** und die **Tanglin Road**, die sich direkt anschließen. Verkehrsgünstig gelegen, erreicht man die Orchard Road vor allem mit der Mass Rapid Transit (MRT), die drei Haltestellen entlang des Boulevards hat: Dhoby Ghaut, Somerset und Orchard.

Zahlreiche chinesische und westliche Nachtclubs ziehen Nachtschwärmer an. Mal sorgt ein Discjockey für Musik, mal spielen Live-Bands, allerdings sind die Getränke in solchen Lokalen ziemlich teuer. Jedermann weiß, daß die „Sünde" in Singapur seit der Unabhängigkeit nahezu ausgerottet und Singapur längst keine berüchtigte Hafenstadt mehr ist. Animierbars und Stripteaselokale wie in Bangkok oder Manila sucht man hier vergeblich. Dafür sind aber die Straßen auch nachts sicher, und man braucht sich nicht vor Kriminalität zu fürchten. Wer dennoch auf ein Abenteuer aus ist, sollte in den frühen Morgenstunden die Transvestiten bestaunen, die dann die Orchard Road entlang flanieren.

Am Ende der Orchard Road breitet sich das **Tanglin-Einkaufszentrum** aus, in dem Antiquitätenläden und Souvenirstände, Seidenverkäufer und Teppichhändler versammelt sind. In den Nachtclubs im obersten Stockwerk herrscht eine phantastische Stimmung.

Gleich um die Ecke hat das neue **Forum The Shopping Mall** mit Singapurs größten Spielzeug- und Elektronikläden eröffnet, und direkt dahinter lockt das **Hard Rock Cafe** mit Musik und Schnellimbiß in bester amerikanische Tradition. Auch im **Orchard Tower** treffen sich die Nachtschwärmer in vielseitigen Clubs, von der legendären Diskothek **Top Ten** bis hin zum **Ginivy,** einem verrauchten Country-Western-Lokal, in dem philippinische Bands ihren Sound direkt aus Nashville importiert zu haben scheinen.

Das bekannte **Tang's,** Ecke Orchard/ Scotts Road, ein großes Gebäude mit einem grünen chinesischen Tempeldach, hat sich vom chinesischen Antiquitätenladen zum riesigen Kaufhaus gemausert, in dem so gut wie alles verkauft wird, vom westlichen Haushaltsgerät und westlicher Mode bis hin zu chinesischer Seide und chinesischem Kunsthandwerk.

Im oberen Teil der Scotts Road stehen eine Anzahl großer Hotels und das vielseitige **Scotts Shopping Centre**. Das **Branningan's Pub** im Tiefgeschoß des Hyatt Regency Hotel ist eine Bar im amerikanischen Stil, in der viele Singles verkehren.

Nahe der Kreuzung von Scotts und Stevens Road sind die beiden exklusivsten Clubs Singapurs zu Hause, der **American Club** und der **Tanglin Club.** Zehn Minuten weiter erreicht man zu Fuß den bekannten **Newton Circus** mit seinen unzähligen Garküchen, die dem Gau-

**Links**: Far East Plaza, eines der berühmten Einkaufszentren Singapurs. **Rechts**: Die Mode ist auch in Singapur international.

# DIE (GE)WÜRZE DES LEBENS

Das Essen spielt im Leben der Asiaten eine große Rolle. Da sich die Bevölkerung Singapurs aus vielen ethnischen Gruppen zusammensetzt, ist es kein Wunder, daß die Geschmacksnerven der Menschen für unterschiedlichste Genüsse sensibilisiert sind.

Wer bereits in China oder Indien war, wird feststellen, daß man in Singapur besser chinesisch oder indisch ißt, als in den betreffenden Ländern selbst. Die Feinschmekkerküche ist ein Zeichen des Wohlstands, und nach asiatischem Maßstab sind die Einwohner hier durchweg wohlhabend. Singapurs Stärke ist das „zwanglose" Essen an den Straßenständen, ein Muß für jeden Touristen.

Von Äußerlichkeiten sollte man sich nicht beeinflussen lassen, denn das Essen ist einwandfrei. Allgemein beliebt ist Huhn auf Reis (aufregender im Geschmack als erwartet!), *satay* (Fleischspieße), *mee goreng* (gebratene Nudeln), *rojak* (eine Art Salat) und Desserts wie z. B. *ice kacang* (geschabtes Eis mit unterschiedlichen Füllungen) oder *goreng pisang* (gebackene Bananen).

Die meisten Garküchen konzentrieren sich in Marina South, am Ende der Marina Bay. Das Angebot reicht von chinesischem, malaiischem, indonesischem bis hin zu thailändischem Essen. Die Garküchen des Newton Circus sind vor allem nachts beliebt, während die am Boat Quay mittags überwiegend von Berufstätigen aufgesucht werden.

Alle Besucher schwärmen für die in Singapur typische Art, Meeresfrüchte zuzubereiten, die gegrillt oder mit pikanten Gewürzen gebraten werden. Chilikrabben, frische Krabben in der Schale gebraten, mit Knoblauch, Zucker, Soja- oder Tomatensoße, Chili und Eiern zubereitet, sind sehr delikat. Scheuen Sie sich nicht, die Speisen ganz nach ihrem persönlichen Geschmack auch weniger gewürzt zubereiten zu lassen. Ein riesiges Angebot von Meeresfrüchten gibt es im UDMC Seafood Center.

Wer richtiges Besteck und vollklimatisierte Restaurants den Eßständen der Einheimischen vorzieht, wird auch auf seine Kosten kommen. Eine große Anzahl guter Restaurants servieren Speisen aus den verschiedenen chinesischen Provinzen, wie z. B. kantonesische Küche oder Gerichte aus Peking und Sichuan.

Eine besondere Variante für all jene, die leichtere Gerichte vorziehen, ist *dim sum* (wörtlich: „das Herz berührend"), verschiedene kleine Gerichte in Schälchen serviert, zu denen chinesischer Tee in großen Mengen getrunken wird. ■

**Die Speisen der Garküchen können sehr „feurig" sein.**

menfreund die ganze Vielfalt der asiatischen Spezialitäten anbieten.

Etwa auf halber Höhe der Orchard Road steht eine Ansammlung renovierter historischer Gebäude mit Läden und Restaurants. Am bekannten **Peranakan Place** findet man ein Gartencafe und mit **Bibi's** eine Bar, in der eine Atmosphäre wie im Singapur der Jahrhundertwende herrscht. Durch das Cafe gelangt man in das kleine, faszinierende **PeranakanPlace Museum.** Es beschäftigt sich mit einem besonderen Aspekt der örtlichen Geschichte, den Peranakan. So heißen die Nachkommen der ersten chinesischen Einwanderer, die in Sprache, Gewohnheiten und Küche malaiisch beeinflußt sind. Die Räumlichkeiten sind einem alten Peranakan-Haus nachempfunden.

Hinter dem Peranakan Place liegt **Emerald Hill,** ein kleines Juwel unter den Straßen mit ausgefallenen Restaurants und Läden. Je weiter man den Berg hinaufkommt, desto häufiger werden die ehemaligen Kaufhäuser als Wohnhäuser genutzt. Im unteren Abschnitt der Orchard Road lohnt sich ein Abstecher nach **Cuppage Terrace,** einer weiteren Reihe von Antiquitätengeschäften, verschiedenen Straßencafes und dem bekannten Jazzclub **The Saxophone.**

In dieser Gegend stehen auch einige der größten Einkaufszentren Singapurs, darunter das **Centrepoint,** in dem auf einer ganzen Etage ausschließlich Bücher verkauft werden, und das **Robinson's,** in dem Markenartikel angeboten werden und wo heute jedermann, nicht wie ehemals nur die Briten, einkaufen kann. Schlußverkauf im Robinson's ist bereits legendär bei den Hausfrauen. Das letzte Einkaufszentrum in der Orchard Road ist das **Plaza Singapura.**

Hinter einer Wand von Hochhäusern der Orchard Road verbirgt sich die **Istana,** die offizielle Residenz des Präsidenten von Singapur. Der großzügige Garten gehörte ehemals zu einer Muskatnußplantage, und in dem 1869 erbauten Herrenhaus lebte einst der britische Gouverneur. Leider ist die Istana für die Öffentlichkeit nicht zugänglich. An bestimmten Feiertagen kann man wenigstens die Gärten besichtigen.

**Ein Cafe am Peranakan Place.**

# Ethnische Enklaven

Als Sir Thomas Stamford Raffles sich 1819 in Singapur niederließ, beschloß er, diese Handelskolonie exakt nach Plan aufzubauen, um nichts dem Zufall zu überlassen. So wurde jeder größeren ethnischen und kulturellen Gruppe ein eigener Sektor in der neuen Stadt zugeteilt. Das „Europäische Zentrum" nimmt den Bereich um das Raffles Hotel und den Padang ein. „Chinese Kampong" wurde zu Chinatown. „Arab Kampong" ist der heutige Distrikt um die Arab Street herum, an den „Bugis Kampong" angrenzt, das gerade renoviert wird.

**Chinatown:** Es scheint sonderbar, daß es in einer Stadt, in der drei Viertel der Bevölkerung Chinesen sind, eine Chinatown gibt, aber die Chinatown Singapurs hat tatsächlich das gewisse Etwas, das der übrigen Stadt fehlt. Das übersichtliche kleine Zentrum von Chinatown wird begrenzt von New Bridge Road und South Bridge Road, aber der gesamte Distrikt dehnt sich noch weiter aus bis hin zur Club und Telok Ayer Street nahe dem Finanzdistrikt der Stadt.

Irgendwie galt Chinatown immer als das Herz Singapurs. Wenn auch die Malaien die ersten Einwohner Singapurs waren und die Tamilen die ersten Händler, die sich hier niederließen, waren es doch die geschäftstüchtigen Chinesen, die im 19. Jahrhundert bewirkten, daß Singapur sich zu der Metropole entwikkelte, die es heute ist. Viele der ersten chinesischen Einwanderer arbeiteten als Boten und lebten in überfüllten Quartieren. Bei einer der ersten Volkszählungen im 20. Jahrhundert stellte sich heraus, daß über 18 000 Chinesen in den wenigen Blocks von Chinatown lebten und jeder Person nur etwas mehr als ein Quadratmeter Raum zur Verfügung stand.

Die Lebensumstände haben sich seitdem erheblich geändert. Die Mehrheit der Einwohner Singapurs lebt heute in Hochhäusern und in Neubaugebieten am Stadtrand. Chinatown selbst nimmt immer noch eine Schlüsselposition zwischen dem Regierungszentrum am Fluß und dem Finanz- und Handelsdistrikt entlang der Marina Bay ein und wurde immer mehr eingeengt und von Hochhäusern bedrängt.

Dennoch findet man hier nach wie vor die nur dreistöckigen viktorianischen Kaufhäuser mit einem exotischen Warensortiment, darunter tropische Früchte, kalte Getränke, Körbe voller getrockneter Meeresfrüchte, Räucherstäbchen und geschnitzte Götterfiguren. Die Gebäude sind vom Alter gezeichnet, die Lücken in den blechgedeckten Dächern an manchen Stellen mit Teerpappe geflickt, Farne wachsen aus allen Dachlücken heraus – aber die Renovierungsarbeiten sind im Gange, und das Viertel wird Block für Block für die nachfolgenden Generationen hergerichtet.

In Chinatowns Tranggganu Street 14B ist die **Chinaman Scholars Gallery** untergebracht, ein kleines Museum, das dem traditionellen Leben der Chinesen in Singapur gewidmet ist. Hier sind Küchen, Wohn- und Schlafbereiche aus den zwanziger und dreißiger Jahren nachgestellt. Zusätzlich liegen alte Fotografien und chinesische Instrumente aus.

**Links**: Hinduistische Gläubige feiern *Thaipusam*. **Rechts**: Touristen können ihre Namen auf Schriftrollen drucken lassen, die Glück bringen sollen.

In Chinatown stehen unzählig viele Schreine, darunter der älteste hinduistische Gotteshaus, der **Sri Mariamman Temple** in der South Bridge Road. Der indische Arbeiter Narayana Pillai, der 1819 an Bord von Raffles' Schiff hierherkam, begann sofort nach seiner Ankunft nach dem besten Platz für den Tempel mit seinen überdachten Höfen und kleinen Kuppeln zu suchen, in dessen Nischen Hindugötter die Gläubigen im Auge behalten. Alljährlich wird hier das *Thimithi* gefeiert, bei dem die Teilnehmer barfuß über glühende Kohlen laufen.

Der wohl außergewöhnlichste der sechs buddhistischen Tempel in Chinatown ist der **Thian-Hok-Keng-Tempel** (Tempel der himmlischen Glückseligkeit) in der Telok Ayer Street, der um das Jahr 1820 am Hafen errichtet wurde und in dem chinesische Matrosen Opfer als Dank für eine gut überstandene Überfahrt darbrachten. Lange Jahre diente er chinesischen Immigranten aus der Provinz Fukien als Zufluchtsort. Bemerkenswert ist die Atmosphäre, die dieser Tempel bewahrte und die in den größeren und moderneren chinesischen Tempeln nicht mehr zu spüren ist.

Etwas weiter gelangt man zum **Nagore Durgha Shrine,** einem hellgrünen Gebäude mit Zwillingsminarett, das in den späten zwanziger Jahren des 19. Jahrhunderts von muslimischen Einwanderern aus Indien erbaut wurde. Die in entgegengesetzter Richtung stehende **Al-Abrar-Moschee** wurde ebenfalls auf ihre Initiative hin errichtet.

Auf der anderen Seite der New Bridge Street erstreckt sich der moderne, aber etwas heruntergewirtschaftete **People's Park Complex,** in dem sich, ähnlich wie in Hongkongs Stanley Market oder auf dem Wochenendmarkt in Bangkok, Läden, Stände und Straßenhändler drängen.

Zwei der sehenswerteren buddhistischen Tempel in Singapur stehen außerhalb von Chinatown. Kuan Yin, die Göttin der Barmherzigkeit, zählt zu den volkstümlichsten Gottheiten der Chinesen, und demzufolge ist auch der **Kuan-Yin-Tempel** in der Waterloo Street der beliebteste Ort der Gläubigen in Singapur. In einer Legende heißt es, daß Kuan

**Unten links: Die Gottheit Kali im Sri-Veeramakaliamman-Tempel. Unten rechts: Muslimische Frauen müssen sich beim Gebet in weiße Tücher hüllen.**

Yin in dem Moment, da sie ins Nirwana eingehen sollte, Schmerzensschreie von der Erde hörte und zurückkehrte, um die menschlichen Leiden zu mildern. Der Tempel selbst ist bescheiden ausgestattet, statt vergoldeter Holzböden und -decken und antiker Laternen hängen lediglich Weihrauchspiralen von der Decke.

Der prächtigste buddhistische Tempel Singapurs, der **Siong-Lim-Tempel,** steht in der Kim Keat Road in Toa Payoh, nahe dem Mittelpunkt der Insel. Siong Lim bedeutet soviel wie „Zwillingshain des Lotusberg-Buddhisten-Tempels". Dieser großartige Tempel wurde 1908 von zwei wohlhabenden chinesischen Geschäftsleuten erbaut. Der Eingang wird beschützt von imposanten Statuen der Wächter der Himmelstore. Im Inneren geht es freundlicher zu, wo ein Lachender Buddha und die barmherzige Kuan Yin herrschen. Das herabgesenkte Tempeldach, die aufgebogenen Enden und die gedrehten Holzarbeiten sind typische Formen chinesischer Architektur.

**Little India:** Eingebunden zwischen Serangoon Road, Jalan Besar, Rochor Canal und Syed Alwi Road liegt das quirlige Little India mit seinen Hausierern, Ladenbesitzern und den besten Curry-Köchen außerhalb Kalkuttas. Am Straßenrand kann man Saris in allen nur erdenklichen Farben, Girlanden aus Jasminblüten oder künstlichen Blumen, Abbilder verschiedener Gottheiten und Gewürze in Hülle und Fülle erstehen. Dutzende von restaurierten Kaufhäusern bieten eine heitere Kulisse für den Verkauf von unterschiedlichsten indischen Artikeln und Spezialitäten der indischen Küche. Über der **Serangoon Road** hängt der Duft von Kardamom, Koriander und Kreuzkümmel, den Bestandteilen des Curry. Die Gewürze werden offen in riesigen Körben oder Plastikschalen kiloweise angeboten. Wer nicht zu Hause kochen möchte, geht hinüber zur **Race Course Street** und probiert die Gewürze in einem Fishhead Curry, der örtlichen Spezialität, oder in den vielseitigen vegetarischen Gerichten.

In Little India findet man viele sehenswerte Tempel. Der hinduistische **Sri-Srinivasa-Perumal-Tempel** in der Seran-

**Im Tempel der Tausend Lichter.**

goon Road wird von einem 20 Meter hohen *gopuram*-Tor überragt, in das Darstellungen der fünf Manifestationen des Gottes Vishnu eingeschnitzt sind.

Hinter der Race Course Street steht der **Sakya Muni Buddha Gaya,** der „Tempel der Tausend Lichter". Für einen geringen Betrag können die Gläubigen Tausende von kleinen Glühbirnen entzünden, die eine 15 Meter hohe und 600 Tonnen schwere Buddha-Statue umgeben und dann erleuchten. Der Tempel wurde vor vielen Jahren von dem thailändischen Mönch Vutthisasara errichtet. Später ergänzte er ausgesuchte Reliquien, unter ihnen eine mit Perlmutt ausgelegte Nachbildung von Buddhas Fußabdruck und ein Stück Rinde des heiligen Bodhi-Baumes in Indien.

Ein weiterer faszinierender Hindu-Tempel ist der **Chettiar-Tempel** in der Tank Street. Er wurde 1850 von Chettiar-Indern, die vom Geldverleih lebten, erbaut und 1984 abgerissen, um dem Neubau, einem Meisterstück indischer Handwerkskunst, zu weichen. Ein monumentales, 23 Meter hohes *gopuram*-Tor gehört zum Komplex, und die Decke ist mit Lotusblumen, Kronleuchtern und Glasgemälden verziert. Im Chettiar-Tempel werden die bedeutenden Feste, *Thaipusam* im Januar oder Februar und *Navarathi* (neun Nächte lang) im Oktober, gefeiert. Traditionelle indische Musik erfüllt dann den inneren Tempelbereich.

**Kampong Glam:** Dieser Bezirk war bei der ursprünglichen Stadtplanung Sir Thomas Stamford Raffles' für die Muslime vorgesehen. Obwohl auch hier mittlerweile Wolkenkratzer stehen, hat sich dieses Viertel viel von seinem ursprünglichen Charme bewahrt. Am bekanntesten ist die Arab Street, einst Mittelpunkt des Handels in Südostasien und heute eine lebhafte Marktstraße. Im Zentrum des Bezirks steht der baufällige Palast **Istana Kampong Glam.**

Die schimmernden goldenen Kuppeln der **Sultans-Moschee** in der Muscat Street entdeckt man schon von weitem. Raffles spendete seinerzeit 3000 Dollar, um den Sultan von Johor beim Bau der ersten Moschee zu unterstützen, die 100 Jahre später abgerissen und durch den Bau der heutigen Moschee mit seinen prächtigen Kuppeln und Türmchen ersetzt wurde. Dies ist noch immer die größte Moschee in Singapur und Mittelpunkt der *Hari Raya*-Festlichkeiten, die jährlich nach dem Ramadan stattfinden.

Westlich des Kampong Glam verläuft die berüchtigte **Bugis Street,** die unter Seeleuten und Soldaten als eine der sündigsten Meilen jenseits von Pearl Harbor galt und für ihre Transvestiten und Transsexuellen bekannt war. Die Bugis Street wurde Mitte der achtziger Jahre niedergewalzt, um dem gleichnamigen Bahnhof der MRT Platz zu machen. Aufgrund von empörten Protesten entschloß sich die Regierung, eine harmlosere Nachbildung in der Nähe wiederaufzubauen. Die neue, saubere Bugis Street wurde Ende 1991 eingeweiht, und viele, aber nicht alle alten Händler kamen zurück.

**Geylang Serai** heißt das malaiische Viertel, ein paar Kilometer weiter nordöstlich, in dem die Malaien regen Handel treiben. Viele der alten hübschen Gebäude, darunter die an der Ecke Katong/ Dunman Road, wurden bisher vom Abriß verschont.

**Links: Würzige Düfte in Little India. Rechts: Dieser Muslim darf nach seiner Pilgerfahrt nach Mekka die weiße Hadschi-Mütze tragen.**

# Park- und Garten-anlagen

Die Wolkenkratzer Singapurs gehören zu den höchsten Asiens, die Schnellstraßen zu den perfektesten, und die Parks und Grünlagen zählen zu den üppigsten, die man sich denken kann.

Jede Straße, und sei sie noch so stark befahren, ist mit Parks, Gärten und Hekken gesäumt. Ein Heer von Gärtnern umhegt im Auftrag des Umweltministeriums auch das kleinste Pflänzchen und sorgt dafür, daß auf den Straßen keine Blätter liegen. Nur das Wasserschutzgebiet im Zentrum der Insel, ein paar Naturreservate und einige kleine abgelegene Inseln blieben von den Gartenbauarchitekten unberührt. 1990 wurden vier der bedeutenderen Grünanlagen – die Botanic Gardens, der Fort Canning Park, das Bukit Timah Nature Reserve und das Wasserschutzgebiet – zu einem neuen Nationalpark zusammengefaßt.

Oberhalb des Geschäftszentrums erhebt sich der **Fort Canning Hill,** eine geschichtsträchtige Stätte, die von alten Malaien *bukit larangan* oder „der verbotene Hügel" genannt wird, da angeblich die Geister der Toten in ihren prähistorischen Gräbern herumspuken. Trotzdem bauten die ersten Herrscher an diesem strategisch interessanten Ort, von dem aus man einen weiten Blick über den Hafen hat, ihre Paläste und eine mächtige Festung. Raffles errichtete sein Privathaus auf dem Hügel – das später Singapurs erstes Regierungsgebäude wurde –, und die Briten ließen sich 1859 an dieser Stelle mit ihrer Artillerie nieder.

Außerdem befindet sich ein alter Friedhof auf dem Hügel, auf dem die ersten europäischen Siedler in den zwanziger Jahren des 19. Jahrhunderts begraben wurden, auch Iskandar Shah, der letzte Sultan Singapurs, soll hier beigesetzt worden sein. Wuchtige Metalltore, ein verlassenes Gartenhaus und ein paar Erdwälle blieben von Fort Canning erhalten.

Am Fuße des Fort-Canning-Hügels steht das **Nationalmuseum** (Stamford Road). Dieser viktorianische Bau wurde 1887 errichtet, um eine umfangreiche

**Moderne Kunst vor dem Nationalmuseum.**

Sammlung zur Anthropologie und Naturgeschichte aufzunehmen, die 40 Jahre zuvor von Sir Raffles persönlich initiiert worden war. Heute werden dort einige asiatische Kostbarkeiten ausgestellt, darunter die außergewöhnliche Haw Par Jade-Kollektion, Keramiken, Bronze- und Steinskulpturen und steinzeitliche Werkzeuge. Die Geschichte des modernen Singapur wird in einem Ausstellungsraum in 20 Dioramen dargestellt, von der Ankunft Raffles' auf der Insel bis zur Gegenwart, während in der National Art Gallery die Arbeiten bekannter ansässiger Künstler ausgestellt werden.

Die Geschichte der **Botanic Gardens** an der Holland Road läßt sich bis in die 20er Jahre des letzten Jahrunderts zurückverfolgen, als Sir Raffles hier einen experimentellen Gewürzgarten anlegte. Mehr als eine halbe Million Arten von Blumen und Pflanzen wachsen heute auf dem 32 Hektar großen Gelände des Parks, und diese üppige Sammlung an tropischen Gewächsen ist nach den Bogor Gardens in Indonesien die zweitgrößte der Erde. Die Anlage umfaßt wunderschöne Parklandschaften, ursprünglich belassene Urwälder und einen Orchideengarten mit über 12000 Exemplaren von 250 verschiedenen Arten und Kreuzungen.

1876 pflanzte der Botaniker Dr. Henry Ridley hier die ersten brasilianischen Gummibäume Südostasiens, die er aus Kew Gardens in London mitgebracht hatte. Man nannte ihn damals „Mad Ridley" (den verrückten Ridley), da er mit Gummibaumsetzlingen von Haus zu Haus zog, um die Bauern von der glänzenden Zukunft des Gummibaumes zu überzeugen. Seinen Bemühungen ist der Aufbau und der große Erfolg der malaiischen Kautschukindustrie zu verdanken.

Etwa zwölf Kilometer vom Stadtzentrum entfernt liegt das **Bukit Timah Nature Reserve.** Der dichte Urwald hier muß zur Zeit von Raffles' erster Ankunft die ganze Insel bedeckt haben. Der Park umfaßt ein Gebiet von 60 Hektar mit Singapurs höchster Erhebung und ist Lebensraum einer Vielzahl einheimischer Tierarten. Es gibt Langschwanz-Makaken, fliegende Lemuren, tropische Eichhörnchen, Zibetkatzen, vielfarbige Ur-

**Der Botanische Garten ist berühmt für seine ausgefallenen Orchideen.**

waldvögel, aber auch Schlangen, wie die Pythonschlange, die Baumschlange und die giftige Kobra.

Viele dieser Kreaturen leben auch in der **Catchment Area** (Wasserschutzgebiet) im Zentrum der Insel, mit dem MacRitchie-, Seletar- und Pierce-Reservoir. Die Parks umfassen dichten Regenwald, an manchen Stellen wurden Lichtungen geschlagen und Picknickplätze angelegt. Die Catchment Area wird von Joggern, Spaziergängern und Liebespaaren besucht. Am Pierce-Reservoir liegt der hügelige Golfplatz des exklusiven **Singapore Island Country Club.**

Der **Zoologische Garten** Singapurs rühmt sich, die interessanteste Sammlung wildlebender Tiere in Südostasien zu besitzen und zu den besten Zoologischen Gärten der Welt zu zählen, in dem nur wenige Tiere in Käfigen oder hinter Schutzgräben leben. Die meisten bewegen sich frei und werden lediglich durch Wasserwege oder Steinwälle voneinander getrennt. Man kann sich kaum einen idyllischeren Platz für die Tiere vorstellen. Überwiegend stammen sie aus Südostasien und viele sind in freier Wildbahn recht selten geworden oder vom Aussterben bedroht, so unter anderem der Komodowaran (die größte Echse der Welt), der malaiische Tapir, der Nebelparder, der Schweinshirsch sowie der Sumatra-Tiger. Obendrein beherbergt der Zoo die größte Kolonie von in Gefangenschaft lebenden Orang-Utans. Mit einem davon kann man sogar frühstücken. Buchen Sie rechtzeitig! Elefanten, Affen, Schlangen und Robben werden gezähmt und in Vorführungen präsentiert.

Nicht weit vom Zoo entfernt breiten sich auf einer Anhöhe inmitten des Regenwaldes die **Mandai-Orchideengärten** aus, eine der größten Orchideenzuchten der Erde. Von hier werden jährlich bis zu vier Millionen Orchideen weltweit verschickt, darunter die exotischen *Vanda, Arachnis*, *Renanthera* und *Aerides*.

Dem internationalen Flair Singapurs entsprechend sind im **Jurong Bird Park** Vögel aus aller Welt vertreten. Man kann den australischen Emu beim Legen seiner riesigen schwarzgefleckten Eier beobachten oder dem Gekichere der weiß-

**Unten links:** Im Jurong-Vogel-Park gibt es auch zahme Papageien. **Unten rechts:** Der Pandabär zählt zu den Stars im Zoo Singapurs.

schopfigen indischen Lachdrossel lauschen. Der Park beherbergt über 3500 Vögel und 400 verschiedene Arten aus der ganzen Welt, darunter eine unvergleichliche Sammlung der unterschiedlichsten Vogelarten Südostasiens. In der größten Voliere der Erde stürzt ein künstlicher Wasserfall in ein tropisches Tal, über dem regenbogenfarbene Vögel frei fliegen. In den Nachthäusern leben Eulen, Nachtreiher, der Schwalm und neuseeländische Kiwis. Selbst Pinguine wurden aus der eisigen Umgebung des Südpols in die Äquatornähe Singapurs verfrachtet. Die eindrucksvollste Show ist die mit den Raubvögeln, bei der Adler, Geier und andere Greifvögel vorgeführt werden.

Im nahen **Jurong Crocodile Paradise** leben über 2500 Reptilien, mit denen Dompteure in Vorführungen ringen und die sie küssen. Von einer Unterwassergalerie aus kann man ihnen direkt in die Augen sehen. Auch im **Singapore Crocodilarium** am East Coast Parkway und in der **Crocodile Farm,** Upper Serangoon Road, kann man die unfreiwilligen Lieferanten für Schuhleder beobachten.

Der **Jurong Park** bietet eine der größten Grünflächen Singapurs, mit zwei Golfplätzen, verschiedenen Inseln, einem Fluß und einem See. Besonders hübsch ist der **Chinese Garden,** der dem Sommerpalastgarten in Beijing (Peking) nachgebildet wurde, mit Pavillons am Wasser im Stil der Song-Dynastie. Durch einen Bogengang und über eine Brücke gelangt man zu einer neunstöckigen Pagode, die von sanften Wiesen und blühendem Lotus umgeben ist und einen Innenhof mit Springbrunnen besitzt.

Ganz in der Nähe liegt der **Japanese Garden,** einer der größten außerhalb Japans. Entsprechend der Liebe der Japaner für Ästhetik, Ordnung und Besinnlichkeit ist der Garten mit Karpfenteichen, Steinlaternen, kleinen Hügeln und exquisiten Grünanlagen ausgestaltet.

An der Ostseite des Jurong-Parks bietet das **Singapore Science Center** ein Planetarium, die größte Luftfahrtausstellung in ganz Asien und eine Sammlung zu weitreichenden Themen von der Kernenergie bis hin zur Entstehung des Menschen. Der Schwerpunkt liegt hier auf

**Chinesische Mythologie wird im Haw-Par-Villa-Vergnügungspark lebendig.**

Bildung. Mit Hilfe von Computern kann man sein Wissen testen, die Ausstellungen sind leicht verständlich konzipiert und an der Praxis orientiert. Im museumseigenen **Omni Theater** wird auf einer riesigen IMAX-Leinwand ein Doppelprogramm vorgeführt, das eine kurze Dokumentation der Geschichte Singapurs unter dem Titel *Homeland* beinhaltet.

Zwischen dem Jurong Park und dem Stadtzentrum in der Pasar Panjang Road liegt die **Haw Par Villa Dragon World,** in der man Mythen und Legenden nachgehen kann. Auch unter dem Namen **Tiger Balm Gardens** bekannt, entstand hier der Welt erster, mit modernster Technologie ausgestatteter und ausschließlich der chinesischen Mythologie gewidmeter Vergnügungspark, mit Multimedia- und Livedarbietungen und abenteuerlichen Ausflügen ins Reich der Sagen. Am beeindruckendsten sind jedoch die alten Gipsstatuen, die Alltagsszenen aus dem Singapur der 30er und 40er Jahre zeigen.

Westlich des Geschäftszentrums liegen zwei Hügel, die eine eigene Rolle in der Geschichte Singapurs gespielt haben. Auf der Spitze des **Telok Blangah Hill** steht die restaurierte **Alkaff Mansion,** in der bis in die 40er Jahre unseres Jahrhunderts eine wohlhabende Familie wohnte, die sie zu Zeiten der Rezession aufgab. Die Villa stand fast 40 Jahre lang leer und verfiel allmählich, bis sie 1990 quasi wiederentdeckt und renoviert wurde. Im Inneren ist heute Singapurs romantischstes Restaurant mit einer Bar untergebracht. Nicht weit entfernt ist **Mount Faber,** von dem man eine phantastische Aussicht über die Stadt und den Hafen hat. Ein kleiner Handwerksmarkt lädt zum Stöbern ein, und eine Seilbahn führt hinüber zur Insel Sentosa.

**Sentosa** ist die größte unter den kleinen, Singapur vorgelagerten Inseln und eignet sich ideal, um sich von der Hektik der Stadt zu erholen. Außer der Seilbahn fährt auch eine Fähre vom **World Trade Center** in der Telok Blangah Street hinüber. Sentosa bedeutet soviel wie „Insel der Ruhe“, aber ehemals wurde sie *blakang mati* genannt oder „Totengrund“, da Piraten auf dieser Insel ihre Toten beerdigten. Heute ist Sentosa eine harmlose

**Der Chinesische Garten demonstriert Einklang mit der Natur.**

Freizeitinsel, auf der viel Abwechslung geboten wird.

Der neue Fährhafen ist von einer kolonialen Gartenanlage umgeben, in der man abends die Spiele einer phantastisch illuminierten Wasserorgel verfolgen kann. Auf dem Hügel oberhalb ist die ausgezeichnete Ausstellung zu den **Pioneers of Singapore** zu sehen, in der die Geschichte Singapurs verfolgt werden kann, und in der dazugehörigen **Surrender Chamber** werden Einzelheiten zur Rolle der Insel im Zweiten Weltkrieg erklärt. Ein lebendiges Zeugnis des Krieges ist das an der Westspitze der Insel gelegene **Fort Siloso.** Die ehemals britischen Festungsanlagen wurden zu einem Open-air-Museum umfunktioniert.

Naturliebhaber können wählen, ob sie lieber in das **Butterfly Museum** gehen wollen, in dem es Volieren mit frei fliegenden Insekten gibt, ob sie das **Coralarium,** in dem man die Ausstellungsstücke berühren darf, oder die fabelhafte **Underwater World** besuchen wollen, in der man in einem Unterwassertunnel Tropenfische bestaunen kann. Weitere Freizeitangebote locken in Form von zwei Golfplätzen, einer Rollerskate-Bahn, Rad- und Wanderwegen und einer Lagune, in der man schwimmen oder die man mit geliehenen Kajaks durchkreuzen kann. Vor Ort entstehen zwei Hotels.

Das neue **Guinness World of Records Museum** ist im World Trade Center untergebracht. Von hier setzen auch Fähren zu den nahe gelegenen Inseln über. Die Insel **Kusu** ist vor allem wegen des *keramat* ( malaiische Grabstätte) bekannt. Beliebt ist auch der chinesische Tua-Pekong-Tempel, der dem Gott der Schildkröten geweiht ist. In neunten Monat des Mondjahres pilgern Tausende von Gläubigen zu dieser Insel und beten um Fruchtbarkeit und Wohlstand. Im übrigen ist Kusu eine ruhige Insel, gut geeignet zum Schwimmen und Sonnenbaden. Auf der gegenüber gelegenen **St John's Island** ziehen weiße Sandstrände Sonnenanbeter an, einfache Wege führen durch den Urwald, und Gästehäuser bieten Übernachtungsmöglichkeiten. Auch diese Insel kann man mit der Fähre vom World Trade Center aus erreichen.

**Der Musikbrunnen in Sentosas Open-air-Diskothek mutet romantisch an.**

MYANMAR (BURMA)
THAILAND
LAOS
VIETNAM
KAMBODSCHA
MALAYSIA
INDONESIEN
Bangkok (Krung Thep)
Golf von Thailand
Andamanische See
Golf von Martaban
Golf von Tonkin
Malaiische Halbinsel
MERGUI - ARCHIPEL
MOSCOS - INSELN
KO PHANGAN
KO SAMUI
KO PHUKET
KO TERUTAO
LANGKAWI
Mekong
Salween
Sitang
Ping
Yom
Pa Sak
Chao Phraya
Mae Klong
Mun
Chi
Ma
Tônlé Sab
Louang Namtha
Mae Salong
Chiang Saen
Fang
Chiang Rai
Pyinmana
Mae Hong Son
Chiang Dao
Phayao
Toungoo
Chiang Mai
Lamphun
Nan
Chom Thong
Hot
Lampang
Louangphrabang
Ha-noi
Hai-phong
Nam-dinh
Thanh-hoa
Vinh
Muang Pakxan
Viangchan (Vientiane)
Nong Khai
Loei
Udon Tani
Sakon Nakhon
Pegu
Yangon
Sukhotai
Tak
Phitsanulok
Mae Sot
Moulmein
khon Kaen
Maha Sarakham
Savannakhét
Nakhon Sawan
Bua Yai
Ubon Ratchathani
Nakhon Ratchasima
Pakxé
Lop Buri
Surin
Suphan Buri
Sara Buri
Nam Tok
Ayuttaya
Kanchanaburi
Tavoy
Nonthaburi
Muang Khong
Nakhon Pathom
Samut Sakhon
Samut Prakan
Chon Buri
Slemréab
Petchburi
Bătdâmbâng
Pattaya
Cha-am
Rayong
Chantaburi
Hua Hin
Mergni
Krâché
Kâmpóng Cham
Phnum Pénh
Kâmpôt
Chau-phu
My-tho
Chumpon
Long-xuyen
Rach-gia
Can-tho
Ranong
Khanh-hung
Surat Thani (Ban Don)
Quan-long
Nakhon Si Thammarat
Phang-nga
Phuket
Trang
Songkhia
Hat Yai
Pattani
Yala
Kota Baharu
Alor Seta
George Town (Pinang)
Butterworth
Lhokseumawe
Thailand
160 km

# THAILAND: LAND DES LÄCHELNS

Stellen Sie sich ein unendlich abwechslungsreiches Land mit hohen, baumbestandenen Bergen vor, in dessen Urwald zahlreiche Tiere leben, Orchideen und andere exotische Pflanzen gedeihen. Eine Landschaft, deren Ebenen von glitzernden Flüssen auf dem Weg zum warmen Golf durchzogen sind und deren Küste kilometerlange goldfarbene Sandstrände zieren. Die Götter haben Thailand wahrlich mit natürlichem Reichtum gesegnet!

Die Werke der Menschen entsprechen der natürlichen Schönheit des Landes, und beides zieht Reisende seit ehedem wie ein Magnet an. Viele kamen, um Thailand „einmal gesehen zu haben" und blieben ein ganzes Leben lang.

Thailand heißt wörtlich übersetzt „Land der Freien", es wird aber auch in bezug auf das freundliche Wesen der Thai das „Land des Lächelns" genannt. Die Thai sind stolz darauf, daß ihre Ahnen jede Art von Fremdherrschaft zurückgewiesen haben. Als einziges Land Südostasiens entging Thailand dem Kolonialismus. Und in allen Bereichen ist der unabhängige Geist der Thai zu spüren. Hinter ihrer Armut verbirgt sich ein starkes Selbstbewußtsein, eine Menschlichkeit ohne Unterwürfigkeit, und dem thailändischen Nationalgefühl liegt ein Stolz zugrunde, der es diesen Menschen ermöglicht, über die Wechselfälle des Lebens zu lächeln.

Die Thai haben viele Gründe zum Lächeln. Eine heitere Kultur, angefüllt mit Farbe und Pracht, glitzernde Wasserstraßen, die kühlende Erquickung bieten, eine Küche, die in Asien ihresgleichen sucht, schöne Menschen, eine entwickelte Wirtschaft und Vielfalt in religiösen und politischen Anschauungen. All dies leistet einen Beitrag zu ihrer natürlichen Warmherzigkeit, Gastfreundschaft und aufrichtigen Besorgnis um das Wohl des Reisenden.

Mit einer Bevölkerung von 55 Millionen und einer Fläche von 514 000 Quadratkilometern ist Thailand nahezu so groß wie Mittelamerika. Das Klima ist tropisch, mit einer heißen Jahreszeit von März bis Juni, der Monsunzeit von Juli bis November und einer kühlen Jahreszeit von Dezember bis Februar. Die Hauptstadt Bangkok (fünf Millionen Einwohner) liegt auf demselben Breitengrad wie Madras, Khartum, Guatemala-Stadt und Manila.

Normalerweise teilt man das Land in vier Regionen ein: die Zentralebenen einschließlich Bangkoks sowie Nord-, Nordost- und Südthailand. Jede Region ist kulturell eigenständig, und die regionalen Reize werden erst nach gründlichem Kennenlernen deutlich. Bangkok ist nur ein kleiner Bereich innerhalb der kulturellen Vielfalt dieses Landes. Wenn ein Thai sagt „Morgen fahre ich aufs Land", dann meint er jeden Ort außerhalb Bangkoks, denn ob im Norden, Osten, Süden oder Westen, gleich an der Stadtgrenze von Bangkok beginnt „das Land", das wirkliche Thailand.

**Vorherige Seiten: Junge Mönche bei einem Spaziergang.**

1966 stolperte in dem kleinen, auf der Hochebene von Korat gelegenen Dorf Ban Chieng ein Junge über die Wurzel eines Kapokbaumes förmlich ins 36. Jahrhundert v. Chr. Um ihn herum entdeckte er durch Erosion freigelegte Tontopfränder, die sich später als 5600 Jahre alt erwiesen. Darunter förderten systematische Ausgrabungen Bronzegeräte, Schmuck und Musikinstrumente zutage, die vermutlich der ersten zivilisierten Siedlung der Bronzezeit in Thailand angehörten. Der Junge war also auf einen der größten archäologischen Funde des Jahrhunderts gestoßen.

Man nimmt an, daß die Siedler von fremden Eroberern aus dem nördlichen Hochland vertrieben worden waren, die später die großen Reiche Kambodschas, die sagenhaften Steinstädte Angkor Wat und Angkor Thom und die unzähligen Tempel und Denkmäler im Nordosten Thailands errichteten.

Über die nächsten Jahrtausende wissen die Historiker sehr wenig. Vermutlich gab es schon im 4. Jahrhundert v. Chr. im Chao-Phya-Tal hochentwickelte Siedlungen. Im 7. und 8. Jahrhundert n. Chr.waren die Orte Nakhon Pathom und Lopburi im Westen und Norden Bangkoks Zentren der Bildung und Religion, an denen berühmte Mönche den Buddhismus predigten. Im Süden gibt es Hinweise auf hinduistische Siedler, südindische Kaufleute, die an den Flußmündungen Handelsniederlassungen und kleinere Reiche errichteten. Über den Rest des Landes ist wenig bekannt.

Im 11. Jahrhundert breiteten sich dann die Khmer, der führende Stamm Kambodschas, in Thailand fast bis nach Birma hin aus. Ihre Baumeister errichteten im Nordosten des Landes und in Si Thep, Sukhothai, Lopburi sowie im südlichen Petchburi Denkmäler aus Stein oder Laterit. Im 13. Jahrhundert jedoch verfiel das innerlich gespaltene Khmer-Reich, und ein anderes Volk, das bleiben und eines Tages diese Region beherrschen sollte, besetzte seine Gebiete. Schon seit über einem Jahrhundert strömte ein tatkräftiger Menschenschlag aus China über die Berge des Himalaya in Richtung Süden und siedelte sich in den fruchtbaren Tälern Nordthailands an. Dieses Volk nannte sich selbst *Thai* (frei) und war bald mächtig genug, um die Vorherrschaft der Khmer ernstlich zu gefährden.

1238 schloß König Intradit von Sukhothai die benachbarten Fürstentümer zu einem Staatenbund zusammen und errichtete damit das Fundament für das spätere Thailand. Sukhothai, „Dämmerung des Glücks", wurde Thailands erste Hauptstadt.

Sie blieb es aber nur ein Jahrhundert lang. Seinem König Ramkamhaeng dem Großen (1279-1299) verdankt das Volk das Thai-Alphabet, einen Gesetzeskodex und ein friedvolles Königreich, das von benachbarten Völker respektiert wurde. Später widmeten sich die

Könige von Sukhothai mehr der Religion als dem Regieren und verloren die Macht an die Thai in Ayutthaya, das 1350 auch zur Hauptstadt des Landes ernannt wurde. Die Könige Ayutthayas bauten das machtvollste Königreich der Region mit einer der reichsten und kultiviertesten Zivilisationen Asiens auf.

In seiner Blütezeit im 17. Jahrhundert zählte Ayutthaya über eine Million Einwohner, mehr als das damalige London. Die Besucher bestaunten seine weit über 2000 goldenen Türme und Buddha-Statuen, den großen architektonischen Reichtum und die prachtvollen Boote auf den Seen und Flüssen. Frankreich, England, Portugal und Holland wetteiferten um die Gunst der Stadt, während die gewitzten Thai alle gegeneinander ausspielten, damit keiner von ihnen übermäßigen Einfluß gewann. Als ihnen der fremde Einfluß auf ihre Politik zu groß wurde, verwiesen die Thai 1688 alle Ausländer des Landes.

Seit Jahrhunderten hatten die Birmanen begierig nach Thailands Reichtum geschielt und wiederholt Armeen ausgesandt, um Ayutthaya anzugreifen, bis es ihnen 1767 endlich gelang, die Tore zu stürmen.

Die arg geschwächte thailändische Armee konnte die birmanische Garnison letztendlich doch erfolgreich aus Ayutthaya vertreiben, aber ihre einst glorreiche Hauptstadt war zu verwüstet, um wiederaufgebaut zu werden. Statt dessen beschloß man, eine neue, leicht zu verteidigende Siedlung weiter flußabwärts bei Thonburi auf der anderen Seite des Flusses, gegenüber dem heutigen Bangkok, zu bauen, die weitere 15 Jahre lang Schauplatz der Kämpfe gegen die Birmanen war.

1780 gelang es einem jungen General, die Birmanen endgültig aus dem Land zu vertreiben und 1782 den Thron als König Rama I. zu besteigen, und die von ihm gegründete Chakri-Dynastie hat sich bis zum heutigen Tage durchgesetzt. Der gegenwärtige König Bhumibol Adulyadej ist der neunte Herrscher dieses Geschlechts.

König Rama I. war ein Visionär, der seinem Reich nach der Wiederherstellung des Friedens eine große Zukunft voraussagte. Als erstes verlegte er die Hauptstadt an das gegenüberliegende Ufer, wo in einem Olivenhain *(kok)* bereits ein kleines Dorf *(bang)* stand.

Dann ließ er den Wat Phra Keo, den Tempel des Smaragd-Buddhas erbauen, in dem die ehrwürdigste Buddhastatue des Königreiches untergebracht wurde. Aus einem bunten Gemisch von Handelshäusern und Olivenplantagen entstand bald eine beeindruckende Stadt, und Bangkok wurde zur *Krung Thep*, zur „Stadt der Engel".

**Links: Eingeborene Thai. Oben: Blick auf das ursprüngliche Bangkok.**

Bangkok hatte sich bis zum frühen 19. Jahrhundert zu einer lebhaften Metropole entwikkelt, die immer mehr Ausländer anzog. Anfangs wurden diese nur unter strengen Auflagen hereingelassen, um alte Fehler zu vermeiden, aber ab der Mitte des Jahrhunderts, unter der Regierung eines der bemerkenswertesten Herrscher Asiens, König Mongkut, empfing man fremde Händler, Reisende und sogar christliche Missionare mit offenen Armen.

König Mongkut wurde durch den Spielfilm *„Der König und ich"* bekannt, einen Streifen, der noch heute in Thailand verboten ist und in dem er im Widerspruch zur Wirklichkeit als dümmlicher Despot dargestellt wird.

König Mongkut (1851-1868) hatte, bevor er den Thron bestieg, 27 Jahre als buddhistischer Mönch gelebt. Mit der Unterstützung amerikanischer Missionare lernte er Englisch, und nutzte es, um seinem lebhaften Interesse an neuester Wissenschaft und Technik nachgehen zu können und neu gewonnene Erkenntnisse in die Modernisierung seines Landes einzubringen.

Bis zu seiner Regierungszeit wurden die Handelswaren durch Bangkok auf dem Rükken von Elefanten oder auf Kähnen transportiert. 1863 ließ Mongkut die New Road bauen, die erste Schotterstraße in Bangkok, die quer durch die Stadt und entlang dem Flußufer verlief, und verbesserte damit die Verbindungen innerhalb der Stadt erheblich, ja er leitete ein neues Zeitalter des Güter- und Personentransports ein. 1868 sagte der König exakt eine Sonnenfinsternis voraus und führte ungläubige Europäer zu einem Ort, von dem aus diese zu beobachten war, und als der Mond die Sonne verdeckte, wurde der König wegen seiner wissenschaftlichen Kenntnisse bejubelt. Leider zog er sich auf der Reise die Malaria zu und verstarb bei seiner Rückkehr nach Bangkok.

Mongkuts Sohn Chulalongkorn (1868-1910) machte nicht weniger von sich reden, indem er das Werk seines Vaters fortführte, Universitäten gründete, die Wirtschaft ankurbelte und die erste Eisenbahn bauen ließ. Seine Söhne und Neffen schickte er zum Studium auf englische, französische, deutsche und russische Universitäten, um dem Land eine umfassend gebildete Führungsschicht zu bieten. Und entgegen der Tradition des Landes reiste er in die Hauptstädte Europas und Asiens und überließ währenddessen seiner Frau die Regierung des Landes.

Im 20. Jahrhundert entwickelte sich Thailand zu einem der aufgeklärtesten Länder Asiens. Die Monarchie, Wurzel aller Modernisierungen, mußte allerdings der Moderne ihren Tribut zollen. Vom revolutionären Eifer Europas in den zwanziger Jahren angesteckte Studenten kehrten aus dem Ausland heim und entfachten eine Rebellion, die 1932 in einem Putsch gipfelte. In einer einzigen Nacht stürzten sie die 700 Jahre andauernde absolutistische Herrschaft und ersetzten diese durch eine konstitutionelle Monarchie mit dem König als nominellem Oberhaupt einer Regierung, die vom Premierminister geführt wird, einem Parlament mit zwei Kammern und einem unabhängigen Rechtswesen. Dieses System ist bis heute gültig.

Seit 1932 durchlebte Thailand mehrere Verfassungen und Regierungen, von denen viele durch einen Putsch an die Macht gelangten und hinter denen oft das Militär stand. Abgesehen von den Jahren zwischen 1973 und 1976, in denen das Land mit der Demokratie experimentierte, stellte sich das Militär offen oder verdeckt als eigentliche Macht im Land dar.

Im Laufe der Geschichte zeichnete sich Thailand durch seine außerordentliche Toleranz fremden Religionen gegenüber aus. Obwohl 92 Prozent der Bevölkerung sich zum Theravada-Buddhismus bekennen, hat das Land seinen sechs Prozent Muslimen und den kleinen Gruppen Hindus, Sikhs und Christen stets Religionsfreiheit gewährt.

Trotz Thailands geographischer Nähe zu China wurde es vor allem durch den Westen kulturell beeinflußt. So wurden buddhistische Missionare vom indischen Kaiser Ashoka im 3. Jahrhundert v. Chr. in das Chao-Phya-Tal

entsandt, und im 13. Jahrhundert kamen Theravada-Buddhisten aus Sri Lanka, um der örtlichen Religion neue Inhalte zu vermitteln. Brahmanische Priester, die bei der Eroberung Angkor Wats (1431) durch die Armeen der Thai gefangengenommen wurden, reicherten die thailändische Fünfton-Sprache mit mehrsilbigen Sanskrit- und Pali-Wörtern an.

Im Bereich der Kunst bildeten die klassischen indischen Erzählungen, das *Ramajana*

**Die Monarchie wird in Thailand noch immer hoch angesehen. Links: Der König bei der Amtseinführung des Kronprinzen. Oben: Das Königspaar eröffnet eine Zeremonie.**

(auf Thai: *Ramakien*), die vorherrschenden Themen der Literatur, Dramen wurden von *khon*-maskierten Darstellern aufgeführt, *lakhon*-Tanz-Dramen und Puppen- und Schattenspiele waren beliebt, die sämtlich als Hofkünste zur Unterhaltung des Adels im Palast gedacht waren.

Architektur, Bildhauerei und Malerei waren bis zum 20. Jahrhundert ausschließlich religiösen Themen gewidmet. Die Architekten schufen die charakteristischen Tempel mit Buddha-Statuen aus Bronze, Holz, Stein oder Stuck, und der Gang durch einen Tempel ist immer auch eine optische Reise durch die religiöse Welt des Buddhismus.

Auch einige der Thai-Feste stehen in direktem Bezug zum Buddhismus: *Magha Puja*, *Visakha Puja* und *Asalaha Puja*, die auf die Vollmondnächte im Februar, Mai und Juli fallen, preisen die Geburt, den Tod, die erste Predigt und die Erleuchtung Buddhas im sechsten Jahrhundert v. Chr.

Zwei der schönsten Feiertage, *Songkran* und *Loy Krathong*, haben rein weltlichen Charakter. Obwohl der Tag vor *Songkran* der ehrfürchtigen Salbung der verehrten *Phra Buddha Sihing*-Statue gewidmet ist, die durch die Straßen von Bangkok getragen wird, ist das Fest selbst – am 13. April – sehr ausgelassen. *Songkran* gilt traditionell als der Beginn des thailändischen neuen Jahres (wenn auch das moderne Thailand den westlichen Kalender anwendet) und wird übermütig gefeiert, indem man seine Freunde mit Wasser bespritzt, um sie für das kommende Jahr zu segnen.

*Loy Krathong,* das in der Vollmondnacht im November gefeiert wird, ist Thailands beeindruckendstes Fest, wenngleich es kein gesetzlicher Feiertag ist. An diesem Tag setzen Liebespaare kleine Schiffchen aus Bananenblättern, die mit Kerzen, Räucherstäbchen und Blumen beladen sind, auf Flüssen, Teichen und Kanälen aus, damit ihre Wünsche in Erfüllung gehen.

Thailand erlebte zu Beginn des Jahres 1991 einen politischen Umsturz, als die gewählte Regierung unter Premierminister Chaitichai Choonhaven Opfer eines unblutigen Militärputsches wurde. Neben den politischen Problemen muß man sich mit einer erschreckenden Umweltzerstörung und -verschmutzung durch gedankenlose Ausbeutung der Bodenschätze und einer unkontrollierten wirtschaftlichen Expansion in manchen Teilen des Landes auseinandersetzen.

# BANGKOK: EIN VERKLEIDETER ENGEL

Beim ersten Besuch in Bangkok mag sich mancher fragen, ob die Engel diese staubige, laute und heiße Stadt endgültig verlassen haben und ob sie sich jemals mit dem chaotischen Verkehr, dem Lärm, der schmutzigen Luft und dem infolge der Hitze aufgesprungenen Straßenpflaster haben anfreunden können. Tatsächlich macht es Bangkok – oder *Krung Thep* (Stadt der Engel), wie die Thai die Stadt nennen – den Besuchern nicht leicht, und man fragt sich, wieso manche Leute mit zuverlässigem Geschmack so viel Aufhebens um die Stadt machen.

Man muß selbst entdecken, daß im Herzen der Stadt die Engel doch noch existieren und man sie nur suchen muß. Denn die Kostbarkeiten, die man dann findet, sind jede Mühe wert: prächtige Tempel, kostbare Kunstgegenstände und kühle Kanäle; duftende Blumen und Weihrauch als Nasenkitzel; Geläute und Mönchsgesang, die den Ohren schmeicheln; kräftig gewürzte Speisen, die den Gaumen verführen. Am beeindruckendsten aber sind die herzlichen und immer freundlichen Bewohner dieser Stadt, die wahren Engel Bangkoks.

Vor etwa 400 Jahren wurde Bangkok am Ufer des **Chao Phya River** gegründet, des „Flusses der Könige", der „Mutter der Gewässer". Zur Landeshauptstadt wurde Bangkok allerdings erst 1782 ernannt, als sich das jetzige Herrschergeschlecht etablierte. Der erste König, Rama I. (1782 -1809), ließ einen Kanal quer durch die Flußbiegung bauen, um eine Insel zu schaffen, die leicht zu verteidigen war.

Hier findet man auch Bangkoks erstes größeres Gebäude, den **Wat Phra Keo**, Tempel des Smaragd-Buddha, der heiligsten Statue Buddhas im ganzen Reich. Die Tempelanlage wurde im ersten Jahrhundert in einer scheinbar zufälligen Anordnung und bestechenden Vielfalt von Baustilen erbaut. Abertausende von winzig kleinen, gefärbten Spiegeln bedekken, Juwelen gleich, Flächen, in denen die Sonne reflektiert wird.

**Vorherige Seiten**: Bangkok aus der Vogelperspektive. **Links**: Der majestätische Wat Arun. **Rechts**: Eine klassische Thai-Tänzerin.

Im Zentrum der Anlage befindet sich der sogenannte *bot*, die Haupthalle, in dem der Smaragd-Buddha thront. Vergoldete *garuda* (mythische Vögel) flankieren die Einfriedung, *singha* (mythische Löwen) schützen die Treppen, und furchterregende Wächter, die in die Türen geschnitzt sind, sollen den bösen Geistern den Zutritt verwehren. Die Statue, die sie bewachen, ist ziemlich klein (75 Zentimeter groß) und aus grünem Jaspis gefertigt. Immer der Jahreszeit entsprechend gekleidet, sitzt sie hoch auf einem Sockel.

Nördlich des *bot* liegen der Königliche Pantheon, in dem die Asche der früheren Könige und anderer wichtiger Mitglieder des Königshauses aufbewahrt wird, und die Bücherei mit zahlreichen buddhistischen Schriften.

Die gesamte Anlage ist von einer Säulenhalle umgeben, deren Fresken Episoden aus dem klassischen Thai-Drama, dem *Ramakien*, der Geschichte des guten Königs Rama, wiedergeben. Das Ramakien ist Hauptthema des thailändischen Tanzdramas, der Literatur und des Pup-

pentheaters, die Hauptfigur ist Rama, dessen Namen das derzeitige Königsgeschlecht übernommen hat.

Der **Grand Palace** wurde nach und nach erweitert. Zuerst entstand die **Dusid Mahaprasad Audience Hall** im Westen des Hofes, vor der der Pavillon von **Aphon Phimok** steht, dessen Eingang so hoch gebaut wurde, daß die Monarchen bequem von den Sänften auf dem Rücken ihrer Elefanten absteigen konnten.

Das beeindruckendste Gebäude der Anlage, das **Chakri Mahaprasad**, wurde zuletzt gebaut und bildet mit einem vorgelagerten Garten aus kunstvoll zurechtgestutzten Bäumen den Mittelpunkt der Anlage. Britische Architekten konzipierten das Gebäude, das als königliche Residenz und Audienzsaal gedacht war, im Stil der italienischen Renaissance. Der ursprüngliche Entwurf sah ein relativ schmuckloses Dachprofil vor, doch König Chulalongkorn, der empfänglich für das ästhetische Empfinden der Thai war, ließ drei Spitztürme hinzufügen, was das Volk dazu verleitete, den Tempel einen *farang* (Fremden) zu nennen, der die *chada* (Kopfschmuck der klassischen Thai-Tänzer) trägt.

Südlich des Großen Palastes erreicht man den **Wat Chetupon,** allgemein auch **Wat Po** genannt. Nur wenige Statuen sind imposanter als der monumentale **Liegende Buddha** des Wat Po, der 15 Meter in der Höhe und 46 Meter in der Länge mißt. Die künstlerische Ausgestaltung trat angesichts dieser Maße und Masse allerdings etwas in den Hintergrund. Der größte Buddha Thailands ist ganz mit Gold überzogen, und die Perlmutt-Intarsien an den Fußsohlen zeigen die 108 Zeichen, an denen ein lebender Buddha zu erkennen ist.

Wat Po gilt auch als das Zentrum der Kräutermedizin. Von besonderem Interesse für Besucher, die den ganzen Tag lang Tempel besichtigten, ist der traditionelle Massagesaal, in dem man sich für 120 Baht eine Stunde lang fachgerecht massieren lassen kann.

Überquert man die Straße, liegt nordöstlich des Wat Phra Keo der **Lak Muang,** mit einem großen *lingam*, der Shiva gewidmet ist. Dieser Bau ist die Grenze

**Der königliche Palast in Bangkok.**

des offiziellen Stadtkerns. Gläubige pilgern hierher, um Wünsche zu äußern oder den Geistern für bereits erfüllte Wünsche zu danken, indem sie *lakhon*-Tanz-Drama-Gruppen engagieren, kleinere Stücke aufzuführen.

Im architektonisch weniger bedeutenden **Wat Mahathat,** dem **Tempel der großen Reliquie**, ist die **Buddhistische Universität** untergebracht, in der Mönche ausgebildet werden. Nördlich des Wat liegt das **Nationalmuseum** mit Skulpturen einheimischer Künstler. Dort ist auch die **Buddhaisawan-Kapelle,** in der außer herrlichen Wandgemälden die zweitwichtigste Buddha-Statue des Landes, **Phra Buddha Sihing,** steht.

Zwischen Wat Mahathat und dem Flußufer befindet sich der **Amulett-Markt**. Jeder Thai ist überzeugt von der Macht der Ton-Amulette, in die ein Buddha-Bildnis geprägt ist, das vor Schaden und Unheil bewahren soll.

Obwohl es nicht im Sinne des Buddhismus ist, trägt so gut wie jeder Buddhist ein animistisches Amulett. Auch auf dem zweiten Amulettmarkt in der Nähe des **Wat Rajnadda** versammeln sich die Kennner des Okkulten auf der Suche nach Talismanen.

An den Ufern des Klong Lawd liegt der **Thieves Flower Market**, ein Paradies für Pflanzenliebhaber. Orchideen, Sträucher und Bäume, ein Urwald exotischer Arten, säumen die Gehwege. Etwas weiter nördlich steht der **Wat Indraviharn** mit seinem riesigen vergoldeten **Stehenden Buddha.**

Den Mittelpunkt des nahe gelegenen **Wat Rajabhopit** bildet ein hoher Spitzturm, ein *chedi*, der von einem runden Kreuzgang umgeben ist. An der Nordseite liegt die Haupthalle *(bot),* deren Tür mit wunderschönen Perlmutt-Intarsien verziert ist.

Der **Wat Suthat** wurde unter König Rama II. (1809-1824) als Behausung für eine acht Meter hohe Buddha-Statue vollendet, die von Sukhothai auf einem Floß zur Stadt transportiert und anschließend im Triumph auf einem Wagen durch die Straßen hierhergefahren wurde. Die bis zu fünf Zentimetern tiefen Reliefs der Türen wurden angeblich vom künstlerisch begabten König selbst geschaffen. Ihm wird nachgesagt, er habe spezielles Werkzeug für diese Arbeiten benutzt und dieses im Anschluß in den Fluß geworfen, um das Geheimnis dieses Kunstwerks zu wahren. Die Innenwände sind mit phantasievollen Meereskreaturen verziert.

Vor dem Wat Suthat steht eines der berühmtesten Wahrzeichen der Stadt, die **Giant Swing** (Riesenschaukel), die einstmals bei Zeremonien zu Ehren des Gottes Shiva genutzt wurde. Vier Athleten saßen dann auf der an Seilen befestigten Schaukel und versuchten, soviel Schwung zu bekommen, daß sie einen an einem langen Pfahl befestigten Beutel mit Gold abreißen konnten.

Unzählige Stufen führen zum **Phu Khao Thong,** dem künstlichen **Goldenen Hügel** hinauf, vor dem sich ein wunderbares Stadtpanorama ausbreitet und an dessen Fuße der **Wat Saket** liegt.

**Wat Trimitr,** in der Nähe des **Hualampong-Bahnhofes,** beherbergt eine weitere berühmte Buddha-Statue. Als diese Statue 1957 versetzt wurde, riß beim Transport ein Tragriemen und der

**Der Smaragd-Buddha im Wat Phra Keo.**

Gips zerbrach. Dadurch kam jedoch eine zweite Statue zum Vorschein, die unter der Gipshülle verborgen und aus 5,5 Tonnen purem Gold gefertigt war.

Das Herz des „viktorianischen" Bangkok liegt nördlich des Großen Palastes jenseits des Klong Phadung, in einer Gegend, die zur Jahrhundertwende zum Regierungsviertel wurde. Ein baumgesäumter Boulevard (die Rajadamnern Avenue) führt direkt zum Platz gegenüber der **Nationalversammlung,** einem neoklassizistischen weißen Marmorbau mit einer riesigen Kuppel, der 1907 von König Chulalongkorn als Thronsaal erbaut wurde. Später war hier der Sitz des ersten thailändischen Parlaments.

Direkt dahinter steht der **Vimanek-Palast** („Wolkenresidenz"), das größte Teakholzgebäude der Erde. Es wurde um 1900 damals noch am Rande der Stadt von Chulalongkorn als Residenz für seine Familie gebaut . Die 100 Zimmer des Palastes sind angefüllt mit Kristallwaren, Fabergé-Schmuck und anderen wertvollen Sammlerstücken aus Europa. Die **Ampron-Gärten** westlich der Nationalversammlung werden bei großen gesellschaftlichen Ereignissen vom König genutzt. Auf der gegenüberliegenden Straßenseite ist der **Dusit-Zoo** ein sehr beliebtes Ziel für Familienausflüge.

Ebenfalls gegenüber dem Platz der Nationalversammlung liegt **Wat Benchamabhopit,** der Marmor-Tempel, der 1901 als letzter der großen Tempel in Bangkok erbaut wurde. Die Architektur weicht an vielen Stellen von der traditionellen thailändischen Architektur ab. Bemerkenswert sind in den Hauptgebäuden und im Innenhof die üppige Verwendung von Carrara-Marmor aus Italien und die Verwendung von gelben chinesischen Ziegeln auf dem Dach. Am frühen Morgen und am Abend kann man dabei sein, wenn sich im *bot* die Mönche versammeln und singen. Vom Tempel aus kann man auch ideal die Lichterprozessionen beobachten, die in den Nächten der drei wichtigsten buddhistischen Feiertage *Visakha Puja*, *Magha Puja* und *Asalaha Puja* veranstaltet werden.

Weiter unten an der Sri Ayutthaya Road steht der **Chitralada-Palast,** die

**Das Regierungsgebäude wird am Geburtstag des Königs mit Lichterketten geschmückt.**

Residenz des gegenwärtigen Königs. Leider ist er nicht für die Öffentlichkeit zugänglich. Gegenüber hat der **Royal Turf Club** seinen Sitz.

Bis ins 20. Jahrhundert hinein waren Bangkoks Straßen die Kanäle, über die sich Palmen neigten. Auf dem Wasser paddelten winzige *sampans* zwischen den auf Flößen errichteten Hütten. Diese Zeiten sind zwar so gut wie vorbei, dennoch lohnt sich ein Bootsausflug auf dem Fluß Chao Phya, um wenigstens einen Eindruck von dem traditionellen Leben auf dem Wasser zu gewinnen. Wasser-Busse fahren vom Großen Palast bis zum Oriental Hotel und halten in regelmäßigen Abständen am Ufer des Flusses. Für einen geringen Preis kann man auch eine Stunde flußaufwärts in die Marktstadt **Nonthaburi** fahren.

Spuren des ehemaligen Lebens auf dem Wasser sind auch auf den flachen Kanälen des Flusses in **Thonburi** zu finden. Am besten benutzt man ein sogenanntes *rua hang yaow*, ein längliches Boot, das mit einem flachen und hochklappbaren Propellerantrieb versehen ist und deshalb auch die seichteren Kanäle befahren kann, die an Kokosnußplantagen, malerischen ländlichen Tempeln und idyllischen Pfahlbaudörfern vorbei aufs Land führen.

Das Wahrzeichen Bangkoks, der Tempel der Abenddämmerung, **Wat Arun,** erhebt sich 86 Meter hoch am Flußufer von Thonburi. Den großen Turm *(prang)* und viele der äußeren Gebäude der Anlage zieren Mosaike aus Millionen von chinesischen Porzellanscherben. Als den Bauherren seinerzeit das chinesische Porzellan ausging, bat man Rama III., von seinen Untertanen Tonscherben einzutreiben. Man kann den Turm bis zur Hälfte besteigen und hat von dort aus eine wunderbare Aussicht über die bizarre, orientalische Skyline Bangkoks. Flußabwärts dehnt sich das **Portugiesische Viertel** aus, mit vereinzelten iberisch geprägten Gebäuden und dem **Santa-Cruz-Kloster.**

Im Norden Thonburis sind in einem ehemaligen Warenlager die **Königlichen Barken** untergebracht. Die Boote mit ihren prächtigen Schnitzereien wur-

**Nach Sonnenuntergang zeigt Bangkok sein zweites Gesicht.**

den am Ende der Regenzeit für die königliche *kathin* (Flußprozession) verwendet, bei der der König Kleider und andere Geschenke zu den Mönchen im Wat Arun brachte. Heute werden die Boote nur noch bei besonderen Gelegenheiten zu Wasser gelassen, sie können aber in ihrem Lager besichtigt werden.

Zurück auf dem linken Flußufer, ein kurzes Stück südwestlich vom Großen Palast liegt **Chinatown.** Von der Charoen Krung (New Road) aus bis zum Fluß hinunter erstreckt sich ein lärmendes Labyrinth von abgelegenen Straßen und schmalen Gassen. In den Läden gibt es alles nur Erdenkliche zu kaufen, vom Moped über die Stereoanlage bis hin zu Vogelnestern und Papierlaternen. Im Westen des Viertels liegt **Nakorm Kasem**, der **Markt der Diebe.** In früheren Zeiten konnte man gestohlene Gegenstände hier wiederfinden, mittlerweile aber gilt der Markt als seriös und besteht überwiegend aus Antiquitätenständen, die ihre Schätze auf dem Bürgersteig anbieten. In der südlichen Chinatown liegt nahe dem Fluß der gut besuchte **Bangrak-Markt** mit seinem breiten Angebot an frischem Obst und Gemüse.

Weiter flußabwärts, nahe der Kreuzung von New Road und Silom Road, befindet sich das eigentliche Touristenzentrum Bangkoks. Viele der bekanntesten Hotels der Stadt stehen entlang dem Flußufer, und in den Nebenstraßen konzentrieren sich Restaurants, Antiquitätenläden, Schneider, Bars und Souvenirstände. Im alten Flügel des **Oriental Hotel** stiegen viele westliche Stars ab. Von der Terrasse aus kann man den Verkehr auf dem Chao Phya gut beobachten, und nebenan steht die sogenannte **River City,** ein riesiges Einkaufszentrum. Zwei ganze Stockwerke sind allein für Antiquitätenläden und Geschäfte mit einheimischem Kunstgewerbe reserviert.

Bangkoks Anziehungskraft beruht allerdings überwiegend auf seinem Nachtleben. Reisende, die einzig an der Kultur Thailands interessiert sind, werden sich in Restaurants bei hervorragendem thailändischem Essen und klassischen Tanzdarbietungen niederlassen. Aber früher oder später werden auch sie in einer der

**_Sampans_ auf dem Schwimmenden Markt von Bangkok.**

bekanntesten Straßen Asiens landen, selbst wenn es ihnen nur um ein harmloses Vergnügen geht.

Die berüchtigte **Patpong** ist bekannt für ihre Stripteasebars und schönen Mädchen. Jeder ist willkommen, an der Bar etwas zu trinken und den Mädchen beim Tanzen zuzuschauen, zu plaudern und die Anomalien menschlichen Verhaltens zu beobachten, die deutlich werden, wenn Männer und Frauen Einzelheiten des ältesten Gewerbes der Welt verhandeln. In der Patpong reihen sich unzählige Massagesalons, Homosexuellenkneipen und Musikhallen aneinander. In den letzten Jahren entstand auf den Straßen ein Nachtmarkt, auf dem Kleider, imitierte Uhren und Raubkassetten verkauft werden.

Schlepper und Taxifahrer bringen einen bei Bedarf zu „lebhafteren" Etablissements in den Seitenstraßen der Stadt. **Soi Cowboy,** eine Seitengasse der Sukhumvit Road, ist eine ordinäre Variante der Patpong.

Nur fünf Minuten von Patpong entfernt erstreckt sich der friedliche **Lumpini-Park,** morgens ein beliebtes Areal für Jogger, abends für Liebespaare. In der Nähe des Haupteingangs befindet sich die **Schlangenfarm des Pasteur-Institutes,** in der jeden Morgen um 11 Uhr den Kobras Gift abgenommen wird, um aus dem Extrakt Serum herzustellen.

**Abendlicher Frieden am Lumpini-Park.**

Im Norden des Parks ist der **Royal Bangkok Sports Club,** in dem während der Trockenzeit am Samstagnachmittag auch Pferderennen stattfinden, und in den nahe gelegenen Straßen Rama I. Road, Rajddamri Avenue und Ploenchit Road findet man jede Menge Läden. An der Kreuzung dieser drei Straßen steht der bekannte **Erawan-Schrein,** ein seltenes Beispiel der Verbindung unterschiedlicher Religionen, in dem thailändische Buddhisten dem Hindugott Brahma Opfer darbringen.

In der Rajdamri Avenue laden elegante Einkaufszentren wie das **Peninsula Plaza** und die **Galeries Lafayette** zum Bummel ein. Weiter unten an der Rama I. befindet sich das Hotel Intercontinental mit seiner üppigen Gartenanlage und dem **Siam Center,** einem riesigen klimatisierten Einkaufszentrum. Gegenüber ist der **Siam Square,** um den herum es eine Ansammlung von Läden, Cafés und Kinos gibt, die unter den Thai sehr beliebt sind. Auf beiden Seiten der Ploenchit Road steht das riesigen **Central Department Store,** und im **Amarin Plaza** warten amerikanische Imbißketten mit Fast food in Hülle und Fülle auf.

Das **Jim-Thompson-Haus** und der dazugehörige üppige Garten in der Soi Kasemsan II bieten einen einmaligen Einblick in den ursprünglichen Lebensstil der Thai. Thompson, der thailändische Seide in den Welthandel einführte, verschwand 1968 unter mysteriösen Umständen im Cameron-Hochland Malaysias. Im Haus ist seine auserlesene Antiquitätensammlung aufbewahrt.

**Suan Pakaad** in der Sri Ayutthaya Road ist ein privater Palast in altem thailändischem Stil, mit einer ausgezeichneten Sammlung lackierter und vergoldeter alter Bücherschränke, außerdem Töpferwaren aus Ban Chieng und Schmuck.

Der **Lack-Pavillon** weist eine der prächtigsten Lack- und Golddekorationen in Asien auf.

# DIE UMGEBUNG BANGKOKS

Zahlreiche Sehenswürdigkeiten in der Umgebung Bangkoks kann man bequem während eines Tagesausflugs besichtigen. Hervorragende Schnellstraßen führen von Bangkok hinaus in alle Richtungen, und eine Strecke, für die man ehemals drei oder vier Stunden benötigte, kann heute innerhalb einer guten Stunde bewältigt werden.

Auf dem **Damnern-Saduak-Kanal** in der Provinz Ratchaburi paddeln die Frauen bereits in der Morgendämmerung mit ihren gemüsebeladenen *sampans* zum **Schwimmenden Markt,** der mit seinem immensen Angebot an exotischen Früchten und Gemüsen zu Asiens fazinierendsten Attraktionen zählt und für Frühaufsteher ein unvergeßliches Erlebnis darstellt. Der Markt dauert bis etwa 10 Uhr.

Nicht weit entfernt, am Tachin-Fluß, befindet sich der **Rose Garden,** den ein früherer Oberbürgermeister Bangkoks bauen ließ. Die großzügige Anlage bietet nicht nur Rosen, vielmehr auch ein modernes Hotel, verschiedene Restaurants, einen Golfplatz, ein Schwimmbad und das Modell eines thailändischen Dorfes mit einer kulturellen Show, einer Vorführung von Arbeitselefanten und Ständen mit Handwerksartikeln.

Jenseits des Rosengartens, etwa 54 Kilometer westlich von Bangkok, liegt **Nakhon Pathom,** mit dem höchsten buddhistischen Monument der Welt (127 Meter hoch), dem **Phra Pathom Chedi,** den man bereits von weitem sieht. Der Tempelturm steht inmitten eines großen Parks auf einer kreisrunden Terrasse mit Bäumen, die jeweils eine Beziehung zum Leben Buddhas haben. Jeden November zieht ein farbenfrohes Volksfest in der Tempelanlage viele Besucher an. Der **Sanam-Chand-Palast** auf demselben Gelände hat einen hübschen Pavillon *(sala),* in dem nun Regierungsbüros untergebracht sind. Zur Palastanlage gehört ebenfalls ein dem englischen Tudor-Stil nachempfundenes Gebäude, in dem Shakespeare-Dramen aufgeführt werden.

**Die Tragödie der Brücke am Kwai wird in einer Licht- und Ton-Show nachgestellt.**

Der Name des Flusses **Kwai** (Mai Klong) beschwört das Bild einer hölzernen Brücke und alliierter Kriegsgefangener herauf, die unter grausamen Bedingungen von ihren japanischen Aufsehern zur Arbeit gezwungen werden. Der Film, der dieses Ereignis des Zweiten Weltkriegs schildert, wurde allerdings in Sri Lanka gedreht, und die Holzbrücke war in Wirklichkeit eine Stahlkonstruktion. Auf dem **Alliiertenfriedhof** in Kanchanaburi (122 Kilometer nordwestlich von Bangkok) erinnern endlose Grabreihen an die Opfer, die beim qualvollen Bau der sogenannten „Todesbahnstrekke" zwischen Thailand und Burma ums Leben kamen. Über die Hälfte der etwa 16 000 alliierten Gefangenen, die hier eingesetzt wurden, erlagen den Folgen von Prügeleien, Hunger, Krankheit und Erschöpfung. Ein großer Teil der unrühmlichen Brücke wurde im Krieg von britischen Bomben zerstört und später von den Japanern im Rahmen einer Wiedergutmachung erneuert.

In der Kwai-Flußregion um **Kanchanaburi** gibt es einige interessante Dinge zu sehen. Am besten mietet man sich in einem der schwimmenden Bungalows am Fluß ein und erkundet von dort aus die Umgebung. Ein atemberaubendes Naturschauspiel bieten die **Erawan-** oder **Elefanten-Wasserfälle,** die viele Besucher zu den schönsten Flecken ganz Thailands zählen.

Robusteren Naturen empfielt sich eine Wanderung zum **Drei-Pagoden-Paß** im Grenzgebiet zwischen Thailand und Myanmar (ehemals Burma), das im Stile Hannibals von den Burmesen auf Elefanten bis zu den **Chao-Phya-Ebenen** durchquert wurde, um dort die königliche Thai-Armee anzugreifen.

**Ayutthaya,** die Königsstadt und ehemalige Hauptstadt Thailands (1350-1767), liegt 80 Kilometer nördlich von Bangkok. Ayutthaya war ehemals größer und reicher als London oder Paris, aber das Goldene Zeitalter dieser Stadt endete abrupt im Jahre 1767, als die Burmesen die Stadt nach wiederholten Versuchen stürmten und völlig zerstörten.

Von der einstigen Pracht sind lediglich Ruinen verblieben. Ayutthaya umfaßt ein

**Sonnenuntergang am Wat Mahathat.**

## GAUMENFREUDEN

Thailand ist ein Paradies für Schlemmer, manche Feinschmecker gestalten ihren Aufenthalt hier als *tour de cuisine.* Überall werden Speisen aus frischen Meeresfrüchten, Fleisch und Gemüse angeboten, und die Kombinationsfreudigkeit der Thai macht das Essen zu einem exotischen und äußerst schmackhaften Erlebnis. Die Gerichte sind normalerweise sehr scharf gewürzt, nur wenige sind mild im Geschmack. Der Hauptbestandteil der Thai-Küche ist ein spezieller und besonders wohlschmeckender Langkornreis. Dazu tischen

die Thai eine Vielzahl von Fleisch- und Gemüsegerichten auf und haben eine Reihe weniger scharfe portugiesische, chinesische und indonesische Rezepte übernommen.

So wie die Butter in der französischen Küche bildet die Basis vieler Thai-Mahlzeiten die Kokosmilch, eine nahrhafte cremige Flüssigkeit, die dem Gericht einen milden Geschmack verleiht. Das Aroma wird abgestimmt durch die Zugabe von Knoblauch, Zitronengras, Kreuzkümmel, Kardamom, Tamarinde, Ingwer und Koriander. Viele Gerichte werden großzügig mit Chilischoten gewürzt. Vorsicht: *prik khee noo,* das sogenannte Mäusemist-Chili, ist am schärfsten, es treibt einem förmlich das Wasser in die Augen. Als zusätzliche Würze dient ein Spritzer *nam pla,* eine klare Soße aus mit Salz fermentierten Sardellen und Krabben.

Zu den obligatorischen Gerichten gehören die Suppen, wie z. B. *Tom Yam Goong,* eine scharf-saure Brühe mit Garnelen und Zitronengras, und *Po Taek,* eine ähnliche Brühe, die eine Auswahl an Meeresfrüchten enthält.

*Gai Tom Kha,* ein Hühnergericht, wird ebenfalls häufig als Suppe serviert, aber seine Kokosmilchsoße verlangt eigentlich danach, mit Reis genossen zu werden, der in dieser Kombination einen besonders delikaten Geschmack entwickelt. Von den zahllosen Curry-Gerichten sind *Gaeng Karee,* ein scharfes Curry, *Penang Nua,* ein Rindfleischgericht, *Gaeng Gai,* ein Hühnercurry, und *Gaeng Kiew Wan,* ein grünes Curry mit Rind oder Huhn, am bekanntesten.

*Plaa Neung Kiem Bue,* über Wasserdampf gegarter Fisch mit eingelegten Pflaumen und Spuren von Ingwer, ist ursprünglich ein chinesisches Gericht, nimmt aber mittlerweile seinen festen Platz in der Thai-Küche ein. Das milde Currygericht *Gaeng Jued* wird aus klarer Brühe mit Glasnudeln und unterschiedlichen Einlagen gekocht. *Gaeng Massaman,* ein ungewürztes Curry, das entfernt an westliches Gulasch erinnert, wird mit einer indisch beeinflußten Gewürzpaste und Rind- oder Hühnerfleisch sowie Zwiebeln zubereitet.

Diejenigen, die einen etwas zarteren Gaumen haben, ziehen vielleicht etwas Süßsaures vor, wie *Gai Pat Bai Kapro,* geröstete Hühnerstückchen mit Thai-Basilikum, oder *Nua Phat Namman Hoi,* in Austernsoße eingelegtes Rindfleisch, und *Kao Phat,* gebackener Reis.

Thais lieben knusprige Leckereien und haben eine große Auswahl von kleinen Leckerbissen für zwischendurch entwickelt. Dazu gehören fritierte Bananen in Honig oder *salim,* bunte Fadennudeln in gesüßter Kokosmilch, und Gerichte aus Mais, Lotossamen, Wasserkastanien, Tapioka und Lychees, die man am besten selbst zusammenstellt und die alle überwiegend mit kleingestoßenem Eis serviert werden. Darüber hinaus locken eine Vielzahl von leckeren Speisen, die auf Märkten oder an den Straßen in den kleinen allgegenwärtigen Garküchen angeboten werden. ■

**Die Thai-Küche ist ein Fest für Gaumen und Augen.**

riesiges Areal, und es empfiehlt sich, ein Fahrrad oder am Bahnhof ein *tuk-tuk* für eine Erkundung zu mieten. Der Tempel von **Wat Phra Ram** ist einer der ältesten der Stadt, dessen Bau vom Sohn des Stadtgründers 1369 begonnen wurde. Auf der mittleren Terrasse steht ein zerfallener *prang*, der mit mythologischen Tierfiguren und verschiedenen Buddha-Darstellungen verziert ist. Bei Restaurierungsarbeiten am **Wat Raj Burana** entdeckte man erst 1958 eine Krypta mit Juwelen, Buddha-Figuren und einer reich verzierten Elefanten-Statue. Vom **Wat Mahathat** steht noch das riesige Fundament des *prang,* und unzählige große, steinerne Buddhafiguren wurden in den umliegenden Gärten aufgestellt.

205 Kilometer nordwestlich von Bangkok erstreckt sich über ein Gebiet von 2000 Quadratkilometern und vier Provinzen der **Khao-Yai-Nationalpark.** Das Klima hier ist angenehm kühl und für Besucher stehen Ferienhäuser, Motels, Restaurants und sogar ein 18-Loch-Golfplatz zur Verfügung. Die eigentliche Attraktion ist der dazugehörige Urwald, in dem wilde Elefanten, Tiger, Bären, Wildschweine und Hirsche umherstreifen. Mehrere Straßen und Wege führen tief in den Dschungel hinein.

**Bang Pa-in,** die königliche Sommerresidenz, liegt unweit von Bangkok. Die Anlage umfaßt mehrere elegante Paläste und Pavillons, die in der heißen Jahreszeit von den Königen bewohnt wurden.

Südöstlich von Bangkok, in **Samut Prakan,** befindet sich mit 30 000 Reptilien die größte **Krokodilfarm** der Erde. In einem Prospekt heißt es wohlwollend, die Farm stelle eine „glückliche Verbindung von Tierschutz und wirtschaftlichem Erfolg dar".

Die **Ancient City** entstammt der Leidenschaft eines Millionärs, eine Miniatur aller architektonischen Meisterstücke Thailands zu erschaffen. Auf einem 80 Hektar großen Grundstück, das in der Form Thailands angelegt ist, sind sämtliche herausragende Bauwerke Thailands und Dörfer aus jeder größeren Region Thailands in Modellgröße nachgebildet. Zehn Jahre lang dauerte es, bis diese Anlage fertig war.

**In der Krokodilfarm werden 30 000 Reptilien gezüchtet.**

# PATTAYA UND UMGEBUNG

Zwei Stunden südöstlich von Bangkok liegt an einem drei Kilomter langen sichelförmigen Strand, gesäumt von erstklassigen Hotels, **Pattaya,** „Asiens Riviera". Eine Vielzahl an Wassersportarten wird angeboten, wie Wasser-Scooter-Fahren, Parasailing (ein Motorboot zieht Abenteuerlustige an einen Gleitschirm in die Höhe), Wasserski, Segeln und Windsurfen. Das Wasser um Pattaya herum ist eher trüb, aber in der Nähe der vorgelagerten Inseln kann man gut tauchen, dort liegen auch einige Schiffswracks. **Bang Saray,** 20 Kilometer südlich von Pattaya, eignet sich hervorragend für Hochseefischerei. Und an der Küste kann man für Ausflüge ins Hinterland Motorräder oder Jeeps mieten. Die Mitglieder des Vereins der *Hash House Harriers* (Geländeläufer) laufen jeden Montagabend querfeldein durchs Gelände und trinken im Anschluß Unmengen von Bier. Klimatisierte Sportzentren bieten Bowling, Pool-Billard und Scheiben- und Bogenschießen im Freien und Minigolf an. In der Nähe liegt der erstklassige **Siam Country Club,** eine wunderschöne Golfanlage, und die **Reo Ranch** mit ihren reinrassigen Appaloosa-Pferden und einem mehrere Hektar großen Reitgelände.

**Chomtien,** der angrenzende Strand bietet mehrere Kolonien strohgedeckter Bungalows, die nicht gerade luxuriös ausgestattet, aber ruhig gelegen sind. In Chomtien lockt der **Pattaya Park** mit Wasserrutschbahnen und anderen Wasservergnügungen ein junges Publikum an. Eine neue Autorennbahn für Stock-Car-Rennen am Wochenende wurde ebenfalls eingerichtet.

Im **Elephant Kraal** von Pattaya finden täglich Vorstellungen statt, in denen die Geschicklichkeit der Elefanten demonstriert wird. In **Nong Nooch,** 15 Kilometer südlich von Pattaya, sind nachmittags Vorführungen in Thai-Boxen, Schwert- und Hahnenkampf, Tanz und nochmal Elefantendressuren zu sehen. Auch ein einzigartiger Kakteengarten und eine Orchideenzucht können besichtigt werden.

Umfunktionierte Fischkutter fahren zu der nahe gelegenen Badeinsel **Koh Larn,** deren prosaischer Name „Kahle Insel" in Touristenprospekten gern durch „Koralleninsel" ersetzt wird, obwohl dort schon lange keine Korallen mehr wachsen,

Pattaya bietet dieselben Einkaufsmöglichkeiten wie Bangkok, nur die Preise sind niedriger. In einigen Geschäften arbeiten Künstler, die sowohl von lebenden Modellen als auch nach Fotografien Ölporträts anfertigen.

Pattaya ist auch für seine Meeresfrüchte bekannt. Saftig zubereitete Fische, Muscheln, frisches Gemüse und Obst werden zu delikaten Gerichten verarbeitet. Thailändische, asiatische und europäische Küche wird reichlich angeboten. Köstlich schmeckt das Singha- oder Kloster-Bier dazu, zu empfehlen sind auch der örtlich gebrannte, milde Zuckerrohr-Whisky und die vorzüglichen Weine.

Wenn die Sonne untergeht, erwacht **Süd-Pattaya** mit seinen Restaurants und Nachtlokalen zum Leben. In einigen treten Go-go-Tänzerinnen auf, und in den beliebten Freiluftbars kann man beim

**In Pattaya liegt einer der schönsten Golfplätze Thailands.**

Genuß eines Bieres mit Freunden oder exotisch gekleideten Mädchen plaudern. Die Diskotheken sind bis in die frühen Morgenstunden geöffnet, Pianobars lokken in Hülle und Fülle, und in Transvestitenlokalen sind aufwendige Shows zu sehen, die vor allem von den asiatischen Touristen sehr geschätzt werden.

In **Rayong,** etwa 67 Kilometer von Pattaya entfernt, wird die berühmte *nam pla*, eine Fischsoße, die das wichtigste thailändische Gewürz ist, in Heimarbeit hergestellt. Viele Bewohner von Rayong haben ihre kleine „Soßenfabrik" direkt hinter ihrem Haus. Im Golf leben große Schwärme einer Sardellenart, die man nach dem Fang etwa sieben Monate mit Salz fermentieren läßt. Aus den Überresten wird eine hellbraune Flüssigkeit gefiltert und in Flaschen abgefüllt.

Die meisten Reisenden halten sich nicht lange in Rayong auf, sondern fahren weiter zum Hafen von **Ban Pae** (20 Kilometer weiter östlich), wo sich ein farbenprächtiges Szenario aus bunten Schiffen, zum Trocknen bereitgelegten Krabben und Fischlokalen bietet. Touristenschlepper offerieren Bootstouren zum tropischen Inselparadies Koh Samet, das man bereits von der Küste aus sieht und in einer halben Stunde erreichen kann.

**Koh Samet** ist einer der idyllischsten Orte in Thailand. Unzählige strohbedeckte Hütten, preiswertes Essen und großartige Strände ziehen vor allem Rucksackreisende an. Da die Insel unter Naturschutz steht, ist der Bau größerer Ferienanlagen begrenzt. Die meisten Fähren legen an der Nordküste in **Na Dang** an. Die bekanntesten Strände – **Haat Sai Kaew**, **Ao Phai** und **Ao Wong Deuan** – liegen an der Ostküste und können zu Fuß oder mit dem Taxi erreicht werden. Die Insel ist Kennern der thailändischen Literatur als der Ort bekannt, an dem der Dichter Sunthorn Pu im 19. Jahrhundert einige seiner Werke verfaßte.

Noch unberührter ist **Koh Chang,** die drittgrößte und abgeschiedenste Insel Thailands, am Golf nahe der Grenze zu Kambodscha. Sie ist bekannt wegen ihrer Wildschweine und der Wasserfälle von **Maiyom.** Vor der felsigen Nordküste leben die größten Haie des Golfs.

**Eine exotische Unterwasserwelt erwartet Schnorchler und Taucher.**

# THAILANDS HALBINSEL UND PHUKET

Der Süden Thailands besteht aus einer in 14 Provinzen aufgeteilten, langgestreckten Halbinsel und ist mit seinen Urwäldern, den schroffen Bergen und langen, feinsandigen Stränden landschaftlich sehr reizvoll. Die Ostküste liegt am ruhigen Golf von Thailand, die Westküste am Andamanischen Meer. Für den Touristen bietet diese Region ein weitgefächertes Angebot an Attraktionen und sportlichen Aktivitäten, vom Schnorcheln in kristallklarem Wasser und dem ausgezeichneten Essen bis hin zu unberührten Regenwäldern und exotischen Tempelbauten.

Unzählige große und kleine Inseln („*koh*" auf Thai) reihen sich an diesem schmalen Landstrich bis hinunter nach Malaysia aneinander. Sie sind praktisch vom Tourismus noch völlig unberührt, mit Ausnahme der größeren Inseln wie Phuket oder Koh Samui, die mittlerweile zu Fremdenverkehrszentren herangewachsen sind. Reisende mit viel Zeit lassen sich hier gerne zum ausgedehnten Inselhüpfen verführen.

**Die königlichen Strände:** Die Skyline der Provinzhauptstadt **Phetchaburi,** 165 Kilometer südwestlich von Bangkok gelegen, ist von einer bewaldeten Bergkette geprägt, auf deren Anhöhe der üppige **Phra Nakhon Khiri** steht, eine weitläufige Palastanlage aus dem 19. Jahrhundert, die für König Mongkut erbaut wurde. Ein schöner Blick bietet sich von der Anlage über die ganze Stadt und die ländliche Umgebung. Im Norden Phetchaburis liegt die riesige **Khao-Luang-Höhle,** in der zahlreiche Buddha-Statuen zu sehen sind und die durch natürliche Lichtschächte erhellt wird.

**Cha-Am,** etwa 35 Kilometer südlich von Phetchaburi, ist ein bei reichen Thai sehr beliebter Badeort. Eine große moderne Ferienanlage und zahlreiche bescheidenere Bungalows laden zum Verweilen ein. Für Ausritte am Strand können Pferde geliehen werden. Die benachbarte Stadt **Hua Hin** ist der älteste Badeort Thailands, wo zwei königliche Sommerresidenzen stehen, die in den 20er Jahren erbaut wurden. König Prachadipok verbrachte gerade seine Ferien im **Klai Klangwan Palast** (was soviel bedeutet wie „weitab von allen Sorgen"), als 1932 die 700 Jahre alte absolutistische Monarchie in Thailand durch einen unblutigen Militärputsch in eine konstitutionelle Monarchie umgewandelt wurde.

**Koh Phi Phi bietet naturbelassene Strände und kristallklares Wasser.**

Überall spürt man noch die Atmosphäre der zwanziger Jahre. Der kleine **Bahnhof** mit seinem königlichen Warteraum ist ein Juwel. Jenseits der Gleise liegt der **Railway Golf Course,** einer der ersten Golfplätze und noch immer einer der besten in Thailand. Gegenüber dem Strand steht das zauberhafte **Railway Hotel,** das kürzlich renoviert wurde und mit seinen Deckenventilatoren, einer Bar aus Teakholz und seinem Ziergarten recht nobel anmutet.

**Koh Samui:** Die geschäftige Schiffsbau-, Fischer- und Bergbaustadt **Surat Thani** liegt 710 Kilometer südlich von Bangkok, am rechten Flußufer des Tapi. Die Stadt selbst macht nicht viel her, aber von hier aus erreicht man leicht die idyllischen Inseln im Golf von Thailand.

Von Surat Thani fahren Busse nach **Ban Don** oder **Don Sak** (eine Stunde), von wo Schiffe nach Koh Samui abfahren. **Koh Samui** ist eine der schönsten Inseln im Golf, mit paradiesischen Stränden, urwaldbewachsenen Hügellandschaften und kühlen Wasserfällen. Überwiegend kommen Rucksacktouristen nach Samui, seitdem es aber einen Flughafen mit Direktverbindungen von und nach Bangkok gibt, sind anspruchsvollere Unterkünfte geplant. Das Leben hier ist entspannt, die Menschen sind gelassen. Bevor die Insel vom Tourismus entdeckt wurde, war der Handel mit Kokosnüssen, die von abgerichteten Affen geerntet wurden, die Haupteinnahmequelle. Über der Insel liegt heute noch der köstliche Duft von gebratenem Kokosnußfleisch.

An nahezu allen Stränden, vor allem aber in den Buchten von Na Thon, Lamai und Chawaeng, findet man Bungalows, für die man etwa sechs bis 30 US-Dollar pro Nacht zahlt. Das Essen ist preiswert und zugleich köstlich. Und das Angebot an exotischen Früchten – Kokosnüssen, Papayas, Bananen, Mangos, Ananas und Jackfruit – ist überwältigend.

Zu den ruhigeren Inseln zählt **Koh Phangan** nördlich von Samui, die mit der Fähre von Na Thon Bay aus zu erreichen ist. Hauptattraktion der Insel ist der **Rin Beach,** aber daneben eignen sich wenigstens ein Dutzend weiterer wunderschöner Strände ideal zum Baden und Schnorcheln. Die etwas abseits gelegene Inselgruppe **Ang Thong** (an die 20 Inseln) wurde mittlerweile zu einem Nationalpark zusammengefaßt, den man in Mietbooten oder organisierten Ausflügen von Koh Samui aus erreicht.

**Phuket:** Diese Insel gilt als die „Perle des Südens", und das ist sie tatsächlich. Hohe, urwaldbedeckte Hügel, eine unvergleichliche Küste, malerische Kokosplantagen, Reisfelder, weiße Sandstrände und azurblaues Wasser: Alles, was Touristenprospekte am liebsten versprechen, kann man auf Phuket finden. Phuket war bereits mit seinen Zinnvorkommen und Kautschukplantagen eine reiche Insel, als seine Schönheit so viele Badefreunde anzog, daß es sich schnell zu einem der am meisten besuchten Touristenzentren Thailands entwickelte.

Die größte Veränderung hat in **Patong** stattgefunden. Ehemals unbeachtet, wurde es innerhalb kürzester Zeit zu einem Ferienort ausgebaut, in dem die größten und teuersten Hotels Phukets an den endlosen weißen Sandstränden stehen, überwiegend Bungalowhotels, da kein Haus höher als eine Palme gebaut werden darf. Hier ist das Angebot an Wassersportmöglichkeiten besonders vielfältig ist.

Nördlich von Patong kommt man zum **Surin-Strand.** Eine hübsche Bungalowhotelanlage liegt an einem Hang, und auf dem nahe gelegenen Golfplatz konkurrieren die Spieler mit Wasserbüffeln um die Anlage. Besucher mit viel Zeit schätzen vor allem die Strände von **Kata** und **Kharon.** Kata wurde vom Club Med touristisch entdeckt, der hier eine Ferienanlage eröffnete.

Die wohl schönste Bucht ist die von **Nai Harn,** an der südlichsten Spitze der Insel. Allerdings stört ein zu groß geratenes Hotel die natürliche Idylle.

*Chao Lay* oder Seenomaden und Abkömmlinge von ehemaligen Piraten bevölkern **Rawai,** ein Fischerdorf im äußer-

**Krabi ist von steil aufragenden Kalksteinfelsen durchsetzt.**

sten Süden, und ganz in der Nähe liegt die kleine **Promthep-Halbinsel,** von der man bei Sonnenuntergang einen herrlichen Blick auf die umliegenden Inseln genießen kann.

Östlich der Stadt Phuket ist **Koh Sirai,** ein weiteres Dorf der Seenomaden, mit dem **Phuket-Aquarium.** Nahe dem Abzweig zu den Stränden von Kata und Kharon steht der buddhistische Tempel **Wat Chalong.** Östlich der Kreuzung liegt **Ao Chalong,** ein kleines Fischerdorf mit hervorragenden Restaurants. Von Ao Chalong aus fahren Boote nach **Loan,** einer weiteren Ferieninsel.

Thailands beliebtestes Tiefseetauchgebiet mit phantastischen Korallenriffen und einer überwältigend schönen Meeresfauna und -flora liegt wenige Stunden nordwestlich von Phuket rund um die **Similan Islands.**

Zu den Naturwundern Asiens zählt die **Phang-nga-Inselgruppe**, die zwei Stunden nördlich von Phuket liegt. In langen schmalen Booten kann man, am besten bei Sonnenuntergang, zur Phang-nga-Bucht fahren, in der man eine Ansammlung riesiger Kalksteinfelsen findet, die senkrecht aus dem Wasser aufsteigen und in der Dämmerung an chinesische Tuschezeichnungen erinnern. Die Insel **Koh Ping Gun** diente in einem James-Bond-Film als Kulisse *(Der Mann mit dem goldenen Colt).* Auf einer anderen, **Koh Pannyi,** steht ein muslimisches Fischerdorf auf Pfählen.

Die südliche Abgrenzung der Phang-nga-Gruppe bilden die Kalksteinfelsen auf der Insel Phi Phi, die mit ihren kaum erschlossenen Stränden zwischen den bizarren Felsen ebenfalls zu den schönsten Inseln Asiens gehört.

Auf dem Festland, ungefähr gegenüber von Phuket, liegt direkt am Meer eine kleine Stadt, die erst kürzlich von Rucksacktouristen entdeckt wurde. **Krabi** und sein Hinterland sind von nahezu bedrohlich steil ansteigenden Kalksteinmassiven durchsetzt, die an Phi Phi erinnern. Alte, schwarze Dschunken mit Yin-Yang-Symbolen am Bug, die aus Penang oder von noch weiter südlich kommen, legen an den Docks an. Hier fahren auch Schiffe nach Phi Phi ab.

**Die Höhle von Tham Khaew ist eine unter vielen in der Phang-nga-Bucht.**

# Chiang Mai und der Norden

**Sukhothai** bedeutet „Dämmerung des Glücks", der Ursprung einer thailändischen Nation, die sich aus dem Zusammenschluß weniger Fürstentümer zu einem großen Reich entwickelte. Man kann die Entwicklung Sukhothais und des Volks der Thai in den vergangenen 150 Jahren fürwahr wunderbar nennen.

Die Ruinen seiner alten Tempel und Paläste zählen zu den beeindruckendsten in ganz Asien. Zu den bedeutendsten zählen **Wat Mahathat, Wat Phra Pai Luang** und **Wat Si Chum** mit einem überdimensionalen Sitzenden Buddha. Im angeschlossenen Museum sind zahlreiche Exemplare anmutiger Sukhothai-Buddhas ausgestellt, bronzene Meisterwerke der thailändischen Bildhauerkunst.

**Chiang Mai,** die „Rose der nördlichen Berge", eingebettet in einem Tal zwischen sanft ansteigenden Hügeln, ist Thailands zweitgrößte Stadt. Sie wurde 1296 gegründet, und die Tempel und Gebäude haben im Laufe der Jahre eine Patina angesetzt, die ihre Schönheit noch steigert. Eine starke alte Mauer umgibt die Stadt, und in den ehemaligen Wehrgräben baden heute Kinder. Die typischen Holzhäuser, die einst das Stadtbild bestimmten, werden immer mehr von eintönigen Geschäftshäusern verdrängt. Dennoch enthüllt Chiang Mai noch immer seinen typischen Charme, wenn man mit einem *samlor* (Fahrradtaxi) durch abgelegene Gassen oder abends an den Ufern des Ping entlangfährt.

**Wat Phra Sing** ist Chiang Mais wichtigster Tempel (1345) und besitzt ein Buddha-Bildnis, das aus Sri Lanka stammen soll. Das Holzgebäude der dazugehörigen Bibliothek *(ho trai)* ruht auf einem mit Stuckengeln *(theps)* verzierten Fundament.

Der *stupa* (Turm) des **Wat Chedi Luang** muß sehr imposant gewesen sein, bevor er bei einem Erdbeben 1545 zerstört wurde und seine ursprüngliche

**Der gut erhaltene Wat Chiang Man.**

Höhe von 90 auf 60 Meter schrumpfte. Vor den Ruinen steht ein neuerer Tempel, der mit Spiegelmosaiken und vergoldeten Weinreben reich verziert ist und eine große stehende Buddha-Statue beherbergt. Der älteste Tempel Chiang Mais ist der 1297 erbaute **Wat Chiang Man.** Dahinter steht ein von Stuckelefanten gestützter *chedi*, die die vier Himmelsrichtungen weisen.

Etwas außerhalb des Stadtzentrums liegt der **Chedi Si Liem,** ein herrliches Beispiel für den typischen Baustil des Nordens. In Nischen der steil aufsteigenden vierseitigen Pyramide stehen erhabene Buddha-Statuen.

Vielleicht die schönsten Stuckarbeiten des Nordens findet man im **Wat Chedi Chet Yot.** König Trailoka sandte 1455 aus Anlaß des zweitausendsten Geburtstag Buddhas 30 Architekten und Baumeister nach Bodhgaya in Indien, wo Buddha erleuchtet worden sein soll. Nach ihrer Rückkehr bauten sie eine rechteckige Anlage mit einem größeren Spitzturm, der von sechs kleineren umgeben ist, die mit 70 scheinbar schwebenden, im Gebet versunkenen Stuckfiguren verziert sind. **Wat Ku Tao,** ein Tempel im birmanischen Stil, ist zwar von geringer architektonischer Bedeutung, aber sein *chedi* gehört zu den interessantesten Thailands. Wie umgedrehte Bettelschalen der Mönche sind fünf immer kleiner werdende Kugeln aufeinandergestapelt und mit Blumen aus Muscheln und Porzellanscherben geschmückt.

Neben den üblichen, auch in Bangkok gerne gepflegten Feiertagen feiert Chiang Mai im Februar zusätzlich das Blumenfest mit blumengeschmückten Paraden und kulturellen Veranstaltungen. *Songkran* findet in Chiang Mai eine Woche später und viel ausgelassener als in Bangkok statt. Jeder, der sich auf die Straße wagt, wird naß gespritzt – natürlich im Spaß.

Der beliebteste Markt in Chiang Mai ist der **Nachtmarkt** an der Chiang Klan Road. In der Kühle des Abends treffen sich Thai und Touristen in den Geschäften, die örtliche Erzeugnisse verkaufen, auf der Suche nach einem

**Frisch bemalte Schirme werden in der Nähe von Borsang zum Trocknen ausgebreitet.**

gelegentlichen Schnäppchen. Und in den Straßencafes genießt man in Ruhe einen Drink oder ißt eine Kleinigkeit und läßt die Menschenmassen an sich vorüberziehen.

Chiang Mais bekanntestes Wahrzeichen ist der Tempel auf dem Gipfel des **Doi Suthep** in einem Außenbezirk der Stadt. Als der Mönch Sumana im 14. Jahrhundert nach einem geeigneten Ort für einen neuen Tempel suchte, soll er der Legende nach eine heilige Reliquie auf den Rücken eines Elefanten gesetzt und seine Schüler angewiesen haben, an dem Ort, an dem der Elefant sich ausruhe, einen Tempel zu errichten. Der Elefant muß wohl eine sadistische Ader gehabt haben, denn er führte die Schüler bis auf den Gipfel des steilsten Berges.

Um die Leistung der Schüler ermessen zu können, muß man die 16 Kilometer zum Fuß der letzten Anhöhe hochfahren und dann die Stufen zum Tempel erklimmen. Der Ausblick über das Tal und Chiang Mai in der Ferne ist herrlich und eine Rast im Schatten des hohen goldenen Spitzturmes mit seinen Messingschirmen ein großer Genuß. Auch die Umgebung Chiang Mais ist einen Ausflug wert. Im Westen, auf der anderen Seite des Ping, reihen sich an der Straße nach **Borsang** Verkaufsstände mit Silber- und Schnitzarbeiten, Gold- und Lackkunstwerken, Seladon-Keramik und Seidenstoffen aneinander, für die der Norden Thailands berühmt ist.

In Borsang, dem „Dorf der Schirmmacher", werden Sonnenschirme in allen Größen hergestellt, die reinsten Wunder an Handwerkskunst: Bambusstöckchen werden sorgfältig mit Bindfäden verbunden, mit Ölpapier oder Seide bespannt und dann mit bunten Mustern bemalt.

Nördlich von Chiang Mai liegt die neue ländliche Ferienanlage **Mae Sa Valley** am Ufer des munteren **Mae Sa River,** ein idealer Ausgangspunkt für Ausflüge in den nahen Urwald.

Hier, wie in vielen anderen Orten außerhalb Chiang Mais, werden Elefanten trainiert, große Teakholzstäm-

**Spektakuläre Felsformationen am Mae-Klang-Wasserfall im Doi Inthanon National Park.**

me aus dem Wald zu ziehen. Mancherorts kann man sogar ein *howdah* besteigen, um eine kurze Strecke auf einem Elefanten zu reiten, eine äußerst wakkelige Angelegenheit. Oberhalb des Tales liegen die malerischen **Mae-Sa-Wasserfälle,** eine Reihe von Kaskaden, die je nach Jahreszeit über die Felsen stürzen oder auch nur tröpfeln.

In der nördlichen Bergregion sind Bergstämme beheimatet, zu denen Reisebüros in Chiang Mai mehrtägige Wanderungen organisieren, um die Völker und ihren Alltag aus der Nähe zu erleben. Möglichkeiten zur Übernachtung bieten sich in **Yao, Hmong, Karen, E-Kaw.**

**Die nordwestliche Grenze:** Eingebettet in eine der atemberaubendsten Berglandschaften Südostasiens liegt **Mae Hong Son.** Eingeschlossen von Urwäldern und im Norden und Westen von Myanmar begrenzt, erwacht diese Provinz scheinbar jetzt erst zum Leben, nachdem sie über Jahre hinweg außerhalb dieser Welt zu liegen schien und nur für Schmuggler interessant war.

Bergstämme wie die Karen, Meo, Shan, Lisu und Lahu sind zahlenmäßig stärker als die Thai. Die Provinzhauptstadt Mae Hong Son wird nur am frühen Morgen wach, wenn der Markt abgehalten wird, und wirkt ansonsten recht verschlafen.

Ein Flug von Chiang Mai nach Mae Hong Son dauert 40 Minuten. Der Bus kämpft sich elf Stunden lang in endlosen Kurven durch die Schlucht von Ob Luang hinauf.

Etwas weiter unten an der westlichen Staatsgrenze liegt der abgelegene Handelsstützpunkt **Mae Sot,** ein bereits an Myanmar erinnernder Ort, der jenseits aller Gesetze zu liegen scheint. Tatsächlich ist es nicht ungewöhnlich, Einwohner mit automatischen Waffen in der Hand die Hauptstraße entlangspazieren zu sehen. Das unüberschaubare Labyrinth von kleinen Straßen, in denen sich ein Verkaufsstand an den anderen reiht und die nur so wimmeln von Fahrrädern und Fußgängern, ist ein wahres Paradies für Schmuggler Gauner aller Art, in dem alles, was nicht niet- und nagelfest ist, verkauft wird. Der nahe **Moei River** bildet die Grenze zu Myanmar.

**Das Goldene Dreieck:** Diese romantisierende Bezeichnung für das Grenzgebiet beschwört unmittelbare Vorstellungen von Drogenhändlern und Opiumschmugglern herauf. Tatsächlich aber profitiert der Norden Thailands immer mehr vom Tourismus und überläßt die illegalen Geschäfte eher seinen Nachbarn Myanmar und Laos.

Ausgangspunkt für Ausflüge in die Gebiete des Goldenen Dreiecks ist **Chiang Rai,** etwa 100 Kilometer nördlich von Chiang Mai. Einer Legende nach führte König Mangrai die Suche nach seinem Lieblingselefanten an die Ufer des Kok-Flusses, wo er im Jahr 1265 den Ort gründete. Wenngleich Chiang Rai eine sehr alte Stadt ist, erwachte es erst kürzlich aus seiner Abgeschiedenheit und wurde für den Tourismus interessant.

Zu den wichtigsten Tempelanlagen der Stadt gehört der **Wat Prasingh,** der vermutlich aus dem 15. Jahrhundert stammt, aber so häufig um- und wieder-

**Weißer Mohn ist berüchtigt und begehrt.**

aufgebaut wurde, daß es schwer ist, seine exakte Bauzeit auszumachen. **Wat Phra Keo** soll die erste Residenz des Smaragd-Buddhas gewesen sein, der heute in Bangkok steht. Im Westen steigen die **Ngam-Muang-Hügel** an, auf deren Spitze ein Wat steht, in dem die Knochen König Mangrais aufbewahrt werden, die einer seiner Söhne hierhergebracht haben soll.

Von Chiang Rai aus werden seit kurzem Elefantenritte in den nahe gelegenen Urwald und in die Berge angeboten. Auch können Ausflüge in langen Schnellbooten auf dem Kok und seinem Zusammenfluß mit dem Mekong organisiert werden.

Viele Bergstämme leben in den Bergen und Tälern um die ehemalige Silberstadt **Mae Chan,** die mittlerweile Handelszentrum der Akha- und Yaostämme ist und nur 29 Kilometer von Chiang Rai entfernt liegt. Die Spitze des Goldenen Dreiecks liegt weitere 34 Kilometer nördlich in **Mae Sai,** direkt an der Grenze zu Myanmar. An den Ufern des mächtigen Mekong, östlich von Mae Sai, liegt die hübsche Stadt **Chiang Saen.** Vermutlich wurde diese Stadt Ende des 13. Jahrhunderts erbaut und hundert Jahre später befestigt. Jedenfalls ließ sie Rama I. Ende des 18. Jahrhunderts völlig zerstören, damit sie nicht in die Hände Burmas fallen konnte. Nur wenige Ruinen aus dem 13. Jahrhundert können noch besichtigt werden.

Im Westen der Stadt steht der **Wat Pa Sak,** benannt nach den mehr als 300 Teakholzstämmen *(sak),* mit denen die ursprüngliche Anlage gebaut wurde. In der Nähe des westlichen Tores steht der **Wat Chedi Luang,** ein glockenförmiger *chedi,* dessen achteckiges Fundament nahezu 60 Meter hoch ist.

Innerhalb derselben Anlage wurde ein Ableger des **Nationalmuseums** mit einer Sammlung von Buddha-Bronzen und Werken der Chiang-Saen-Kunst untergebracht.

**Der Nordosten:** Der tiefe Süden Thailands wurde von der malaiischen Kunst beeinflußt, der Nordosten hingegen von seinen östlichen Nachbarn. Die

**Lisu-Frauen in Tracht.**

Ruinen zeigen den Einfluß der Khmer, die Angkor Wat erschaffen haben. Sprache, Feste und Traditionen entstammen der laotischen Kultur.

Laut Archäologen ist **Ban Chieng,** in der Nähe von Sakhon Nakhon, die Wiege der Bronzekultur. Hier werden die in riesigen Grabhügeln freigelegten Skelette, bronzenen Gebrauchsgegenstände und Töpferarbeiten mit unverwechselbaren und original erhaltenen Mustern ausgestellt.

Die bekanntesten der vielen Khmerruinen sind die von **Phimai,** nordöstlich von **Korat.** Der kürzlich restaurierte, aus dem 12. Jahrhundert stammende Sandsteintempel und sein geräumiger Hof vereinigen die wesentlichen architektonischen Elemente und Verzierungen von Angkor Wat, das selbst eine der prächtigsten Schöpfungen von Menschenhand darstellt.

**Die Elefantenparade ist eine reine Touristenattraktion.**

Das beliebteste Fest des Nordostens findet im November in Surin statt, wenn die Elefanten zusammengetrieben werden. Früher wurden Elefanten in Fallen gefangen und dann dazu abgerichtet, in den Teakwäldern zu arbeiten, Güter zu transportieren und im Kriegsfall als Kampftiere zu dienen. In Surin kann man beobachten, wie heute wilde Elefanten gefangen werden und ihre Geschicklichkeit selbst beim Fußballspiel ausgenutzt wird. Im großen Finale werden Scheinkriege zwischen zwei Armeen, in denen die Elefanten die Rolle der Panzertruppen übernehmen, ausgefochten.

Das *Rocket*-Festival in **Yasothon** ist ein Fruchtbarkeitsritus und wird an einem Maisonntag ausgelassen gefeiert, bevor sich die Dorfbewohner an die anstrengende Arbeit des Reispflanzens machen. Bei dem Fest werden handgefertigte und mit Schießpulver gefüllte Bambusraketen unter Gesang und Gelächter in den Himmel geschossen, um von der Regengöttin Mae Prasop genügend Wasser für das Gedeihen der Pflanzen zu erbitten. Dem Ritual geht ein eintägiges, auch vom Alkohol angeheiztes Fest voraus, bei dem viele Hemmungen fallen, ähnlich unseren Karnevalsveranstaltungen.

APA GUIDES

# Reisetips

THE ART OF CHANGIN
SPRING SUMMER 1994
RED MARINE
AVAILABLE IN SHOPS AND DUTY-FREE OUTLETS WORLDWIDE
swatch
SCUBA 200

REMY XO BECAUSE LIFE IS WHAT YOU MAKE IT

FÜR EUROPA:
Zentral Europa
Frankreich Benelux
EURO CONCEPT
Die Optimale Orientierung:
ČSFR Tschechoslowakei
Italien
Deutschland 91/92
Österreich
Toskana
Schweiz
Groß Britannien und Irland
Vom Nordkap bis Sizilien, von Irland bis Ungarn.
Bayern
Jugoslawische Adriaküste
Provence
Dänemark
Ungarn
Polen
Spanien Portugal
Entspanntes Reisen: durchgängiges Erscheinungsbild und gleiche Maßstäbe
Oberbayern Allgäu
Rom
Berlin
Hamburg
Die Wartburg
Österreich
Für Qualität bürgen: EURO ATLAS EURO CART EURO CITY EURO TOUR
R V VERLAG

# KURZFÜHRER

# Anreise

## MIT DEM FLUGZEUG

Brunei verfügt über gute Flugverbindungen zu anderen asiatischen Ländern und Australien. Vom Internationalen Flughafen in Bandar Seri Begawan (B.S.B.) aus verkehren Flugzeuge mit Hongkong, Singapur, Bangkok, Kuala Lumpur, Jakarta, Manila, Taipeh, Darwin, Kuching, Kota Kinabalu und Balikpapan. Die Flughafengebühr beträgt 12 B-Dollar, ist vor Abflug zu entrichten (bei Flügen nach Singapur und Malaysia 5 B-Dollar) und kann sowohl mit B-Dollar als auch mit S-Dollar gezahlt werden. Kinder sind vom 2. Lebensjahr an gebührenpflichtig. Über Einzelheiten informiert Sie das Brunei-Touristeninformationszentrum am Flughafen.

## MIT DEM SCHIFF

Täglich verkehren Fähren zwischen B.S.B. und Labuan, einer kleinen Insel vor der Südwestküste Sabahs. Alternativ fahren Schnellboote nach Lawas, dem nördlichsten Hafen in Sarawak; von dort reist man mit Bus oder Taxi weiter nach Kota Kinibalu. Fahrkarten für die Schnell-Fähren nach Labuan und Limbang können an einem Kiosk gegenüber dem Customs House in der Jalan McArthur in B.S.B. gelöst werden.

## AUF DEM LANDWEG

Nur eine einzige Straße führt von Miri in Sarawak über Kuala Belait nach Bandar Seri Begawan, Bruneis Hauptstadt. Unterwegs mit dem Bus muß wenigstens zwei- bis dreimal umgestiegen werden, einmal am Baram-Fluß im Norden von Sarawak, einmal in Kuala Belait kurz hinter der Grenze von Brunei und hin und wieder auch in Seria. Frühaufsteher schaffen die Strecke von Miri nach B.S.B. an einem einzigen Tag. Die B.S.B. Busstation befindet sich in der Nähe des Hotels Brunei, im Untergeschoß des Parkhochhauses an der Jl. Cator.

# Reiseinformationen

## VISA

Einreisende müssen im Besitz eines gültigen Reisepasses sein. Staatsangehörige von Belgien, Kanada, Dänemark, Frankreich, Deutschland, Indonesien, Japan, Luxemburg, Malediven, Niederlande, Philippinen, Süd-Korea, Schweden, Schweiz und Thailand benötigen für einen Aufenthalt von maximal 14 Tagen kein Visum. Besucher aus Großbritannien, Singapur und Malaysia können ohne Visum maximal 30 Tage im Land bleiben. Bürger anderer Staaten müssen sich vor Einreise ein Visum bei einer Botschaft Bruneis besorgen. Sollte es in Ihrem Land keine Botschaft geben, so wenden Sie sich bitte an die nächstgelegene diplomatische Vertretung Großbritanniens.

## GELD

Landeswährung ist der Brunei-Dollar (B$), der annähernd so viel wert ist wie der Singapur-Dollar. Im Umlauf sind Banknoten zu 1, 5, 10, 50, 100, 500 und 1000 Brunei-Dollar und Münzen zu 1, 5, 10, 20 und 50 Cents. Bei Drucklegung zahlte man für einen B-Dollar DM 1,01. Banken sind in B.S.B. und anderen Städten montags bis freitags zwischen 9 und 15 Uhr, Samstag vormittags zwischen 9 und 11 Uhr geöffnet. Internationale Kreditkarten (Visa, Mastercard, American Express, Diners Club) werden in den großen Hotels, Restaurants und Läden akzeptiert.

## GESUNDHEIT

Der Hygiene- und Gesundheitsstandard zählt zu den höchsten in Asien, Reisende müssen sich keine Sorgen machen. Malaria, Cholera und Pocken gibt es nicht mehr. Der Standard des RIPAS-Krankenhauses in B.S.B. entspricht dem der besten Krankenhäuser in Asien, und landesweit besteht ein gutes Netz kleiner Krankenhäuser und Kliniken. Trinken Sie Wasser nur aus Flaschen.

## KLEIDUNG

Im heißen und feuchten Klima Bruneis ist leichte Baumwoll- und Seidenkleidung angesagt. Frauen sollten davon absehen, Shorts, Miniröcke und ärmellose Kleider zu tragen, und Männer behalten sich Badehosen, Shorts und Muskel-T-Shirts lieber für den Strand vor. Zu formellen Anlässen sind Jackett und Krawatte angemessen. Beim Besuch privater Wohnungen und vor allem vor dem Betreten einer Moschee ist es üblich, die Schuhe auszuziehen, und in der Moschee müssen der Kopf, die Knie und die Arme bedeckt sein.

## ZOLL

Zollfrei sind 200 Zigaretten, 50 Zigarren oder 250 g Tabak, 0,75 Liter Parfum oder Eau de Toilette. Seit Januar 1991 ist es Staatsangehörigen Bruneis untersagt, Alkohol einzuführen. Ausländer dürfen zwei Flaschen Wein oder Spirituosen und 12 Flaschen Bier für den eigenen Gebrauch mitbringen. Die Einfuhr von Betäubungsmitteln, Waffen und pornographischen Schriften ist strikt verboten. Wie in Singapur und Malaysia gilt für Vergehen gegen das Drogengesetz Bruneis die Todesstrafe.

# KLEINE LANDESKUNDE

## ORTSZEIT

Brunei gehört zur selben Zeitzone wie Singapur und Malaysia. Es ist der mitteleuropäischen Zeit um 8 Stunden voraus.

## KLIMA

Brunei hat ein tropisches Klima – das ganze Jahr über ist es heiß und sonnig, und die Luftfeuchtigkeit ist sehr hoch. Im November und Dezember herrscht Regenzeit. Die angenehmste Jahreszeit ist zwischen April und Juli, wenn die Temperaturen und die Luftfeuchtigkeit etwas niedriger sind. Die Temperaturen schwanken dann zwischen 32 (tags) und 22° Celsius (nachts).

## SPRACHE

Die offizielle Landessprache ist Bahasa Malay, aber Englisch wird generell überall gesprochen und verstanden.

## GESCHÄFTSZEITEN

Die Kombination moslemischer Bräuche und moderner Geschäftszeiten bringt die Öffnungszeiten etwas durcheinander. Behörden haben montags bis donnerstags und samstags von 7.45 bis 12.15 und 13.30 bis 16.30 Uhr geöffnet. Während des islamischen Fastenmonats Ramadan sind Behörden nur zwischen 8 und 14 Uhr besetzt. Private Unternehmen, vor allem internationale, arbeiten generell montags bis freitags zwischen 8 und 17 Uhr. Geschäfte sind normalerweise täglich von 8 bis 18 Uhr geöffnet, manche auch bis 21 Uhr.

## KULTUR & BRAUCHTUM

Es gibt einige Regeln, die man in einem überwiegend islamischen Land wie Brunei strikt beachten sollte: Gehen Sie niemals an einer im Gebet versunkenen Person vorne vorbei und berühren Sie nie den Koran (bzw. dessen Kopie). Es ist verpönt, mit der rechten Faust in die linke Hand zu schlagen oder mit dem Finger zu zeigen. Wenn Sie auf jemanden deuten wollen, dann ballen Sie die Faust und halten den Daumen abgespreizt. Mit der ganzen Hand, die Handfläche nach unten gekehrt, kann man jemanden heranwinken. Männer und Frauen reichen sich niemals die Hände, unter Männern ist allenfalls ein leichter Händedruck üblich.

Es gilt als extrem unhöflich und ungezogen, in Gegenwart eines Moslems im Fastenmonat Ramadan zwischen Sonnenaufgang und Sonnenuntergang etwas zu essen oder zu trinken. Essen Sie in diesem Monat lieber im Hotel. Bevor Sie jemanden fotografieren wollen, fragen Sie vorher um Erlaubnis, vor allem dann, wenn es sich um Angehörige der Herrscherfamilie handelt.

# UNTERWEGS

## FLUGHAFENTRANSFER

Der Internationale Flughafen von Brunei befindet sich 12 km außerhalb von B.S.B. In der Regel braucht man 15-20 Minuten bis in die Stadt. Ein Taxi kostet 20-30 B-Dollar. Viele Hotels bieten einen eigenen Transfer an.

## TAXIS

Taxis sind selten in Brunei, es empfiehlt sich bei Bedarf im voraus zu bestellen. Da sie ohne Taxometer unterwegs sind, sollte man den Fahrpreis immer im voraus verabreden. Für eine kurze Strecke innerhalb des Stadtzentrums sind 10 B-Dollar üblich, eine Tagestour von B.S.B. nach Kuala Belait kostet über 100 B-Dollar.

## ÖFFENTLICHE VERKEHRSMITTEL

Da beinahe jeder in Brunei ein eigenes Auto fährt, sind öffentliche Verkehrsmittel sehr selten. Es kann Stunden dauern, bis ein Stadtbus kommt.

## RENT-A-CAR

Öffentliche Verkehrsmittel sind rar und Taxis teuer, also ist es naheliegend, sich ein Auto zu leihen. Avis ist am Flughafen und im Hotel Sheraton Tama vertreten. Der Preis für einen Mittelklassewagen liegt bei etwa 100 B-Dollar pro Tag (10 Std.). Da Brunei zu den größten ölfördernden Ländern der Erde gehört, ist Benzin extrem billig – der Liter kostet nur 47 Cents.

## FÄHREN

Kleine Barkassen verkehren täglich zwischen B.S.B. und Kampong Ayer, dem „Wasserdorf" inmitten des Brunei-Flusses. Die einfache Fahrt kostet 50 Cents. Die Preise für Charterboote müssen ausgehandelt werden, Sie sollten jedoch keinesfalls mehr als 15-20 B-Dollar pro Stunde zahlen.

# UNTERKUNFT

## HOTELS

Brunei ist ein winziges Land, dementsprechend ist die Auswahl an Hotels eher dürftig. Ein einziges Hotel entspricht internationalem Standard (Utama Sheraton), daneben gibt es eine Handvoll einfacherer Hotels.

**Ang's Hotel**, Jalan Tasek Lama, P.O. Box 49, B.S.B. 1900. Tel.: 02-243553.
Im Maximilian-Grill wird ausschließlich europäisch gekocht, während im Cempaka-Cafe europäische, malaiische und chinesische Gerichte angeboten werden. Schwimmbad, Schönheitssalon, Ballsäle, IDD, Kino. Einzelzimmer kosten 118-135, Doppelzimmer 128-148; die Suite 350 B-Dollar.

**Brunei Hotel**, Jalan Pemancha, P.O.Box 50, B.S.B. 1900. Tel.: 02-242372/9.
80 Zimmer; Cafe, Konferenzräume, IDD, Farbfernseher. Einzelzimmer kosten 150-190 B-Dollar; Doppelzimmer 175-210 B-Dollar; die Suite 240 B-Dollar.

**Hotel Sentosa**, 93 Jalan McKerron, P.O.Box 252, Kuala Beliat. Tel.: 03-234341.
Alle Zimmer kosten 135 B-Dollar.

**Seaview Hotel**, Lot 3678 Jalan Maulana, P.O.Box 127, Kuala Belait. Tel.: 03-332651/5.
Einzelzimmer kosten 130 B-Dollar; Doppelzimmer 155 B-Dollar; die Suite 280 B-Dollar.

**Utama Sheraton Hotel**, Jalan Bendahara, P.O.Box 2203, B.S.B. 1922. Tel.: 02-244272.
156 Räume; Melati-Cafe und hoteleigenes Restaurant mit lokaler und internationaler Küche; Lounge und Terrasse am hoteleigenen Schwimmbad, Gymnastikraum, Büros, Meeting- und Konferenzräume, hoteleigene Kinokanäle, IDD. Einzelzimmer kosten 210-240 B-Dollar; Doppelzimmer 230-260 B-Dollar; die Suite ab 480 B-Dollar.

# ESSEN & TRINKEN

Ortsübliches Essen ist mit dem des benachbarten Malaysia vergleichbar. Die Speisen sind reichhaltig und stark gewürzt. Über Dampf gegarter Reis und gebackene Nudeln gehören zu den Standardbeilagen, auch Kokosfleisch in allen Formen. Meeresfrüchte, Huhn und Rindfleisch sind sehr beliebt. Frische tropische Früchte werden entsprechend der Saison angeboten, darunter Mangos, Kapselfrüchte des Durianbaumes, Rambutsans und Bananen. Vielfältig ist die Auswahl an chinesischen und indischen Restaurants, europäisches Essen wird vor allem in den großen Hotels angeboten.

## Einkaufen

Das Ausbildungszentrum für Kunst und Kunsthandwerk liegt direkt am Meer, etwa 2 Autominuten östlich des Stadtzentrums von B.S.B. entfernt. Vor allem Textilien, Körbe, Brokatstoffe, Silber- und Messinggegenstände werden angeboten. Manchmal kann man den Künstlern bei der Arbeit zuschauen. Kunsthandwerk ist in Brunei gewöhnlich teurer als anderswo in Südostasien.

## Anreise

### JAKARTA

Wer mit dem Flugzeug nach Indonesien kommt, wird über den 20 km westlich von Jakarta gelegenen internationalen Flughafen Cengkareng oder den Flughafen von Ngurah Rai bei Denpasar auf der Nachbarinsel Bali einreisen, von wo aus es Anschlußflüge nach Yogjakarta gibt. Die Flughafengebühr beträgt bei internationalen Flügen 11 000 Rp. und bei nationalen Flügen 4000 Rp. pro Person. Die Gebühr muß vor Abflug gezahlt werden.

Cengkareng ist mit Jakarta durch eine neue Schnellstraße verbunden, und Flughafenbusse verkehren in regelmäßigen Abständen zum Bahnhof Gambir im Stadtzentrum.

### MIT DEM SCHIFF

Wenn Sie viel Zeit (und Geld) zur Verfügung haben, dann sollten Sie sich eine Ozeankreuzfahrt nach Indonesien nicht entgehen lassen. Luxuslinien bieten Kombinationen von Flug- und Schiffsreisen an, so können Sie mit dem Schiff Bali und andere Inseln anlaufen, dort in der Sonne baden und dann mit dem Flugzeug nach Hause fliegen – oder umgekehrt.

Unter den größeren Schiffahrtsgesellschaften gibt es einige, die sowohl große als auch kleinere Frachter im Einsatz haben, die begrenzt auch Passagieren Plätze anbieten. Den Fahrpreis sollte man mit dem Hafenmeister oder noch besser mit dem Kapitän selbst aushandeln.

# REISEINFORMATIONEN

## VISA

Jeder, der nach Indonesien reist, muß einen Reisepaß mit sich führen, der mindestens noch sechs Monate gültig ist. Außerdem muß die Ausreise nachgewiesen werden (Fahrkarte, Flugticket). Besucher aus der Bundesrepublik Deutschland, Österreich und der Schweiz sowie aus 27 weiteren Ländern benötigen für einen Aufenthalt bis zu zwei Monate kein Visum. Dazu gehören: Australien, Belgien, Brunei, Dänemark, Finnland, Frankreich, Griechenland, Großbritannien, Island, Irland, Japan, Kanada, Lichtenstein, Luxemburg, Malaysia, Malta, Neuseeland, Niederlande, Norwegen, Philippinen, Schweden, Singapur, Spanien, Süd-Korea, Thailand und USA.

Angehörige nicht genannter Staaten benötigen ein gültiges Touristenvisum, das in jeder indonesischen Botschaft und in jedem indonesischen Konsulat gegen eine Gebühr ausgestellt wird. Paßfotos nicht vergessen! Ein- und Ausreisehäfen bzw. -flughäfen sind Jakarta, Bali, Medan, Manado, Biak, Ambon und Batam, ferner der Seehafen Surabaya und der Flughafen Pekanbaru. In allen anderen Häfen ist die Ein- und Ausreise nur mit Visum möglich. Für eingetragene Teilnehmer an öffentlichen Konferenzen besteht kein Visumzwang.

Bezüglich Geschäftsvisa (fünf Wochen sind üblich) wenden Sie sich bitte an Ihre indonesische Botschaft (Adressen am Ende dieser Information).

**Surat jalan**: Ein *surat jalan* ist ein polizeiliches Genehmigungsschreiben, das dem Inhaber gestattet, bestimmte Orte zu besuchen. Wer die äußeren Inseln bereist, sollte ein *surat jalan* mit sich führen; auf Java wird höchstens in abgelegenen Orten wie dem Ijen-Plateau danach verlangt. Im Zweifel wenden Sie sich an ein gutes Reisebüro. In Jakarta ist ein *surat jalan* innerhalb von 1-2 Std. bei der Polizeidirektion (Markas Besar Kepolisian Republik Indonesia) in der Jl. Trunojoyo (Kebayoran Baru) erhältlich.

## GELDFRAGEN

Währungseinheit ist die Indonesische Rupiah (Rp.) = 100 Sen. Für 1000 Rp sind bei Drucklegung ca. 1,20 DM zu zahlen. Es empfiehlt sich, nicht zu große Summen auf einmal umzutauschen. Ausländische Devisen können unbegrenzt eingeführt werden.

**Bargeld** und **Reiseschecks** sollte man nur in großen Banken in großen Städten wechseln lassen, in den Zweigstellen der kleineren Orte ist man mit ausländischen Geldscheinen und Reiseschecks nicht immer vertraut. Bei der Ausreise können Sie alle Rupiahs wieder zurücktauschen.

**Reiseschecks** sind nicht immer von Vorteil. In großen Hotels, Banken und einigen Geschäften werden sie angenommen, es kann aber selbst in Großstädten lange dauern, bis Sie Ihr Geld bekommen (in kleineren Orten sind sie nahezu unbekannt). **Kreditkarten** werden nur in den großen Hotels, an den Schaltern der internationalen Fluggesellschaften und in einigen großen Stadtrestaurants und Kunsthandlungen akzeptiert.

## GESUNDHEIT

Für einen längeren Aufenthalt in Indonesien, besonders außerhalb der großen Städte, ist eine Gammaglobulin-Impfung anzuraten. Sie schützt zwar nicht vor Gelbsucht, verringert aber nach Meinung vieler Ärzte das Infektionsrisiko erheblich.

Wenn Sie Durchfall bekommen, kann eine tägliche Dosis Doxycyclin (ein Antibiotikum gegen „Reisedurchfall") helfen. Bei den ersten Anzeichen einer Magenstörung versuchen Sie es bitte zunächst mit Diät und Tee. Magenverstimmungen werden in der Regel aufgrund der Ernährungsumstellung und Umweltbedingungen auftreten. Am besten lassen Sie sich vor Abreise von Ihrem Hausarzt beraten. Es ist auch empfehlenswert, eine Malaria-Prophylaxe vorzunehmen. Wählen Sie Mittel, die gegen alle Malariaarten wirksam sind. Es gibt Malariaarten, die gegen gebräuchliche Mittel resistent sind. Fragen Sie Ihren Hausarzt.

Jede Art von Wasser – Brunnenwasser, Leitungswasser und gefrorenes Wasser – muß sterilisiert werden. Am besten ist, Wasser zehn Minuten lang vor Gebrauch abzukochen. Auch durch den Zusatz von Jod (Globulin) und Chlor (Halazon) kann Wasser trinkbar gemacht werden. Jede Art von Obst sollte vor dem Genuß geschält werden. Rohes Gemüse und Salat möglichst nicht essen.

Und noch etwas: Schützen Sie sich gegen die Sonne. Sonnenöl und -milch sind in Indonesien sehr teuer, am besten von zu Hause mitbringen. Hohe Lichtschutzfaktoren beachten!

## KLEIDUNG

Legere Kleidung ist angebracht. Da Sie sich aber in einem konservativen Land mit einem großen Anteil an Moslems befinden, sollten bestimmte Regeln eingehalten werden: Männer können im allgemeinen T-Shirts, Sandalen und Shorts tragen, aber nicht in den Städten. Frauen sollten nicht zu kurze Kleider, Shorts oder Hemden tragen, oben ohne in der Sonne zu liegen, ist ebenfalls verpönt. Bei dem Besuch von Moscheen sollten die Beine bis über die Knie bedeckt sein. In einigen Moscheen werden Tücher für das Bedecken von Kopf und Armen ausgegeben. Bei dem Besuch von Regierungsbüros und an Grenzübergängen sind lange Hosen und langärmlige Hemden empfehlenswert.

## ZOLLBESTIMMUNGEN

Eingeführt werden dürfen pro Kopf: 200 Zigaretten, 50 Zigarren oder 100 g Tabak; ein Liter Wein oder Spirituosen; eine Flasche Parfum; Geschenke im Wert von 250 US-Dollar pro Kopf und 1000 US-Dollar pro Familie.

# KLEINE LANDESKUNDE

## ORTSZEIT

Indonesien ist in drei Zeitzonen eingeteilt und der MEZ 6 bis 8 Stunden voraus.

## KLIMA

In fast ganz Indonesien herrscht tropisches Klima, das ganze Jahr über ist es heiß und feucht. Auf den meisten Inseln gibt es entsprechend geographischer Position und Höhenlage abweichende Klimalagen.

Die durchschnittliche Jahrestemperatur liegt bei 26° Celsius. Regenzeiten sind von Insel zu Insel unterschiedlich. In Bali und Java regnet es normalerweise zwischen November und April. In Höhenlagen wird es nachts recht kalt, leichte Jacken oder Pullover können nützlich sein.

## SPRACHE

Indonesiens Wahlspruch *bhinneka tunggal ika* (Einheit in der Mannigfaltigkeit) verwirklicht sich am augenfälligsten im Bereich der Sprache bzw. der Sprachen. Auf dem Archipel werden über 350 deutlich voneinander unterscheidbare Sprachen und Dialekte gesprochen, und doch findet man sich in der Nationalsprache *Bahas Indonesia* überall zurecht – von der Nordspitze Sumatras über Java und die ganze Inselkette bis nach Irian Jaya.

*Bahasa Indonesia* kann man als alte und zugleich als neue Sprache bezeichnen. Es basiert auf dem Malaiischen, das seit Jahrhunderten im größten Teil Südostasiens die Lingua franca war; aber in den letzten Jahrzehnten hat es sich stark verändert, um den Anforderungen einer modernen Nation gerecht zu werden.

Das Indonesische ist eine komplexe Sprache, die ernsthaftes Studium erfordert; dennoch ist es vergleichsweise einfach, indonesische Sätze für den alltäglichen Sprachgebrauch zu bilden. Ein kompaktes und preiswertes Einführungsbuch – *Almatseier: How to master the Indonesian Language* – ist in Indonesien fast überall erhältlich und leistet sicher gute Dienste. Indonesisch basiert auf dem lateinischen Alphabet und ist, im Unterschied zu vielen anderen asiatischen Sprachen, keine tonale Sprache.

Ein Indonesier drückt in seinen Formulierungen immer seinen Respekt einer anderen Person gegenüber aus. Dies ist besonders wichtig, wenn ein Jüngerer mit einem Älteren spricht. Die Sitte verlangt es, daß ein älterer Mann mit *bapak* oder *pak* (Vater) angesprochen wird und eine ältere Frau mit *ibu* (Mutter). Diese Formen sind auch korrekt, wenn man eine zwar jüngere Frau anspricht, die aber offensichtlich eine hohe Position bekleidet. Die Anreden *bung* (auf Westjava) und *mas* (auf Zentral- und Ostjava) bedeuten soviel wie Bruder, sie sind unter gleichgestellten Personen gebräuchlich: Personen gleichen Alters, die man nicht sehr gut kennt, aber auch gegenüber dem Hotelpersonal, Taxifahrern, Begleitern von Gruppenreisen, Kellnern u.ä. Diese Anrede ist freundlich, ja freundschaftlich, ohne kumpelhaft zu sein.

## GESCHÄFTSZEITEN

Regierungsbüros sind von Montag bis Donnerstag zwischen 8 und 15 Uhr geöffnet, freitags zwischen 8 und 11.30 Uhr und samstags zwischen 8 und 14 Uhr.

In Büros und Fabriken wird normalerweise von Montag bis Freitag zwischen 9 und 13 Uhr und 14 und 17 Uhr gearbeitet, viele Arbeiter machen freitags früher Schluß.

Geschäfte sind täglich zwischen 9 und wenigstens 18 Uhr geöffnet. Viele der größeren Geschäfte und Warenhäuser haben bis 21 Uhr geöffnet.

# Unterwegs

## INLANDSFLÜGE

Das beste Verkehrsmittel für alle, die es sich leisten können, ist in Indonesien das Flugzeug. Die indonesische Fluggesellschaft Garuda fliegt auf Inlands- und Auslandsstrecken. Als einzige Gesellschaft setzt sie auf Inlandsstrecken Düsenflugzeuge ein und fliegt mehrmals täglich von Jakarta aus in alle größeren Provinzstädte: nach Bali, Medan, Ujung Pandang, Manado, Balikpapan u. a., Pendelflüge sind nach Surabaya, Semarang, Bandung und Bandar Lampung eingerichtet.

Auch die Fluggesellschaft Merpati bietet regelmäßige Flüge nach etwa 100 Orten in Indonesien an. Besonders interessant sind die „Pioneer Flights" zu abgelegenen Orten, die von anderen Linien nicht angeflogen werden. Merpati verkehrt vor allem im östlichen Indonesien; sie bedient die kleineren Inseln und fliegt im Innern von Sulawesi, Kalimantan und Irian Jaya. Daneben gibt es noch einige private Fluggesellschaften mit Linien- und Charterflügen.

Garuda hat mittlerweile einen „Luftreisepaß" eingeführt, den **Visit Indonesia Air Pass**. Damit kauft man mehrere Flüge sozusagen im Abonnement. Der Paß gilt nur für Flüge mit Garuda. Er ist in Europa, USA, Japan, Australien und Neuseeland, aber auch bei der Einreise in Indonesien erhältlich; jedoch nicht in Singapur. Die obligatorische Flughafensteuer ist nicht im Preis enthalten.

Ob mit oder ohne Luftreisepaß – in Indonesien klappen die Flugverbindungen relativ reibungslos. Das Luftverkehrsnetz ist engmaschig. **Garuda**, **Merpati** und **Bouraq** sind die größten Fluggesellschaften, die ein wahres Labyrinth von Reisezielen abdecken. Hier die Adressen:

**Garuda Indonesien Airways**, Wisma Dharmala Sakti, Jl. Jend. Sudirman, 32. Tel.: 588707.

**Merpati Nusantara Airlines**, Jalan Angkasa 2, Jakarta. Tel.: 411650.

**Bouraq Indonesia Airlines**, Jalan Angkasa 1-3, Jakarta. Tel.: 655170.

# Erkundungen

## JAKARTA

In Jakarta gibt es vieles, was man sich unbedingt anschauen sollte, aber nehmen Sie sich nicht zuviel auf einmal vor. Zwei Sehenswürdigkeiten oder Stadtbezirke am Tag sind genug. Legen Sie eine Ruhepause ein oder gehen Sie zwischendurch schwimmen, um sich von der tropischen Hitze zu erholen.

**Zur Orientierung**: Im Stadtzentrum befindet sich der **Medan Merdeka** (Platz der Freiheit), ein riesiger Paradeplatz und zugleich der Kreuzungspunkt breiter Prachtstraßen. In seiner Mitte erhebt sich das Nationaldenkmal. Hauptverkehrsader nach Norden sind die parallel verlaufenden Einbahnstraßen Jl. Gajah Mada und Jl. Hayam Wuruk, die durch einen Kanal voneinander getrennt sind. Sie führen durch das älteste Geschäftszentrum, in dem tagsüber ein Verkehrschaos herrscht und das nachts wie ausgestorben ist. Am Nordende liegen die **Altstadt** aus der Kolonialzeit und der **Hafen** – beides sollte man sich ansehen. An der Küste entlang in Richtung Osten gelangt man zu dem Vergnügungszentrum **Ancol** und zum Hafen Tanjung Priok.

Die „Hauptstraße" Jakartas sind jetzt die **Jl. Thamrin**/später **Jl. Jendral Sudirman**, die den Medan Merdeka mit der neuen Satellitenvorstadt verbinden. An dieser Straße stehen viele internationale Hotels, Bürogebäude, Theater, Restaurants und Nachtclubs. Östlich der Jl.Thamrin liegen die älteren Wohnviertel **Menteng**, **Cikini** und **Goudangdia**, die noch aus der Kolonialzeit stammen, mit herrschaftlichen Wohnungen und Alleen. An der **Jl. Imam Bonjol** und **Jl. Diponegoro** liegen die meisten Botschaften und Villen. In diesem Teil von Jakarta gibt es viele Geschäfte, Boutiquen und Restaurants sowie das Künstlerzentrum TIM.

**Öffentliche Verkehrsmittel**: Taxis eignen sich am besten, um durch die Stadt zu fahren. Abgesehen von der Inflationsrate haben sie solide Preise. Für eine Fahrt quer durch die Stadt zahlt man zwischen 3000 und 5000 Rp. Sie stehen vor allen größeren Hotels und an den Hauptstraßen. Funktaxis können per Telefon geordert werden. Versichern Sie sich, daß das Taxameter läuft, wenn Sie einsteigen und daß es während der gesamten Fahrt angestellt bleibt. Wenn Sie größere und viele Einkäufe vorhaben, dann kann man Taxis auch stundenweise mieten. Trinkgelder sind nicht üblich, aber die Taxifahrer haben selten

Kleingeld zum Wechseln bei sich, am besten, Sie runden den Betrag bis zu den nächsten 500 Rp. auf.

## YOGJAKARTA

Die meisten Besucher Yogjas kommen mit dem Flugzeug. **Garuda** fliegt mehrmals täglich vom Cengkareng International Airport in Jakarta nach Yogja, und es ist sogar möglich, daß Sie aus Übersee kommend, direkt nach Yogja weiterfliegen können.

Der **Bima Express** ist der vornehmste Zug Indonesiens, der jede Nacht von Jakarta über Yogjakarta nach Surabaya fährt. In diesem Zug gibt es nur Erste-Klasse-Abteile, und alle komfortablen Schlafabteile sind klimatisiert, mit zwei Betten, Waschbecken und einem Tisch ausgestattet. Allerdings sind die Fahrzeiten nicht gerade ideal. Der Bima-Express fährt um 16 Uhr in Jakarta ab und kommt zehn Stunden später in Yogja an, d. h., Sie werden aus dem Schlaf gerissen und müssen quasi bei Nacht weiterreisen. Mit 11 US-Dollar kostet die einfache Strecke ein Viertel des Flugtickets.

Der **Fajar Utama** und der **Senja Utama Yogja** sind Züge, die zwar preiswerter sind (Jakarta-Yogja kostet etwa 5-7 US-Dollar), aber auch langsamer und nicht klimatisiert.

**Intercity-Busse** verkehren nachts zwischen den größeren Städten. Jakarta-Yogja dauert etwa 9 Std. und kostet knapp 8 US-Dollar. Von Bandung nach Yogja braucht man 6 Std. und zahlt ca. 6 US-Dollar. Die teureren Mercedes-Busse haben Air-condition.

Von Semarang, Solo oder anderen Yogjakarta benachbarten Orten aus nimmt man am besten einen der Minibusse, die den ganzen Tag vom Morgengrauen bis zur Dämmerung auf diesen Strecken verkehren. Von Solo nach Yogja zahlt man nur 1.20, von Semarang aus 2.50 US-Dollar.

# UNTERKUNFT

## JAKARTA

### LUXUSKLASSE (ÜBER 180 DM)

Jakarta besitzt mittlerweile fünf Fünf-Sterne-Hotels. Drei stehen auf ausgedehntem Gelände und bieten Sportmöglichkeiten an: das **Grand Hyatt**, das **Borobudur Intercontinental** und das **Jakarta Hilton**. Neben riesigen Schwimmbädern, Tennis- und Squashplätzen, Gesundheitsparks, Joggingstrecken und üppigen Gartenanlagen haben sie auch Diskotheken und eine Palette von europäischen und asiatischen Restaurants zu bieten.

**Borobudur Intercontinental** (840 Zimmer), Jl. Lapangan Banteng Selatan, P. O. Box 329, Jakarta, Tel.: 380 55 55.

**Grand Hyatt Jakarta,** Jl. M. H. Thamrin, P. O. Box 4546/JKT 10045, Jakarta 10230, Tel.: 33 55 51.

**Jakarta Hilton International** (396 Zimmer), Jl. Jend. Gatot Subroto, P. O. Box 3315, Jakarta, Tel.: 570 36 00.

**Le Meridien Jakarta,** Jl. Jend. Sudirman, Kav 18-28, Jakarta 10220, Tel.: 58 82 50/1.

**Mandarin Oriental** (455 Zimmer), Jl. M. H. Thamrin, P. O. Box 3392, Jakarta, Tel.: 32 13 07.

### ERSTE KLASSE (100-180 DM)

**Horinson Hotel** (350 Zimmer), Jl. Pantai Indah, Taman Impian Jaya Ancol, P. O. Box 3340, Jakarta, Tel.: 68 00 08.

**Hotel Indonesia** (666 Zimmer), Jl. M. H. Thamrin, Jakarta 10010, Tel.: 32 00 08.

**Hotel Wiaata International,** Jl. M. H. Thamrin, P. O. Box 2457, Jakarta, Tel.: 32 03 08.

**The Aryaduta** (340 Zimmer), Jl. Prapatan 44-48, Jakarta 10110, Tel.: 37 60 08.

**Patra Jasa Hotel,** Jl. Jendral A. Yani No. 2, Bypass Jakarta 10510, Tel.: 41 06 08.

**President Hotel Nikko** (354 Zimmer), Jl. M. H. Thamrin 59, Tel.: 32 05 08.

**Sahid Jaya Hotel** (514 Zimmer), Jl. Jendral Sudirman 86, P. O. Box 41, Jakarta, Tel.: 570 44 44.

**Sari Pacific Hotel** (521 Zimmer), Jl. M. H. Thamrin 6, P. O. Box 3138, Jakarta, Tel.: 32 37 07.

## JAVA

**Anyer Beach Hotel,** Jl. Raya Karnng Bolong, Anyer Serang 42166, Westjava, Tel.: 51 05 03.

**Grand Hotel Preanger** (63 Zimmer), 81 Jl. Asia Afrika, P. O. Box 124, Bandung, Tel.: 022-43 06 82.

**Hyatt Regency Surabaya,** Jl. Jenderal Basuki Rakhmat, 124-128 Surabaya, Ostjava, Tel.: 51 12 34.

**Istana Hotel** (34 Zimmer), 21-24, Jl. Lembong, Bandung, Tel.: 022-43 30 25.

**Kumala Panghegar** (65 Zimmer), 140, Jl. Asia Afrika, Bandung 40261, Tel.: 022-521 41.

**Motel Gununosari Patra Jasa,** Jl. Ounungaarl, Surabaya, Ostjava, Tel.: 6 86 81, 6 54 35, 6 54 36.

**Patra Jasa Motel,** Jl. It. Juanda 132, Bandung, Westjava, Tel.: 816 64, 825 90.

**Panghegar Hotel** (123 Zimmer), 2, Jl. Merdeka, Bandung, Tel.: 022-43 07 88.

**Patra Jasa,** Jl. Sisingamangaraja, Semarang 50232, Zentraljava, Tel.: 314 44 18.

**Samudra Beach Hotel,** Pelabuhan Ratu, Sukabumi 41265, Tel.: 23 oder Jakarta 34 06 01.

**Savoy Homann Hotel** (100 Zimmer), 112, Jl. Asia Afrika, Bandung, Tel.: 022-43 22 44.

**Sheraton Inn Bandung** (112 Zimmer), 390, Jl. Ir. H. Juanda, Bandung 40135, Tel.: 022-813 35.

## YOGJAKARTA

### ERSTE KLASSE (ÜBER 60 DM)

**Ambarrukmo Palace Hotel** (240 Zimmer), Jl. Adisucipto, P. O. Box 10, Yogjakarta, Tel.: 884 88.

**Hotel Garuda,** Jl. Malioboro 72, Yogjakarta, Tel.: 48 63 53.

**Puri Artha** (60 Zimmer), Jl. Cendrawasih 9, Yogjakarta, Tel.: 59 34-5, Telex: 251 47.

**Sriwedar** (70 Zimmer), Jl. Adisucipto, P. O. Box 93, Yogjakarta, Tel.: 882 88.

**Sahid Garden** (64 Zimmer), Jl. Babarsari, Yogjakarta, Tel.: 36 97.

# ESSEN & TRINKEN

## JAKARTA

In Jakarta essen zu gehen, kann ein großartiges Erlebnis sein. Allerdings sind die Restaurants im Schnitt doppelt so teuer wie die in den Provinzstädten, und die Speisen sind von sehr unterschiedlicher Qualität. Die Einheimischen suchen versteckte Lokale *(warung)* in den Nebenstraßen auf, wo sie ihr *soto* oder *sate* bekommen; aber viele Besucher befürchten dort einen Magenbazillus, der ihnen leicht die Ferien verderben könnte. Für 2 US-Dollar kann man bereits gut in einem sauberen Restaurant essen, und ausgezeichnete indonesische Küche gibt es bereits für 5 US-Dollar. In den besten Restaurants kostet eine Mahlzeit kaum mehr als 10 US-Dollar inklusive Service (Restaurants und Bedienung im westlichen Stil sind teurer). Meeresfrüchte aller Art sind hervorragend.

### INDONESISCHE KÜCHE

**Ayam Bulungan** (Javanisches Grillhuhn), Jl. Bulungan I, No. 64, Kebayoran Baru, Tel.: 77 20 05.

**Hotel Marunda Restaurant,** Wisata International, Tel.: 32 04 08, 32 03 08.

**Natrabu Restaurant** (Padang), Jl. H. Agus Salim 29A, Tel.: 33 56 68.

**Roda** (Padang), Jl. Matraman Raya 65-67, Tel.: 88 28 79.

**Sari Bundo** (Padang), Jl. Ir. H. Juanda 27, Tel.: 35 83 43.

**Sari Kuring** (Sundanesische Fischgerichte), Jl. Batu Ceper No. 55A, Tel.: 36 22 03.

**Sari Nusantara,** Jl. Silang Monas Timur, Tel.: 35 29 72.

**Senayan Satay House,** Kebon Sirih 31A, 6, Jl. Pakubuwono VI, Tel.: 739 05 21.

## CHINESISCHE KÜCHE

Die besten chinesischen Restaurants sind das **Blue Ocean**, das **Cahaya Kota** und das **Istana Naga**.

Gerichte der Szechwan-Küche gibt es im teuren, aber wunderschönen **Spice Garden**, im **Hotel Mandarin** oder im **Summer Palace**. *Hakka* ist eine Spezialität, die es im **Moon Palace** gibt.

Bei einem Besuch von Chinatown im Bezirk Kota oder zu einem leichten Mittagsmahl sollte man auf alle Fälle einmal chinesische Nudeln mit klein geschnittenem Gemüse und Fleischbällchen *(mee Bakso)* versuchen. Das größte Angebot an Nudelgerichten gibt es in Chinatown im **Bakmi Gajah Mada**.

**Bakmi Gajah Mada,** 25, Blok M, Jl. Gajah Mada 92, Tel.: 62 46 89.

**Blue Ocean,** 5, Jl. Hayam Wuruk, Tel.: 36 66 50.

**Cahaya Kota,** Jl. Wahid Hasyim 9, Tel.: 33 30 77.

**Istana Naga,** Jl. Jen. Gatot Subroto (Kav. 12, Case Building), Tel.: 51 18 09.

**Moon Palace,** J. Melawai VII 15A, Tel.: 71 17 65.

**Spice Garden Restaurant** (Szechwan), Mandarin Oriental Hotel, Jl. M. H. Thamrin, Tel.: 33 29 69.

**Summer Palace,** Tedja Buana Building, Jl. Menteng Raya, Tel.: 33 29 89.

## EUROPÄISCHE KÜCHE

Wenn Sie unbedingt einmal europäisch essen wollen, dann tun Sie das in kolonialer Umgebung des ursprünglich holländischen Batavia. Am besten können Sie das im **Oasis Restaurant,** einem Lokal der Jahrhundertwende. Zu den Spezialitäten des Hauses zählen das ungewöhnliche Shishkebab und eine zur Kolonialzeit traditionelle holländische Reistafel *(rijsttafel),* zu der 20 indonesische Gerichte gehören. Auch im **Club Noordwijk** mit seiner Atmosphäre aus alten Zeiten *(tempo deloe)* und seiner weniger fürstlichen Einrichtung zählt die Reistafel zu den Spezialitäten. In beiden Lokalen werden des Nachts Musikshows aufgeführt. Weniger teuer ist das **Art and Curio Restaurant** in der Nähe des TIM, des Kulturzentrums der Stadt, in dem indische Küche und Atmosphäre geboten werden.

**Art and Curio Restaurant** (holländisch-kolonial), Jl. Kebon Binatang III/8A, Cikini, Tel.: 32 28 79.

**Brasserie Le Parisien** (französisch), Arayaduta Hyatt Hotel, Jl. Prapatan 44, Tel.: 37 60 08.

**Club Noordwijk** (holländisch-kolonial), Jl. Veteran, Tel.: 35 39 09.

**The Club Room** (französisch), Mandarin Oriental Hotel, Tel.: 32 13 07.

**George & Dragon Pub & Restaurant** (englisch), 32, Jl. Telukbetung, Tel.: 32 56 33.

**Jaya Pub** (Sandwiches & Suppen), Jaya Building, Jl. M. H. Thamrin 12, Tel.: 32 56 33.

**Jayakarta Grill,** Sari Pacific Hotel, Jl. M. H. Thamrin 6, Tel.: 35 91 41.

**Le Bistro** (französisch), Jl. K. H. Wahid Hasyim 75, Tel.: 36 42 77.

**Oasis Restaurant** (kontinental), Jl. Raden Saleh 47, Tel.: 32 63 97, 32 78 18.

## YOGJAKARTA

Wer in Yogjakarta Brathähnchen essen möchte, geht natürlich zu **Nyonya Suharti** (das auch unter dem Namen *Ayam Goreng „Mbok Berek“* bekannt ist, so benannt nach den Frauen, die dieses berühmte Hähnchenrezept kreiiert haben; es liegt etwa 7 km östlich von Yogja entfernt, an der Straße, die zum Flughafen führt (gleich hinter dem Hotel Ambarrukmo auf derselben Seite). Das Rezept ist eines der am besten gehüteten kulinarischen Geheimnisse Indonesiens. Besonders vorzüglich schmeckt das Gericht mit scharfen *petai*-Bohnen und rohem Kraut.

Für Liebhaber von Nasi Padang: Im **Sinar Budi** Restaurant in der Jl. Mangkubumi 41, rund 500 m nördlich der Bahnanlage auf der linken Seite (gegenüber dem Kino), bekommt man in kürzester Zeit ein *bruni opor* (Schaf), *rendang* (Rindfleisch) und *gulai ayam* (Curryhuhn). Bestellen Sie auch die leckeren Kartoffelchips *kentang goreng*.

Die Spezialität in Yogjakarta ist aber *gudeg*, ein Gericht aus Reis, gekochter junger Jackfruit (*nangka muda*), Hühnerstücken, Ei, Kokosmilch und einer würzigen Soße mit gekochter Büffelhaut (*sambal kulit*). Das Restaurant **Juminten** in der Jl. Asem Gede 22, Kranggan 69, nördlich der Jl. Diponegoro, ist berühmt für sein *gudeg*. Sehr gutes *gudeg* gibt es auch im **Bu Citro**, gegenüber dem Eingang zum Flughafen an der Jl. Adisucipto gelegen.

Inzwischen etablierten sich in Yogja auch viele europäische Restaurants – nicht nur in den großen Hotels. Im Restaurant **Legian Garden** gibt es ausgezeichnete Steaks, Schnitzel, sautierten Fisch, Cocktails aus Avocado und Meeresfrüchten, Maisjoghurt und Krabbensuppe. Die Preise sind angemessen, das Bier ist kühl und das Gemüse nicht verkocht. Der Eingang befindet sich in der Jl. Perwakilan 9, gleich um die Ecke der Jl. Malioboro (Tel.: 87985).

Ein Ableger des Legian Garden ist das Restaurant **Rose** an der Südseite des Jl. Solo, wo es dasselbe Menü zum selben Preis gibt, die Atmosphäre aber freundlicher ist. Teuerer ist das **Gita Buana** mit Klimaanlage und gedämpfter Beleuchtung. Es hat zwei Restaurants: Jl. Diponegoro 52 A und Jl. Adisucipto 169 (beim Hotel Ambarrukmo). Der **Französische Grill** im Hotel Arjuna Plaza (Jl. Mangkubumi 48) ist auch empfehlenswert; hier finden jeden zweiten Abend Marionetten- und Tanzaufführungen statt (s. a. *Kulturelles*).

In der Stadt gibt es außerdem hervorragende chinesische Restaurants. Bei den ortsansässigen Chinesen ist das **Tiong San** (Jl. Gandekan 29, einen Block westlich der Jl. Malioboro) am beliebtesten; aber die besten Meeresfrüchte – und wahrscheinlich überhaupt das beste chinesische Essen – gibt es im **Sintawang**, etwas nördlich der Jl. Diponegoro an der Jl. Megeland 9 gelegen.

# KULTURELLES

## YOGJAKARTA

Vorführungen für Touristen müssen nicht weniger authentisch oder von niedrigerem Niveau sein als die originalen Spiele; sie sind allerdings häufig kürzer. Das einzige, was ihnen wirklich fehlt, sind die javanischen Zuschauer. Da diese aber (vor allem auf Java) genauso zum Spiel gehören wie die Darsteller selbst, lohnt es sich immer, ein *kampung*-Schattenspiel oder ein getanztes Drama in einem Dorf zu besuchen. Man muß schon etwas Glück haben, um gerade dann vor Ort zu sein, wenn eine Vorstellung stattfindet. Fragen Sie beim **Tourist Information Office** nach (Jl. Malioboro 16).

### GAMELAN

Alle Tanzvorstellungen und Marionettenspiele werden von einem *gamelan*-Orchester begleitet. So kommt es, daß man fast an allen Ecken in Yogja *gamelan*-Musik hört.

* Montags und mittwochs finden gegen 10.30 Uhr *gamelan*-Proben im Kraton statt. Sie sind öffentlich.

* Im **Pakualaman-Palast** in der Jl. Sultan Agung findet an jedem fünften Sonntag um 10 Uhr ein *gamelan*-Konzert statt. Eintritt frei.

* Wenn Sie alle Konzerte verpaßt haben, dann können Sie in das Foyer des Ambarruko-Palace-Hotels gehen, in dem täglich zwischen 10.30 und 12.30 Uhr *gamelan*-Gruppen spielen. Eintritt frei.

### WAYANG KULIT

Dies ist die bedeutendste javanische Kunstform, durch die das Leben und die Umgebung des Javaners wiedergegeben wird. Dieses Schattenspiel hat seit jeher Besucher aus aller Welt fasziniert, da man viel über die Bevölkerung lernt, obgleich man nicht alle Anspielungen versteht. Es existiert eine umfangreiche Literatur zum *wayang kulit*. Die Vorstellungen beginnen traditionell um 21 Uhr und dauern die ganze Nacht.

* Im **Agastya Art Institute** (Jl. Gedong Kiwo MD III/237) finden täglich – außer samstags – zwischen 15 und 17 Uhr für Touristen gekürzte „Probe"-Aufführungen statt. Eintritt 3 US-Dollar.

* Ebenfalls für Touristen finden Aufführungen im **Ambar Budaya**, im Zentrum für Kunsthandwerk (gegenüber dem Ambarrukmo-Palace-Hotel) statt. Vorstellungen montags, mittwochs und freitags von 21.30 - 22.30 Uhr. Eintritt 3 US-Dollar.

* Jeden zweiten Samstag im Monat wird eine Aufführung aus dem **Sasono Hinggil Dwi Abad**, dem Pavillon südlich des Kraton, die ganze Nacht hindurch im Radio Republik Indonesia direkt übertragen. Hier finden regelmäßig hervorragende Aufführungen statt. Beginn 21 Uhr. Eintritt frei.

* Eine andere Möglichkeit bietet die **Habiranda-Dalang-Schule** im Pracimasono, an der Nordseite des *alun-alun*-Platzes. Hier finden abends oft informative Übungs-Aufführungen statt (19 - 20 Uhr, außer donnerstags und samstags). Eintritt frei.

* *Wayang kulit* zum Dinner im vollklimatisierten Restaurant ist der letzte Schrei im französischen Grillrestaurant des **Arjuna-Plaza-Hotels** in der Jl. Mangkubumi 48. Vorstellungen finden jeden Dienstag ab 19 Uhr statt.

### JAVANISCHER TANZ

Die folgenden Aufführungen sind alle von hervorragender Qualität.

* Eine Probevorstellung der **Kraton-Tänzer** findet jeden Sonntag von 10.30 - 12 Uhr statt. Eintritt 0,50 US-Dollar.

*Die Mardawa-Budaya-Schule, eine der besten in Yogja, führt regelmäßig in einem aristokratischen *pendapa*, dem **Dalem Pujokusuman** (Jl. Brig. Jend. Katamso 45), auserwählte Tänze vor. Darbietungen jeden Montag, Mittwoch und Freitag von 20 bis 22 Uhr. Eintritt 3 US-Dollar.

*Zwischen Mai und Oktober, um die Zeit des Vollmondes, sollte man sich das **Ramajana-Ballett** in Prambanan nicht entgehen lassen. Dieser sogenannte *sendratari*-Schautanz wird mit Tausenden von Tänzern ohne Dialog dargeboten. Buchen Sie in einem Reisebüro oder beim Tourist Information Office (Jl. Malioboro 16) einen Ausflug nach Prambanan einschließlich einer Vorstellung. Eintritt 4 US-Dollar. Gesamtpreis etwa 11 US-Dollar.

*Wenn Sie bei einer Vorführung bequeme Hotelatmosphäre mit Dinner und Imbiß bevorzugen, dann besuchen Sie einmal die allabendliche „Kultur"-Show im **Ambarrukmo Palace Hotel**.

Besuchen Sie die eine oder andere Schule auch einmal am Tage und erleben Sie, wie javanischer Tanz unterrichtet und studiert wird. Die meisten dieser Schulen befinden sich in interessanten Räumlichkeiten – häufig innerhalb der eleganten Wohnsitze von Mitgliedern der königlichen Familie.

* **Krido Bekso Wiama** – Dalem Tejokusuman, Jl. K. H. Wahid Hasyim. Die erste Schule, die mit Kursen für javanischen Tanz außerhalb des Kraton begann.

* **Siswo Among Bekso** – Dalem Poerwodiningratan, Jl. Kadipaten Kiduzl 46. Studioaufführungen.

* **Mardawa Budaya** – Jl. Brig. Jend. Katamso 45. Regelmäßige Vorstellungen für Touristen (s.o.).

* **Pamulangan Beksa Negayoyakarta**.

* **Bagong Kussidiarjo** – Jl. Singosaren 9, in einer Seitenstraße der Jl. Wates. Der bekannteste „moderne" Tänzer und Choreograph Javas. In den fünfziger Jahren hat er das Tanzdrama *sendratari* mit entwickelt. Weiterhin ist er als Schriftsteller, Lehrer und Choreograph tätig.

* **Indonesische Akademie des Tanzes (ASTI)** – Jl. Colombo. Eine der fünf staatlichen Tanzhochschulen Indonesiens. Hier werden die begabtesten Tänzerinnen und Tänzer aus dem Raum Yogjakarta ausgebildet, und hier wird avantgardistischer javanischer Tanz gezeigt.

# EINKAUFEN

## WAS KAUFEN?

Jakarta gilt nicht gerade als Einkaufsparadies. Importwaren sind hoch besteuert und einheimische Handarbeiten zwar preiswert, aber von geringer Qualität. Einzukaufen lohnen sich lediglich Kunsthandwerk und Antiquitäten, Raubkassetten und örtlich entworfene und hergestellte Kleidung.

**Batik**: Die größte Auswahl an Batik-Artikeln in Jakarta finden Sie bei **Batik Keris,** mit Ausstellungsräumen in Sarinah. **Danar Hadi** aus Solo spezialisiert sich auf das feinere *tulis*-Gewebe und auf konfektionierte Hemden und Kleider. Kenner kaufen bei **Iwan Tirta** ein. Die bekanntesten Batik-Bilder fertigt der Künstler **Amri** aus Yogja. Hochwertige Batiken gibt es u. a. auch bei **Srikandi,** in mehreren Geschäften in der Jl. Palatehan I (Blok M. Keboyoran) und im Hilton Basar.

**Amri Gallery,** Jl. Utan Kaya 66 E.
**Batik Keris,** Jl. Jend. Sudirman 9, Ratu Plaza.
**Danar Hadi,** Jl.Raden Saleh 1 A. Tel.: 342 39 00.

**Kunsthandwerk:** Handarbeiten jeder Art bekommen Sie vor allem im **Handicraft Centre** im Kaufhaus Sarinah Jaya in Kebayoran, wo es alles gibt, von Körben über Bambusstühle bis hin zu Ledersandalen. Für Gemälde, Schnitzereien, *wayang*-Puppen u. a. Kunsterzeugnisse lohnt sich ein Nachmittag oder Abend im **Art Market** (Pasar Seni) in Ancol, wo Sie Kunsthandwerker bei der Arbeit beobachten und mit ihnen plaudern können.

Im **Indonesischen Basar** im Hilton Hotel gibt es sehr gute Boutiquen, die Qualitäts-Batiken, Schmuck und *wayang*-Puppen verkaufen. In der Jl. Kebon Sirih Timur Dalam, der Jl. Majapahit und der Jl. Palatehan (in Keboyoran) befinden sich viele Kunst- und Antiquitätenläden, die auch Kunstgewerbe führen. Einige Geschäfte spezialisieren sich auf Stammeskunst und primitive Kunst, z.B. der **Irian Art and Gift Shop.**

**Antiquitäten:** Vor allem in der **Jl. Kebon Sirih Timur Dalam** gibt es zahlreiche kleine Läden, in denen Unmengen an alten Möbeln, Waffen, Masken, Puppen und Porzellan angeboten werden. Im nahe gelegenen **Johan Art** befindet sich die größte Sammlung chinesischen Porzellans. Sollten Sie mit dem eingekauften Gegenstand zu Hause nicht mehr zufrieden sein, so können Sie ihn zurückgeben, Ihr Geld wird erstattet, was selten in Jakarta ist. Weiter unten an der Jl. Wahid Hasyim gibt es einen Laden, der sich auf Zinnwaren spezialisiert hat: der **Banka Tin Shop.** Weitere Läden dieser Art befinden sich auch in der Jl. Haji Agus Salim (Jl. Sabang).

In der Jl. Surabaya nahe der Embassy Row gibt es einen **Antiquitätenmarkt** mit etwa 20 Ständen. Nicht weit davon werden bei Alex Papadimitriou und im Srirupa Shop antike holländische Möbel verkauft.

Eine Reihe neuer modischer Boutiquen, Galerien und Studios für Ausländer und wohlhabende Bürger Jakartas befinden sich an der **Jl. Papatehan I** in Kebayoran. Dort ist auch das Kaufhaus Sarina Jaya, und nahebei das Aldiron Plaza/Blok M.

**Bangka Tin Shop,** Jl. Wahid Hasyim 178.
**Djelita Art Shop,** Jl. Palatehan I/37.
**Djody Art & Curio,** Jl. Kebon Sirih Timur Dalam 22.
**Irian Art and Gift Shop,** Jl. Pasar Baru 16A, Tel.: 34 34 22.
**Johan Art Curios,** Jl. H. Agus Salim 59A.
**Mejapahit Arts & Curios,** Jl. Melawai III/4, Blok M.

# WEITERE APA GUIDES

Weiterführende APA Guides als Begleiter für ein unvergeßliches Reiseerlebnis.

Über 13 600 Inseln bieten eine außergewöhnliche Vielfalt an Menschen und Landschaften.

Einst das Zentrum des Gewürzhandels, spürt man hier immer noch den Zauber der Vergangenheit.

In diesem noblen Städtchen wird die alte traditionelle javanische Lebensweise bewahrt.

# ANREISE

## MIT DEM FLUGZEUG

Tagtäglich gibt es mehrere Flüge von Jakarta, Yogjakarta, Surabaya und verschiedenen anderen Städten Indonesiens zum internationalen Flughafen von Bali, Ngurah Rai, der nahe dem Isthmus von Tuban im Süden der Insel liegt. Wöchentlich fliegen Bali unterschiedliche internationale Fluggesellschaften von Sydney, Melbourne, Perth und Darwin in Australien (Quantas und Garuda) aus an. Von Europa und Singapur fliegen lediglich Garuda und Singapore Airlines. Andere internationale Fluggesellschaften fliegen nur Jakarta an, von wo aus man mit Garuda weiter nach Bali fliegen kann.

Von Jakartas internationalem Flughafen Cengkareng aus gibt es täglich mehrere Verbindungen nach Bali, auch kurzfristige Buchungen sind möglich.

# UNTERWEGS

Balis Straßen dienen als eine Art Paradeplatz, um die einheimischen Götter zum Meer zu begleiten, Begräbnisprozessionen abzuhalten, sonntägliche Pilgerscharen zum Tempel zu geleiten und die Bühne für *barong*-Tänze abzugeben. Sie sind mittlerweile überfüllt, und der Verkehr hat innerhalb der letzten 20 Jahren dramatisch zugenommen.

Letztendlich ist es am besten, Bali zu Fuß zu erobern, denn abseits der verkehrsreichen Hauptstraßen bietet Bali ein komplett anderes Bild.

## ÖFFENTLICHE VERKEHRSMITTEL

Preiswert und gut organisiert ist das örtliche System der Sammeltaxis, der sogenannten *pick-ups*, der Mini-Busse (*bemos*) und der Inselbusse. Man kann vom einen Ende der Insel zum anderen für nur

4000 Rp. fahren. Nahezu jedes *bemo* kann man für einen Tag mieten, mit Fahrer, der einen wo immer man hin möchte fährt und mit dem man sich vor Abfahrt über den Preis einig werden sollte. Die meisten Fahrer verlangen 40 000 Rp. für einen Tag.

## ORGANISIERTE AUSFLÜGE

Die meisten Reiseveranstalter bieten Bus-Insel-Touren mit mehrsprachigen Führern an. Sie verlangen für einen Halbtagesausflug nach Ubud oder Sangeh/Mengwi etwa 14 000 Rp. und für eine ganztägige Inselrundfahrt etwa 40 000 Rp., im Preis inbegriffen sind ein Ausflug nach Kintamani oder Besakih, eine *Barong*-Tanzveranstaltung in Batubulan, Mittagessen und mehrere Stopps an Geschäften und Tempeln.

Sie können sich auch eine private Tour zusammenstellen und für etwa 60 000 bis 120 000 Rp. einen klimatisierten Wagen mit Fahrer ausleihen. Vorteil ist, daß Sie bestimmen können, wohin Sie wollen und wie lange Sie verweilen möchten. Die erfahrensten Reiseleiter für Inseltouren sind **Bil** und **Pacto**.

## TAXIS

Am Flughafen gibt es einen Taxiservice, der zwischen 6000 (in die Gegend um Kuta) und 20 000 Rp. (nach Ubud) kostet. Fahrten nach Sanur, Denpasar und Nusa Dua kosten etwa 12 000 Rp.

Taxis und Minibusse stehen vor jedem Hotel mit Fahrer oder sogar Englisch sprechendem Führer zur Verfügung. Pro Tag verlangen sie zwischen 60 000 und 80 000 Rp. Abgesehen vom Preis ist der qualitative Unterschied zwischen einem privat gemieteten Wagen mit Englisch sprechendem Fahrer und einer organisierten Bustour nur gering.

## PRIVATTRANSPORTE

**Autovermietungen**: Am unabhängigsten kann man die Insel in einem Mietwagen, den man selbst steuert, erkunden. Ein internationaler Führerschein ist Voraussetzung. Autovermietungen gibt es in Kuta, Sanur und Denpasar. Üblich sind alte offene **VW-Jeeps** (60 000 Rp. am Tag, 400 000 Rp. pro Woche) und neuere Suzuki Jimnis, die manchmal sogar klimatisiert sind, dafür etwas teuerer (70 000 bis 80 000 Rp.). Benzin und Versicherung werden extra berechnet. Wagen kann man direkt bei seinem Hotel buchen oder bei **Avis**, Bali Hyatt, Sanur (Tel.: 882 71/850 23), oder bei **Bali Car Rental**, Jl. By-pass Ngurah Rai, Sanur (Tel.: 885 50, 88 359). Machen Sie eine Probefahrt, bevor Sie bezahlen.

**Motorradverleih:** Bequem und preiswert sind Motorräder zu leihen. Aber Vorsicht, denn der Verkehr auf den vielbefahrenen Straßen ist gefährlich – und die Unfallrate sehr hoch. Einige Touristen sterben jährlich bei Motorradunfällen, und die Zahl der Verletzten ist enorm. Wenn Sie ein Motorrad leihen, dann fahren Sie langsam und defensiv.

Die Preise für ein Motorrad sind davon abhängig, wie gut man handeln kann und entsprechend unterschiedlich hoch. Für eine 100 oder 125 ccm schwere Maschine muß man etwa 6000 bis 12 000 Rp. am Tag rechnen, 40 000 bis 60 000 pro Woche. Bezahlt wird im voraus.

# UNTERKUNFT

## SANUR

In Sanur lebt es sich herrschaftlich, friedvoll und ruhig – das Publikum ist internationaler und weniger vielseitig und ausgelassen als in Kuta. Fremdenverkehr gibt es in Sanur seit 1920 , d. h. die Einwohner Sanurs haben viel Erfahrung im Umgang mit Touristen. Besuchen Sie die Tempel in Sanur und erkundigen Sie sich, ob nicht gerade ein Tempelfest *(odalan)* stattfindet, das in jedem Tempel alle sieben Monate gefeiert wird.

Es gibt in Sanur eine Reihe von erstklassigen Hotels, darunter große mit Luxus und viel Komfort ausgestattete Vier-Sterne-Hotels und ruhigere Bungalowanlagen direkt am Strand (in der Regel etwa nur halb so teuer wie die großen Hotels). Reservierungen zur Hauptsaison, Juli bis September und Dezember/Januar, sind unerläßlich. Preise gelten exkl. 21 Prozent Mehrwertsteuer und Service.

### ERSTE KLASSE (ÜBER 60 DM)

**Alit's Beach Bungalow,** Jl. Raya Sanur, P. O. Box 102, Denpasar, Tel.: 885 67.

**Bali Beach Hotel,** Jl. Hang Tuah, Sanur 80001, Tel.: 885 11.

**Bali Hyatt Hotel,** Sanur 80001, Tel.: 882 71-7.

**Bali Sanur Puri Dalem Bungalows,** Jl. Raya Sanur, P. O. Box 306, Denpasar, Tel.: 884 21-2.

**Hotel Bali Beach Intercontinental,** Sanur, P. O. Box 275, Denpasar, Tel.: 885 11/7.

**La Taverna Bungalows,** Jl. Tanjungsari, Sanur, P. O. Box 40, Denpasar, Tel.: 884 97.

**Santrian Beach Hotel,** Jl. Tanjungsari, Sanur, P. O. Box 55, Denpasar, Tel.: 881 81/3.

**Sanur Beach Hotel,** Jln. Semawang, Sanur, P. O. Box 279, Denpasar, Tel.: 880 09/880 11.

**Segara Village Hotel,** Jl. Segara, Sanur, P. O. Box 91, Denpasar, Tel.: 884 07/8, 880 21/2.

**Sindhu Beach Hotel,** Jl. Sindhu, Sanur, P. O. Box 181, Denpasar, Tel.: 883 51-2.

**Tanjung Sari Hotel,** Jl. Tanjungsari, Sanur, P. O. Box 25, Denpasar, Tel.: 884 41.

### MITTLERE PREISLAGE (30 BIS 60 DM)

**Bali Sanur Irama Bungalows,** Jl. Tanjungsari, Sanur, Denpasar, Tel.: 884 23/4.

**Bintang Bali,** Sanur 80001, Tel.: 532 92.

**Diwangkara Beach Hotel,** Jl. Raya, Sanur, P. O. Box 120, Denpasar, Tel.: 885 77, 884 12.

**Hotel Ramayan,** Jl. Tanjungsari, Sanur, Denpasar, Tel.: 66 43 59.

**Laghawa Beach Inn,** Jl. Tanjungsari, Sanur, Denpasar, Tel.: 884 94, 882 14.

**Mars Hotel,** Jl. Raya Sanur, Sanur, P. O. Box 95, Denpasar, Tel.: 882 11.

**Narmada Bali Inn,** Jl. Sindhu, Sanur, P. O. Box 119, Denpasar, Tel.: 880 54.

## KUTA

Das heutige Kuta gleicht der Carnaby Street der sechziger Jahre – es ist chaotisch, laut, extrovertiert, aber nichtsdestotrotz wunderbar. Ursprünglich zogen der weitläufige Strand und die herrliche Brandung die Touristen nach Kuta. Nach wie vor ist der Küstenstreifen, an dem Kuta liegt, der schönste auf Bali. Der Ort ist allerdings mittlerweile zugebaut mit Hunderten von Hotels, Restaurants, Bars, Boutiquen, Reisebüros, Antiquitätenläden, Banken, Autovermietungen und laute Musik spielenden Kassettengeschäften – und überall Touristen. Es gibt auch in Kuta mittlerweile einige Erste-Klasse-Hotels, aber der 5 km lange Strand zieht nach wie vor vor allem den preiswert reisenden Touristen an, der es liebt, inmitten des Geschehens zu sein. In Legian, am Ende des Strandes, wohnt man am schönsten, vor allem ruhig.

In Kuta gibt es so viele Bungalows, Strandhotels und Privatunterkünfte (*losmen*), daß eine Liste nie vollständig sein kann und auch überflüssig ist. Fahren Sie einfach hin, sehen sich um und suchen sich ein Quartier vor Ort aus. Zwischen Juli und September und im Dezember und Januar sollte man allerdings Zimmer in den großen Hotels im voraus buchen.

### ERSTE KLASSE (ÜBER 60 DM)

**Bali Anggrek Inn,** Jl. Pantai Kuta, P. O. Box 435, Kuta, Tel.: 512 55.

**Bali Garden Hotel,** Jl. Kartika, Kuta, Tel.: 527 25.

**Bali Oberoi,** Kayu Aya, Legian, P. O. Box 351, Denpasar, Tel.: 510 61.

**Bali Padma,** Jl. Padma 1, Legian Beach, P. O. Box 1107, Bali, Tel.: 517 23.

**Dynasty Shangri-La,** Jl. Kartika Plaza, Kuta, P. O. Box 2047, Denpasar, Tel.: 524 03.

**Kartika Plaza,** Kuta Beach, P. O. Box 84, Denpasar, Tel.: 510 67.

**Kul Kul Beach Resort,** Jl. Pantai, Legian Beach, P. O. Box 97, Kuta, Bali, Tel.: 525 20.

**Kuta Beach Club,** Jl. Bakungsari, P. O. Box 226, Kuta, Tel.: 512 61.

**Legian Beach Hotel,** Jl. Melasti, Legian, P. O. Box 308, Denpasar, Tel.: 513 65.

**Pertamina Cottages,** Kuta Beach, P. O. Box 121, Denpasar, Tel.: 511 61.

**Poppies Cottages,** P. O. Box 378, Denpasar 80001, Tel.: 510 59.

**Ramada Bintang Bali Resort,** Kuta Beach, Tel.: 532 92/3.

**Natour's Kuta Beach Hotel,** Jl. Pantai Kuta, P. O. Box 393, Denpasar, Tel.: 514 61.

### MITTLERE PREISLAGE (30 BIS 60 DM)

**Bali Mandira Cottages,** Jl. Padma, Kuta, Tel.: 513 81.

**Sahid Bali Seaside Cottages,** Kuta Beach, Tel.: 538 55.

## NUSA DUA

**Bali Hilton International,** Nusa Dua, Tel.: 711 02.

**Bali Resort Palace,** Jl. Pratama, Tanjung Benoa, Nusa Dua, Bali 80361, Tel.: 720 26.

**Bali Tropic Palace,** 34A Jl. Pratama, Nusa Dua, Tel.: 721 30.

**Club Bualu,** P. O. Box 6, Nusa Dua, Tel.: 713 10, 713 20.

**Club Med Bali,** P. T. Bali Holiday Villages, Lot No. 6, Nusa Dua, Tel.: 715 20.

**Grand Hyatt Bali,** P. O. Box 53, Nusa Dua, Tel.: 711 88.

**Hotel Nusa Dua,** P. O. Box, 1028, Denpasar, Tel.: 712 10.

**Hotel Putri Bali,** P. O. Box 1, Nusa Dua, Tel.: 711 39.

**Melia Bali Sol,** P. O. Box 1048, Nusa Dua, Tel.: 715 10.

**Mirage Bali,** Jl. Pratama, 12 Tanjung Benoa, P. O. Box 43, Nusa Dua, Tel.: 721 47.

**Nusah Indah Hotel,** P. O. Box 279, Denpasar, Tel.: 880 11.

**Sheraton Lagoon Nusa Dua Beach,** P. O. Box 2044, Kuta 80361, Tel.: 713 27.

## UBUD

**Amandari, Kedewatan,** Ubud, Tel.: 953 33, Fax: 953 35.

**Hotel Campuan,** Ubud, P. O. Box 15, Denpasar 80001, Bali, Tel.: 951 37, Fax: 354 28.

**Kupu Kupu Barong,** P. O. Box 7, Ubud, Gianyar, Bali, Tel.: 356 63, Fax: 231 72.

**Puri Saraswati,** Main Road, Central Ubud, Ubud 80571, Bali, Tel.: 951 64.

**Ulun Ubud Cottages,** Sanggingan, Ubud, P. O. Box 333, Denpasar 80001, Fax: 351 90 Sundt 1A, Kabel: Sundt DPR.

# ESSEN & TRINKEN

## SANUR

Das **Tanjung Sari Hotel Restaurant** hat wegen seiner indonesischen *rijstafel* und seiner gepflegten Atmosphäre einen guten Ruf. In einem gemütlichen, mit Antiquitäten ausgestatteten Speisesaal am Strand spielt ein *tingklink*-Orchester (Bambusinstrumente) zum Essen auf. Auf der neuen Speisekarte stehen kreative „nouveau-Bali"-Gerichte, und die berühmte Bar, die von dem Australier Donald Friend entworfen wurde, befindet sich in einem erhöht liegenden Pavillon mit Blick übers Meer.

Im **Kuri Putih** (im Hotel Bali Sanur Iranma Bungalows) können Sie die Küche des Chefs Nyoman Sana aus Ubud genießen. Versuchen Sie die Grillspezialitäten und die Leckereien vom Salat-Büfett.

Gegenüber dem Hotel Bali Hyatt befindet sich das spektakuläre **Telaga Naga**, ein Restaurant inmitten eines kleinen Sees, das Kerry Hill, der Architekt des Hyatt, entwarf. Hier gibt es Spezialitäten aus Szechwan. Das Essen ist gut, und die Preise sind nicht überteuert. Empfehlenswert sind Huhn mit getrockneten Chilis, Königsgarnelen und die Entengerichte.

Die beste italienische Küche auf Bali bietet die **Trattoria Da Marco**, in dem Reno und Diddit da Marco seit 15 Jahren ihre Gäste verwöhnen. Der gegrillte Fisch und Spaghetti Carbonara, Bohnensalat und die Steaks zählen zu den besten auf Bali.

**La Taverna** gehört zu einer asiatischen Kette italienischer Restaurants mit Hauptsitz in Hongkong. Zu dem Lokal in Sanur gehören eine gemütliche Bar und ein Restaurant am Strand.

Die indonesische Küche lernt man auch im preiswerten **Beach Market** kennen (an der Jl. Segara, direkt am Strand), das vom Bürgermeister von Sanur betrieben wird. Hier erhalten Sie ein herrliches Mittagsmahl (*sate*, *nasi goreng* und frisch gebratenen Fisch) oder ein Abendessen (gegrillter Hummer) mit köstlichen balinesischen Desserts zu einmaligen Preisen.

## KUTA

In Kuta wird nahezu täglich ein neues Lokal eröffnet – von der kleinen Obstsalat- und Joghurtbude am Strand bis zu den großen Restaurants mit chinesischen oder französischen Spezialitäten oder reinem Fischangebot. Die Qualität in den einzelnen Lokalen wechselt immer wieder mit den Köchen, deshalb seien hier nur ein paar sehr gut eingeführte Restaurants genannt. Im übrigen fragen Sie einfach an Ort und Stelle nach dem gerade begehrtesten Lokal.

**Made's Warung** an der Jl. Pantai, einst ein Speiselokal, an der Hauptstraße eines verschlafenen Fischerdörfchens gelegen, hat sich zum stets aktuellen „Cafe Voltaire" in diesem St. Tropez des Ostens gemausert. Hier ißt man sehr gut Spareribs, Thai-Salate, Schnecken, Truthahnsteaks, Speiseeis aus eigener Herstellung und Schokoladencreme und trinkt leckeren Cappuccino, frisch gepreßten Orangen- und Karottensaft. Zum Frühstück gibt es eigene Spezialitäten, die immer wieder wechseln.

Aktuell und meist gut besucht ist **Poppies**, das in einer engen Gasse liegt. Hier locken Avocado- und Meeresfrüchte-Salate, Pasteten, Tacos (belegte Brote), gegrillter Hummer, Steaks, *shishkebab* und Mixgetränke.

Ausgezeichnete chinesische Küche und Meeresfrüchte gibt es im **Bali Indah** und bei **Lenny**. Frischer Hummer oder gebratene Thunfischsteaks schmecken auch sehr gut im **Yasa Samudra Hotel** (am Ende der Jl.Pantai Kuta), wo man im Freien speist.

In Legian ist das Strandcafe des **Blue Ocean Hotel** sehr beliebt für Frühstück und Mittagessen. Etwas weiter, in Seminyak, bekommen Sie im **La Marmite** (auch als **Chez Gado-Gado** bekannt) balinesische „Nouvelle cuisine" im Restaurant am Strand.

Ein herrliches Dinner in romantischer Atmosphäre mit Meeresblick können Sie im **Kura-Kura**-Restaurant des Bali Oberoi Hotel, einige Kilometer hinter Legian erleben. Versuchen Sie z. B. Pfefferente oder gegrillten Hummer.

# KULTURELLES

## THEATER UND TANZ

Die beste Art, balinesische Tänze, *wayang-kulit*-Marionettenspiele und *gamelan*-Orchester zu erleben, ist die Teilname an einem Tempelfest im Dorf. Fast täglich findet irgendwo auf der Insel ein solches Fest statt. Fragen Sie in Ihrem Hotel oder informieren Sie sich im **Bali Post Calendar**, der in vielen Geschäften erhältlich ist. Allerdings stimmen die Angaben nicht immer hundertprozentig.

An verschiedenen zentralen Orten der Insel finden außerdem Vorführungen für Touristen statt. Einige der besten Tänzer und Musiker Balis treten bei solchen Veranstaltungen auf, die für sie eine gute Einnahmequelle sind.

Im Bali Hyatt Hotel gibt es die Plüsch-Diskothek **Matahari**, Diskjockeys legen hier die neuesten Platten aus England auf.

Auch im **Karya**-Restaurant in Sanur, auf der Terrasse des **Purnama** (im Bali Hyatt) und im **Kul-Kul**-Restaurant kann man bei Musik dinieren (reservieren Sie sich einen Platz für die Nacht des Frog Dance). Das **Nusa Dua Hotel** zeigt Darbietungen eigener Art – vor allem in der Nacht des Ramajana finden dort Aufführungen unter freiem Himmel statt, die man in bequemen Opernsesseln verfolgen kann.

# NACHTLEBEN

Heiße Rhythmen, ohrenbetäubende Musik und wogende, laute Menschenmengen lassen das ehemals verschlafene Fischerdörfchen **Kuta** nachts kaum zur Ruhe kommen. Die Zapfhähne an der Jl. Legian und der Jl. Buni Sari bleiben in Betrieb, bis der letzte Gast nach Hause gegangen ist. **Casablanca** und das **Pub**, um nur zwei der Kneipen zu nennen, servieren eisgekühltes Bier in eisgekühlten Krügen.

# EINKAUFEN

## WAS KAUFEN?

Bali ist ein Einkaufsparadies. Überall an den Straßen stehen Boutiquen und Verkaufsstände, in denen zahllose Kunsthandwerker, Schneiderinnen, Holzschnitzer und Maler ihre Arbeiten anbieten.

## HOLZSCHNITZARBEITEN

An den Hauptstraßen in **Mas** gibt es viele Geschäfte mit sehr guten Schnitzarbeiten (bekannt ist vor allem Ida Bagus Tilems Galerie und Museum). Auch in den Dörfern **Pujung** (hinter Tegalalang, nördlich von Ubud), **Batuan** und **Jati** werden Schnitzarbeiten verkauft. Alle einheimischen Hölzer werden hier in kühner Formgebung verarbeitet – vom buntfarbenen Jackbaumholz bis zur gesprenkelten Kokosnuß – auch Hölzer von den Nachbarinseln, z.B. das kräftig braune javanische Teakholz und das schwarze Ebenholz aus Sulawesi, werden verwendet.

## GEMÄLDE

Das Zentrum der Maler ist **Ubud** mit den umliegenden Dörfern **Pengosekan**, **Penestanan**, **Sanggingan**, **Peliatan**, **Mas** und **Butuan**. Die bekannte **Neka-Galerie mit Museum** und das **Puri-Lukisan-Museum** (beide in Ubud) vermitteln einen Eindruck von der Vielseitigkeit der Stile und der Kunstfertigkeit der besten Maler. Nahezu alle Malschulen Balis sind in der **Galerie Munut**, der **Galerie Agung** und der **Galerie der Künstlergemeinschaft Pengosekan** vertreten.

## GOLD & SILBER

Metallarbeiten erhalten Sie zu erschwinglichen Preisen in **Celuk** und **Kamasan**, aber auch in **Kuta**. In **Denpasar** führen die Geschäfte in der Jl. Sulawesi und Jl. Kartini balinesischen Schmuck in traditionellen Mustern.

## KUNSTHANDWERK

Bambusgeräte, **wayang-kulit**-Figuren und Zierrat aus Kokosschalen und Teakholz liegen in den meisten Souvenirläden aus. Knochenschnitzereien sind in **Tampaksiring** günstig, während sich die Frauen in **Bedulu** und **Bona** auf geflochtene Strohhüte und -körbe spezialisiert haben, die man auch auf dem Markt von **Sukawati** und an den Verkaufsständen gegenüber der **Goa Gajah** erstehen kann. Auf dem Markt von **Klungkung** entdeckt man auch schön gearbeitete alte Stücke. Das **Handicraft Centre** (*Sanggraha Karya Hasta*) in Tohpati, Denpasar, besitzt eine große Auswahl an Kunsthandwerk aus Bali und von den anderen Inseln. Geöffnet täglich außer montags von 8 - 17 Uhr.

Auch der Morgenmarkt Pasar Badung in Denpasar hat Erstaunliches zu bieten. Durch korallengeschmückte Gänge gelangt man zu einer Abteilung, in der Korbwaren jeder Größe und Form verkauft werden.

## ANTIQUITÄTEN

Die Geschäftsarkaden der großen Hotels bieten exquisite Stücke (zu exquisiten Preisen) an. In **Kuta** finden Sie bei Anang und im East West Artshop die größte und qualitativ beste Auswahl an Antiquitäten und Werken primitiver Kunst. In Denpasar liegen am oberen Ende der Jl. Gajah Mada mehrere Antiquitätenläden, so auch an der Jl. Arjuna, Jl. Dresna, Jl. Veteran und Jl. Gianyar. In Sanur gibt es einige an der Jl. Sanur.

Zahlreiche Antiquitätengeschäfte nahe dem Kerta Gosa in **Klungkung** führen Einzelstücke chinesischen Porzellans, Malereien im *wayang*-Stil aus Kamasan, alten Schmuck und balinesische Webwaren zu angemessenen Preisen. Auch **Singaraja** besitzt einige Antiquitätengeschäfte, die zu den besten auf Bali zählen. Sie liegen an den Hauptstraßen dieser im Norden der Insel gelegenen Stadt.

# WEITERE APA GUIDES

Weitere APA Guides als Begleiter für ein unvergeßliches Reiseerlebnis.

Das erste Buch in der Reihe der APA Guides beschreibt die Faszination Balis.

Dieser handliche Reiseführer beschreibt ausführlich Routen durch das Land der Mystik und Magie.

## ANREISE

Es kann schwierig sein, einen direkten Flug zu den weniger populären Inseln des indonesischen Archipels zu bekommen, und ob Sie einen bekommen, hängt ganz davon ab, woher Sie anreisen. Auf alle Fälle gibt es Flugverbindungen von Jakarta oder Bali aus.

## UNTERKUNFT

### LOMBOK

**Lombok Intan Laguna,** Senggigi, Mataram, Tel.: 236 80.

**Seleparang Hotel,** Jl. Pejanggik 40, Cakrenegara, Tel.: 226 70.

**Senggigi Beach Hotel,** Senggigi Beach, Mataram, Tel.: 234 30.

**Sheraton Senggigi Beach Resort,** Senggigi Beach, Mataram.

**Suranadi Hotel,** Jl. Raya Suranadi, Mataram, Tel.: 236 86.

### NUSA TENGGARA

#### SUMBAWA

**Losmen Lila Graha,** Jl. Belakang Bioskop, Bima, Tel.: 740.

**Losmen Saudara,** Jl. Hasanudin, Sumbawa Besar, Tel.: 215 28.

**Suci Hotel,** Jl. Hasanudin No. 57, Sumbawa Besar, Tel.: 215 89.

**Tambora Hotel,** Jl. Kabayon, Sumbawa Besar, Tel.: 215 55.

## KOMODO

Das **PPA Camp** in Loho Liang besteht aus einigen großen komfortablen Bungalows mit insgesamt 80 Schlafplätzen, die auf Schlafsäle und Doppelzimmer verteilt sind. Jede Hütte verfügt über zwei Waschräume mit Toiletten. Zum Essen werden preiswerte Reis- und Fischgerichte angeboten. Die Übernachtung kostet etwa 4 US-Dollar.

## SUMBA

**Elim Hotel,** Jl. Achmad Yani No. 35, Waingapu, Tel.: 32/162.

**Losmen Lima Saudara,** Jl. Wanggametti No. 2, Waingapu, Tel. 83.

**Losmen Pelita,** Jl. Udayana, Waikabubak.

**Rakuta Hotel,** Jl. Veteran, Waikabubak.

**Sandalwood Hotel,** Jl. Matawai, Waingapu, Tel.: 117.

**Surabaya Hotel,** Jl. Eltari No. 2, Waingapu, Tel.: 117.

## FLORES

**Losmen Karya,** Ruteng.

**Losmen Mutiara,** Jl. Pelabuhan No. 31, Labuhanbajo.

**Losmen Komodo Jaya,** Labuhanbajo.

**Wisma Agung,** Jl. Wae Cos No. 10, Ruteng.

**Wisma Sindha,** Jl. Yos Sudarso, Ruteng.

# SUMATRA

## MEDAN

**Angkasa Hotel,** Jl. Sutomo No. 1, Medan, Tel.: 32 25 55.

**Danau Toba International,** Jl. Imam Bonjol No. 17, P. O. Box 490, Medan, Tel.: 32 70 00.

**Dirga Surya Hotel,** Jl. Imam Bonjol No. 6, Medan, Tel.: 32 15 55.

**Garuda Hotel,** Jl. Sisingamangaraja No. 27, Medan, Tel.: 227 75/32 44 53.

**Garuda Plaza International,** Jl. Sisingamangaraja No. 18, Medan, Tel.: 32 62 55.

**Hotel Patrajasa Parapat,** Kp. Sluhan-Parapat, Medan, Tel.: 417 96, Fax: 415 36.

**Pardede International,** Jl. Ir. H. Juanda No. 14, Medan, Tel.: 32 38 66.

**Polonia Hotel,** Jl. Jendrai Sudirman No. 14, Medan, Tel.: 32 53 00/32 57 00.

**Sumatera Hotel,** Jl. Sisingamangaraja No. 21, Medan, Tel.: 249 73/32 48 07.

**Way Yat Hotel,** Jl. Asia No. 44, Medan, Tel.: 274 57/275 75.

## BRASTAGI

**Rose Garden Hotel,** Jl. Peceren, Brastagi.

**Rudang Hotel,** Jl. Sempurna, Brastagi.

## PRAPAT/TOBA-SEE

**Astari Hotel,** Jl. Pulau Samosir, Prapat, Tel.: 412 19/417 25.

**Danau Toba International,** Jl. Pulau Samosir, Prapat, Tel.: 415 83/417 19.

**Natour Hotel Prapat,** Jl. Marihat No. 1, Prapat, Tel.: 410 21/410 81.

**Patra Jasa Prapat,** Jl. Siuhan, Prapat, Tel.: 417 96.

**Silintong,** Jl. Tuktuk Siadang, Pulau Samosir, Tel.: 413 54.

**Toba Beach,** Jl. Pangembatan, Tomok, Pulau Samosir.

## BUKITTINGGI

**Benteng Hotel,** Jl. Benteng No. 1, Bukittinggi, Tel.: 221 15.

**Denai Hotel,** Jl. Rivai No. 5, Bukittinggi, Tel.: 214 60/215 11.

**Dymen's International,** Jl. Nawawi Nos. 1, 3, 5, Bukittinggi, Tel.: 210 15/227 81.

**Limas Hotel,** Jl. Kesehatan No. 34, Bukittinggi, Tel.: 226 41/227 63.

**Minang Hotel,** Jl. Panorama No. 20, Bukittinggi, Tel.: 211 20.

## PADANG

**Bougainville Hotel,** Jl. Baginda Aziz Khan No. 2, Padang, Tel.: 221 49.

**Mariani International,** Jl. Bundo Kandung No. 35, Padang, Tel.: 254 10/254 66.

**Muara Hotel,** Jl. Gereja No. 34, P. O. Box 10, Padang, Tel.: 256 00/218 50.

**Padang Hotel,** Jl. Baginda Aziz Khan No. 28, Padang, Tel.: 225 63.

**Pangeran Hotel,** Jl. Dobi No. 3-5, Padang, Tel.: 26 23 33/31.

## RIAU-ARCHIPEL

**Batam Island Country Club,** Tanjung Pinggir, Sekupang, Batam, Tel.: 228 25 oder (Singapur) 225-68 19.

**Batam Jaya Hotel,** Jl. Raja Ali Haji, P. O. Box 35, Batam, Tel.: 587 07/583 48.

**Batam View Hotel,** Jl. Hang Lekir, Nongsa, Batam, Tel. (Singapur) 235-43 66.

**Hill Top Hotel,** Jl. Jlir, Sutami No. 8, Sekupang, Batam, Tel.: 224 82.

**Mutiara Panghegar,** Jl. Yos Sudarso 12A, Pekanbaru, Tel.: 07-612-36 67.

**Riau Holiday Inn,** Jl. Pinang II No. 53, Tanjung Pinang, Bintan, Tel.: 225 73/226 44 oder (Singapur) 737-5735.

**Sampurna Jaya Hotel,** Jl. Yusuf Kahar No. 15, Tanjung Pinang, Bintang, Tel.: 215 55/212 69 oder (Singapur) 532-47 11.

**Turi Beach Resort,** Nongsa, P. O. Box 55/BAM, Batam, Tel.: 215 43 oder (Singapur) 235-55 44.

# KALIMANTAN (BORNEO)

## BANJARMASIN

**Maramim Hotel,** Jl. Lambung Mangkurat No. 32, Banjarmasin, Tel.: 49 58/48 35.

**New River City Hotel,** Jl. R. E. Martadinata No. 3, Banjarmasin, Tel.: 29 83.

**Perdana Hotel,** Jl. Brig. Jen. Katamso No. 5, Banjarmasin, Tel.: 32 76.

**Hotel Sabrina,** Jl. Bank Rakyat No. 21, Banjarmasin, Tel.: 44 42/47 21.

## BALIKPAPAN

**Benakutai Hotel,** Jl. P. Antasari, Balikpapan, Tel.: 218 04/218 13.

**Budiman Hotel,** Jl. P. Antasari, Balikpapan.

**Grand Park Hotel,** Jl. P. Antasari, Balikpapan, Tel.: 229 42.

**Kaltim Hotel,** Jl. Kampung Baru Tengah, Balikpapan.

**Mirama Hotel,** Jl. May. Jen. Sutoyo, Balikpapan, Tel.: 229 60/61.

**Puri Kencana Hotel,** Jl. Gajah Mada No. 14, Balikpapan.

**Tirta Plaza,** Jl. D. I. Panjaitan No. 51-52, Balikpapan, Tel.: 223 24/223 64.

# SULAWESI (CELEBES)

## UJUNG PANDANG

**Makassar Golden Hotel,** Jl. Pasar Ikan 52, Ujung Pandang, Tel.: 222 08.

**Marannu City Hotel,** Jl. Sultan Hasanuddin 3, Ujung Pandang, Tel.: 50 87.

**Toraja Cottage,** Paku Bola Salu, Rantepao, Tel.: 841 46.

**Victoria Panghegar Hotel,** Jl. Jen. Sudirman 24, Ujung Pandang, Tel.: 214 28.

## MANADO

**Kawanua City Hotel,** Jl. Sam Ratulangi 1, Manado, Tel.: 522 22.

# MOLUKKEN

**Amboina Hotel,** Jl. Kapitan Ulupaha No. 5, Ambon City, Ambon, Tel.: 417 25.

**Mahu Village Resort,** Mahu Village, Saparua Island, Tel. 35 29.

**Manise Hotel,** J. W. R. Spratman, Kota Ambon, Tel.: 429 05.

**Mutiara Hotel,** Jl. Raya Pattimura, Kota Ambon, Tel.: 30 75.

## IRIAN JAYA

**Hotel Dafonsoro,** Jl. Percetakan, Negara Jayapura, Tel.: 218 70.

**Hotel Triton,** Jl. Achmad Yani No. 52, P. O. Box 33, Jayapura, Tel.: 212 18.

**Losmen Sederhana,** Jl. Halmahera, Dekat Sarinah, Jayapura, Tel.: 212 91.

# ESSEN & TRINKEN

## LOMBOK

Das balinesische Schwein (*babi guling*), wie es auf Lombok zubereitet wird, sucht auf Bali seinesgleichen. Über Ihr Hotel oder Ihren Fahrer läßt sich ein *babi-guling*-Festmahl organisieren (möglichst in einem der geräumigen Innenhöfe der riesigen Wohnhäuser auf Lombok). Dazu trinken Sie **tuak,** und auch ein Volkstanz wird zu arrangieren sein.

Das alteingesessene chinesische Restaurant **Tjirebon** und gleich daneben das **Pabean** in der Jl. Pabean in Ampenan liegen zentral und sind beliebt bei Billigreisenden. Das Tjirebon serviert kühles Bier und Steak mit Pommes frites. Den Salat sollte man besser stehenlassen.

Manche der arabischen Restaurants in Mataram bieten sowohl jemenitische als auch Lombok-Speisen an. Das **Taliwang** in der Jl. Pejanggik ist auf *ayam pelicing* – gebratenes Curryhuhn – spezialisiert. Das **Garden House Restaurant** ganz in der Nähe führt sowohl chinesische als auch indonesische Gerichte.

In Cakranegara konzentrieren sich die Restaurants in der Jl. Selaparang. Im **Asia** und im **Harum** wird chinesisches Essen serviert. Das **Minang** bietet *nasi padang*, während sowohl das **Istimewa** als auch das **Hari Ini** *ayam pelicing* führen. Die westliche Küche pflegt man im **Hotel Selaparang**.

Das **Hotel Surandai** (in Surandai) und das **Wisma Soejono** (in Tete Batu) sind für schmackhaften, frischen Fisch aus dem eiskalten Wasser der Umgebung bekannt.

## NUSA TENGGARA

### SUMBAWA

In **Aneka Rasa** kocht man chinesische und einheimische Gerichte und trinkt dazu eiskaltes Bier. In Bima ist der beste Tip das **Rumah Makan Anda**, in der Nähe des Kinos, in dem chinesisches und indonesisches Essen angeboten wird, darunter delikate Langusten.

### KOMODO

Auf Komodo gibt es keine Restaurants. Bringen Sie Ihre eigene Verpflegung mit und kochen Sie sich Ihr Essen im **PPA Camp** in Loho Liang.

### SUMBA

In Waingapu gibt es eine Reihe guter Restaurants, darunter das **Rajawali**, das **Feni** (Jl. Tribrata) und das **Jakarta** (Jl. Achmad Yani).

### FLORES

Flores ist kein Paradies für Gourmets, am besten man ißt in seiner Pension oder seinem Hotel. Bessere Unterkünften sind das **Komodo Jaya** und das **Mutiara** in Labuhanbajo oder das **Agung** in Ruteng, in dem auch chinesische Küche serviert wird.

## SUMATRA

### MEDAN

In Medan ißt man gut. Das **Tip Top** (Jl. Jend A.Yani 92) ist repräsentativ für die *padang*-Küche, Hammelhirn in Curry und eine gute Auswahl an Eis. Das **Garuda** (Jl. Pemuda) reicht zu seinen ebenfalls ausgezeichneten *padang*-Gerichten Fruchtsäfte.

Abends und nachts empfehlen sich die Essensstände an der **Selat Panjang**, die chinesische Gerichte, *satay* und Fruchtsäfte verkaufen. Besonders gute *satay* führt auch der Eßmarkt am Swimmingpool in der Jl. Sisinamangaraja.

In **Medan** erhält man vor allem in den Monaten August und September an den Obstständen köstliche *durian* zu unglaublich niedrigen Preisen.

**Bali Plaza** (chinesisch), Jl. Kumango No. 1A, Tel.: 51 48 52.

**Cafe De Marati** (europäisch), Jl. Gatot Subroto, Tel.: 32 17 51.

**De'Bour** (asiatisch und europäisch), Hotel Dharma Deli, Jl. Balai Kota No. 2, Tel.: 32 70 11.

**De'Plaza** (asiatisch und europäisch), Garuda Plaza International Hotel, Jl. Sisingamangaraja No. 18, Tel.: 32 62 55.

**Toshiko Yokohama** (japanisch), Hotel Danau Toba International, Jl. Imam Bonjol No. 17, Tel.: 32 70 00.

## PRAPAT/TOBA-SEE

Die meisten Restaurants in Prapat befinden sich in der Jl. Pulau und der Jl. Sisingmangaraja, darunter **Asia**, das chinesische und indonesische Gerichte führt, und das **Wisma Danau Toba**, das mit asiatischer und europäischer Küche aufwartet.

## BUKITTINGGI

**Dymen's Hotel** (asiatisch und europäisch), Jl. Nawawi No. 1, 3, 5, Tel.: 227 81.

**Ria Sari** (Minang-Küche), Ngarai Sianok Shopping Center, Jl. Jend. Sudirman No. 1, Tel.: 215 03.

**Simpang Raya** (Minang), Muka Jam Gadang, Tel.: 225 85.

## PADANG

**Chan's** (chinesisch), Jl. Pondok No. 94, Tel.: 221 31.

**Hang Tuah** (asiatisch und europäisch), Hotel Hang Tuah, Jl. Pemuda No. 1, Tel.: 265 56/7/8.

**Machudum's Bar & Restaurant** (asiatisch und europäisch), Hotel Machudum, Jl. Hiligo No. 45, Tel.: 223 33/239 97.

**Mariani Hotel Restaurant** (asiatisch und europäisch), Hotel Mariani, Jl. Bundo Kandung No. 35, Tel.: 354 21.

**Phoenix** (chinesisch), Jl. Niaga No. 138, Tel.: 213 04.

## RIAU-ARCHIPEL

Die Riau-Inseln sind bekannt für schmackhafte Meeresfrüchte, die besonders gut in Batam zubereitet werden. Zu den Spezialitäten zählen Chili-Krebse, Knoblauch-Garnelen, Fischcurry (*gulai ikan*), fritierter Tintenfisch und gegrillter Hummer. Eine Reihe von ausgezeichneten Garküchen verkaufen ihre Gerichte entlang der Küste von **Pantai Batu Besar** und am Strand von **Nongsa** sowie im Nachtmarkt von **Lubik Baja** im Dorf Nagoya. Auch in der Hauptstadt, in **Tanjung Pinang** auf der Nachbarinsel Bintan, findet ein Nachtmarkt statt.

**Batam Island Country Club** (chinesisch und indonesisch), Tanjung Pinggir, Sekupang, Batam, Tel.: 228 25.

**Batam View Hotel** (asiatisch und europäisch), Jl. Hang Lekir, Nongsa, Batam, Tel.: 222 81.

**Pagi Sore** (Padang-Küche), Lubuk Baja, Nagoya, Batam.

**Panjang Restaurant** (Fischgerichte), Tanjung Pinang, Bintan.

**Rejeki Restaurant** (Fischgerichte), Pantai Batu Besar, Batam.

**Riau Holiday Inn** (asiatisch, europäisch und Fischgerichte), Jl. Plantar II No. 53, Tanjung Pinang, Bintan, Tel.: 225 73.

**Tunas Baru Seafood Restaurant,** Jl. Imam Bonjol, Block E, No. 42, Nagoya, Batam, Tel.: 584 98.

# KALIMANTAN (BORNEO)

## BANJARMASIN

**Prambanan** (javanisch), Perdana Hotel, Jl. Brig. Jen. Katamso No. 5, Tel.: 32 76.

**Maramim Hotel Restaurant** (asiatisch und europäisch) Jl. Lambung Mangkurat No. 32, Tel.: 49 58/ 48 35.

## BALIKPAPAN

**Mirama** (asiatisch und europäisch), Hotel Mirama, Jl. May. Jen. Sutoyo, Tel.: 561/562.

**Rainbow Coffee Shop & Restaurant** (europäisch und chinesisch), Blue Sky Hotel, Jl. Letjen Soeprapto No. 1, Tel.: 222 67.

# SULAWESI (CELEBES)

## UJUNG PANDANG

Das seefahrende Volk der Makassar versteht sich darauf, mit einfachen Mitteln herrliche Fischgerichte zu zaubern. Zu den berühmtesten Gerichten gehört **ikan bakar** – der rote Seebarsch, der über dem offenen Feuer gegrillt und mit weißem Reis und scharfem **sambal** serviert wird. Am besten schmeckt es des Nachts in einem *warung* am Hafen oder in der etwas vornehmeren Umgebung des **Asia Baru Restaurants** in der Jl. Salahutu 2.

Das **Himan** (Jl. Jampea 2) führt chinesische, indonesische und europäische Küche, das mittlerweile besser gewordene **Bamboo Den** (Jl. G. Latimojong) und das **Sea View** direkt am Ufer (Jl. G. Latimojong) bieten chinesische, indonesische und europäische Gerichte an. Wer keinen Fisch essen möchte, probiert *soto makassar,* eine dickflüssige nahrhafte Suppe, die aus Fleischstücken des Wasserbüffels gekocht wird. Am besten ißt man sie nachmittags, und zwar im **Soto Daeng** (unweit des Kinos Istana) oder an einem *warung* irgendwo in der Stadt. Restaurants in Ujung Padang:

**Happy** (asiatisch und europäisch), Jl. Sulawesi, Tel.: 229 47.

**Wisma Ria** (asiatisch und europäisch), Jl. Pasar Ikan.

## MANADO

**Cakalong** (asiatisch und europäisch), Kawanua City Hotel, Jl. Sam Ratulangi No. 1, Tel.: 37 71.

**Dua Raya** (chinesisch), Jl. P. Tenoban No. 46, Tel.: 22 36.

## MOLUKKEN

Die Küche der Molukken ist sehr einfach. Im Süden ist das Grundnahrungsmittel Sago, dazu ißt man süße Kartoffeln und *cassava.* Der Fisch liefert die Proteine, Fleisch und Geflügel sind besonderen Tagen vorbehalten. Kanari, eine der Mandel ähnliche Nuß, wird zu einer Soße für *gado-gado*-Salate verarbeitet. Im Norden ißt man gerne gelben Safranreis mit Curry oder *satay.*

Arabische und chinesische Familien kochen vielseitiger und essen mehr Fleisch. Die eurasischen Molukken mögen die holländische Küche, vor allem Suppe aus roten Bohnen mit Schweinshaxen oder Fisch in weißer Soße. Selten geht man zum Essen aus. Und die neuen Essensstände und kleinen Restaurants werden vor allem von ausländischen Arbeitskräften besucht.

**Amboina Bakery,** Jl. Y. Y. Patty, Kota Ambon.

**Halim Restaurant,** Jl. Sultan Hairun, Kota Ambon, Tel.: 971 26.

**Tirta Kencana Coffee House,** Amahusu, Kota Ambon.

## IRIAN JAYA

In Jayapura, der größten Stadt in der Provinz von Irian Jaya, leben viele Bugi. *Ikan bakar* ist daher das beliebteste Gericht. In der Gasse hinter der Import-Export-Bank in der Nähe des *bemo*-Standes bekommt man an unzähligen *warung* vorbei, die *ikan akar* und *sate* servieren.

Empfehlenswert sind die Restaurants **Cahaya** (Jl. Achmad Yani Jayapura) und **Hawaii** (Dekat Sarinah). Beide kochen europäisch und asiatisch.

# EINKAUFEN

## WAS KAUFEN?

## LOMBOK

Stoffe und Gewebe traditioneller Art bekommt man hier in der besten Qualität zu kaufen. In den Dörfern kann man beim Weben und Färben zuschauen: In **Sukarare** werden Stoffe für sogenannte *tenun lombok* gewebt, in **Pujung** für *kain lambung*, in **Purbari** für *kain purbasari* und in **Balimurti** für die bei Zeremonien benutzten **beberut**-Kleider. Bei **Labuhan Lombok** an der Ostküste werden feine Decken hergestellt.

Die besten modernen Gewebe entstehen in **Cakranegara**. Viele italienische Schneider, die auf Bali leben, kaufen ihre Stoffe bei Pak Abdullah **C.V.Rinjani** (gleich neben dem Hotel Selaparang). Das Lager birgt Restbestände von Stoffballen, die erstklassige Designer kreierten. Vor allem die seidenen *sarung* und die dazu passenden *selendang*-Tücher genießen unter den Stoffkennern Balis und Jakartas einen guten Ruf.

In der Weberei von **Selamat Ryadi** werden ebenfalls ausgezeichnete Tuche hergestellt (Jl. Ukir Kawi 10, ein Block nördlich und ein Block westlich des Wasserpalastes Pura Mayura). Ganz in der Nähe ist die Weberei **Balimurti,** in der Stoffe im traditionellen Stil von Purbasari gewebt werden.

Lomboks Bambuskörbe sind dekorativ und sehr robust. Viele werden in den östlich gelegenen Dörfern **Kotaraja** und **Loyok** hergestellt. Hier gibt es auch wundervoll gearbeitete Keramik. Auf dem Markt von **Sweta** (genau östlich von Cakranegara) und dem von **Cakranegara** westlich des Pura-Meru-Tempels sind alle diese Arbeiten erhältlich.

Das Antiquitätengeschäft **Sudirman's** liegt in einer Nebenstraße der Jl. Pabean in Ampenan (fragen Sie gegenüber der *bemo*-Station nach der Richtung). Hier werden günstig *kris*-Griffe, alte

Webarbeiten, religiöse Bildnisse und Figuren und andere Antiquitäten (originale und nachgemachte) verkauft.

## SUMBA

Aus allen Teilen der Welt kommen die Menschen nach Sumba, um traditionelle *ikat*-Stoffe zu kaufen. Wählen Sie sorgfältig aus, denn unter den angebotenen Waren ist viel Ausschuß. Achten Sie auf sanft geschwungene Linien, als Zeichen perfekter Handarbeit. Komplizierte Muster sind auch ein Hinweis auf gute Arbeit. Die Farben sollten nicht ineinander verlaufen, sondern klar voneinander getrennt sein; sollten weiße Bereiche zum Muster gehören, so müssen diese klar von den umgebenden Farben abstechen. Handeln Sie hartnäckig, oft liegt der endgültige Preis zwei Drittel unter dem zunächst geforderten. Die meisten *ikat* werden in Paaren verkauft, einer dient als Kleid und einer als Schal. Preise liegen zwischen 10 US-Dollar für Serienprodukte und über 500 US-Dollar für Einzelstücke, die allerdings schwer zu finden sind.

In **Prailiu** und **Mangili** außerhalb von Waingapu konzentrieren sich die meisten Webereien Sumbas. In **Melolo** an der Südostküste werden ebenfalls qualitativ hochwertige handgewebte Stoffe angeboten.

Ungewöhnlich sind die kleinen Metallscheiben, die die Form einer Vagina haben und die in Sumba verkauft werden. Traditionell gehörten sie zur Mitgift einer Braut, westliche Besucherinnen tragen sie mittlerweile als Ohrringe.

## MEDAN

Auf den Märkten von Medan kann man Handarbeiten aus ganz Sumatra oder Java kaufen. Eine Vielzahl von Antiquitätenläden führen eine enorme Auswahl an Waren. Besuchen sollten Sie vor allem: **Borobodur** (Textilien, Masken und Statuen), **Arafah** (Gemälde, Holzschnitzarbeiten), **Aslo** (Gemälde), **Rufino** (Gemälde, Statuen) und **Serlatan** (Gemälde), alle befinden sich in der Jl. Jend. Achmad Yani.

Im Pasar Ikan Lama (zwischen Jl.Perniagaan und Jalan Jl. Yani) wählt man sich die schönste Batik aus. Auch in den Souvenirläden an der Jl.Yani und in einigen der Geschäfte in der Jl. Arifin wird Batik verkauft. **Batik Keris** und **Danar Hadi** führen Batik auch als Meterware und verkaufen fertig geschneiderte Kleider.

## TOBA-SEE

Nach 20 Jahren Tourismus sind leider nahezu alle echten Antiquitäten, die es jemals in Toba und Karo gab, ausverkauft. Die nachgemachten Batak-Kalender und Medizinkästchen aus Büffelhorn sind mittlerweile nichts Ungewöhnliches mehr. Auf ein wirklich altes Stück kann man noch in Medan bei **Toko Bali** (Jl. Jend. Jani 68) oder im **Indonesia Art Shop** in derselben Straße stoßen.

Einige Unternehmen in Toba veranstalten sogenannte „Antiquitäten-Safaris" und fahren mit den Kunden aufs Land, um dort noch Antiquitäten aufzuspüren. Aber dann sind die Preise überzogen. Noch immer erhältlich sind Stücke chinesischen Porzellans und holländische Silbermünzen.

Der beste, wenn auch makabre Fund, den man machen kann, ist ein geschnitzter *tungkat*-Zauberstab. Echte Stäbe enthalten Fläschchen mit Babyblut. Sie sollen überirdische Kräfte haben und sind daher sehr gefragt. Authentische Zauberstäbe werden teuer gehandelt und kosten ab 1000 US-Dollar aufwärts. Kleine echte Batak-Geisterfiguren gibt es hier und da, die kleinen Batak-Häuser sind moderner Machart. Webarbeiten der Batak und *kain ulos* gibt es günstig, wenn man hartnäckig handelt.

## WESTSUMATRA

Westsumatra ist bekannt für seine wunderschönen handgewebten *songket*-Kleider und feine Stickereien, aber auch für Silberarbeiten und Holzschnitzereien. In vielen Kommunen wird gewebt, aber die besten Webarbeiten findet man in **Slungkang**, einer kleinen Stadt auf dem Agam-Plateau. Dort werden aus den glitzernd gefärbten Seidenstoffen *songket sarung*, Tücher und Kopfbedeckungen, gefertigt – in alle Teile ist reichlich Gold eingewebt.

Hübsche Stoffe werden auch in **Pandai Sikat** in der Nähe von Padang Panjung (zwischen Padang und Bukittinggi) hergestellt. Die Weberinnen arbeiten zu Hause und brauchen für einen *sarung* mit passendem Tuch manchmal nur wenige Wochen, bei kompliziertem Muster Monate. Stickarbeiten und Holzschnitzereien kommen auch aus Pandai Sikat.

In **Kota Gadang** fabrizieren Silberschmiede feine Filigranarbeiten. In **Singaipuar**, einem Dorf, das etwa 20 Minuten von Bukittinggi entfernt liegt, stellen Schmiede alles, von Nägeln bis hin zu landwirtschaftlichen Geräten, her.

## KALIMANTAN (BORNEO)

Wer sich für Kunst und Kunsthandwerk in Kalimantan interessiert, stößt unweigerlich auf die Kultur der Dayak. Typisch sind die geometrischen Muster, mit denen die Dayak Szenen aus dem alltäglichen Leben im Urwald darstellen und die deutlich auf hinduistischen und chinesischen Einfluß hinweisen.

**Ikat** (Knüpfbatik) ist eine sehr verbreitete Webtechnik, bei der ursprünglich Rindenfasern, natürliche Pflanzen- und Erdfarben verarbeitet wurden. Mittlerweile werden überwiegend industrielle Garne und Farbstoffe verwendet. Dayak-Stoffe sind genauso gut wenn nicht besser als die berühmten *ikat* aus Sumba.

Die Stämme der Dayak sind berühmt für ihre Perlenstickerei. Tausende von winzigen Glasperlen werden für die Verzierung von Geldbörsen, Tabakbeuteln, Dolchscheiden, Babytaschen, Korbdeckeln, Kleidersäumen, Mützen und Stirnbändern verarbeitet. Bekannt sind die gelbschwarzen Perlstickereien der Penan.

Vielfältig ist auch das Angebot an mit ihren zweifarbigen Mustern typischen Korbwaren.

Während die Männer der Dayak überwiegend schnitzen oder Metalle bearbeiten, konzentrieren sich die Frauen auf das Flechten und Weben, stellen Perlenstickerei her und nehmen Tätowierungen vor.

## SULAWESI (CELEBES)

Auch in Sulawesi werden überwiegend Holzschnitzereien und Stoffe hergestellt und verkauft. In Ujung Pandang bieten eine Reihe von guten Antiquitätengeschäften ihre Waren an. Der **Art Shop** (Jl. Somba Opu) führt Statuen, Schnitzereien, Batik, *sarung*, Körbe und Lederutensilien. Der **Asdar Art Shop** (in derselben Straße gelegen) verkauft Gemälde, Schnitzereien, Seiden-*sarung* und Korbwaren. Der **Mutiara Art Shop** konzentriert sich auf Statuen, Schnitzarbeiten, *sarung*, Muscheln und Tierhäute, während der **Paleori Art Shop** mit Gemälden, Bambusarbeiten und Stoffen aus Toroja handelt.

## IRIAN JAYA

Mit dem Namen Neuguinea assoziieren die meisten Kunst und Kunstgewerbe der Asmat in Irian Jaya. Schlichte Farben – erdrot, schwarz und weiß – sind nahezu Markenzeichen dieses Stammes. Das Interesse an den Schnitzereien der Asmat hat in den letzten Jahren enorm zugenommen, und die besten Schnitzer nehmen mittlerweile als Lehrer einen festen Platz im Ausbildungssystem der Vereinten Nationen ein.

Das **Asmat Handicraft Project** in Jayapura (Dinas Peridustriaan Kotakpos 294) führt die besten Schnitzarbeiten der Asmat. Aber auch im Warenhaus außerhalb Jayapuras (Jl. Batu Karang, nahe der Hauptstraße nach Hamadi), bei **Cama** in der Stadt und am Souvernir-Stand des Flughafens in Sentani sind sie erhältlich.

# NÜTZLICHE ADRESSEN

## TOURISTENINFORMATION

**Indonesisches Fremdenverkehrsbüro für Europa,** Wiesenhüttenplatz 26, 60329 Frankfurt am Main.

## STÄNDIGE VERTRETUNGEN

**Botschaft der Bundesrepublik Deutschland**, Jl. M. H. Thamrin 1, Jakarta.

**Botschaft der Republik Österreich**, Jl. Diponegoro 44, Jakarta.

**Botschaft der Schweizerischen Eidgenossenschaft,** Jl. H. R. Rasuna Said, Blok X 3/2, Kuningan, Jakarta.

# Weitere APA Guides

Weitere APA Guides als Begleiter für ein unvergeßliches Reiseerlebnis.

Über 13 600 Inseln bieten eine außergewöhnliche Vielfalt an Menschen und Landschaften.

Dieses Buch beantwortet viele Fragen des Naturliebhabers.

## ANREISE

### MIT DEM FLUGZEUG

Der elegante internationale Flughafen in Kuala Lumpur (ein 52 Millionen-M-Dollar-Projekt) ist in Malaysia nahezu konkurrenzlos. Die gewagte Konstruktion wurde plump in die verträumte Landschaft bei Subang, 22 Kilometer vom Stadtzentrum, gestellt. Glas herrscht vor und kurzsichtige Mitmenschen sollten darauf achten, daß sie nicht aus Versehen gegen eine Scheibe stoßen. Kurz nach der Eröffnung berichtete eine Zeitung: „Das erste Opfer war ein Gepäckträger, der gegen eine Glaswand in der nördlichen Ankunftshalle rannte. Die Scheibe blieb ganz, während die Nase des Gepäckträgers zu Bruch ging. Man merkt, daß hier sehr widerstandsfähige Scheiben verwendet wurden."

Der internationale Flughafen von Kuala Lumpur wird von etwa 20 internationalen Fluggesellschaften angeflogen – 90 Prozent der Besucher Malaysias kommen hier an. Die nächsten internationalen Strecken sind die nach Singapur (35 Min.) und Bangkok (1 Std. 20 Min.). Auch die Flugzeuge aus dem Norden (Sabah, Sarawak, Penang) landen hier.

Bei internationalen Flügen muß man vor dem Abflug 15 M-Dollar Flughafensteuer entrichten, bei Flügen nach Singapur und Brunei nur 5 M-Dollar.

### MIT DEM SCHIFF

Kreuzfahrtschiffe und Frachter, die auch Kabinen an Passagiere vermieten, legen im Hafen von Port Klang (ehemals Port Swettenham) an, der 42 km westlich von Kuala Lumpur liegt. Oder sie laufen den historischen Hafen von Penang an, in dem einst die Flüchtlinge vor den Despoten auf dem Festland Zuflucht suchten.

### MIT DER BAHN

Die Eisenbahn kann in Malaysia auf eine lange, bewegte Geschichte zurückblicken. Eine Inschrift fünf Kilometer von Telok Anson entfernt berichtet: „Hier liegt ein wilder Elefant begraben, der am 17. September 1894 seine Herde gegen einen Zug verteidigte und diesen dabei zum Entgleisen brachte." Heute finden Sie zwar keine so selbstlosen Helden mehr unter den Elefanten, aber die Eisenbahnstrecke führt noch immer durch dichten Urwald, in dem viele wilde Tiere leben, und so lernt der Bahnreisende im Vorbeifahren das Hinterland Malaysias kennen, ohne deshalb Zeit zu verlieren.

Im übrigen durchzieht Malaysia ein ausgedehntes Eisenbahnnetz, mit Verbindungen von Kuala Lumpur und Kota Bharu nach Singapur, Bangkok und Butterworth. Näheres erfragen Sie bitte am Bahnhof in Kuala Lumpur oder in einem Reisebüro.

### DER ORIENTEXPRESS

Seit November 1992 verkehrt der **Eastern and Oriental Express (E&O)**, ein Ableger des berühmten Simplon-Orientexpressses, der zwischen London und Venedig unterwegs ist, zwischen Singapur, Kuala Lumpur und Bangkok. Die Reise dauert eine Woche, exakt 41 Stunden. Die Strecke umfaßt 1943 Kilometer. Der E&O fährt jeden Donnerstag durch den Norden Kuala Lumpurs und hält zusätzlich in Butterworth und Penang. Ausstattungsstandard, Service und Küche in diesem Zug sind von erlesenster Qualität. Von Kuala Lumpur nach Singapur zahlt man wenigstens 190 US-Dollar. Reservierungen nehmen Reisebüros und das Büro des E&O in London (Tel.: 071/928-6000, Fax 071/620-1210) entgegen.

### ÜBER LAND

Wenn Sie auf Luxus nicht allzuviel Wert legen, dann können Sie in Jahore Bahru ein **Kollektivtaxi** nehmen, mit dem Sie in sechs Stunden in Kuala Lumpur sind. Wenn sich vier bis fünf Reisende auf diese Art ein Taxi teilen, kostet die Fahrt nur etwa 20 M-Dollar pro Person. Noch preiswerter sind klimatisierte **Busse**, die täglich um 9 Uhr in Singapur losfahren (Parkplatz New Bridge Road) und etwa 8 Stunden bis nach Kuala Lumpur brauchen, einige fahren auch direkt an die Ostküste.

## REISEINFORMATIONEN

### VISA

Bürger der Bundesrepublik Deutschland, Österreichs sowie der Schweiz benötigen zur Einreise und für einen Aufenthalt bis zu drei Monaten lediglich einen gültigen Reisepaß. Auch Staatsangehörige der Länder, die mit Malaysia diplomatische Beziehungen pflegen, benötigen lediglich einen gültigen Reisepaß. Visa sind erforderlich für alle Staatsangehörige kommunistischer Staaten, Israels und Südafrikas.

### GELD

1 Ringgit, d. h. ein malaysischer Dollar (M$), war bei Drucklegung 0,64 DM wert.

Der malaysische Dollar ist recht stabil – er existiert seit 1957. Singapur- und Brunei-Dollar sind etwas mehr wert und können nicht mehr ohne weiteres in Malaysia verwendet werden. Sie dürfen uneingeschränkt Kreditkarten einführen und beliebige Mengen der Landeswährung ein- und ausführen – es erspart Ihnen jedoch einige Fragen, wenn Sie das Bargeld, das Sie außer Landes bringen wollen, bei der Einreise deklariert haben.

In den Banken und Wechselstuben bekommen Sie einen besseren Umtauschkurs als in den Arkaden der Luxushotels, denn viele Hotels verlangen zwei bis vier Prozent Umtauschgebühr. Wenn Sie einen Ausflug aufs Land machen, sollten Sie immer genügend M-Dollar bei sich haben, da Geldwechsel möglicherweise schwierig sein könnte.

In den eleganten Geschäften der großen Städte und in Kaufhäusern, Luxusrestaurants und -hotels werden Reiseschecks akzeptiert, allerdings nur in Verbindung mit dem Reisepaß. Anerkannte Kreditkarten (z. B. Diners Club, American Express, Carte Blanche) werden in den größeren Städten angenommen. Einige Hotels haben sich ein eigenes Kreditsystem mit eigenen Karten ausgedacht. Bedenken Sie jedoch, daß außerhalb der Städte dem Malaysier am liebsten die harte Währung seines Landes ist.

### GESUNDHEIT

Impfungen gegen Cholera und Gelbfieber sind vorgeschrieben, wenn man aus einem Infektionsgebiet kommt. Die ärztliche Versorgung in Malaysia ist überall sehr gut, da der hygienische Standard einer der besten in Asien ist. Man kann durchaus riskieren, Wasser zu trinken, wenngleich es empfehlenswert ist, es auch hier vor Gebrauch abzukochen oder lieber Tee, Kaffee und in Flaschen abgefüllte Getränke zu trinken. Frisches Obst können Sie unbesorgt zu sich nehmen, genauso frisch gekochtes Essen, *nasi goreng* (fritierter Reis) und *mee goreng* (gebackene Nudeln), das örtliche Äquivalent zu Hot dogs und Hamburger.

### KLEIDUNG

Im tropischen Klima Malaysias ist leichte und bequeme Kleidung angebracht. Jeder kleidet sich das ganze Jahr über relativ lässig. Kleider und Hemden aus Batik, die Sie überall kaufen können, sind sehr beliebt. Bequeme, offene Schuhe oder Sandalen sind üblich. Bei einigen offiziellen Anlässen tragen Männer ein Jackett (Anzug) und Krawatte; im allgemeinen sind aber sportliche Baumwollhemden Standard, sei es beim Cocktail oder im Theater. Frauen sollten, außer am Strand, keine zu kurzen Kleider, Röcke oder Shorts tragen. In Moscheen sollten die Beine bis übers Knie bedeckt sein, und auch in abgelegenen Dörfern sind Sonnentops und Minikleider eher verpönt.

## ZOLL

Der „Durchschnittstourist" braucht sich bei der Einreise um den Zoll keine Sorgen zu machen. Zollfrei sind: 200 Zigaretten, 250 g Tabak oder Zigarren und ein Liter Spirituosen. Gebrauchte und getragene Gegenstände werden meist von der Einfuhrsteuer ausgeschlossen. Drogen, Pornographie, Stichwaffen und Funkgeräte sind dagegen streng verboten. Schon der Besitz einer geringen Menge Rauschgift ist strafbar. Beim Besitz von mehr als 15 g Heroin droht die Todesstrafe!

# KLEINE LANDESKUNDE

## POLITIK UND WIRTSCHAFT

Malaysia ist der offizielle Name der ehemaligen britischen Kolonie Malaya.

Das Land ist seit 1957 unabhängig. Malaysia ist eine der beiden einzigen gewählten Monarchien der Welt. Der König (Yang di Pertuan Agong) ist jeweils für fünf Jahre Staatsoberhaupt und regiert zusammen mit den zwei Kammern des Parlaments (dem Repräsentantenhaus und dem Senat). Die Exekutive der Regierung ist das Kabinett unter der Führung von Datuk Seri Mahathir Mohamad, der seit 1981 Premierminister des Landes ist.

Die gesamte Bevölkerung (17,36 Millionen) besteht zu etwa 54 Prozent aus Malaien, 35 Prozent Chinesen und 10 Prozent Inder und Pakistanis, die sich auf 13 Staaten verteilen. In der Hauptstadt Kuala Lumpur leben etwa eine Million Menschen.

Malaysia deckt zwischen 35 - 40 Prozent der gesamten Zinn- und Gummiproduktion der Welt ab, Erdöl, Erdgas, Holz und Pfeffer gehören außerdem zu den wichtigsten Exportartikeln. Haupthandelspartner sind Japan und USA.

## ORTSZEIT

In Malaysia ist man der MEZ um 8 Stunden voraus (zur Sommerzeit 7 Stunden).

## KLIMA

Die tropische Sonne und mit Regen schwer beladene Wolken bekämpfen einander am Himmel Malaysias, wobei die Sonne meist hartnäckiger ist. Die Jahreszeiten richten sich nach den Monsunwinden, die zwischen September und Dezember vor allem an der Westküste der Halbinsel die Regenzeit mit sich bringen (von kurzen sonnigen Intervallen einmal abgesehen). An der Ostküste und im Norden Borneos kommt der Regen etwas später im Jahr – hier werden die meisten Regenschirme zwischen Oktober und Februar verkauft. Im großen und ganzen ist es in Malaysia aber warm, feucht und sonnig. In den Hochtälern ist es tagsüber und nachts (in den Niederungen nur nachts) angenehm kühl.

## GESCHÄFTSZEITEN

In einem islamischen Land, das einst britische Kolonie war, ist es verständlich, wenn „Wochenende" nicht gleich Wochenende ist. In den Bundesstaaten, die unter britischer Herrschaft standen – Selangor, Malakka, Penang, Perak, Pahang und Negir Sembilan – sind die Geschäfte Samstag nachmittags und sonntags geschlossen. Die ehemaligen nichtföderierten Staaten, die unter britischer Verwaltung zum Teil autonom waren – Johor, Kedah, Perlis, Trangganu und Kelantan – haben traditionell am Donnerstag halbtags und am Freitag ganztags geschlossen. Samstag und Sonntag sind dafür normale Wochentage.

Regierungsämter öffnen um 8.15 und schließen um 16.15.Uhr. Freitags wird von 12 bis 14.30 Uhr nicht gearbeitet, damit die Beamten am *jumaat*-Gebet in einer Moschee teilnehmen können. Andere Büros arbeiten meist zwischen 9 und 17 Uhr. Einzelhandelsgeschäfte schließen um 18 Uhr, Kaufhäuser erst gegen 21 Uhr.

## SPRACHE

Wahrscheinlich spricht Ihr Taxifahrer in Kuala Lumpur vier verschiedene Sprachen. In den Städten Malaysias wechselt man nämlich die Sprache mit dem Wohnort. Malay ist die offizielle Landessprache , die in den Regierungsämtern gesprochen wird. Englisch beherrschen generell alle Malaien, außerdem hört man die knatternden Laute des Tamil (aus Südindien) und einige chinesische Dialekte (in den Städten überwiegend Kantonesisch und Hokkien). Es kann vorkommen, daß der Besitzer eines unscheinbaren Cafes in Cambridge Englisch studiert hat, und so trifft man nahezu in jedem Dorf – und ist es noch so klein – ein Sprachgenie. Kehren Sie in einer Dorfkneipe ein und bestellen Sie sich etwas zu trinken. An Ihrem Akzent werden Sie sofort als *turis* oder *tamu* (Gast) identifiziert werden, und im Nu wird ein „Dolmetscher“ auftauchen und Ihnen seine Dienste anbieten.

# UNTERWEGS

## INLANDSFLÜGE

Das Malaysian Airline System (MAS), 1972 gegründet, verfügt über ein weitverzweigtes Flugnetz im nationalen und internationalen Bereich. Linienflüge (teilweise zum Economy-Tarif) verkehren zwischen Kuala Lumpur und Alor Star, Penang, Kota Bahru, Kuala Trengganu, Kuantan, Ipoh, Malakka, Johore Bahru, Kota Kinabalu und Kuching. In den Staaten Sabah und Sarawak gibt es auch interne Fluglinien, die schnell und effektiv sind. Täglich pendeln Flugzeuge zwischen Kota Kinabalu und Labuan, Lahad Datu, Sandakan, Tawau, Bintulu, Kuchung, Miri, Semporna, Tomanggong, Pamol Kudat, Keningau, Ranau, Long Semadoh, Lawas, Limbang, Bario, Long Seridan, Marudi, Mukah Sibu, Kapit, Belaga, Simanggang, Bakalalan, Long Sukang und Long Lellang.

Wollen Sie einen Flug buchen, so denken Sie daran, daß Aufenthaltsgenehmigungen für Westmalaysia nicht automatisch auch für Ostmalaysia gelten. Sarawak und Sabah erteilen jeweils ihr eigenes Visum (kostenlos) beim Grenzübertritt.

## MIT DER BAHN

Die Haupteisenbahnlinie reicht von Singapur im Süden bis in den Norden an die Grenze Thailands, und die Züge halten in jeder größeren Stadt: Johore Bahru, Kuala Lumpur, Gemas, Segamat, Ipoh und Butterworth. Die East Coast Line zweigt in Gemas von der Hauptlinie ab und führt bis nach Tumpat an der Ostküste. Auf beiden Strecken verkehren mehr als ein Dutzend Züge pro Tag, und der Fahrgast kann zwischen klimatisierten Erste-Klasse-Abteilen und unklimatisierten Abteilen der Zweiten und Dritten Klasse wählen und nachts in Doppelabteilen der Erste-Klasse-Schlafwagen, klimatisierten Schlafwagen der Zweiten Klasse und Liegewagen der Dritten Klasse reisen.

Die Keretapi Tanah Melayu (malaysische Eisenbahn) ist überwiegend pünktlich. Viele Touristen loben sie als die einzige Eisenbahn in Asien, die sich tatsächlich an die im Fahrplan angegebenen Ankunftszeiten hält.

Die Preise sind enorm günstig. Z. B. kostet die Fahrt von Kuala Lumpur nach Singapur in der Zweiten Klasse 25 M-Dollar (allerdings ohne Aircondition) und in der Ersten Klasse (mit Aircondition) 55 M-Dollar.

Im übrigen wird Ausländern ein Railpass angeboten, mit dem man unbegrenzt in jede Richtung und in jeder Klasse reisen kann. Er kostet 85 M-Dollar für 10 Tage und 175 M-Dollar für 30 Tage.

## MIT DEM SCHIFF

Die traditionellen Verkehrswege in Malaysia, die Wasserstraßen, spielen heute keine bedeutende Rolle mehr, außer in Sarawak, wo sie immer noch häufig genutzt werden. Im allgemeinen spielt sich der Verkehr heute auf den Straßen ab.

Fähren verkehren aber nach wie vor regelmäßig zwischen Penang und Butterworth, den Langkawi-Inseln oder Kuala Peris und Penang, Mersing und den Tioman-Inseln.

## ÖFFENTLICHE VERKEHRSMITTEL

### MIT DEM BUS

Die meisten größeren Städte verfügen über einen öffentlichen Busservice zwischen den einzelnen Bundesstaaten, der sehr gefragt ist, da die Busse verläßlich und preiswert sind. Der MARA-Express verbindet in sieben Stunden Kuala Lumpur mit Singapur. Eine Fahrkarte kostet zwischen 12 und 17 M-Dollar (klimatisiert).

### TAXIS

Auch Taxis sind – besonders, wenn sie mit anderen Reisenden geteilt werden – beliebte und preiswerte Transportmittel. Sie können auf der Straße ein Taxi heranwinken, an einen offiziellen Taxistand gehen oder per Telefon bestellen. Bei einer telefonischen Bestellung muß die Anfahrt von der Taxifirma oder vom Taxistand aus bezahlt werden.

### RIKSCHAS

Wenn Sie viel Zeit haben und langsam die Stadt durchqueren oder nur kurze Strecken hinter sich bringen wollen, dann empfiehlt sich eine Rikscha.

Außer in Penang, wo der Fahrgast vor dem Rikscha-Fahrer in einer überdachten Kabine sitzt, besteht eine herkömmliche Rikscha aus einem Fahrrad mit seitlichem Beiwagen.

## SELBSTFAHRER

Wenn Sie einen internationalen Führerschein mit sich führen und zwischen 23 und 60 Jahren alt sind, können Sie sich bei einer internationalen Autoverleihfirma ein Auto mieten. Diese werden tage- und wochenweise vermietet und kosten zwischen 125 und 300 M-Dollar am Tag (700 und 1500 M-Dollar pro Woche). Abhol- und Lieferservice sind in den größten Städten meist im Preis inbegriffen. Wenn Sie das Auto in einer anderen Stadt abgeben möchten, müssen Sie mit einem kleinen Aufpreis für die Rücküberführung rechnen. Einige der Verleihfirmen vermieten auch Motorräder.

**Hinweise zum Autoverkehr**: Das malaysische Straßennetz ist in einem ausgezeichneten Zustand und umfaßt insgesamt etwa 30 000 Kilometer. Auf der Halbinsel verläuft die Hauptstraße von Singapur nach Norden bis zur thailändischen Grenze. Der East-West-Highway wurde erst vor kurzem fertiggestellt und verbindet Butterworth in Penang mit Kota Bahru in Kelantan.

Während der Mosunzeit von Dezember bis Januar ist die Autofahrt von Kota Bahru nach Kuala Trengganu im Nordosten etwas schwieriger, da die Straßen aufgeweicht sind.

Das Straßennetz in Ostmalaysia (Sabah und Sarawak) umfaßt 4320 Kilometer und verbindet hauptsächlich die Küstenstädte miteinander.

**Avis Rent-A-Car,** 40, Jl, Sultan Ismail, Kuala Lumpur, Tel.: 03-241-0561/3500.

**Budget Rent-A-Car,** 20A, Jl. Telawi, Bangsar Baru, K. L., Tel.: 03-255-1044.

**Hertz Rent-A-Car,** 4th Floor, Ming Building, K. L., Tel.: 03-232-9125.

# UNTERKUNFT

## HOTELS

Es gibt in Malaysia Unterkünfte der unterschiedlichsten Kategorien. Mal können Sie in einem eleganten Kolonialhaus übernachten, mal liegen Sie in einer Berghütte, eingerollt in Ihren Schlafsack, mal wiegt Sie in einem winzigen Hotel in der Stadt chinesisches Geplapper in den Schlaf, und ein anderes Mal lauschen Sie dem Zirpen der Grillen im Gästehaus eines traditionellen Dayak-Langhauses in Sarawak.

Auch für Ihren Geschmack ist sicherlich etwas dabei, zwar können die meisten Städte und Dörfer Malaysias nicht mit dem Komfort und Luxus einer internationalen Hotelkette dienen, aber zumindest wird sich immer ein sauberes, einfaches Gästehaus mit viel persönlichem Charme finden. Fast alle größeren Städte bieten den Komfort der Government Rest Houses, die gut ausgestattete Zimmer an Touristen vermieten. Die typische Hauptstraße einer Stadt ist mit kleinen preiswerten Pensionen (10 bis 20 M-Dollar) reich gesegnet.

## KUALA LUMPUR

**Carcosa Seri Negara,** Taman Tasik Perdana, Tel.: 03-230-67 66.

**Dashrun Hotel,** 285, Jl Tunku Abdul Rahman, Tel.: 03-292-93 14, 292-92 71.

**Equatorial Hotel,** Jl. Sultan Ismail, Tel.: 03-261-77 77.

**Federal Hotel,** 35, Jl. Bukit Bintang, Tel.: 03-248-91 66.

**Fortuna Hotel,** 87, Jl. Berangan, Tel.: 03-241-91 11.

**Furama Hotel,** Kompleks Selangor, Jl. Sultan Ismail, Tel.: 03-230-17 77.

**Grand Central Hotel,** Jl. Raja Laut, Tel.: 03-441-30 11.

**Hilton Kuala Lumpur,** Jl. Sultan Ismail, Tel.: 03-293-242-21 22/22 22.

**Holiday Inn City Centre,** Jl. Raja Laut, Tel.: 03-293-92 33.

**Holiday Inn On The Park K. L.,** P. O. Box 10983, Jalan Pinang 50732, Tel.: 03-248-10 66.

**Hotel Grand Pacific,** Jl. Tun Ismail/Jl. Ipoh, Tel.: 03-442-21 77.

**Hotel Malaya,** Jl. Hang Lekir, Tel.: 03-232-77 22.

**Kuala Lumpur International,** Jl. Raja Muda, Tel.: 03-292-91 33.

**Kuala Lumpur Mandarin,** 2-8, Jl. Sultan Ismail, Tel.: 03-230-30 00.

**Malaysia Hotel,** Jl. Bukit Bintang, Tel.: 03-242-80 33.

**Merlin Hotel,** Jl. Sultan Ismail, Tel.: 03-248-00 33.

**Ming Court Hotel,** Jl. Ampang, Tel.: 03-261-88-88.

**Miramar Hotel,** Jl. Birch (Maharajalela), Tel.: 03-248-91 22.

**Pan Pacific Kuala Lumpur,** Jl. Putra, Tel.: 03-442-55 55.

**Park Avenue,** 16, Jl. Imbi, Tel.: 03-213-83 83.

**Parkroyal Hotel,** Jl. Sultan Ismail, Tel.: 03-242-55 88.

**Plaza Hotel,** Jl. Raja Laut, Tel.: 03-298-22 55.

**Regent of Kuala Lumpur,** Jl. Sultan Ismail, Tel.: 03-242-55 88.

**Shangri-La Hotel,** 11, Jl. Sultan Ismail, Tel.: 03-232-23 88.

**Shiraz Hotel,** 1 & 3 Jl. Medan Tuanku, Tel.: 03-292-01 59.

**South East Asia Hotel,** Jl. Haji Hussein, Tel.: 03-292-60 77.

**Sungei Wang Hotel,** 74-76, Jl. Bukit Bintang, Tel.: 03-248-52 55.

**The Lodge,** Jl. Sultan Ismail, Tel.: 03-242-01 22.

**Wisma Belia,** 40, Jl. Lornie, Tel.: 03-232-68 03.

**YMCA,** Jl Kandang Kerbau, Brickfields, Tel.: 03-274-14 39.

**YWCA,** Jl. Tun Sambathan, Tel.: 03-274-14 39.

## JOHOR

**Desaru View Hotel,** Tanjung Penawar, Kota Tinggi, Tel.: 07-83 82 21.

**Holiday Inn Johor Bahru,** Jl. Dat Sulaiman, Tel.: 07-32 28 00.

**Merlin Inn,** Lot 5435, Jl. Bukit Meldrum, Tel.: 07-22 88 51.

**Mersing Merlin Inn,** 1st mile Endau Road, Mersing, Tel.: 07-79 13 11.

**Tioman Island Resort,** Pulau Tioman, P. O. Box 486807, Mersing Johor, Tel.: 07-44 54 45.

## KEDAH

**Langkawi Island Resort,** Pantai Dato'Seyd Omar, Kuah, Tel.: 04-78 82 09.

**Mutiara Beach Resort,** Tanjong Thu, Langkawi, Tel.: 04-78 84 88.

**Pelangi Beach Resort,** Pantai Cenang, Langkawi, Tel.: 04-78 97 99.

## KELANTAN

**Hotel Perdana,** Jl. Mahmud, Kota Bahru, Tel.: 09-78 50 00.

**Pantai Cinta Berahi Resort,** Pantai Cinta Berahi, Tel.: 09-78 13 07.

**Temenggong Hotel,** Jl. Tok Hakim, Kota Bahru, Tel. 09-78 31 30.

## MALAKKA

**Hotel Admiral,** Jl. Mata Kuching, Tel.: 06-22 68 22.

**Malacca Straits Inn,** Jl. Bandar Hilir, Tel.: 06-22 11 01.

**Malacca Village Resort,** Ayer Keroh, Tel.: 06-32 36 00.

**Merlin Inn Malacca,** Bangunan Woo Hoe Kan, Jl. Munshi Abdullah, Tel.: 06-24 07 77.

**Ramada Renaissance Hotel,** Jl. Bendahara, Tel.: 06-24 88 88.

**Regal Hotel,** 66, Jl. Munshi Abdullah, Tel.: 06-22 24 33.

**Shah's Beach Hotel,** 6th Mile, Tanjung Kling, Tel.: 06-22 62 02 /222.

## PAHANG

**Club Mediterranean,** Cherating, Tel.: 09-59 11 81.

**Coral Beach Resort,** 152, Sungai Karang, Kuantan, Tel.: 09-58 75 44.

**Foster's Lakehouse,** Ringlet, Cameron Highlands, Tel.: 05-99 61 52.

**Fraser's Hill Bungalows,** Fraser's Hill, Tel.: 093-38 22 01.

**Genting Hotel,** Genting Highlands Resort, Tel.: 03-211-11 18.

**Highlands Hotel,** Genting Highlands Resort, Tel.: 03-211-28 12.

**Hyatt Kuantan,** Teluk Cempedak, Kuantan, Tel.: 09-52 52 11.

**Merlin Hotel Fraser's Hill,** Jl. Lady Guillemard, Tel.: 09-38 23 00.

**Merlin Inn Resort,** Tanah Rata, Cameron Highlands, Tel.: 05-94 12 05/211.

**Merlin Inn Resort,** Teluk Cempedak, Kuantan, Tel.: 09-52 23 88.

**Pelangi Hotel,** Genting Highlands Resort, Tel.: 03-211-38 13.

**Ramada Beach Resort,** Balok Beach, Kuantan, Tel.: 09-587-544.

**Samudra Hotel,** Jl. Besar, Kuantan, Tel.: 09-52 26 88.

**Strawberry Park,** Tanah Rata, Cameron Highlands, Tel.: 05-94 11 66.

**Ye Old Smokehouse Hotel,** Brinchang, Tanah Rata, Cameron Highlands, Tel.: 05-94 12 14.

## PENANG

**Casuarina Beach Hotel,** Batu Ferringhi, Tel.: 04-81 17 11.

**Continental Hotel,** 5, Jl. Penang, Tel.: 04-263 81.

**E & O Hotel,** 10, Farquhar Street, Tel.: 04-37 53 22.

**Garden Inn,** 41, Jl. Anson, Tel.: 04-36 36 55.

**Golden City Hotel,** 12, Lorong Kinta, Tel.: 04-272 81.

**Golden Sands Beach Resort,** Batu Ferringhi, Tel.: 04-81 19 11.

**Holiday Inn Hotel,** Batu Ferringhi, Tel.: 81 16 01.

**Merlin Inn,** 126, Jl. Burmah/Anson, Tel.: 04-37 61 66.

**Ming Court Hotel,** 202A, MacAlister Road, Tel.: 04-36 85 88.

**Mutiara Beach Hotel,** Jl. Teluk Bahang, Tel.: 04-81 28 28.

**Penang Mutiara,** No. 1 Jl. Teluk Bahang, Tel.: 04-81 28 28.

**Rasa Sayang Hotel,** Batu Ferringhi Beach, Tel.: 04-81 18 11.

**Shangri-La Inn,** Jl. Magazine, Tel.: 04-62 26 22.

**YMCA,** 211, Jl. MacAlister, Tel.: 04-36 22 11.

## SELANGOR

**Holiday Inn Shah Alam,** Plaza Perrangsang, Persiaran Perbandaran, 40000 Shah Alam, Tel.: 03-550 36 96.

**Hyatt Saujana Hotel,** Subang International Highway, P. O. Box 111, 46710 Petaling Jaya, Tel.: 03-746 11 88.

**Merlin Subang Hotel,** Jl. SS12/7, Subang Jaya, Tel.: 03-733-52 11.

**Petaling Jaya Hilton Hotel,** 2, Jl. Barat, P. J., Tel.: 03-755-91 22.

**Subang Airport Hotel,** Subang Airport, Subang, Tel.: 03-746-21 22.

## TRENGGANU

**Hotel Warisan,** 65, Jl. Sultan Ismail, Tel.: 09-62 26 88.

**Pantai Primula Hotel,** Jl. Persinggahan, Tel.: 09-62 21 00.

**Tanjung Jara Beach Hotel,** 8 miles Dungung, Tel.: 09-84 18 01.

# ESSEN & TRINKEN

Es hat sich bereits herumgesprochen, daß Malaysia ein Paradies für Feinschmecker ist. Die Vielfalt der malaysischen Küche zeigt sich jedoch nicht erst auf der Speisenkarte, sondern bereits in der Gastronomie. Das Angebot reicht vom luxuriösen Restaurant in formeller Umgebung mit aufmerksamen Kellnern bis hin zur einfachen Garküche am Straßenrand. Während Ihres Aufenthaltes in Malaysia sollten Sie zumindest einmal an einem dieser Straßenstände gegessen haben, denn sie bieten die einheimischen Speisen unverfälscht und äußerst hygienisch zubereitet an – wenn wirklich einmal ein vorbeirauschendes Auto Staub aufwirbelt und damit Ihre Nudeln würzt, dann ist das nicht die Schuld des Koches.

Bei den vielen Völkern, die in Malaysia leben, ist gewährleistet, daß für jeden Gaumen das Richtige gefunden werden kann. Von den verschiedenen Küchen, die angeboten werden, sind die der Malaysier, Chinesen und Inder am beliebtesten.

## MALAIISCHE KÜCHE

Die malaiischen Gerichte sind gut gewürzt und gewöhnlich reichhaltig. Zwar variieren Zubereitungsart und Geschmacksrichtung von Staat zu Staat, doch sind die Zutaten alle gleich. Weißer gedämpfter Reis (*nasi*) ist Hauptbestandteil jeder Mahlzeit. Meeresfrüchte, Huhn und Fleisch werden reichlich serviert. Kokosnüsse bilden bei vielen Gerichten die Grundlage: Der Saft wird als Getränk gereicht, während das Fruchtfleisch oft geraspelt und gepreßt wird, um die Milch zu erhalten (*santan*), die dann einer Speise beigemengt wird und Geschmack und Konsistenz beeinflußt. Das wohl bekannteste malaysische Gericht ist *satay*: Scheiben gebratenen Rindfleisches (manchmal sind es auch Hühnerstückchen) auf hölzernen Spießen gegrillt und mit Erdnußsoße serviert. Dazu reicht man Gurkenscheiben, Zwiebeln und Reis in Palmblättern (*ketupat*).

*Nasi padang* ist eine kräftige Speise, die aus Reis und verschiedenen Currygerichten besteht. Sie können sich die unterschiedlichen *nasi padang* an den Ständen ansehen und brauchen unter den unterschiedlichen Fisch-, Rind- und Gemüsecurrys nur auszuwählen. Der Reis wird mit den Fingern der rechten Hand genommen, in die Beilagen getunkt und dann zum Mund geführt. Mittlerweile kann man aber auch überall Gabeln und Löffel erhalten. Es heißt jedoch, daß beim Essen mit der Hand der Geschmack besser zum Tragen kommt.

Zu den typischen Gerichten gehören auch *tahu goreng* (fritierte Tofuwürfel und frische Sojabohnensprossen in Erdnußsoße), *gado gado* (Salat aus gedünsteten Gemüsen), *laksa* (würzige Suppe mit Nudeln und Fischstückchen), *mee rebus* (gekochte Nudeln) und *mee siam* (thailändische Nudeln). Unter den Nachspeisen ist vor allem *gula melaka* empfehlenswert: gestürzter Sago, der mit Kokosmilch und Palmzuckersirup übergossen wird – für Liebhaber von Süßspeisen eine Delikatesse.

## CHINESISCHE KÜCHE

Chinesische Küche ist in Malaysia allgegenwärtig. Probieren sollten Sie: *teochew porridge*, hainanesischen Hühnerreis (Reis in Hühnerbrühe gekocht und mit feinen gedünsteten Hühnerfleischstückchen serviert), *yong tau foo a la Hakka* (Tofu mit Fleischfüllung), *fried mee a la Hokkien* (gebratene Nudeln mit Fleisch und Meeresfrüchten) und chinesische *laksa* (anders zubereitet als das malaiische Pendant).

## INDISCHE KÜCHE

Kennzeichnend für die indische Küche ist die raffinierte und großzügige Verwendung von Gewürzen. Abgesehen von den großen Hotel-Restaurants, wo man versucht, die Speisen den unvorbereiteten Gaumen der Fremden anzupassen, erhalten Sie in Malaysia authentische indische Speisen, ja viele behaupten sogar, das indische Essen sei in Malaysia besser als in Indien. Grundnahrungsmittel ist *nasi briyani*, in Milch und Fleischbrühe gekochter Reis (auch gelber Reis genannt), der mit Safran und Rosenwasser gewürzt und oft mit Gemüse und Fleisch sehr abwechslungsreich ergänzt wird. Zu jeder Mahlzeit gehören eine Art Fladen (*chapati*) oder Weißmehl-Teigspeisen (*paratha*). Das indische *rojak* – eine Zusammenstellung aus Kartoffeln, Eiern, Fisch, Krabben und Fischkuchen – wird am liebsten mit süßsaurer Soße gegessen.

An den Verkaufsständen am Straßenrand können Sie sich auch eine Mahlzeit aus malaiischen und chinesischen Gerichten zusammenstellen, da die verschiedenen Nationalitäten hier Nachbarn sind. Aber geben Sie bitte das Besteck des chinesischen Standes nicht am muslimischen ab – die Muslime verwenden keinerlei Schweinefleisch (es ist in ihren Augen unrein), während die Chinesen es gerne essen.

## FRÜCHTE

Malaysia ist ein wahrer Garten Eden, in dem das ganze Jahr über Früchte in Hülle und Fülle angeboten werden. Neben den bekannten Früchten – Ananas, Papaya, Wassermelone und Bananen in allen Formen, Farben und Größen – findet man eine Vielzahl exotischer Früchte, die man in Europa nicht kennt und die phantastisch schmecken.

*Durian* ist die Königin unter den Früchten Südostasiens. Sie riecht etwas intensiv, aber der Geschmack ist herrlich, sie schmeckt süß und hat eine puddingähnliche Konsistenz, wobei jede Frucht wieder anders schmeckt.

*Rambutan* ist eine haarige Frucht mit rotgoldener Schale. Das Fleisch schmeckt ähnlich wie das der Lychee und ist zuckersüß und saftig.

*Mango* ist oval oder rundlich, grün oder gelb. Das Fruchtfleisch ist golden, saftig-weich und süß.

*Mangostane* ist außen rot, innen weiß, süß und saftig. Die Chinesen sagen, daß sich die „Hitze" der *durian* und die „Kühle" der *mangostane* ergänzen.

*Nangka* oder *Jackfruit* nennt man die riesige grüne Frucht, die auf den Dorfbäumen wächst; sie wird häufig in Papiertüten oder Säcke eingehüllt, damit die Vögel sie nicht anpicken. Das Fruchtfleisch ist saftig und fest zugleich; es wird roh oder gekocht gegessen. Auch die Samen sind genießbar.

Die *Starfruit* ist gelb und glänzend und ein guter Durstlöscher. Sie wird waagrecht in Scheiben geschnitten und gesalzen, ehe man sie ißt.

*Pomelos* sehen aus und schmecken wie riesige süße und etwas trockene Grapefruit.

*Buah Duku* ist durch leichten Druck zu öffnen. Das Fruchtfleisch ist süß-säuerlich. Der grünliche Kern ist genießbar, schmeckt aber etwas bitter.

*Buah Susu* heißt wörtlich übersetzt „Milchfrucht" – bei uns ist sie als Passionsfrucht bekannt. In Malaysia hat sie eine weiche, samtige gelbe Haut, und die grauen Kerne sind saftig und süß.

# EINKAUFEN

## WO KAUFEN?

Die Möglichkeiten, in Malaysia einzukaufen, sind schier unerschöpflich. Es verlocken mehrstöckige Kaufhäuser, Nachtmärkte (*pasar malam*), Basare, Jahrmärkte, Straßenstände, nächtliche Laternenmärkte, Samstagnachtmärkte, Handwerksbetriebe, in denen man direkt vom Hersteller kaufen kann, Duty-free-Shops... Mangel an Einkaufsgelegenheiten herrscht jedenfalls nicht. Sie sollten skeptisch sein, wenn Ihnen Taxifahrer oder inoffizielle „Fremdenführer" Geschäfte empfehlen, da es diesen Vermittlern weniger auf die Qualität der zu verkaufenden Ware ankommt als vielmehr auf die Provision, die sie dank überhöhter Preise bekommen. Laufen Sie lieber durch die Stadt, sehen sich die Auslagen an und entscheiden selbst, wo und was Sie gerne einkaufen möchten.

## WAS KAUFEN?

### BATIK

Die Batikkunst kommt zwar ursprünglich aus Indonesien, sie ist aber seit Jahrhunderten in Malaysia sehr beliebt und wird vor allem in Kelantan ausgeübt. Mittlerweile werden Batikstoffe sogar in Kunstgalerien und eleganten Boutiquen in Kuala Lumpur verkauft.

Batik ist die Kunst, Stoffe mit wachsabstoßenden Farben zu bedrucken. Auf den unbedruckten Stoff wird das Muster mit der Hand aufgemalt, anschließend auf die Stellen, die nicht mit der Farbe in Berührung kommen sollen, Wachs aufgetragen und dann gefärbt. Nach dem ersten Färbgang wird das Wachs weggeschmolzen und neu auf die Stellen aufgetragen, die beim nächsten Gang ausgespart bleiben sollen. Mit jeder Farbe wiederholt sich die gleiche Prozedur. Das Ergebnis sind Stoffe mit klar umrissenen Farbmustern. Früher wurden nur Baumwollstoffe gebatikt, heute werden auch andere Stoffe verwendet.

Die Preise, die für Batiken verlangt werden, richten sich nach Material, Design und Anzahl der Farben, die aufgetragen wurden.

### KAIN SONGKET

Handgewebte Seide mit Silber- und Goldfäden durchwirkt gehört zu den typischen Produkten malaysischen Kunstgewerbes. *Kain songket* werden zu Abendgarderobe mit passenden Stolen geschneidert. Je nach Muster, Verarbeitung und Material zahlt man für ein Kleid bis zu 500 M-Dollar.

### SILBERARBEITEN

Aus Silber werden feine Broschen, Anhänger, Gürtel, Schmuckkästchen, Schalen und Ringe hergestellt. Manche Silberschmiede lassen sich bei der Arbeit beobachten. In Kampon Sirah, einem Vorort von Kota Bahru, kann man Silberwaren direkt vom Künstler zu Herstellungspreisen erstehen. Auch Sonderanfertigungen werden in Auftrag genommen. Ein Handwerkszentrum in Kuala Lumpur bietet Silberwaren zum Verkauf an (Jl. Tun Perak, nahe dem Tourist Information Centre).

## ZINNWAREN

Waren aus 97-prozentigem, in dieser Region veredeltem Zinn sind eine weitere Besonderheit. Vasen, Bierkrüge, Wasserkrüge, Tabletts und Kaffee- und Teegeschirr sind nur einige der Gegenstände, die aus Zinn (97 Prozent reiner Zinnanteil) hergestellt werden. In einer Fabrik in Kuala Lumpur (Jl. Tunku Abdul Rahman 231) wurde *selangor pewter* erfunden und rasch in aller Welt geschätzt.

## DRACHEN UND KREISEL

Drachen fliegen lassen und Kreisel werfen zählen seit Urzeiten zu den beliebtesten Freizeitvergnügen der Malaien. Kein Wunder, daß in diesem Land die begabtesten Hersteller arbeiten. Besonders schöne Exemplare von Drachen und Kreiseln werden in Handwerksgeschäften an der Ostküste und in Kuala Lumpur verkauft.

# WEITERE APA GUIDES

Weiterführende APA Guides als Begleiter für ein unvergeßliches Reiseerlebnis.

Ausgezeichnete Fotografien und ein unterhaltsamer Text blikken in das Herz und die Seele Malaysias.

Der perfekte Führer für einen Kurztrip in die lebhafte malaiische Stadt.

Über ausgewählte Routen zu den Sehenswürdigkeiten dieser alten kolonialen Niederlassung.

Dieses Buch führt Sie wie ein Freund durch die Straßen und Strände dieser faszinierenden Insel.

## Anreise

Die Hauptstädte von Sabah und Sarawak (Kota Kinabalu und Kuching) erreichen Sie direkt von Singapur, Manila und Hongkong aus. Mit Malaysia Airlines können Sie täglich von Kuala Lumpur Kota Kinabulu, Kuching und andere größere Städte im Innern Ostmalaysias erreichen.

## Unterkunft

### SABAH

#### KOTA KINABALU

**Asia Hotel,** 68-69, Jl. Bandaran Berjaya, Tel.: 088-535 33/536 38.

**Central Hotel,** 5-7, Jl. Tugu Kampung Ayer, Tel.: 088-535 22/515 44.

**Hotel Shangri-La,** 75, Bandaran Berjaya, P. O. Box 11718, Tel.: 088-21 28 00, Fax: 21 20 78.

**Hyatt Kinabalu International,** Jl. Datuk Salleh Sulong, 88994 Kota Kinabalu, Tel.: 088-22 12 34, Fax: 22 59 72/24 24 88.

**Jesselton Hotel,** 69, Jl. Gaya, Tel.: 088-22 59 85.

**Sabah Inn Hotel,** 25, Jl. Pantai, Tel.: 088-533 22/531 77.

**Tanjung Aru Beach Hotel,** Locked Bag 174, etwa sieben Kilometer vom Flughafen, Tel.: 088-587 11, Fax: 21 71 55/21 65 85.

#### KUDAT

**Kinabalu Hotel,** No. 1, Block C, Sedco Shophouse, P. O. Box 82,-Tel.: 088-626 93/624 94.

#### RANAU

**Perkasa Mt. Kinabalu Hotel,** W. D. T. 11, 89309 Ranau, Kundasang, Tel.: 088-88 95 11.

#### SANDAKAN

**Hong Kong Hotel,** 18, Jl. Tiga, Tel.: 089-21 22 92.

**Mayfair Hotel,** 24, Jl. Prayer 1/F, Tel.: 089-451 91/2.

**New Sabah Hotel,** 18, Jl. Singapura, Tel.: 089-21 87 11/949.

**Paris Hotel,** 45, Jl. Tiga, Tel.: 089-21 84 88/493.

**Sabah Hotel,** Km. 1, Jl. Utara, Tel.: 089-21 32 99.

#### TAWAU

**Ermas Hotel,** Jl. Utara, Tel.: 089-77 33 00.

**Malaysia Hotel,** 37, Jl. Dunlop, Tel.: 089-77 28 00.

**Oriental Hotel,** 10, Jl. Dunlop, Tel.: 089-77 15 00.

### SARAWAK

#### KUCHING

**Aurora Hotel,** McDougall Rd, Tel.: 082-240281/6.

**Borneo Hotel,** 30, Jl. Tabuan, Tel.: 082-24 41 21.

**Holiday Inn Damai Beach Resort,** Jl. Tanjung Batu, Tel.: 082-41 17 77.

**Holiday Inn Kuching,** Jl. Tunku Abdul Rahman, Tel.: 082-42 31 11.

**Kuching Hilton,** Jl. Tunku Abdul Rahman, Tel.: 082-24 82 00/1.

**Palm Hotel,** 29, Jl. Palm, Tel.: 082-24 02 31.

#### BELAGA

**Belaga Hotel,** Belaga Bazaar, Tel.: 084-46 12 44.

**Huan Kilah Lodging House,** Belaga Bazaar, Tel.: 084-46 12 59.

## BINTULU

**Kemena Lodging House,** 78, Keppel Road, Tel.: 086-315 33/333 77.

**Li Hua Hotel,** 2.5 Mile, Miri-Bintulu Road, Tel.: 086-350 00.

## LAWAS

**Country Park Hotel,** Lot 235 & 236, Jl. Trusan, Tel.: 085-855 22.

**Lawas Federal Hotel,** 8, Jl. Masjid Baru, Tel.: 0845-851 15.

## LIMBANG

**National Inn,** 62A-69A, Jl. Buan Siol, Tel.: 085-229 22/8.

## MARUDI (BARAM)

**Hotel Zola,** Lot 14-15, Queens Square, Tel.: 085-559 91/550 25.

## MIRI

**Gloria Hotel,** 27, Brooke Road, Tel: 085-41 66 99.

**Park Hotel,** Kingsway, P. O. Box 241, Tel.: 085-41 45 55.

## SIBU

**Premier Hotel,** Jl. Kampong Nyabor, Tel.: 084-232 22.

**Sarawak Hotel,** 34, Cross Road, Tel.: 084-33 34 55.

# PARKS & RESERVATE

## NATIONALPARKS AUF SABAH

**Head Office:** Sabah Parks Board, Jl.Tun Fuad Stephens, P.O.Box 10626, 85806 Kota Kinabalu. Tel.: 088-211585/211881.

**Kinabalu-Nationalpark:** Die Übernachtung in Mehrbetträumen kostet zwischen 3 und 15 M-Dollar pro Nacht. Doppelzimmer kosten zwischen 50 und 80 M-Dollar pro Nacht; Einzelzimmer in Doppelhäusern 150 bis 200 M-Dollar pro Nacht; Doppelzimmer 180 bis 250 M-Dollar pro Nacht.

**Mt. Kinabalu:** Betten in den drei unteren Hütten kosten zwischen 1 und 4 M-Dollar pro Nacht. Betten in dem luxuriöseren **Laban Rata Rest House** kosten 25-Dollar pro Nacht.

**Poring Hot Springs:** Die Übernachtung in Mehrbettzimmern kostet zwischen 2 und 8 M-Dollar pro Nacht, der Raum in Doppelkabinen zwischen 60 und 100 M-Dollar pro Nacht.

**Tunku-Abdul-Rahman-Nationalpark:** Das **Gästehaus** auf Pulau Mamutik kann für 160 M-Dollar pro Nacht gemietet werden. Reservierungen über Park Board Office in Kota Kinabalu. Camping ist auf allen Inseln nur mit Sondergenehmigung gestattet.

**Turtle-Islands-Nationalpark:** In der Anlage des **Pulau Selingan Rest House** können Chalets mit vier Betten zu 120 M-Dollar pro Nacht gemietet werden oder Kabinen zu 20 M-Dollar pro Nacht. Auskunft erteilt das District Office in Sandakan.

## NATIONALPARKS AUF SARAWAK

**Head Office:** Sarawak Parks Board, Ecke Jl. Gartak und Jl.Mosque, Kuching. Tel.: 085-246-6477/248988.

**Bako-Nationalpark:** Unterkünfte gibt es in Gästehäusern (etwa 44 M-Dollar), einfachen Hütten (1 M-Dollar pro Person) und fest installierten Zelten (ab 1 M-Dollar pro Person).

**Niah-Nationalpark:** Im **Niah Visitor's Hostel** zahlt man 2.50 M-Dollar pro Nacht und Bett im Mehrbettzimmer.

**Gunung-Mulu-Nationalpark:** Hotels im Inneren des Parks verlangen 5 M-Dollar pro Nacht für ein Bett in einem Mehrbettzimmer.

# ESSEN & TRINKEN

## SABAH

### KOTA KINABALU

**Arirang Restaurant** (koreanisch), Block 6, No. 69, Bandaran Berjaya, Tel.: 088-22 15 28.

**Azuma** (japanisch), A237, 3rd Floor, Wisma Merdeka, Tel.: 088-22 55 33/21 25 11.

**Gardenia Steak & Lobster Bar** (westlich), 55, Jl. Gaya, Tel.: 088-542 96/523 07.

**Rama Restoran** (malaiisch), Block 6, No. 67, Bandaran Berjaya, Tel.: 088-21 71 93.

### SANDAKAN

**Garden Terrace Restaurant** (chinesisch, malaiisch und westlich), Sabah Hotel, Km 1, Jl. Utara, Tel.: 089-21 39 99.

**Kuala Lumpur Restoran** (malaiisch), 1st Floor, Leboh Tiga, nahe Ecke Jl. Lima.

## SARAWAK

### KUCHING

**Aurora Restaurant** (malaiisch), Aurora Hotel, Jl. McDougall, Tel.: 082-24 02 81/6.

**Jubilee Restaurant** (indisch), 49, Leboh India.

**Malaya Restaurant** (indisch-moslemisch), 53, Leboh India.

**Meisan Szechuan Restaurant** (chinesisch), Holiday Inn Kuching, Jl. Tunku Abdul Rahman, Tel.: 082-42 31 11.

**Serapi Restaurant** (westlich und Meeresfrüchte), Holiday Inn Kuching, Jl. Tunku Abdul Rahman, Tel.: 082-42 31 11.

### BINTULU

**Anika Restaurant** (chinesisch), 27, Hock Peng Complex, Tel.: 086-313 91.

**Bismi Restaurant** (indisch), 27, Jl. Sommerville.

**Kinto Restaurant** (chinesisch), 28, Law Gek Soon Road, Tel.: 086-310 16.

**Mandarin Palace** (chinesisch, malaiisch und westlich), Holiday Beach Hotel, Jl. Tanjung Datu.

### MIRI

**Akhabar Restaurant** (indisch), Kampong Dagang.

**Kah Hing Restaurant** (chinesisch), 29, Brooke Road, Tel.: 085-313 22.

**Kok Chee Restaurant** (chinesisch, malaiisch und westlich), Park Hotel, Kingsway, Tel.: 085-41 45 55.

### SIBU

**Hock Chii Lew Restaurant** (chinesisch), 28, Blacksmith Road, Tel.: 084-212 54.

**Metropole Restaurant** (indisch-moslemisch), 20, Pulo Road, Tel.: 084-241 89.

**New Capital Restaurant** (moslemisch), Tanah Mas Building Complex.

# EINKAUFEN

## SABAH

Wöchentlich finden in Sabah in jeder Stadt und in jedem Dorf Märkte (*tamu*) statt. *Tamu* wurden ehemals von der britischen Kolonialregierung angeregt, um die Angehörigen der entfernteren Stämme mit den Bewohnern der Region zusammenzubringen. Noch heute sind diese Märkte Treffpunkt zweier Welten. Bauern kommen mit ihren Frauen aus den Bergen, um ihre Produkte feilzubieten. Bajau-Cowboys handeln mit Pferden, und es werden sogar Büffel angeboten. Der größte und bekannteste *tamu* findet jeden Sonntag in Kota Belud statt. Ein anderer bekannter Wochenmarkt ist der von Beaufort (Samstag), Ranau (am Ersten jeden Monats) und Tenom (Samstag).

Antiquitäten und andere wertvollere Arbeiten der Eingeborenenstämme sind zunehmend schwerer zu bekommen. Die Angehörigen der Kadazan weben raffinierte Stoffe, fertigen vielfarbige Hüte und Stoffpuppen an, während die Angehörigen des Nomadenstammes Murut bekannt für ihre hölzernen Blasrohre sind. Kunsthandwerk der Eingeborenen kann man am besten im Souvenirladen des **Sabah-Museums** und im **Sabah Handicraft Development Corp** (über dem Tourist Office) im Zentrum Kota Kinabalus einkaufen. Außerdem bei **Borneo Handicrafts** (Jl. Gaya, Lot 51, im Erdgeschoß) und im **Sabah Handicraft Centre** (Bandaran Berjaya, Lot 49, Erdgeschoß).

## SARAWAK

Die Bergstämme Sarawaks produzieren eine Vielzahl von Kunst und Kunsthandwerk. Jeder Stamm erarbeitet eigene Muster, u. a. werden Tier- und Geistermotive, künstliche Diamanten und spiralförmige Linien eingearbeitet.

Die verbreitetsten Handwerksarbeiten sind die der Dayak, darunter große metallene Ohrringe, die ursprünglich dazu gedacht waren, die Ohrläppchen von Frauen der Kenyah, Kayan und Penan zu strecken, handgewebte Körbe, Hüte und Matten, perlenbestickte Tabaksbeutel, Rattankörbe und Bambusbehälter. Zu den vielseitigen Holzschnitzereien gehören spirituelle Figuren, Masken und Miniatursärge, gewebte Stoffe zählen ebenfalls zu den Spezialitäten der Stammesangehörigen. Die Iban weben Leintücher und nähen Jacken und Kleider aus Naturfasern. Weiter an der Küste entlang werden *kain songet* und *kain berturus sarong*, Schals und Kopfbedeckungen angefertigt. Die Chinesen konzentrieren sich auf Keramik, dekorative Vasen, Blumentöpfe und andere Keramikteile.

Kunstgewerbeläden in Kuching bieten all diese Waren an. Zu den besten zählt der **Sarawak Art Shop** im neuen Flügel des Sarawak-Museums. Dort werden Holzschnitzereien, Körbe und Taschen, Hüte, Batik-Gemälde, Perlenstickerei, Schmuck und Stoffe verkauft. Weitere empfehlenswerte Läden sind der **Borneo Handicraft Shop** (Jl. Tun Abg Hj Openg), der **Sarawak Batik Art Shop** (1 Lebuh Temple), der **Sarawak House Art Shop** (Wayang Street 39) und der des Goldschmieds **Thian Seng** (Main Bazar 48), in dem Antiquitäten und örtlich hergestelltes Kunstgewerbe neben Goldarbeiten feilgeboten werden. Die schönsten Töpferwaren führen **Hua Lian Pottery** und **Joo Yee Ceramic Factory** in der Old Airport Road (Jl. Perissen).

# NÜTZLICHE ADRESSEN

## TOURISTENINFORMATION

**BR Deutschland:** Malaysisches Fremdenverkehrsbüro, Roßmarkt 11, 60331 Frankfurt/Main. Malaysische Botschaft, Mittelstr. 43, 53175 Bonn.

**Österreich:** Malaysische Botschaft, Prinz-Eugen-Straße 18, 1040 Wien.

**Schweiz:** Malaysische Botschaft, Laupenstr. 37, 3008 Bern.

## STÄNDIGE VERTRETUNGEN

**Botschaft der Bundesrepublik Deutschland,** 3 Jl. U Thant, Nähe Pekeliling Road, Kuala Lumpur.

**Botschaft der Republik Österreich,** 7. Stock, MUI-Plaza-Geb., Jl. P. Ramlee, 50250 Kuala Lumpur.

**Botschaft der Schweiz,** 16 Pesiaran Madge, Kuala Lumpur.

# WEITERE APA GUIDES

Weiterführende APA Guides als Begleiter für ein unvergeßliches Reiseerlebnis.

Dieses Buch beantwortet viele Fragen des Naturliebhabers

# Anreise

## MIT DEM FLUGZEUG

Die meisten Touristen kommen mit dem Flugzeug nach Manila. Von allen Kontinenten aus landen an die 200 Flugzeuge wöchentlich auf dem Ninoy Aquino International Airport (sieben Kilometer vom Zentrum entfernt); Charterflüge landen auch im Süden auf dem Mactan International Airport von Cebu oder im Norden auf dem Laoag International Airport in Iliocos. Darüber hinaus gibt es zahlreiche Inlandsverbindungen von allen drei Flughäfen aus.

## MIT DEM SCHIFF

Im Hafen an der Manila-Bucht gehen viele Fracht- und Passagierschiffe vor Anker. Die Regierung warnt noch immer vor Reisen von Ostmalaysia zu den südlichen Inseln der Philippinen, da muslimische Rebellen und nach wie vor Piraten diese malerische Route unsicher machen.

# Reiseinformationen

## VISA

Ein gültiger Reisepaß und ein Flugticket, aus dem Rückreise oder Weiterflug deutlich werden, reichen für die Einreise aus. Der Aufenthalt ist auf 21 Tage beschränkt. Staatsangehörige von Ländern, die keine diplomatischen Beziehungen zu den Philippinen unterhalten, benötigen ein Visum.

## GELDFRAGEN

Die philippinische Währungseinheit ist der Peso (P). Ein Peso entspricht 100 Centavos. 100 P waren bei Drucklegung 6,28 DM wert. Problemlos umgetauscht werden: US-Dollar, englische Pfund, Schweizer Franken, DM, Kanadische Dollar, Lire, S-Dollar, A-Dollar und Yen. Außerhalb Manilas sind einheimische Pesos und US-Dollar als Zahlungsmittel am unproblematischsten. Reiseschecks und die bekannten Kreditkarten werden akzeptiert.

## GESUNDHEIT

Eine Impfung gegen Gelbfieber ist vorgeschrieben, wenn Sie aus einem Infektionsgebiet einreisen. Kinder unter einem Jahr sind von dieser Regelung ausgenommen, können allerdings, sofern erforderlich, in Quarantäne kommen.

Seit 1989 gilt striktes Rauchverbot in öffentlichen Verkehrsmitteln, Restaurants, Amtsgebäuden, Krankenhäusern, Theatern und sonstigen öffentlichen Einrichtungen. Zuwiderhandlungen werden mit Geldbußen oder sogar Haft bis zu zehn Tagen geahndet.

## KLEIDUNG

Legere Kleidung ist zu empfehlen und überall angebracht, nur in den Bergregionen benötigt man hin und wieder einen Pullover. Zu formellen Anlässen trägt der Mann auf den Philippinen ein *tagalog*-Hemd (*barong tagalog*), das lang und an den Seiten geschlitzt ist. Es wird über der Hose getragen und ist aus weißer oder pastellfarbener feiner Seide (*jusi*) geschneidert. Frauen erscheinen offiziell gerne im *terno*, einem langen Kleid mit riesigen „Schmetterlingsärmeln" und feinsten Stickereien. Kirchen und Moscheen sollte man bedeckt besuchen, Shorts und ausgeschnittene Kleider sind unangebracht.

## ZOLL

Zollfrei eingeführt werden dürfen: 200 Zigaretten oder 250 g Tabak, zwei Liter Spirituosen, Kleidung für den persönlichen Gebrauch.

Vor der Abreise müssen bei internationalen Flügen 220 P und bei nationalen 15 P Flughafensteuer entrichtet werden.

# Kleine Landeskunde

## ORTSZEIT

Auf den Philippinen ist man der mitteleuropäischen Zeit um 7 Stunden voraus.

## KLIMA

Die besten Reisemonate sind Dezember bis Mai, wenn Trockenzeit herrscht. Von Juni bis Dezember bringt der Südwestmonsun schwüles, feuchtes Wetter; Taifune und tropische Wirbelstürme wüten – teilweise mit verheerenden Auswirkungen. Die Durchschnittstemperatur liegt bei 26,5° Celsius. Der Januar ist mit 25,5° Celsius der kühlste Monat, der Mai mit 28° Celsius der heißeste. Die Luftfeuchtigkeit ist sehr hoch und liegt zwischen 71 Prozent im März und 85 Prozent im September.

## GESCHÄFTSZEITEN

Montag bis Samstag sind die Geschäfte von 9 bis 19 Uhr geöffnet. In Manila haben viele Läden auch sonntags geöffnet. Aufgrund der philippinischen Lebenseinstellung, *bahala'na* (was soll's), hält sich außerhalb Manilas kaum jemand an die Öffnungszeiten. Behörden und Büros sind montags bis freitags von 8 bis 17 Uhr besetzt – zwischen 12 und 13 Uhr ist Mittagspause. Banken können Sie montags bis freitags zwischen 9 und 16 Uhr aufsuchen.

## SPRACHEN

Die meisten Filipinos beherrschen zwei Sprachen: Englisch ist die offizielle Sprache in Wirtschaft, Regierung, Schulen und im Alltagsleben, und Pilipino, eine Sprache, die auf dem *tagalog*-Dialekt beruht, ist Nationalsprache. Zusätzlich existieren 111 Dialekte und 87 weitere einheimische Sprachen. Außer Englisch beherrschen viele Filipinos Spanisch.

*Mabuhay* ist das erste Wort, das die meisten Besucher auf den Philippinen hören. Es bedeutet soviel wie „Willkommen“ und „ein langes Leben“. Mit *po* und *ho* spricht man respektvoll vor allem ältere Menschen an. *Salamat* bedeutet „danke“ und ist eines der nützlichsten Wörter, auf das jeder Filipino mit einem Lächeln reagieren wird.

# Unterwegs

## INLANDSFLÜGE

Die staatlichen Fluggesellschaften Philippine Airlines (PAL), Aerolift und Pacific Airways Corporation decken preiswert alle Inlandsverbindungen ab. Unter ihnen ist Philippine Airlines die größte Gesellschaft, die über 40 Inlandsziele anfliegt. Im übrigen werden ständig neue Fluggesellschaften gegründet, die mit Aerolift (Daet, Cebu, Borocay, Bohol, Diplolog, Lubang und Busuanga) und Pacific Airways Corporation (Lubang, Borocay und Busuanga) in Konkurrenz treten wollen.

**Aerolift**, Tel.: 817-23 61/818-87 11.
**Pacific Airways Corporation**, Tel.: 832-27 31.
**Philippine Airlines**, Tel.: 832-09 91/31 66.

## SCHIFFSREISEN

Manila und Cebu sind die beiden größten Häfen auf den Philippinen. Die Schiffe bieten wenig Komfort, aber eine Schiffsreise von Insel zu Insel ist sehr interessant, da sich die großen Häfen, in denen die internationalen Schiffe anlegen, in den letzten Jahrzehnten kaum verändert haben. Im übrigen winkt die halbe Bevölkerung zum Gruß, wenn man irgendwo anlegt. Tickets für die Fähren können in Reisebüros gebucht werden.

## ÖFFENTLICHE VERKEHRSMITTEL

### INNENSTADT MANILA

Innerhalb Manilas zahlt man für Busse und Jeepneys 1.50 P für die ersten 4 und 25 Centavos zusätzlich für jeden weiteren Kilometer.

Sogenannte Trycicles (kleine Motorräder mit Beiwagen für den Fahrgast) stehen für kurze Strekken an den Straßenrändern zur Verfügung.

Es gibt auch klimatisierte sogenannte Love-Busse, die Terminals in Escolta in Binando, Manila, The Center Makati und Ali Mall in Cubao und Quezon anfahren. Ein Ticket kostet 10 P.

Taxis ohne Klimaanlage kosten, wenn man sie auf der Straße anhält, 7.50 P für die ersten 500 Meter und 1 P für jede weiteren 250 Meter; für klimatisierte Taxis zahlt man 12.50 P. Grundsätzlich stehen und fahren überall Taxis, sie konzentrieren sich aber vor allem in der Nähe von Hotels, Einkaufszentren und Kinos. Man sollte immer Wechselgeld bei sich haben, um den genauen Preis zahlen zu können.

Ein Ticket für die *metrorail* (eine Hochbahn, die auf einem 15 Kilometer langen Schienennetz verkehrt) kostet einheitlich 3.50 P.

Auf dem Pasig verkehren Fähren, die von Lawton nahe dem Hauptpostamt nach Guadeloupe bei Makati fahren. Eine einfache Fahrt kostet 9.50 P.

## EISENBAHN

Eine Bahnreise eignet sich nur für sehr geduldige Reisende und solche, die viel Zeit zur Verfügung haben. Eine einzige Strecke führt aus Manila hinaus, und zwar von Tutuban in Tondo nach Legaspi im Süden, von wo aus man den Mayon-Vulkan im Bezirk Bicol aufsuchen kann.

## BUSSE

Luzon und andere Regionen um die größeren Städte durchzieht ein gutes Straßennetz. Dutzende von Busgesellschaften verkehren zwischen den Touristenzentren in Luzon. Für eine fünfstündige Fahrt von Manila nach Baguio werden knapp 100 P verlangt.

## SELBSTFAHRER

Man kann Kombis, Jeeps, Jeepneys und klimatisierte Limousinen mit oder ohne Fahrer mieten. Die Gebühren hängen von der Größe des Wagens ab. Erforderlich ist in allen Fällen ein internationaler Führerschein.

**Avis Rent-A-Car**, G & S Transport Corp., 311 P. Casal Street, San Miguel, Manila. Tel.: 742-0887/2871.

**Hertz Rent-A-Car**, China Bank Corp. Building, Paseo de Roxas/Ecke Villar Street, Makati, Manila, Metro Manila. Tel.: 832-5325/831-8541.

**J Rent-A-Car**, 1573 Yakal Street, Sta. Cruz, Manila. Tel.: 26-4732.

# UNTERKUNFT

Auf den Philippinen gibt es Unterkünfte der verschiedensten Kategorien, die jedem Bedarf und Geldbeutel gerecht werden. Die Auswahl reicht vom Bungalowhotel am Strand über die einfache Pension bis hin zum Appartement und Luxushotel.

In Manila selbst gibt es zehn Luxushotels, da sich die Stadt vollkommen auf Tourismus und Tagungen eingestellt hat. Das Ministerium für Tourismus und das philippinische Tagungs- und Besucherbüro haben ein weltweit funktionierendes Informationssystem aufgebaut, über das man überall in der Welt informiert werden und Hotels reservieren lassen kann. Bei detaillierten Fragen wenden Sie sich bitte an das Tourist Information Center, Department of Tourism, 2. Stock, T.M.Kalaw Street, Rizal Park, Manila. Tel.: 599-031.

## MANILA

### LUXUSKLASSE

**Century Park Sheraton,** Vito Cruz Cnr Adiatico St. Malate, Metro Manila, Tel.: 522-10 11, Fax: 521-34 13/52 75.

**Hotel Intercontinental,** 1 Ayala Avenue, Makati Commercial Center, Makati, Metro Manila, Tel.: 815-97 11.

**Hotel Nikko Manila Garden,** Makati Commercial Center, Makati, Metro Manila, Tel.: 810-41 01.

**Hyatt Regency Manila,** 2701 Roxas Boulevard, Pasay, Metro Manila, Tel.: 831-26 11, Fax: 833-59 16.

**The Mandarin Oriental Manila,** Paseo de Roxas Triangle, Makati, Metro Manila, Tel.: 816-36 01.

**Manila Hotel,** Rizal Park, Manila, Tel.: 47-00-11.

**The Manila Midtown Hotel,** P. Gil/Ecke Adriatico Street, Ermita, Manila, Tel.: 59-39-11.

**Manila Peninsula,** Ayala Avenue/Ecke Makati Avenue, Makati, Metro Manila, Tel.: 819-34 56.

**The Westin Philippine Plaza,** Cultural Center Complex, Roxas Boulevard, Manila, Tel.: 832-07 01.

**Silahis International,** 1990 Roxas Boulevard, Ermita, Manila, Tel.: 57-38-11.

## ERSTE KLASSE

**Admiral Hotel,** 2138 Roxas Boulevard, Ermita, Manila, Tel.: 57-20-81.

**Ambassador Hotel,** 2021 A. Mabini Street, Malate, Manila, Tel.: 50-66-11.

**Holiday Inn Manila,** 3001 Roxas Boulevard, Ermita, Manila, Tel.: 59-79-61.

**Manila Pavilion Hotel,** Maria Orosa Street/Ecke U. N. Avenue, Ermita, Manila, Tel.: 57-37-11.

**Philippine Village Hotel,** MIA Road, Pasay City, Metro Manila, Tel.: 833-80 81.

## BAGUIO-STADT

**Baguio Park Hotel,** Harrison Road, Tel.: 442-56 56.

**Hotel Monticello,** Maryheights, Kennon Road, Tel.: 442-65 66.

**Hotel Nevada,** Loakan Road, Tel.: 442-24 00.

## BACOLOD-STADT

**Bascon Hotel,** Gonzaga Street, Tel.: 231-41.

**Sea Breeze Hotel,** St. Juan Street, Tel.: 245-71.

**Sugarland Hotel,** Singcang, Tel.: 224-62.

## BATANGAS

**Punta Baluarte InterContinental,** Calatagan, Tel.: 818-31 85/36 28.

## BORACAY

**Club Panoly,** Manila Office, Tel.: 818-99 85/815-96 01.

**Costa Hill Resort,** Manila Office, Telex: 63936.

**Friday's Beach Club,** Manila Office, Tel.: 521-50 40.

**Lorenzo Beach Club,** Quezon City, Tel.: 990-719.

**Palm Beach Club,** Manila Office, Tel.: 832-03 04.

**Paradise Garden,** Manila Office, Tel.: 522-26 85.

## CAVITE

**Puerto Azul Beach Hotel,** Ternate, Tel.: 57-47-31 bis 40.

## CEBU

**Argao Beach Club,** Dalaguete, Tel.: 702-00.

**Badian Island Beach Club,** Insel Badian, Tel.: 613-06.

**Cebu Beach Club,** Buyong, Insel Mactan, Tel.: 702-00.

**Cebu Plaza Hotel,** Lahug, Tel.: 924-31.

**Coral Reef Hotel,** Barrio Agus, Insel Mactan, Tel.: 792-03.

**Costabella Tropical Beach Hotel,** Buyong, Insel Mactan, Tel.: 854-75.

**Magellan International,** Gorordo Avenue, Lahug, Tel.: 746-13.

**Maribago Blue Water Beach Resort,** Buyong, Insel Mactan, Tel.: 838-63.

**Montebollo Villa International,** Banilad, Cebu-Stadt, Tel.: 850-21.

**Tambuli Beach Resort,** Buyong, Insel Mactan, Tel.: 702-00.

## ILOILO

**Amigo Terrace Hotel,** Iznart-Delgado Streets, Iloilo-Stadt, Tel.: 748-10.

**Del Rio Hotel,** M. H. Del Pilar Street, Molo, Iloilo-Stadt, Tel.: 755-85.

**Isla Naburot,** Iloilo, Tel.: 761-12.

**Sarabia Manor Hotel,** Gen. Luna Street, Iloilo-Stadt, Tel.: 727-31.

**Sicogon Resort,** Carles, Iloilo, Tel.: 792-91.

# Essen & Trinken

## PHILIPPINISCHE SPEZIALITÄTEN

Die Geschichte der Philippinen, die von außen geprägt wurde, manifestiert sich vor allem beim Essen. Spanier, Malaien und Chinesen haben die philippinische Küche beeinflußt, die sich vor allem auf die Verwendung von Früchten, einheimischen Gewürzen und Meeresfrüchten konzentriert. Essen ist für den Filipino ein Bestandteil der örtlichen Kultur, und das Ergebnis zeigt den Einfallsreichtum des Pinoy, wie sich der Filipino selbst nennt: eine Mischung von kulinarischen Genüssen sowohl des Ostens als auch des Westens.

Ein Filipino ißt morgens, mittags und abends Reis. Probieren Sie unbedingt den gebratenen Reis mit *longiza* (einheimische Wurst) und Fisch, der getrocknet mit Tomaten und Fischsoße (*patis*) serviert wird.

Kurz vor dem Essen werden Schüsselchen mit chilischarfen Vinaigrette- und Sojasoßen, die mit kleinen Lemonen *(kalamansi)* vermengt werden, aufgetischt. Gegrilltes schmeckt gut mit gepreßtem Knoblauch, Essig und Chili. Als Vorspeise empfiehlt sich eine kalte Brühe *(sinsang)* mit kleinen säuerlichen Früchten, *bangus* (Fisch) oder Shrimps.

Sie sollten das philippinische Hühnergericht *tinola* probieren und *pancit molo*, eine in Hühner- oder Fleischbrühe gegarte Art Knödel aus Schweinefleich, Huhn und Pilzen. *Adobo* ist ein Gericht aus kleinen Schweinefleischstücken, die lange in Essig mit Huhn, Knoblauch und einheimischen Gewürzen gekocht und mit Reis serviert werden.

Fester Bestandteil eines Festmahles ist *lechon,* mit Tamarindenblättern gefülltes knuspriges Spanferkel, das über glühenden Kohlen gegrillt und mit einer dicklichen Schweinelebersoße gereicht wird. *Sinanglay*, ein weiteres festliches Gericht, setzt sich aus Fisch oder Krebsen zusammen, die mit scharfem Pfeffer gewürzt, in Kohlblätter eingewickelt und anschließend in Kokosnußmilch gekocht werden.

Eine weitere Spezialität der Filipinos ist *lumpia*, kleine Frühlingsrollen mit Palmherzen und kleinen Stücken Schweinefleisch und Shrimps, die in Knoblauch- und Soyasoße getunkt werden. *Kare-kare,* geschmorter Ochsenschwanz, Kalbshaxe und Kutteln, wird mit Gemüsen in Erdnußsoße gegart und mit *bagoong*, einer Soße auf Anchovisbasis, gereicht.

Süßspeisen werden generell aus Reis mit Kokosnußfleisch oder -milch hergestellt. Sehr beliebt ist *bibingka*, ein Pudding aus Reismehl, Zucker, Kokosnußmilch, der in einem Tonofen gegart und mit frischen gesalzenen Enteneiern serviert wird. *Guinatan* ist eine Süßspeise aus Kokosnußmilch, Reis und Früchten, die mit Unmengen von Kokosnußcreme serviert wird. Fruchteis gibt es in zahlreichen Geschmacksrichtungen, darunter *nagka* (Jackfruit), *ube* und Mango. Natürlich werden auch Vanille-, Schokoladen- und Erdbeereis angeboten.

# Erkundungen

Die Philippinen sind vor allem bekannt wegen ihrer wundervollen Strände. Zu ihnen zählen die von Boracay, Cebu, Puerto Galera, Camigui, Buang La Union, Sicogon, Batangas, Laoag, aber zusätzlich sind Hunderte von anderen Stränden genauso schön. Sollten Sie des Strandlebens überdrüssig werden, dann begeben Sie sich in die Berge, sehen sich die herrlichen Reisfeldterrassen von Banawe an und besichtigen unterwegs Bontoc und Sagada.

Besondere Abwechslung bietet eine Tour auf den Mount Apo südlich von Davao, ferner ist es spannend, in Palawan zu tauchen, in Batangas Golf zu spielen, in Camiguin zu wandern, die Eingeborenen-Stämme in Zamboanga und Sulu aufzusuchen oder einfach von Fest zu Fest um die Insel zu reisen.

Wenn Sie Manila besichtigt haben und Ihnen noch Zeit bleibt, empfehlen sich nachfolgende Tagesausflüge: Corregidor, Tagaytay und der Vulkan von Taal, Villa Escudero, Sarao-Jeepney-Fabrik, Las Piñas (Bambusorgel), Hidden Valley (Sodaquellen), die Wasserfälle von Pagsanjan und Batangas.

Organisierte Touren bietet das Department of Tourism an, Tel.: Manila: 599-031.

**Baron Travel Corporation,** Pacific Bank Building, Ayala Avenue, Makati, Metro Manila, Tel.: 817-66 96.

**Far Travel Inc.,** Asian Plaza I Building, Makati, Metro Manila, Tel.: 815-14 25.

**Sarkies Tours Phils.,** Inc., J. P. Laurel Building, M. H. del Pilar Street, Ermita, Manila, Tel.: 59-76-58.

**Southeast (Phil) Travel Center,** 451 Pedro Gil, Ermita, Manila, Tel.: 50-66-01.

**Sundowner Travel Center,** 1430 A. Mabini, Ermita, Manila, Tel.: 521-26 02.

# EINKAUFEN

Auf den Philippinen wurde bereits zu Urzeiten gehandelt, u. a. mit Perlen, Bienenwachs und Schildpatt, das an die Händler aus den arabischen Ländern verkauft wurde. Heute bereichern die Philippinen vor allem mit Kunsthandwerk, Holzschnitzereien und Schätzen aus dem Meer das Angebot in aller Welt. Am besten kaufen Sie vor Ort bei den ethnischen Minderheiten ein; sollten Sie nur wenig Zeit zur Verfügung haben, so können Sie aber auch in Manila, Cebu, Baguio und Zamboanga Kunsthandwerk aus allen Regionen des Inselstaates erstehen.

## KORBWAREN

Korbwaren aus den Philippinen werden mittlerweile in alle Welt exportiert. Mit einer Vielzahl an regional unterschiedlichen Mustern und modernen Formen sind die philippinischen Körbe bei alt und jung beliebt. Sie werden aus Naturfasern wie Bambus, Rattan und Nipapalme geflochten und in vielfältigen Größen und Formen, die sämtlich funktional und dekorativ zugleich sind, angefertigt.

Korbwaren gibt es in allen Souvenirläden und auf dem Bazar an der Quiapo-Brücke, im Herzen Manilas. Auf dem Markt in den Bergen ist die Auswahl besonders vielseitig, Körbe mit alten Mustern und Körbe aus allen Regionen, von Bicol über die Visaya-Inseln bis hin nach Mindanao, werden hier verkauft.

Mittlerweile ist unter Kennern so etwas wie ein Sammelfieber ausgebrochen. Besonders gefragt sind ausgefallene Formen, darunter geschwärzte Körbe, die als Fischfallen benutzt wurden, Sammelbehälter für Heuschrecken, alte Picknickkörbe aus Nordluzon, die dem Familienerbe armer Dörfer entstammen. Die Nachfrage nach alten Körben war (und ist es noch) so groß, daß eine eigene Industrie entstand, die neue Körbe auf alt trimmt, so daß man glaubt, sie hätten bereits Jahrzehnte neben einer rauchigen Feuerstelle der Igoroten gestanden.

## MATTEN

Neben den Korbwaren gehören die lokal unterschiedlich gefärbten Matten zu den Besonderheiten auf den Philippinen. Häufig dekorieren sie die Wände großer Hotels. Pandanus-Matten aus Luzon fallen durch ihre Naturfarben auf; spielerisch gemustert sind die Matten aus Leyte und Samar auf den Visaya-Inseln, und geometrisch spannungsgeladene Muster kennzeichnen Matten aus Basilan und Sulu in Mindanao. In Manila ist das Angebot an Matten eher begrenzt, die größte Auswahl bietet der Markt an der Quiapo-Brücke. Aber in Cebu, Davao oder Zamboanga kann man Matten einkaufen und damit günstig ein Stück philippinischer Folklore erstehen.

## KUNSTHANDWERK

In den Touristenläden rund um den Flughafen, im Handelszentrum von Makati und in der Ermita werden *abaca*-Hüte, Sets, Untersetzer, Bambustabletts, Muscheln, Windlichter, Keramiktöpfe und Modeschmuck angeboten. Macrame-Muster und -arbeiten werden in jeder Form angeboten, auf Hemden, Blusen, Taschen, Kleidern, Übertöpfen und Wandbehängen.

## STICKEREIEN

Philippinische Stickereien sind grundsätzlich weniger bekannt. Das vielfältig angewandte *barong tagalog* ist mittlerweile aber international populär. Es ziert das 1000-Peso-Pierre-Cardin-Hemd genauso wie das bescheidenere *polo barong* (kurzärmelig). Je nach Geschmack kann man zwischen Handstickereien aus Abaka-Fasern (*jusi*), aus durchsichtigen Ananasfasern *(pina)* oder weniger teuren *ramie*, maschinell gefertigten Fasern (ein Unterschied ist nur schwer auszumachen), wählen. Kaufen Sie in den bekannteren Läden und lassen Sie sich beraten.

Nahezu alles wird bestickt – sei es ein *barong*, ein *barong tagalog* , ein Kaftan und *jelabas* mit passenden Tüchern, Handtaschen und Taschentücher.

## SCHMUCK

Philippinischer Schmuck wird aus Silber, Muscheln, Perlmutt und zunehmend auch aus Korallen und Schildpatt gearbeitet. Den besten Silberschmuck kann man in Baguio kaufen, wo an der Universität ausgezeichnete Silberschmiede ausgebildet werden.

In Ermita und Makati führen spezialisierte Läden sowohl hölzernen Modeschmuck als auch Perlenstikkereien der T'boli, Mangyan und Igoroten, darunter Ketten, Ohrringe und Haarspangen.

## ANTIQUITÄTEN

In Mindanao fertigen traditionell Schmiede Gongs, Schmuckkästen, Betelnußschachteln, Messingbetten und Kopien von Kanonen an. Die Schmiede bieten auch in Ermita ihre Ware feil. Aber Vorsicht, nicht alles was als antik angeboten wird, ist auch wirklich alt! Hier und da werden bestickte Baldachine angeboten, die angeblich bei königlichen Hochzeiten der Moslems benutzt wurden. Auf Wunsch wird nahezu alles garantiert.

## HOLZSCHNITZEREIEN

Riesige Hartholzschnitzarbeiten, die von den Männern und Frauen der Igoroten hergestellt wurden, gehörten zu den beliebtesten Souvenirs der Amerikaner, dabei übersahen sie die viel kleineren geschnitzten Reisgötter und Totemtiere aus Palawan, die man heute noch in Ermita kaufen kann.

# SPORT

## GOLF

Auf den Philippinen befinden sich die schönsten Golfplätze der Erde. Inmitten des tropischen Urwaldes gelegen und umgeben von plätschernden Kanälen, läßt es sich hier gut entspannen. Und das Klima ist für Golfspieler das ganze Jahr durch ideal.

Über die Inselgruppe verteilen sich mehr als 50 Golfplätze, davon befinden sich die meisten in Luzon, aber auch die wunderschönen Plätze auf den Visaya-Inseln und in Mindanao ziehen Besucher aus aller Welt an. Seit den zaghaften Anfängen in den zwanziger Jahren, wo es gerade 1000 Golfspieler auf den Philippinen gab, hat sich Golf zu einem beliebten Massensport entwickelt, der internationale Turniere und die Gründung einer Reihe von gut ausgestatteten Clubs nach sich zog.

Die Gebühren sind von Platz zu Platz unterschiedlich (100 - 500 P), an Wochenenden oftmals höher als unter der Woche. Caddies, Karten, Golfschläger und Schuhe können stundenweise ausgeliehen werden.

## SCHNORCHELN/TAUCHEN

Die Philippinen sind ein Paradies für Taucher und solche, die schnorcheln wollen. Im allgemeinen fallen die Küsten unter der Wasseroberfläche steil ab, die Korallenriffe sind riesig, die Buchten weit oder schmal, das Wasser ist gleichmäßig warm und überall kann man sich die entsprechende Ausrüstung ausleihen. Unterwasserfotografen werden beim Anblick der zahlreichen farbenprächtigen Seeanemonen, leuchtenden Korallenbänke, tropische Fischschwärme begeistert sein.

Abenteuerlich wird es, wenn Taucher 30 Pfund schweren *garoupas,* Napoleon-Lippenfischen und Red Snappers begegnen oder wenn sie einen Hai oder einen riesigen Barrakudafisch vor sich haben.

Am schönsten kann man zwischen März und Anfang Juni tauchen. Dann ist das Meer ruhig, es regnet wenig, und das Wasser ist kristallklar.

Die besten Tauchplätze findet man in Luzon, in den Buchten von Balayan und Batanga, nahe dem Erholungszentrum von Punta Baluarte, in Caban und Layag Layag und am Teufelspunkt auf der Insel Maricaban.

Auch vor Cebu kann man exzellent tauchen, einmal direkt vor der Küste und auch weiter draußen im Kanal von Hilurangan zwischen den Inseln Cebu und Bohol. Sehr gute Informationen über philippinische Tauchreviere erhält man im Department of Tourism.

## PFERDERENNEN

Pferderennen finden grundsätzlich dienstags, mittwochs, samstags und sonntags auf der Rennbahn von San Lazaro und der von Santa Ana statt. Auf Pferde zu setzen, kostet viel Zeit (und Geld). Zu den wichtigsten Rennen zählen das von Gran Copa, das National Grand Derby, der Founder's Club und der Presidential Cup.

# NÜTZLICHE ADRESSEN

## TOURISTENINFORMATION

**Philippinisches Fremdenverkehrsbüro,** Arndtstr. 19, 60325 Frankfurt am Main.

## STÄNDIGE VERTRETUNGEN

**Botschaft der Bundesrepublik Deutschland,** 777 Paseo de Roxas, Solidbank Building, 6. Stock, Mahati, Metro Manila, Tel.: 864906-09.

**Botschaft der Republik Österreich,** 117 Rada Street, Prince Building, 4. Stock, Legaspi Village, Makati, Metro Manila, Tel.: 8179191.

**Botschaft der Schweiz,** 777 Paseo de Roxas, Solibank Building, 18. Stock, Makati, Metro Manila, Tel.: 8190202.


# WEITERE APA GUIDES

Weiterführende APA Guides als Begleiter für ein unvergeßliches Reiseerlebnis.

In diesem preisgekrönten Reiseführer spiegelt sich der Charme des philippinischen Archipels wider.

Hier werden viele Fragen des Naturliebhabers beantwortet.

# ANREISE

## MIT DEM FLUGZEUG

Wer das Glück hat, einen Fensterplatz auf der richtigen Seite zu haben, hat bereits beim Anflug einen herrlichen Blick auf Singapur, auf den Hafen und die Stadt mit ihren blitzenden Wolkenkratzern, die nachts eindrucksvoll beleuchtet sind. Auch den riesigen, 78 m hohen Kontrollturm sieht man bereits von weitem.

Singapurs **Changi International Airport** beeindruckt durch Größe und Eleganz. Seit 1981 ist er in Betrieb und ist seither mit Abstand der größte und modernste Flughafen Asiens. Neben der internationalen Fluggesellschaft Singapore Airlines verkehren weitere 52 internationale Fluggesellschaften mit mehr als 1500 Flügen wöchentlich. Mehr als 20 Flugzeuge starten und landen stündlich, 14 Millionen Passagiere werden jährlich abgefertigt und über 500 000 Tonnen Fracht. Ein zweiter Terminal wurde 1990 eröffnet und damit die Kapazität des Flughafens verdoppelt, d. h. mittlerweile können 24 Millionen Passagiere jährlich durchgeschleust werden. Ein automatischer kleiner Schnellzug, der „Sky train", verbindet die 600 Meter voneinander entfernt liegenden Terminals miteinander. Dies ist der erste Zug seiner Art außerhalb der USA und Europas.

Vor dem Abflug muß jeder Passagier eine Flughafengebühr bezahlen, bei internationalen Flügen 12 S-Dollar, bei nationalen 5 S-Dollar.

## MIT DEM SCHIFF

Schiffsreisende erreichen Singapur wie in alten Zeiten die ersten Siedler durch die von winzigen vorgelagerten Inseln gebildete *Dragon Teeth Straits*, die Meeresenge der Drachenzähne. Einst verkehrten hier chinesische Dschunken, deren Händler getrocknete Früchte, Süßigkeiten, Tee und Papierschirme feilboten. Heute beherrschen Supertanker das Bild dieses größten Hafens in Asien, nach Rotterdam und Yokohama der drittgrößte der Erde.

300 Schiffahrtslinien aus über 80 Ländern verkehren regelmäßig in diesem Hafen. Alle zehn Minuten läuft ein Schiff aus oder geht hier vor Anker.

Außer den Frachtschiffen verkehren Passagierschiffe aus Australien, Europa, Nordamerika, Indien und Hongkong. Die Einreisebestimmungen entsprechen den allgemeinen Einwanderungsgesetzen. Das *Tourist Promotion Board*, das mit mobilen Informationsständen die Neuankömmlinge begrüßt, informiert Sie gerne über die wichtigsten Bestimmungen.

## ÜBER LAND

Singapur, ringsum von Wasser umgeben, wird mittels Straße und Schiene mit der Malaiischen Halbinsel über einen Damm verbunden.

Mit der Eisenbahn kann man von Bangkok über Haadyai, Butterworth und Kuala Lumpur Singapur erreichen. Schnellzüge fahren täglich ab Bangkok. Der Fahrpreis Bangkok–Singapur beträgt 237 S-Dollar für die klimatisierte Erste Klasse, bis zu 106 S-Dollar für die nichtklimatisierte Zweite Klasse.

Drei klimatisierte Schnellzüge verkehren täglich von Singapur nach Kuala Lumpur und Butterworth in Malaysia. Der Morgenzug fährt um 7.45 Uhr, der Nachmittagszug um 14.45 Uhr und der Nachtpostzug um 22 Uhr ab. Zur Weiterfahrt nach Bangkok müssen Sie in Butterworth umsteigen. Weitere Informationen zu Preisen und Fahrplänen kann man beim Bahnhof in der Keppel Road (Tel.: 222-51 65) bekommen. Reservierungen werden gegen eine Anzahlung vorgenommen, trotzdem empfiehlt es sich, rechtzeitig am Zug zu sein.

## DER ORIENT-EXPRESS

Die Organisatoren des Simplon-Orient-Expresses, der zwischen London und Venedig verkehrt, haben einen zweiten Luxuszug in Südostasien eingesetzt, der seit November 1992 zwischen Singapur, Kuala Lumpur und Bangkok verkehrt: der sogenannte **Eastern and Oriental Express**. Für die einfache Strecke, insgesamt 1943 Kilometer, braucht er 41 Stunden. Jeden Sonntag fährt der E&O in Singapur los und kommt am Freitag zurück und fährt direkt weiter nach Malakka. Die Fahrt in diesem Zug ist einmalig, und Komfort, Service und Küche sind hervorragend.

Die einfache Fahrt von Singapur nach Bangkok kostet zwischen 900 und 2940 US-Dollar, je nachdem, in welcher Klasse Sie reisen. Reservierungen übernehmen Reisebüros und das E&O Büro in London (Tel.: 071-928-6000, Fax 071-620-1210).

# Reiseinformationen

## VISA

Besucher, die nach Singapur einreisen, müssen im Besitz eines gültigen Reisepasses sein oder andere international anerkannte Reisedokumente vorweisen, wenn sie in Gruppen mit fünf bis zwanzig Personen reisen. Eine Gelbfieberschutzimpfung wird nur verlangt, wenn man sich in den vorangegangenen 14 Tagen in einem Infektionsgebiet (Afrika, Südamerika) aufhielt oder eines durchreist hat. Für Aufenthalte bis zu 14 Tagen benötigt man kein Visum, vorausgesetzt man kann die Weiterreise nachweisen und verfügt über angemessene Geldmittel. Angehörige eines kommunistischen Staates und Indiens benötigen für ihre Einreise ein Visum.

Touristenvisa werden gewöhnlich im Immigration Office (Pidemco Centre, Tel.: 532-2877) bis maximal drei Monate Aufenthaltsdauer ausgestellt.

## GELD

Singapur brachte 1957 eine eigene Währung in Umlauf, den orchideengeschmückten Singapur-Dollar (S$). 1976 erschien eine zweite Version, die einheimische Vögel über den Gebäuden und Industrieanlagen der Stadt zeigt. Und mittlerweile ist eine dritte Version mit segelnden Schiffen in Umlauf. Bei Drucklegung bekam man für 1 S-Dollar etwa 1 DM. Brunei-Dollar sind ungefähr gleichviel wert als S-Dollar. Der Malaysia-Dollar liegt 20 Prozent unter dem Kurswert des S-Dollar. Die Ein- und Ausfuhr von fremden Währungen und Reiseschecks unterliegen keinerlei Beschränkungen.

Wechseln Sie nicht voreilig größere Beträge in Luxushotels, da die Kurse dort eher schlecht sind und Sie Bearbeitungsgebühren zahlen müssen. Lizensierte und zuverlässige Wechselbüros in der Change Alley, am Raffles Place und in den meisten Einkaufszentren wechseln Geld zu offiziellen Kursen. Die Wechselkurse der Banken schwanken täglich, allerdings nur leicht. Für Reiseschecks erhält man gewöhnlich einen besseren Kurs als bei Bargeld.

Banken haben montags bis freitags zwischen 10 und 15 Uhr und samstags zwischen 9.30 und 11.30 Uhr geöffnet. Reiseschecks und größere Mengen Bargeld wechselt man besser an Wochentagen, da manche Banken es an Samstagen ablehnen, Schecks einzutauschen und Bargeld nur in kleinen Mengen zum Kurs des Vortages wechseln.

Kreditkarten wie American Express, Diners Club, Carte Blanche, Asia Card, Master Charge Card und Karten der internationalen Hotelketten und Fluggesellschaften werden überall anerkannt.

## GESUNDHEITSVORSORGE

Singapur ist nicht nur „sauber“ und „grün“, sondern auch „gesund“. In einem Land, in dem man unbesorgt Leitungswasser trinken und das Essen an Straßenständen genießen kann, braucht sich kein Reisender Sorgen zu machen. Hervorragende medizinische Einrichtungen und zahlreiche perfekt ausgestattete Kliniken machen diesem Ruf der Stadt alle Ehre. Die einzige „Krankheit“, die man in Singapur bekommen kann, ist ein verdorbener Magen, weil man zuviel gegessen hat. Hiergegen gibt es ein wirksames Rezept: Bewegung, und die haben Sie am besten bei einem mehrstündigen Einkaufsbummel.

## KLEIDUNG

Tagsüber kleidet man sich zweckmäßig und bequem. Leichte Sommerkleidung ist für einen Tag in der Stadt angebracht. Zu einer geschäftlichen Besprechung trägt man ein weißes Hemd mit Krawatte. Am Abend kleidet man sich ebenfalls leger. Nur wenige exklusive Nachtclubs und Restaurants bestehen auf Jackett und Krawatte. Die meisten Hotels, Restaurants, Kaffeehäuser und Diskotheken akzeptieren auch, wenn der Herr nur in Hemd und Krawatte (auch ohne Krawatte) und die Dame im leichten Kleid erscheint. Jeans und T-Shirts sind jedoch in vielen Diskotheken tabu. Um sich Unannehmlichkeiten zu ersparen, sollte man sich vorher nach der erwünschten Kleidung erkundigen.

## ZOLL

Singapur ist ein Freihafen. Persönliche Gegenstände (auch Kameras und Radios), 1 Liter Alkohol, 1 Liter Bier oder 1 Liter Wein, 200 Zigaretten oder 50 Zigarren oder 250 g Tabak müssen nicht deklariert werden. Streng verboten sind Drogen, Feuerwaffen und alle anderen Waffen, für die man eine Lizenz besitzen muß.

# KLEINE LANDESKUNDE

## GEOGRAPHIE

Singapur liegt vor der Spitze der Malaiischen Halbinsel, nur 126 Kilometer nördlich des Äquators, und hat eine Fläche von 620 Quadratkilometern. Zur Republik gehören neben der Insel Singapur 54 kleinere Inseln, von denen aber nur knapp die Hälfte bewohnt sind.

Die Regierung läßt sich durch die nur begrenzt vorhandene Landfläche auf der Hauptinsel nicht abschrecken und rodet unermüdlich Urwald und legt Mangrovensümpfe trocken, um zusätzliches Land zu gewinnen. Ungefähr zwei Drittel des Landes liegen weniger als 15 m über dem Meerespiegel, die höchste Erhebung ist der Bukit Timah oder „Tin Hill“ mit 177 m.

## ORTSZEIT

In Singapur ist man der mitteleuropäischen Zeit um 7 Stunden voraus.

## KLIMA

Singapur hat ein feucht-tropisches Klima mit viel Sonnenschein und gleichbleibenden Temperaturen das ganze Jahr über. Die Temperaturen liegen um die Mittagszeit bei 30,6° Celsius und nachts bei 23,8° Celsius. Die Hitze des Tages wird meist durch eine frische Seebrise oder durch zahlreiche Klimaanlagen gemildert. Länger anhaltende Regenfälle und starke Winde treten in der Monsunzeit zwischen November und Januar auf. Für zehn Minuten erstarrt dann das Leben der Stadt unter Eßständen, Arkaden und Schirmen. Genau so plötzlich wie er begonnen hat, hört der Regen auch wieder auf und hinterläßt lediglich frischgewaschene Gehsteige, gesprengte Rasen und nasse Regenschirme.

## GESCHÄFTSZEITEN

Behörden und Bürohäuser öffnen zwischen 7.40 und 9.30 Uhr von Montag bis Freitag. Normalerweise schließen sie zwischen 16 und 18 Uhr und eine Stunde zur Mittagszeit. Viele Büros haben auch samstags zwischen 8.30 und 13 Uhr geöffnet.

Geschäfte sind montags bis samstags von 9 bis 18 Uhr geöffnet. Souvenirläden machen oft erst gegen 10 Uhr auf und schließen dafür gegen 21.30 Uhr.

## SPRACHE

Nahezu jeder in Singapur spricht und versteht Englisch. Sämtliche Beschilderungen sind auf englisch. Verbreitet ist aber auch Mandarin und Malaiisch. Die ortsansässigen Inder sprechen *tamilo,* und eine Reihe von Chinesen verständigen sich auf kantonesisch oder hokkien.

## SITTEN & GEBRÄUCHE

Die Bräuche, Religionen und Sprachen nahezu jeder Nation der Erde haben sich im Laufe der Zeit in Singapur vereinigt. Adjektive mit der Vorsilbe „multi“ sind in Singapur sehr geläufig, und der Weltstadtcharakter zeichnet sich vor allem durch große Toleranz aus. Wer sich höflich benimmt, braucht im täglichen Leben nie Angst zu haben, etwas falsch zu machen. Bestimmte Feste und religiöse Zeremonien beruhen jedoch auf Traditionen und Regeln, die man kennen und beachten sollte.

## TEMPEL & MOSCHEEN

Vor dem Betreten einer Moschee oder eines indischen Tempels die Schuhe auszuziehen, ist seit Jahrhunderten ein ungeschriebenes Gesetz. Es ist üblich, im Inneren nicht zu rauchen. In chinesischen Tempeln geht es zwangloser zu, Besucher sind zu jeder Zeit herzlich willkommen, dürfen sich nach Belieben umsehen und auch den religiösen Ritualen beiwohnen, allerdings sollte man sich ruhig verhalten, wenn die Gläubigen beten.

Fragen Sie, wenn Sie fotografieren möchten, sicher wird Ihnen keiner Ihre Bitte abschlagen. Kleiden Sie sich für den Besuch in einem Tempel dezent, kurze Röcke und knappe Hosen werden nicht gerne gesehen. Bevor man den Tempel oder die Moschee wieder verläßt, ist es üblich, Münzen in den Opferstock am Ausgang zu werfen. Spenden werden zum Erhalt des Gebäudes verwendet.

## ZU GAST

In Singapur wird Gastfreundschaft großgeschrieben. Bei privaten Einladungen wird man als Besucher wie ein Ehrengast behandelt, für den das Beste gerade gut genug ist, sei es ein eisgekühlter Cocktail oder eine besondere Teesorte, und meist wird rasch eine kleine Mahlzeit bereitet. Als Gast sollten Sie immer eine kleine Gabe mitbringen. Früchte oder Kuchen sind stets willkommen.

Es wird nicht erwartet, daß man alles ißt, was auf den Tisch kommt, aber natürlich freut sich die Gastgeberin, wenn sie merkt, daß es gut schmeckt.

Alle Malaien, Inder und Chinesen ziehen vor Betreten einer Wohnung die Schuhe aus, um keinen Staub von draußen mit hereinzubringen. Von seinen Gästen erwartet man dies zwar nicht, wertet es aber sicher als höfliche Geste.

## HOCHZEITEN

Bei allen Hochzeiten, egal welcher Nationalität, ist es üblich, ein kleines Geldgeschenk von ungefähr 30 S-Dollar zu überreichen. Das Geld wird normalerweise zur Finanzierung des Hochzeitsmahles verwendet, an dem unzählige Gäste teilnehmen. Stecken Sie Ihre Hochzeitsgabe am besten in einen Umschlag mit Ihrem Namen und überreichen ihn der Braut oder dem Bräutigam. Die Chinesen schenken das Geld in einem *ang pow*, einem kleinen roten Kuvert, das in Banken oder Schreibwarengeschäften erhältlich ist. Traditionsgemäß gilt eine gerade Anzahl von Geldscheinen und Münzen als glücksbringende Gabe.

## TRINKGELD

Trinkgelder werden überall mit einem Lächeln honoriert, und auch die moderne und wohlhabende Gesellschaft Singapurs mit ihren Nachtclubs, freundlichen Bars und teueren Restaurants bildet hier keine Ausnahme. Zehn Prozent vom Rechnungsbetrag sind immer angemessen. Einige führende Hotels schlagen bereits den Bedienungspreis auf. Dann ist es nicht nötig, nochmals ein Trinkgeld zu geben, obwohl man natürlich nichts dagegen hat. Hotelpagen und -portiers erhalten – je nach Art des Auftrages – ungefähr 1 S-Dollar und mehr. Abseits der internationalen Schauplätze ist es weniger üblich, Trinkgeld zu geben. Bei kleinen einheimischen Restaurants, Eßständen oder Taxis ist der Service bereits in der Rechnung enthalten, und es genügt ein „Dankeschön" (*terima kaseh* auf malaiisch) und ein freundliches Lächeln.

## ABFÄLLE

Singapur ist stolz darauf, die sauberste Stadt Asiens zu sein, und die Regierung ist äußerst bemüht, ihre Bürger zur Reinhaltung von Stadt und Insel zu erziehen. Überall sind Abfalleimer zu finden, und es gibt keine Entschuldigung, wenn man irgend etwas auf die Straße fallen läßt (sei es eine Busfahrkarte, eine Zigarettenkippe oder ein Bonbonpapier). Wird man dabei erwischt, so muß man mit einem Bußgeld bis zu 1000 S-Dollar rechnen.

## RAUCHEN

Aus Gesundheitsgründen ist das Rauchen verpönt, wenn auch nicht verboten. In einigen öffentlichen Orten, wie Kino, Theater, Bücherei, Fahrstuhl, Bus oder Amtsgebäuden, ist es nicht gestattet, und eine Mißachtung der Vorschrift kann bis zu 500 S-Dollar kosten. Schilder erinnern überall an das Verbot.

## TOILETTEN

Urinieren in der Öffentlichkeit und das Hinterlassen von verschmutzten Toiletten kann eine Strafe von 500 S-Dollar nach sich ziehen.

# UNTERWEGS

## FLUGHAFENTRANSFER

Der Flughafen ist durch den East Coast Parkway mit dem Stadtzentrum (Fahrtdauer 20 Minuten) und durch den Pan-Island Expressway mit dem übrigen Teil von Singapur verbunden.

Für den Transfer vom Flughafen in die Stadt bieten sich drei Möglichkeiten: Mietwagen, Taxi oder Bus. Von der Ankunftshalle führt ein kleiner Tunnel zum *Passenger Crescent* (Parkplatz für Privatautos) und zum *Arival Crescent* (Taxistand). Taxifahrten vom Flughafen aus kosten 3 S-Dollar mehr als auf dem Taxometer angezeigt wird und 50 Prozent des Fahrpreises mehr, wenn man zwischen Mitternacht und 6 Uhr unterwegs ist. Eine Taxifahrt vom Flughafen zu den Hotels in der Gegend um die Orchard Road kostet etwa 15 S-Dollar, zuzüglich der genannten Extras.

Zubringerbusse pendeln zwischen Flughafen und nahe gelegenen Bushaltestellen. Auskünfte über die jeweiligen Buslinien erhalten Sie an den CAAS-Informationständen in jedem Terminal oder im Untergeschoß des Changi-Terminals I. Der Bus 390 fährt vom Flughafen in die Orchard Road und kostet klimatisiert 1.20 S-Dollar, sonst 90 Cents.

## BUSSE

Über 250 Busse verkehren in Singapur und verbinden die kleinsten Winkel der Stadt miteinander. Verglichen mit dem Taxi, sind Busse in Singapur zwar überfüllter und langsamer, aber auch billiger und aufregender. Eine Fahrt, bei der alle Mitreisenden von den kleinsten Städten und Marktplätzen aufgelesen werden, wird schnell zum unvergeßlichen Erlebnis.

Die Busse (es gibt einstöckige und Doppeldecker, mit und ohne Klimaanlage) verkehren wochentags in der Regel zwischen 6.15 und 23.30 Uhr, am Wochenende und an Feiertagen ca. 30 Minuten eher und 30 Minuten länger. Der Fahrpreis ist niedrig (mindestens 40, höchstens 80 Cents) und richtet sich nach der zurückgelegten Strecke (eine Station entspricht 800 Meter). Bis zu vier Stationen bezahlt man 40 Cents, für fünf bis sieben 50, für acht bis zehn 60, für elf bis 13 70 und für 14 und mehr Stationen 80 Cents. Die meisten Busse (ersichtlich an dem OMO-Schild vorne im Bus) haben keinen Schaffner.

Günstig ist das *Singapore Explorer Ticket*, mit dem Sie für 5 S-Dollar am Tag und für 12 S-Dollar an drei Tagen unbegrenzt Bus fahren können. Erhältlich in Reisebüros und in großen Hotels.

Der *Bus Guide* (Informationsbroschüre über den Busverkehr) ist hilfreich und an jedem Kiosk oder Zeitungsladen für 70 Cents erhältlich. Hier ist jede Busroute aufgezeichnet, und für Touristen wurden die Bustouren zu bestimmten Sehenswürdigkeiten aufgeführt. Informationen erteilt auch der *Singapore Bus Service* (Tel.:287-2727).

## U-BAHN

Singapurs Regierung hat über 5 Milliarden S-Dollar in das *Mass Rapid Transit System* (MRT) investiert, das 42 Stationen auf vier Strecken umfaßt und täglich bis zu 600 000 Personen befördern kann.

Magnetisch codierte Fahrkarten können an automatischen Schaltern gezogen werden und kosten zwischen 60 Cents und 1.50 S-Dollar. Für Mehrfahrkarten zahlt man 12 S-Dollar.

Die Züge verkehren montags bis samstags zwischen 6 und 23 und an Sonn- und Feiertagen zwischen 6.45 und 7.25 und 23.15 oder 23.45 Uhr.

## TAXIS

Eine Straße ohne Taxi ist in Singapur eine Seltenheit. Jedermann nimmt sie in Anspruch, da sie schnell, bequem und preiswert sind. Die Fahrzeuge sind sauber und in gutem Zustand (das sauberste Taxi wird in Singapur prämiert). Sie sind schwarz und gelb, dunkelblau, grün und weiß oder rot und weiß, und alle haben ein „SH" auf ihrem Nummernschild. Jeder Wagen ist mit Taxameter ausgestattet und darf maximal vier Personen befördern. Der Fahrpreis beträgt für die ersten eineinhalb Kilometer 2.20 S-Dollar, dann 15 Cents für jeweils 300 Meter. Eine Fahrt zwischen Mitternacht und 6 Uhr früh kostet 50 Prozent mehr.

Um Verkehrsstaus zu verhindern, hat man in Singapur einen sogenannten „Central Business District" (CBD) eingerichtet. Taxis mit weniger als vier Personen und ohne Plakette dürfen montags bis samstags während der Hauptgeschäftszeiten (7.30 bis 10.15; 16.30 bis 18.30) nicht in diese Zonen fahren, es sei denn, der Fahrgast zahlt 2 S-Dollar zusätzlich oder das Taxi hat eine gültige Plakette am Wagen. 3 S-Dollar mehr kostet eine Fahrt, die am Flughafen beginnt. 1 S-Dollar zusätzlich kostet es, wenn man zwischen 16 und 19 Uhr im CBD unterwegs ist. 2 S-Dollar extra werden für die Anfahrt bei telefonischer Bestellung verlangt und 3 S-Dollar, wenn man eine halbe Stunde vorher bestellt. Taxis können rund um die Uhr unter 481-1211, 452- 5555, 533-9009 und 250-0700 gerufen werden. Trinkgelder sind nicht üblich und werden von der Regierung auch nicht so gerne gesehen.

## SELBSTFAHRER

Wenn Sie einen internationalen Führerschein besitzen, bietet sich ein Mietwagen an. Die Preise liegen zwischen 100 und 350 S-Dollar am Tag, zuzüglich Kilometergeld, das sich nach Größe und Modell des Leihwagens richtet. Wenden Sie sich an eine der zahlreichen Autovermietungen (Ihr Hotel hilft Ihnen sicher weiter). Vergessen Sie nicht Ihren Paß für den Vertragsabschluß mitzunehmen. Zwei der bekanntesten Autovermietungen sind:

**Avis Rent-A-Car**, Tel.: 737-1668
**Hertz Rent-A-Car**, Tel.: 734-4646.

# UNTERKUNFT

Da die Insel mit ihren zahlreichen Attraktionen immer mehr Menschen anzieht, nimmt auch die Anzahl der Hotels ständig zu.

Während eines Monats wird z. B. ein Hotel renoviert, ein anderes erweitert, und wieder ein anderes stellt gerade auf Computer um. Die große Konkurrenz ermöglicht Abwechslung und Qualität. Die Kategorien reichen von Luxushotels, in denen man wie ein König lebt (und bezahlt), bis hin zu preiswerten Gästehäusern für all jene, die einfach ein Dach über dem Kopf suchen. Aufgrund des großen Angebots in Singapur erhält man in vielen Hotels einen Preisnachlaß. Scheuen Sie sich nicht, auch in den elegantesten Hotels danach zu fragen.

## HOTELS

In den meisten Hotels, die hier aufgelistet sind, gibt es zusätzlich Konferenzräume, Bankettsäle, Gesundheitszentren, Diskotheken, einen Arzt, Friseur, TV und IDD in den Gastzimmern.

**Allson,** 101 Victoria Street, Singapore 0718, Tel.: 336-08 11.
500 Zimmer, Restaurants (regionale, europäische, japanische, chinesische und Thai-Küche), Tanzsaal. Einzelzimmer S$ 140-180, Doppelzimmer S$ 160-200, Suite S$ 240-1000.

**Amara,** 165 Tanjong Pagar Road, Singapore 0207, Tel:. 224-44 88.
349 Zimmer, 8 Restaurants (regionale, europäische, chinesische Küche), Bar, Club- und Tanzsaal. Einzelzimmer S$ 190-280, Doppelzimmer S$ 200-290.

**ANA,** Nassim Hill, Singapore 1025, Tel.: 732-12 12.
462 Zimmer, Restaurants (regionale, europäische, japanische Küche), Bar und Club. Einzelzimmer S$ 180-200, Doppelzimmer S$ 200-240, Suite S$ 260-1000.

**Apollo,** 405 Havelock Road, Singapore 0316, Tel.: 733-20 81.
332 Zimmer, Restaurants (regionale, japanische und chinesische Küche), Bar, Club. Einzelzimmer S$ 120-140, Doppelzimmer S$ 160-180, Suite S$ 280.

**Asia,** 37 Scotts Road, Singapore 0922, Tel.: 737-83 88.
146 Zimmer, Restaurants (regionale und europäische Küche), Bar. Einzelzimmmer S$ 120-140, Doppelzimmer S$ 140-155.

**Boulevard,** 200 Orchard Boulevard, Singapore 1024, Tel.: 737-29 11.
529 Zimmer, Restaurants (regionale, europäische, japanische und indische Küche), Bar. Einzelzimmer S$ 155-230, Doppelzimmer S$ 185-260, Suite S$ 300-650.

**Cockpit,** 6 Oxley Rise, Singapore 0923, Tel.: 737-91 11.
182 Zimmer, chinesische Restaurants, Bar. Einzelzimmer S$ 130, Doppelzimmer S$ 150, Suite S$ 250.

**Concord,** 317 Outram Road, Singapore 0316, Tel.: 733-01 88.
509 Zimmer, 2 Restaurants (europäische und japanische Küche, Bar, chinesischer Nachtclub. Einzel-/ Doppelzimmer S$ 170-200.

**Crown Prince,** 270 Orchard Road, Singapore 0923, Tel.: 732-11 11.
303 Zimmer, Restaurants (regionale, europäische, japanische und chinesische Küche). Einzelzimmer S$ 180-220, Doppelzimmer S$ 210-250, Suite S$ 530-1200.

**Dai Ichi (Harbour View),** 81 Anson Road, Singapore 0207, Tel.: 224-11 33.
420 Zimmer, Restaurants (westliche, japanische und chinesische Küche). Einzelzimmer S$ 120, Doppelzimmer S$ 150, Suite S$ 270-350.

**Dynasty,** 320 Orchard Road, Singapore 0923, Tel.: 734-99 00.
400 Zimmer, Restaurants (regionale, europäische und chinesische Küche), Bar, Tanzsaal. Einzelzimmer S$ 190-300, Doppelzimmer S$ 220-300, Suite S$ 500-2200.

**Excelsior,** 5 Coleman Street, Singapore 0617, Tel.: 338-77 33.
300 Zimmer, Restaurants (regionale, europäische, japanische, chinesische Küche), Bar. Einzelzimmer S$ 140, Doppelzimmer S$ 155, Suite S$ 300-1080.

**Equatorial,** 429 Bukit Timah Road, Singapore 1025, Tel.: 732-04 31.
224 Zimmer, Restaurants (regionale, chinesische, japanische und Schweizer Küche), authentisches Tee-Haus, Geschäfts-Center. Einzelzimmer S$ 140-160, Doppelzimmer S$ 160-280.

**Furama,** 10 Eu Tong Sen Street, Singapore 0105, Tel.: 533-38 88.
354 Zimmer, Restaurants (regionale, europäische, japanische und chinesische Küche), Bar. Einzelzimmer S$ 150-170, Doppelzimmer S$ 170-190, Suite S$ 350.

**Goodwood Park,** 22 Scotts Road, Singapore 0922, Tel.: 737-74 11.
225 Zimmer (die Hälfte davon sind Suiten), Restaurants (regionale, chinesische, japanische und kontinentale Küche). Einzelzimmer S$ 355, Doppelzimmer S$ 400, Suite S$ 1100.

**Hilton,** 581 Orchard Road, Singapore 092, Tel.: 737-22 33.
435 Zimmer, Restaurants (regionale, europäische und chinesische Küche), Bar, Tanzsaal. Einzelzimmer S$ 160-210, Doppelzimmer S$ 185-240, Suite S$ 320-1250.

**Holiday Inn Park View,** 11 Cavenagh Road, Singapore 0922, Tel.: 733-83 33.
350 Zimmer, Restaurants (europäische, chinesische und indische Küche), Bar, Tanzsaal. Einzelzimmer S$ 190-200, Doppelzimmer S$ 220-290, Suite S$ 300-800.

**Hyatt Regency,** 10 Scotts Road, Singapore 0922, Tel.: 733-11 88.
791 Zimmer plus 352 Zimmer-Erweiterung, Restaurants (regionale und europäische Küche), Bar. Einzelzimmer S$ 190-290, Doppelzimmer S$ 220-320, Suite S$ 600-2500.

**Imperial,** 1 Jalan Rumbia, Singapore 0923, Tel.: 737-16 66.
600 Zimmer, Restaurants (regionale, europäische, chinesische und indische Küche), Bar, Tanzsaal. Einzelzimmer S$ 165-195, Doppelzimmer S$ 185-215, Suite S$ 330.

**Mandarin,** 333 Orchard Road, Singapore 0923, Tel.: 737-44 11.
1200 Zimmer, Restaurants (regionale, europäische, chinesische und japanische Küche), Bar, Club, Tanzsaal. Einzel-/Doppelzimmer S$ 180-195, Suite S$ 250-900.

**Marina Mandarin,** 6 Raffles Boulevard, Singapore 0103, Tel.: 338-33 88.
557 Zimmer, 4 Restaurants (regionale, europäische und chinesische Küche). Einzelzimmer S$ 300-360, Doppelzimmer S$ 340-410.

**Meridien,** 100 Orchard Road, Singapore 0923, Tel.: 733-88 55.
419 Zimmer, Restaurants (regionale, europäische und chinesische Küche), Bar, Tanzsaal. Einzelzimmer S$ 190-245, Doppelzimmer S$ 210-280, Suite S$ 300-1200.

**Meridien Changi,** 1 Netheravon Road, Upper Changi Road, Singapore 1750, Tel.: 545-77 00.
280 Zimmer, Restaurants (regionale, europäische und chinesische Küche), Bar, Tanzsaal. Einzelzimmer S$ 165-220, Doppelzimmer S$ 185-255, Suite S$ 300-1200.

**Novotel Orchid,** 214 Dunearn Road, Singapore 1129, Tel.: 250-33 22.
473 Zimmer, Restaurants (regionale und europäische Küche), Bar. Einzelzimmer S$ 190-210, Doppelzimmer S$ 210-230.

**Omni Marco Polo,** 247 Tanglin Road, Singapore 1024, Tel.: 474-71 41.
603 Zimmer, Restaurants (regionale und europäische Küche), Bar, Club. Einzel-/Doppelzimmer S$ 300-400.

**Orchard,** 442 Orchard Road, Singapore 0923, Tel.: 734-77 66.
350 Zimmer, Restaurants (europäische Küche), Bar, Tanzsaal. Einzelzimmer S$ 190-260, Doppelzimmer S$ 220-290, Suite S$ 450.

**Orchard Parade,** 1 Tanglin Road, Singapore 1024, Tel.: 737-11 33.
300 Zimmer, Restaurants (regionale, europäische und chinesische Küche), Bar. Einzelzimmer S$ 200, Doppelzimmer S$ 225, Suite S$ 300.

**Oriental,** 6 Raffles Boulevard, Singapore 092, Tel.: 338-00 66.
515 Zimmer (Nichtraucher-Etagen), Restaurants (chinesische, europäische und kontinentale Küche), Disco. Einzelzimmer S$ 295-350, Doppelzimmer S$ 330-390.

**Pan Pacific,** 7 Raffles Boulevard, Singapore 0130, Tel.: 336-81 11.
800 Zimmer, 9 Restaurants (regionale, europäische, japanische, chinesische und polynesische Küche), Bar, Tanzsaal. Einzelzimmer S$ 290-390, Doppelzimmer S$ 330-430.

**Peninsula,** 3 Coleman Street, Singapore 0617, Tel.: 337-22 00.
315 Zimmer, Restaurants (regionale und europäische Küche), Bar, Club. Einzelzimmer S$ 125-140, Doppelzimmer S$ 140-155, Suite S$ 280.

**Phoenix, Orchard Road/Somerset Road,** Singapore 0923, Tel.: 737-86 66.
300 Zimmer, Restaurants (regionale, europäische und chinesische Küche), Bar. Einzelzimmer S$ 132-154, Doppelzimmer S$ 154-176, Suite S$ 210-250.

**Plaza,** 7500A, Beach Road, Singapore 0719, Tel.: 298-00 11.
355 Zimmer, Restaurants (regionale und europäische Küche), Bar, Club. Einzelzimmer S$ 130-160, Doppelzimmer S$ 150-180.

**Raffles,** 1-3 Beach Road, Singapore 071, Tel.: 337-80 41.
Diese historische Sehenswürdigkeit öffnete nach zwei Jahren Renovierung (Kosten: S$ 100 Millionen) wieder ihre Pforten. Hinter der hübschen Fassade aus dem frühen 20. Jahrhundert findet man nun 104 mit allen Annehmlichkeiten eingerichtete Suiten. Die berühmte Long Bar hat wieder geöffnet, ebenso das Palm Court. Suiten S$ 600-6000.

**Regent,** 1 Cuscaden Road, Singapore 1024, Tel. 733-88 88.
442 Zimmer, Restaurants (regionale, europäische und chinesische Küche), Bar, Tanzsaal. Einzelzimmer S$ 210, Doppelzimmer S$ 250, Suite S$ 500.

**Riverview,** 382 Havelock Road, Singapore 0316, Tel.: 732-99 22.
483 Zimmer, Restaurants (regionale, europäische, japanische und chinesische Küche), Bar, Club. Einzelzimmer S$ 160-170, Doppelzimmer S$ 180-190, Suite S$ 400.

**Royal Holiday Inn Crowne Plaza,** 25 Scotts Road, Singapore 0922, Tel.: 737-79 66.
600 Zimmer, Restaurants (regionale, europäische und chinesische Küche), Bar, Tanzsaal. Einzelzimmer S$ 175, Doppelzimmer S$ 205, Suite S$ 380.

**Shangri La,** 22 Orange Grove Road, Singapore 1025, Tel.: 737-36 44.
810 Zimmer, Restaurants (regionale, europäische, japanische und chinesische Küche), Bar, Tanzsaal. Einzelzimmer S$ 180-355, Doppelzimmer S$ 215-370, Suite S$ 470-2175.

**Sheraton Towers,** 39 Scotts Road, Singapore 0922, Tel.: 732-68 88.
412 Zimmer, 3 Restaurants (europäische und chinesische Küche), Bar, Club, Tanzsaal. Einzel-/Doppelzimmer S$ 180-250, Suite S$ 350-1000.

**Westin Plaza,** 2, Stamford Road, Singapore 0617, Tel.: 338-85 85.
796 Zimmer, 11 Restaurants (regionale, europäische, japanische, chinesische Küche), Bar, Tanzsaal.

**Westin Stamford,** 2 Stamford Road, Singapore 0617, Tel.: 338-85 85.
1253 Zimmer, 11 Restaurants (regionale, europäische, japanische, chinesische Küche), Bar, Tanzsaal.

**York,** 21 Mt. Elizabeth, Singapore 0922, Tel.: 737-05 11.
400 Zimmer, Restaurants (regionale, europäische und chinesische Küche), Bar, Tanzsaal. Einzelzimmer S$ 200-580, Doppelzimmer S$ 225-580.

# ESSEN & TRINKEN

## WAS WIE ESSEN?

Jede Küche hat ihren ganz individuellen Geschmack und einen bestimmten Eßstil. Die chinesischen Speisen werden mit Stäbchen gegessen, die meisten malaiischen und indischen mit der rechten Hand (niemals mit der linken, da sie als unrein gilt) und die indonesischen und thäilandischen Speisen mit einem großen Löffel und einer Gabel. Ein echter Feinschmecker würde weder eine chinesische Mahlzeit mit Messer und Gabel essen noch ein Filet Mignon mit Stäbchen.

Asiatische Gerichte werden gewöhnlich in großen Schüsseln in die Mitte des Tisches gestellt, und jeder nimmt sich davon ein wenig. Sich den Teller vollzuhäufen wäre nicht nur unhöflich, sondern auch ungeschickt, da jeweils mehrere Gänge folgen und man bei Bedarf immer nachfassen kann. Die Einheimischen freuen sich insgeheim, wenn man sich ihren Eßgewohnheiten anschließt, weil sie wissen, daß es so am besten schmeckt.

## CHINESISCH

**Cairncourt Restaurant** (Peking, Szechwan), Cairnhill Hotel, 19 Cairnhill Circle, Tel.: 734-66 22.

**Changi Floral Mile Seafood** (Hongkong), Blk 56, #01-1314, New Upper Changi Road, Tel.: 443-82 22.

**Cherry Garden** (Szechwan), The Oriental Hotel, 6 Raffles Boulevard, #01-200 Marina Square, Tel.: 338-00 66.

**Chui Garden Noodle House** (kantonesisch), 345 Orchard Road, #01-02 Shaw House, Tel.: 732-75 78.

**Choon Seng Restaurant** (Meeresfrüchte), 892 Ponggol Road, Tel.: 288-34 72.

**Goldleaf Restaurant** (Szechwan, taiwanesisch), 160 Orchard Road, #04-11 Orchard Point, Tel.: 737-78 30.

**Happy Valley Noodle House** (kantonesisch), 304 Orchard Road, #01-42 Lucky Plaza, Tel.: 732-99 18.

**House of Blossoms** (kantonesisch), Marina Mandarin, 6 Raffles Boulevard, #01-100 Marina Square, Tel.: 338-33 88.

**House of Four Seasons** (Dian Xin/kantonesisch), 1 Empress Place, #01-03, Empress Place Building, Tel.: 339-68 33.

**Imperial Herbal Restaurant** (Kräuter), Metropole Hotel, 41 Seah Street, Tel.: 336-36 11.

**Inn of Happiness** (kantonesisch), Hilton International, 581 Orchard Road, Tel.: 737-22 33.

**Lei Garden Restaurant** (kantonesisch), Boulevard Hotel, 200 Orchard Boulevard, Tel.: 737-29 11.

**Li Bai Restaurant** (kantonesisch), Sheraton Tower, 39 Scotts Road, Tel.: 737-68 88.

**Liu Hsiang Lou** (kantonesisch, Szechwan und Shanghai), Allson Hotel, 101 Victoria Street, Tel.: 336-08 11.

**Long Beach Restaurant** (Meeresfrüchte), 610 Bedok Road, Tel.: 445-88 33.

**Long Jiang** (Szechwan), Crown Prince Hotel, 270 Orchard Road, Tel.: 732-11 11.

**Loong Yuen** (kantonesisch), Holiday Inn Park View, 11 Cavenagh Road, Tel.: 733-83 33.

**Meisan Szechuan Restaurant,** Royal Holiday Inn, 25 Scotts Road, Tel.: 737-79 66.

**Min Jiang Seafood Restaurant** (Szechwan), Goodwood Park Hotel, 22 Scotts Road, Tel.: 737-74 11.

**Ming Palace Restaurant** (kantonesisch), Orchard Parade Hotel, 1 Tanglin Road, Tel.: 737-11 33.

**Orchard King Prawn Restaurant** (Meeresfrüchte), 96 Somerset Road, #01-05/06, UOL Bldg., Tel.: 734-40 79.

**Por Kee Restaurant** (kantonesisch, Dim Sum), 76 Smith Street, Tel.: 223-08 14.

**Prima Tower** (kantonesisch), 201, Keppel Road, Tel.: 221-56 00.

**Swatow Teochew Restaurant,** Singapore Conference Hall, Shenton Way, Tel.: 223-54 71.
100 Beach Road, #02-12/14, Tel.: 292-90 85.

**Tien Court** (Szechwan), King's Hotel, 403 Havelock Road, Tel.: 733-00 11.

**Tung Lok Shark's Fin Restaurant** (kantonesisch), 177 River Valley Road, #04-07/09 Liang Court, Tel.: 336-60 22.

**Xiang Man Lou** (Hongkong, Dim Sum), 79 Bain Street, Bras Basah Complex, Tel.: 338-78 85.

**Xin Zhang Jiang Restaurant** (kantonesisch), Hotel Miramar, 401 Havelock Road, Tel.: 733-02 22.

## WESTLICHE KÜCHE

**Barnacle Bill's** (kontinental), 10A Duxton Hill, Tel.: 227-96 30.

**Baron's Table** (kontinental), Royal Holiday Inn, 25 Scotts Road, Tel.: 737-79 66.

**Blooms** (kontinental), Orchard Hotel, 442 Orchard Road, Tel.: 734-77 66.

**Bologna** (italienisch), Marina Mandarin, 6 Raffles Boulevard, Tel.: 338-33 88.

**Café Boulevard** (kontinental), Orchard Parade Hotel, 1 Tanglin Hotel, Tel.: 737-11 33.

**Café Vienna** (österreichische Küche, regional und international), Royal Holiday Inn, 25 Scotts Road, Tel.: 737-79 66.

**Chico's 'N Charlie's** (mexik./amerik.), 541 Orchard Road, #05-01 Liat Towers, Tel.: 734-01 75.

**Coffee Garden** (international), Shangri-La Hotel, 22 Orange Grove Road, Tel.: 737-36 44.

**Compass Rose** (französisch und kontinental), Westin Stamford Hotel, 2 Stamford Road, Tel.: 338-85 85.

**Da Paolo** (italienisch), 66 Tanjong Pagar Road, Tel.: 224-70 81.

**Domus** (italienisch), Sheraton Towers, 39 Scotts Road, Tel.: 224-70 81.

**Emmerson's Tiffin Rooms** (kontinental und asiatisch), 51 Neil Road, Tel.: 227-75 18.

**Fourchettes** (kontinental, Holzkohlengrill), The Oriental Hotel, #01-200 Marina Square, Tel.: 338-00 66.

**Gordon Grill** (westlich und schottisch), Goodwood Park Hotel, 22 Scotts Road, Tel.: 737-74 11.

**Harbour Grill** (kontinental), Hilton International, 581 Orchard Road, Tel.: 737-22 33.

**Hard Rock Café** (amerikanisch), #04-01, HPL House, 50 Cuscaden Road, Tel.: 235-52 32.

**Jack's Place Steakhouse,** Hotel Miramar, 401 Havelock Road, Tel.: 703-02 22.
#02-117 Kiliney Road, Tel.: 737-70 28, 734-29 21.
268 Orchard Road, #B01-00 Yen San Building, Tel.: 235-73 61.

**La Brasserie** (französisch), Omni Marco Polo Hotel, 247 Tanglin Road, Tel.: 474-71 41.

**La Boulangerie** (französisch), 500 Orchard Road, Far East Shopping Centre, Tel.: 734-15 76.

**La Brasserie Georges** (französisch), Hotel Meridien, 100 Orchard Road, Tel.: 733-88 55.

**Le Chalet Restaurant** (Schweizer Küche), Ladyhill Hotel, 1 Ladyhill Road, Tel.: 737-21 11.

**La Grande Bouffe** (französisch), 53/55 Sunset Way, Tel.: 467-68 47, 467-60 78.

**Maxim's de Paris** (französisch), The Regent Singapore, 1 Cuscaden Road, Tel.: 733-88 88.

**Prego** (italienisch), Westin Stamford Hotel, 2 Stamford Road, Tel.: 338-85 85.

**Restaurant LaTour** (kontinental), Shangri-La Hotel, 22 Orange Grove Road, Tel.: 737-36 44.

**Shashlik Restaurant** (russisch), 545 Orchard Road, #06-19 Far East Shopping Centre, Tel.: 732-64 01.

**Steeple's Deli** (amerikanisch), 19 Tanglin Road, #02-25 Tanglin Shopping Centre, Tel.: 737-07 01.

**The Hubertus Grill** (kontinental), ANA Hotel, 16 Nassim Hill, Tel.: 732-12 22.

**Trader Vic's** (international), Hotel New Otani, 177A River Valley Road, Tel.: 338-33 33.

## ANDERE ASIATISCHE KÜCHE

**Alkaff Mansion** (indonesisch und kontinental), 10 Telok Blangah Green, Tel.: 278-92 07.

**Annalkashmi** (indisch vegetarisch), Excelsior Hotel, #02-10, 5 Coleman Street, Tel.: 339-99 93.

**Aziza's** (malaiisch), 36 Emerald Hill Road, Tel.: 235-113.

**Bintang Timur Restaurant** (indonesisch), 14 Scotts Road, #02-08/13 Far East Plaza, Tel.: 235-45 39.

**Bombay Woodland** (südindisch vegetarisch), 583 Orchard Road, #B1-06 Forum Galleria, Tel.: 235-27 12.

**Café Vanda** (regional, international), Paramount Hotel, 30 Marine Parade Road, Tel.: 344-55 77.

**Changi Café** (regional, international), Hotel Meridien Changi, 1 Netheravon Road, Tel.: 542-77 00.

**Empire Curry Inn** (südindisch), 3B-5 Lowland Road, Tel.: 280-86 55.

**Guan Hoe Soon** (Nonya), 214 Joo Chiat Road, Tel.: 344-27 61.

**Her Sea Palace Restaurant** (Thai), 583 Orchard Road, #01-16, Forum Galleria, Tel.: 732-56 88.

**Hotel Phoenix Coffee House,** Somerset Road, Tel.: 737-86 66.

**Keyaki Restaurant** (japanisch), Pan Pacific Hotel, 6 Raffles Boulevard, #01-300 Marina Square, Tel.: 336-81 11.

**Komala Vilas** (indisch vegetarisch), 76/78 Serangoon Road, Tel.: 293-69 80.

**Korean Restaurant,** Specialists' Centre, #05-35, Orchard Road, Tel.: 235-00 18.

**Kurumaya** (japanisch), Dai-Ichi Hotel, 81 Anson Road, Tel.: 224-11 33.

**Luna Café** (Nonya und regional), Apollo Hotel, 405 Havelock Road, Tel.: 733-20 81.

**Maharani Restaurant** (nordindisch), Far East Plaza, Scotts Road, Tel.: 235-88 40.

**Mayarani** (nordindisch), Boulevard Hotel, Cuscaden Road, Tel.: 732-29 11.

**Nid's Place** (Thai), 164 Upper East Coast Road, Tel.: 445-33 71.

**Nonya and Baba Restaurant,** 262-264 River Valley Road, Tel.: 734-13 82.

**Orchard Maharaja Restaurant** (nordindisch), 25 Cuppage Road, Tel.: 732-63 31.

**Palm Beach Seafood** (regional, Meeresfrüchte), National Stadium, Westeingang, Stadium Drive, Tel.: 344-14 74.

**Rajah Inn Restaurant** (indonesisch), 5001 Beach Road, #01-96 Golden Mile Complex, Tel.: 298-50 16.

**Rang Mahal Restaurant** (nordindisch), Imperial Hotel, 1 Jalan Rumbia, Tel.: 737-16 66.

**Rasa Ria Café Restaurant** (indonesisch, malaiisch), 101 Thomson Road, #01-52 United Square, Tel.: 253-83 49.

**Restaurant Suntory** (japanisch), 402 Orchard Road, #06-01/02 Delfi Orchard, Tel.: 732-51 11.

**Saigon Restaurant** (vietnamesisch), 4th Floor, Cairnhill Place, Tel.: 235-06 26.

**Senbazuru Japanese Restaurant,** Hotel New Otani, 177A River Valley Road, Tel.: 388-33 33.

**Sushi Koharu** (japanisch), 14 Scotts Road, #02-23 Far East Plaza, Tel.: 235-71 72.

**The Tandoor** (Kaschmir-Moghul-indisch), Holiday Inn Park View, 11 Cavenagh Road, Tel.: 733-83 33.

**Tradewinds** (malaiisch), Hilton International, 581 Orchard Road, Tel.: 737-22 33.

**Unkai Japanese Restaurant,** Furama Singapore Hotel, 10 Eu Tong Sen Road, Tel.: 533-38 88.

**Yunnan Inn** (Meeresfrüchte), 21 Yuan Ching Road, Jurong Town, Tel.: 265-42 21.

# KULTURELLES

## MUSEEN

Das Nationalmuseum wurde 1823 gegründet und stellte das Skelett eines Nashorns in Sumatra, eines Pferdes und eines Tigers aus. Überreste aus Singapurs rätselhafter Vergangenheit, z. B. der wundersame „Stein von Singapur", der von einem starken Malaien als Beweis seiner Königstreue in den Fluß gehievt wurde, sind noch bruchstückhaft erhalten. Die berühmten Juwelen von Mejapahit – Armspangen aus Weißgold, sechs mit 11 Diamanten besetzte Ringe und eine seltene juwelengeschmückte Spange – stellen Singapurs Verbindung zum 14. Jahrhundert dar. Erwähnenswert ist auch ein persischer Spucknapf aus dem Mittelalter, den ein chinesischer Sammler einst auf einem Abfallhaufen fand.

Die Schätze des Museums bestehen aus Kris-Dolchen, Speeren, Götterfiguren, Masken, Perlengürteln und Kästchen aus dem Holz der Betelnußpalme. Ein Rundgang durch die Galerien gibt einen guten Einblick in die asiatische Geschichte.

Die National University of Singapore's Art Collection, die in einem Seitenflügel untergebracht ist, zeigt hauptsächlich chinesische Keramik und Prozellan aus 4000 Jahren. Hierzu gehören auch antike indische Skulpturen und asiatische Stoffe und Webarbeiten.

Das Museum ist täglich außer montags von 9 bis 17.30 Uhr geöffnet. Die National Art Gallery befindet sich im gleichen Gebäude. Sie wurde 1976 eröffnet und bietet eine „National Permanent Collection of Art" sowie verschiedene lokale und internationale Kunstwerke. Sie ist zwischen 9 und 17.30 Uhr geöffnet.

Eine Gruppe von Freiwilligen, die sich „Die Freunde des Museums" nennen, veranstaltet täglich um 11 Uhr, außer an Samstagen, Sonn- und Feiertagen, kostenlose Führungen durch das Museum. Tel.: 337-60 77.

## THEATER

Das **Victoria-Theatre** ist das älteste Theater in Singapur, das, als es 1854 erbaut wurde, als „Settlements Town Hall" geplant war. Heute dient es als gesellschaftlicher Treffpunkt für Theateraufführungen, Bälle und Konzerte. Reservierungen und Auskünfte über laufende Stücke bekommen Sie unter Tel.: 337-7490.

Das moderne **Kallang Theatre** und das **National Indoor Stadium** in Kallang werden vor allem für Live-Auftritte und Musicals genutzt, unter anderem für Gastspiele vom Broadway und aus London und für internationale Konzerte (Tel.: 345-8488). Moderne Shows werden auch in der **Black Box** (Tel.: 338-4077) und im **Drama Centre** in Fort Canning (Tel.:336-0005) aufgeführt. Singapurs neuste Anlage für Bühnenauftritte und andere Live-Ereignisse ist das **Substation** in der Armenian Street (Tel.: 337-7800), in dem auch Theater-Workshops, Kunstausstellungen und sonntags Flohmärkte veranstaltet werden.

# EINKAUFEN

Die Auswahl an Geschäften ist in Singapur so groß, daß es schwer fällt, sich zu entscheiden. An jeder Ecke befinden sich Kaufhäuser, Einkaufszentren, Märkte, kleine Geschäfte oder Händler, die ihre Ware auf einer Matte vor sich ausgebreitet haben.

Singapur ist ein „Einkaufsparadies", denn zum einen werden für die meisten Waren keine Einfuhrzölle und keine Warenzölle erhoben, so daß viele Waren preiswerter weiterverkauft werden können als bei uns. Zum anderen ist das Warenangebot aus aller Welt unermeßlich, da Singapurs Freihandelspolitik vielen Exporteuren einen guten Absatzmarkt schafft. Überall drängen sich die Händler, vor allem auf den Plätzen, wo Waren aller Art förmlich aus den Regalen quellen und vor den Geschäften provisorische Auslagen geschaffen wurden, um alles unterzubringen.

Die gelben Seiten des Telefonbuches sind bei der Suche nach einem bestimmten Geschäft dienlich. Wer wenig Zeit hat, wird am ehesten in Gegenden fündig, in denen sich alle Angebote konzentrieren: Orchard und Tanglin Road, Chinatown und People's Park, Change Alley, The Arcade, Arab Street und Beach Road. Übrigens sollten Sie immer um den Preis feilschen, das gehört zur Kommunikation zwischen Verkäufer und Käufer dazu (außer in Kaufhäusern oder Geschäften mit Festpreisen), und kaufen Sie nicht im erstbesten Laden, sondern vergleichen Sie die Angebote.

# NÜTZLICHE ADRESSEN

## IN SINGAPUR

**Botschaft der Bundesrepublik Deutschland** (Embassy of the Federal Republik of Germany), 10th floor (01), Far East Shopping Centre, 545, Orchard Road, Singapur 0923. Tel.: 737-13 55.

**Österreichisches Generalkonsulat und Handelsvertretung** (Austrian Consulate General and Trade Commission), 22nd floor (04/05), Tower Block, Shaw Centre, 1, Scotts Road, Singapur 0922. Tel.: 235-40 88.

**Botschaft der Schweiz** (Embassy of Switzerland), 17th Floor, Liat Tower, 541 Orchard Road, Singapur 0923. Tel.: 73337-46 66.

## BUNDESREPUBLIK DEUTSCHLAND

**Botschaft der Republik Singapur**, Südstraße 133, 53175 Bonn-Bad Godesberg. Tel.: 0228/31 20 07.

**Singapur Fremdenverkehrsbüro**, Poststraße 2-4, 60329 Frankfurt/Main. Tel.: 069/23 14 56/7.

## IN DER SCHWEIZ

**Konsulat der Republik Singapur**, 6 bis, rue Antoine Carteret, 1202 Genf. Tel.: 022/ 44 73 30.

**Singapur Fremdenverkehrsbüro**, Bergstraße 50, 8032 Zürich. Tel.: 01/ 252 5365.

# WEITERE APA GUIDES

Weitere APA Guides als Begleiter für ein unvergeßliches Reiseerlebnis.

Der Cityguide Singapur zeigt die kulturelle Vielfalt und Schönheit dieser Stadt.

Dieser handliche Führer zeigt Ihnen auch die unbekannteren Ecken dieses erstaunlichen Inselstaates.

# ANREISE

## MIT DEM FLUGZEUG

Mehr als 50 internationale Fluglinien starten und landen auf dem Ban Don Muang International Airport von Bangkok. Dazu kommen vier weitere internationale Flughäfen in Chiang Mai, Pattaya, Phuket und Hat Yai. Zollabfertigung und Paßkontrolle gehen relativ rasch vonstatten. Vor dem Abflug müssen bei internationalen Flügen 200 Bath Flughafensteuer pro Person bezahlt werden, bei nationalen Flügen 20 Bath.

## MIT DEM SCHIFF

Von Europa aus laufen Gesellschaften wie Ben Line Steamers, die Polish Ocean Lines und Nedlloyd Bangkok an. Regelmäßig legen auch Schiffe aus Japan, Hongkong und Singapur in Bangkok an.

## MIT DER BAHN

Die Züge in Thailand fahren zwar langsam, sind aber sauber und zuverlässig, es sei denn, es regnet so stark, daß die Bahngleise unter Wasser stehen. Für weniger als 500 Bath können Sie in der Ersten Klasse, auch in klimatisierten Schlafwagen, überallhin fahren. Täglich verkehren Züge zwischen Singapur, Malaysia und Thailand. Von Singapur nach Bangkok werden zwischen 56 und 237 US-Dollar in der Ersten Klasse verlangt.

## DER ORIENT-EXPRESS

Seit November 1992 verkehrt der sogenannte **Eastern and Oriental Express**, ein Ableger des beühmten Simplon-Orient-Expresses, wöchentlich zwischen Singapur, Kuala Lumpur und Bangkok. Für die 1943 Kilometer lange Strecke braucht der Zug 41 Stunden. Der E&O fährt jeden Sonntag in nördlicher Richtung durch Kuala Lumpur und jeden Donnerstag in südlicher Richtung zurück. Unterwegs hält er in Butterworth und Penang auf der Malaiischen Halbinsel. Komfort, Service und Küche sind von höchstem Standard. Das preiswerteste Ticket von Singapur bis Kuala Lumpur kostet 190 US-Dollar. Reservierungen können über Reisebüros oder im Büro der E&O in London vorgenommen werden (Tel.: 071-928-6000, Fax 071-620-1210).

## AUF DEM LANDWEG

Thailands Straßen sind in hervorragendem Zustand, werden ständig ausgebessert, und das gesamte Straßenetz reicht bis in die entfernteste Provinz. Zwischen Myanmar (ehemals Burma) und Thailand existiert keine Straßenverbindung, und so wird auch der berühmte Asian Highway, der von der Türkei bis nach Singapur reicht, hier unterbrochen.

Drei Hauptstraßen überqueren die malaysisch-thailändische Grenze im Süden des Landes, wobei billige Taxis und Kleinbusse zwischen den größeren Städten beider Länder verkehren. Bei der Planung Ihrer Reiseroute sollten Sie beachten, daß die malaysische Grenze täglich ab 18 Uhr geschlossen ist. Sollten Sie mit einem Leihwagen unterwegs sein, ist zu bedenken, daß in Thailand zwar keine Kfz-Versicherungspflicht besteht, Malaysia aber nur versicherten Fahrzeugen den Grenzübertritt erlaubt.

# REISEINFORMATIONEN

## VISA

Bei der Einreise bekommen Ausländer ein kostenloses Visum für 15 Tage ausgestellt, das für 500 Bath um 7 Tage verlängert werden kann.

Botschaften und Konsulate Thailands stellen darüber hinaus 60 Tage lang gültige Touristenvisa, die einmal um 30 Tage verlängert werden können, (500 Bath) und 30 Tage lang gültige Transitvisa (200 Bath) aus. Zwei Paßfotos nicht vergessen!

Möchte man Thailand vor Ablauf des Visums verlassen und später wiederkommen, so muß man ein Wiedereinreise-Visum (re-entry visa) beantragen (500 Bath).

Wer sein Visum verlängern möchte, wendet sich an die Immigration Division in Bangkok (Soi Suan Plu, South Sathorn Road. Tel.: 286-92 22), Phuket, Chiang Mai und Hat Yai (tgl. 8.30 bis 15.30 Uhr) und samstags, sonntags und an Feiertagen an Bangkoks Tourism Authority of Thailand (Rajdamneon Av., 8.30 bis 14.30 Uhr).

## GELDFRAGEN

Die thailändische Währungseinheit ist der Bath. Für 100 Bath zahlte man bei Drucklegung 6,47 DM. Ein Bath hat 100 Satang. Im Umlauf sind Banknoten zu 500 (lila), 100 (rot), 50 (blau), 20 (grün) und 10 (braun) Bath. Die Vielzahl der Münzen ist verwirrend, da es unterschiedliche Größen und Prägungen gibt: 10-Bath-Stücke (Silbermünze mit Messing), 5-Bath-Stücke (Silbermünzen mit Kupferrand, zwei Größen), drei Varianten des 1-Bath-Stückes (Silber), 2-Bath-Stücke (Silber) und zwei Varianten 50- oder 25-Satang-Stücke (messingfarben).

US-Dollar- und DM-Reiseschecks werden von allen Banken an allen Orten eingetauscht. In der Regel sind die Wechselkurse der Hotels schlechter als die der Banken und autorisierten Wechselstuben. Lästig ist, daß sich die Banken beim Umtausch viel Zeit lassen, in Hotels und lizensierten Wechselstuben (täglich von 8.00 und 20.00 Uhr) wird hingegen schneller getauscht.

Im übrigen akzeptieren viele Hotels keine Reiseschecks, und bei Zahlung mit Kreditkarten werden in Hotels, Restaurants und Geschäften in der Regel drei bis fünf Prozent Bearbeitungsgebühr berechnet.

## GESUNDHEITSVORSORGE

Eine gültige Bescheinigung über Pocken- und Gelbfieberschutzimpfung muß nur von Einreisenden aus infizierten Gebieten erbracht werden. Kinder unter einem Jahr sind von dieser Regelung ausgenommen.

Zu empfehlen ist eine Impfung gegen japanische Enzephalitis (Hirnhautentzündung) und eine Malariaprophylaxe (sofern Sie in tropische Urwaldgebiete reisen).

Die Thai legen großen Wert auf Hygiene und sind sich der Gefahr von Bakterien und Infektionen wohl bewußt.

Bangkoks Trinkwasser ist einwandfrei, was man von den Leitungen nicht immer behaupten kann, trinken Sie lieber Mineralwasser.

Reisende, die der tropischen Sonne zum ersten Mal ausgesetzt sind, sollten sich besonders in den Mittagsstunden schützen, in nur 15 Minuten können Sie einen starken Sonnenbrand bekommen. Tragen Sie unterwegs einen Sonnenhut oder benutzen Sie einen Papierschirm und natürlich Sonnenschutzcremes mit hohem Lichtschutzfaktor.

## KLEIDUNG

Ihre Kleidung sollte leicht und bequem sein – Baumwolle eignet sich wegen der Luftdurchlässigkeit am besten, Sonnenschirme und Sonnenbrillen sind anzuraten. In der Regenzeit empfiehlt sich ein Anorak oder ein Regenmantel, der rasch trocknet, damit Sie ihn nach einem Regenguß leicht wieder einpacken können. Von November bis Februar ist im Norden und in den Bergregionen warme Kleidung angebracht (Socken, Pullover), da Unterkünfte weder mit Heizung noch mit wärmenden Elektroöfen ausgestattet sind.

Bangkoks Kleiderordnung bei gesellschaftlichen Anlässen und die in den Provinzen orientiert sich an der des Westens. Bei offiziellen Anlässen und in manchen Restaurants in Bangkok werden Jackett und Krawatte erwartet, während die einheimischen Frauen traditionelle Seidenkleider tragen.

## ZOLL

Auch in Thailand ist die Einfuhr von unerlaubten narkotisierenden Drogen und Pornographie verboten. Für Schußwaffen benötigt man eine Erlaubnis der Polizeibehörde. Zollfrei eingeführt werden dürfen 200 Zigaretten, 50 Zigarren oder 250 g Tabak, ein Liter Wein oder anderer Alkohol, eine Kamera mit fünf Filmen und persönliche Habe in angemessenem Umfang.

Besuchern ist es erlaubt, eine beliebige Menge ausländischer Währung zum persönlichen Gebrauch ins Land zu bringen, bei größeren Summen muß aber eine Währungserklärung ausgefüllt werden. Niemand darf mehr als 500 Bath nach Thailand ein- oder ausführen. Inhaber eines Familienpasses dürfen 1000 Bath ausführen.

# Kleine Landeskunde

## POLITIK & WIRTSCHAFT

Thailand ist eine konstitutionelle Monarchie. Seit 1946 ist König Bhumipol Adulyadej Staatsoberhaupt. Das Land hat ungefähr 55 Millionen Einwohner, von denen nahezu acht Millionen in Bangkok leben. Thailand gehört zu den Ländern in Asien, deren Wirtschaftswachstum rasant vonstatten geht. Ausländische Firmen haben in den letzten Jahren Milliarden von Dollar in die Wirtschaft des Landes investiert.

Thailand ist weltweit führend im Export von Tapioka (Nr. 1), Reis (mit drei Milllionen Tonnen jährlich Nr. 2), Gummi (Nr. 2) und Zinn (Nr. 5). Zu den wichtigsten Exportgütern gehören ferner Teakholz, Zuckerrohr, Mais, Tabak und Baumwolle. Auch die Fischerei hat einen hohen Stellenwert in der Wirtschaft.

## ORTSZEIT

Thailand ist der Mitteleuropäischen Zeit um 6 Stunden voraus.

## KLIMA

Grundsätzlich gibt es in Thailand drei Jahreszeiten, ein heiße, eine regnerische und eine kühle. Die Temperaturen schwanken je nach Jahreszeit und Region, die Luftfeuchtigkeit liegt durchschnittlich bei 70 Prozent. Reisende aus den kühleren Regionen Europas und Nordamerikas finden es in Thailand grundsätzlich heiß, es sei denn es regnet gerade.

In der sogenannten heißen Jahreszeit (März, April, Mai) steigen die Temperaturen bis 30°, im Nordosten sogar bis zu 40° Celsius an. In der Regenzeit (Juni bis Oktober) bringt der Monsunwind regnerisches und wechselhaftes Wetter mit zum Teil heftigen Stürmen. Die Temperaturen liegen zwischen 27° und 35° Celsius, die Luftfeuchtigkeit nimmt etwas zu. In der kühlen Jahreszeit (November bis Februar) können die Temperaturen in den Nächten bis auf 8° Celsius sinken.

Das Klima in Südthailand, am Golf von Thailand und am Indischen Ozean weicht etwas von dem des übrigen Thailand ab und entspricht eher dem Malaysias: Die Jahreszeitenübergänge sind fließend, es ist nahezu durchgängig warm und feucht und regnet das ganze Jahr hin und wieder.

## ÖFFNUNGSZEITEN

Behörden öffnen von Montag bis Freitag zwischen 8.30 und 16.30 Uhr, Banken von Montag bis Freitag von 8.30 bis 15.30 Uhr. Geschäfte haben täglich zwischen 9 und 18 Uhr geöffnet.

## SPRACHE

In den Touristenzentren wird im allgemeinen Englisch gesprochen. Sollten Sie in abgelegenere Gegenden reisen, so wären ein paar Kenntnisse in Thai nützlich.

## SITTEN & GEBRÄUCHE

Ein Thai ist äußerst tolerant und nachsichtig hinsichtlich der Eigenarten von Ausländern, und er würde das Verhalten eines *farang* nie direkt kritisieren. Es gibt aber einige Dinge, die den Unwillen eines Thai erregen, und wenige Regeln, die ein Ausländer beachten sollte.

Das Königshaus genießt in Thailand großes Ansehen, und ein abfälliges oder sogar beleidigendes Wort über die Familie des Königs erregt das Mißfallen eines Thai.

Buddha nimmt eine zentrale Rolle im Leben eines Thai ein, und jegliche Bereiche Buddhas sind heilig. Beim Betreten eines Tempels wird erwartet, daß man die Schuhe auszieht. Buddhafiguren dürfen in keiner Form mißachtet werden. Und den Frauen ist der Zutritt zu den Quartieren der Mönche untersagt, ja sie dürfen nicht einmal einen Mönch berühren. Wollen sie diesem etwas überreichen, so legen sie es neben ihn auf den Boden, damit er es aufheben kann.

### BEGRÜSSUNG

Wenn Thai einander treffen, reichen sie sich nicht die Hand, sondern grüßen einander mit dem *wai*, d. h. mit erhobenen Händen, die wie bei einem Gebet aneinander gelegt sind. Je höher die Hände gehalten werden, desto respektvoller ist der *wai,* der zugleich Ausdruck der sozialen Stellung des Grüßenden und des zu Begrüßenden ist. Einen sozialen Stand richtig einzuschätzen ist aber schwierig, da Alter, Position und gesellschaftliche Stellung mit berücksichtigt werden müssen. Für einen Fremden genügt es, die Geste zu vollziehen.

Da die Füße als unrein gelten, wird es als besonders unhöflich empfunden, mit den Füßen auf jemanden zu deuten oder sie womöglich auf den Tisch zu legen. Die meisten Thai bemühen sich, nicht einmal zufällig mit den Füßen auf jemanden zu zeigen, und so kommt es, daß man selten jemanden mit gekreuzten Beinen sieht, und wenn er sie kreuzt, dann nur mit nach unten weisenden Zehen.

## KLEIDUNG & HYGIENE

Thai sind, was ihr Äußeres angeht, sehr reinlich und ordentlich. Auch Arme sehen nie schmutzig oder ungepflegt aus. Mechaniker, die mit Fett und Schmiere arbeiten, baden wenn möglich allabendlich und sind so sauber, als hätten sie nie eine Maschine angefaßt. Von jemandem zu behaupten, er sei *mai rieb-roi* (schlampig), ist fast so schwerwiegend wie der Vorwurf, er sei *mai suparb* (unhöflich).

Junge Thai kleiden sich mittlerweile gerne so nachlässig wie die westlichen Jugendlichen. Sie selbst finden sich fesch *(sa-mart)*, aber die meisten der älteren Generation empfinden dies als *mai rieb-roi*. Bunte Farben gehören der Jugend, so sehen es die Thai, Ältere hingegen sollten dunkle Pastelltöne tragen. Die Wertung der Farben geht sogar soweit, daß bestimmte Farben nur an entsprechenden Tagen angemessen sind (z. B. sonntags rot). Ausländer können tragen, was sie wollen, allerdings sollte die Kleidung nicht zu aufreizend sein.

## IN DER ÖFFENTLICHKEIT

Es ist nicht ungewöhnlich und wird als Zeichen der Freundschaft gewertet, wenn zwei Männer auf der Straße Händchen halten. Allerdings ist das öffentliche Austauschen von Zärtlichkeiten zwischen Mann und Frau absolut tabu. Während des Vietnam-Krieges kamen viele amerikanische Soldaten nach Bangkok und schäkerten auf der Straße unbeschwert mit Barmädchen, was als schlechtes Benehmen galt. Noch heute zeigen sich Thai-Mädchen ungern mit Ausländern (vor allem in kleineren Städten), aus Angst um ihren guten Ruf.

# UNTERWEGS

## FLUGHAFENTRANSFER

Bangkok liegt etwa 22 Kilometer nördlich des Don Muang Airport. Rund um die Uhr bietet Thai International einen Service in klimatisierten Limousinen (300 Bath) und halbstündlich in Kleinbussen (100 Bath) an, die zu den Hotels in der Innenstadt fahren. Öffentliche Taxis verlangen zwischen 180 und 200 Bath (Preis vor Fahrtbeginn vereinbaren!) und öffentliche Busse zwischen 3.50 und 15 Bath (klimatisiert). Haltestellen und Taxistände befinden sich direkt vor dem Flughafen. Auf der anderen Seite der Schnellstraße liegt der Bahnhof (Don Muang Railway Station), von dem Züge direkt in die Stadt fahren, allerdings bieten sie wenig Komfort und sind häufig überfüllt.

## INLANDSFLÜGE

Thai Airways (nicht zu verwechseln mit Thai International) verbindet die größten Städte des Landes mit einer Flotte von Boing 737. Im Norden fliegt sie täglich nach Chiang Mai, mit sporadischen Zwischenlandungen in Phitdasnulok, Phrae, Nan, Lampang, Tschiang Rai und Mae Hongson. Im Nordosten gibt es tägliche Flüge nach Ubon Raj - thani mit Zwischenlandungen in Udon, Nakhon Phanom, Khon Kaen und Loei. Der Fahrplan Richtung Süden schließt sowohl die Urlaubsorte auf der Insel Phuket mit ein als auch Haadyai, Trang und Pattani.

## WASSERWEGE

Thailand hat schätzungsweise drei Millionen Kilometer schiffbarer Wasserwege. Die meisten Besucher beschränken ihre Reise mit dem Schiff oder einem Boot auf Ausflüge um Bangkok oder eine Tagesreise nach Ayutthaya auf der *Oriental Queen* (650 Bath inklusive Mittagessen), die von Hotels organisiert werden.

Mit der Thai Navigation Company kann man mittwochs und samstags in Richtung Süden durch den Golf von Siam und über das Chinesische Meer bis nach Koh Samui, Songkhla, Pattani und Narthivat fahren und zahlt für diese neuntägige Kreuzfahrt an die 1000 Bath.

## MIT DER BAHN

Die Züge sind bequem und fahren zuverlässig, aber das ganz Jahr überfüllt. Die State Railway of Thailand unterhält auf einem großen und gut instand gehaltenen Bahnnetz Express-, Schnell-, normale und Dieselzüge in den drei Fahrklassen zu mäßigen Preisen.

Mittlerweile gibt es zwei Arten von Bahnpässen. Der rote Paß hat eine Gültigkeit von 20 Tagen und kostet für Erwachsene 3000 Bath und für Kinder 1500 Bath, einschließlich aller Extras wie Liegewagen und Klimaanlage. Der blaue Paß hat ebenfalls eine Gültigkeit von 20 Tagen, kostet 1500 Bath für Erwachsene und 750 Bath für Kinder, aber alle Extras müssen zusätzlich bezahlt werden.

Informationen und Buchungen bei Bangkok Railway Terminus, Tel.: 233-70 10, oder Hua Lampong Station, Tel.: 223-37 62.

## ÖFFENTLICHES VERKEHRSNETZ

Von Bangkok aus kann man jede Stadt in klimatisierten und nichtklimatisierten Bussen erreichen. Fast 5000 Busse der State Transport Company verkehren auf über 100 Strecken zwischen Bangkok und den Städten der 32 Provinzen Thailands.

Busbanhhöfe:

**Richtung Norden und Nordosten**: Taladmochit, Paholyothin Road. Tel.: 282-66 60.

**Richtung Osten**: Ekamai, Kukhumvit Road. Tel.: 329-25 20.

**Richtung Süden**: Sam Yaek Fai Chai, Charansaniwongse Road, Thonburi. Tel.: 411-13 37.

Zusätzlich bieten private Busunternehmen Verbindungen zu den größeren Städten an. Auskunft über Fahrzeiten / Preise erteilen örtliche Reisebüros.

## MIETWAGEN

In Bangkok bieten die bekannten Mietwagenfirmen ihre Dienste an. Thailand hat zwar 43 840 Kilometer gut befahrbarer Straßen, weitere 12 000 Kilometer befinden sich im Bau –, man sollte aber die öffentlichen Verkehrsmittel vorziehen, da die Straßen meistens mit thailändischen Schildern versehen sind. Ansonsten ist ein Chauffeur zu empfehlen, der zwischen 1500 und 2400 Baht pro Tag verlangt.

## ANDERE TRANSPORTMÖGLICHKEITEN

**Stadtbusse**: Die Bangkok Metroplitan Transit Authority (BMTA) betreibt blau-weiße und rot-weiße klimatisierte Stadtbusse. Fahrpläne werden in den meisten Buchläden verkauft. Die Busse sind während der Hauptverkehrszeiten meistens überfüllt, in den Zwischenzeiten aber ziemlich leer. Fahrpreise liegen zwischen 1.50 Bath für die ersten zehn Kilometer und 1 Bath mehr für alle weiteren zehn Kilometer. Fahrten in klimatisierten Bussen kosten 5 Bath für die ersten acht Kilometer und 2 Bath mehr für jeden weiteren Kilometer.

**Taxis**: Bangkoks Taxis sind klimatisiert und meist ohne Taxometer ausgerüstet. Die Fahrer sind in der Regel zuverlässig, sprechen aber nicht alle englisch, und so benötigen Sie manchmal Hilfe, wenn Sie vor Antritt der Fahrt den Fahrpreis aushandeln wollen. Kurze Fahrten kosten normalerweise 60 Bath. Eine Fahrt vom Großen Königspalast zu den wichtigsten Hotelbezirken dürfte um die 100 Bath kosten.

**Tuk-Tuk**: Bei den *tuk-tuk* (auch *samlor* genannt) handelt es sich um Dreiradrikschas, die von einem Zweitaktmotor angetrieben werden und für Kurzstrecken durchaus zu empfehlen sind. Fahrpeise sollten vor Fahrtbeginn ausgehandelt werden (Grundgebühr etwa 30 Bath).

**Boote**: Zahlreiche Fähren und Schnellboote verkehren auf dem Chao Phya und den größeren *klongs*. Außerdem buchen Hotels Tages- und Nachtausflüge. Private Schnellboote kosten für Ausflüge auf dem Fluß 300 bis 500 Bath, unabhängig davon, wieviele Leute mitfahren.

# UNTERKUNFT

## HOTELS

Es ist schwer zu sagen, wieviele Hotels es in Thailand gibt. Sie sind über das ganze Land verteilt, und die Kategorien reichen vom internationalen Luxushotel bis hin zu kleinen, einfachen Pensionen. Preise können nur ungefähr angegeben werden, da der Wechselkurs täglich schwankt und die Inflationsrate permanent steigt. Fragen Sie im Reisebüro nach den aktuellen Preisen und bedenken Sie, daß in den meisten Hotels zusätzlich elf Prozent Hotelsteuer und zehn Prozent Bedienung berechnet werden.

### BANGKOK

**Airport Hotel,** 333, Chert Wudthakas Road, Don Muang, Tel.: 566-10 20.

**Ambassador,** Soi 11 Sukhmvit Road, Tel.: 254-04 44.

**Bangkok Center,** 382 Rama IV Road, Tel.: 235-17 80.

**Bangkok Palace,** City Square, Petchburi Road, Tel.: 251-88 74.

**Dorchester,** 21 Soi Kotoey, Pratipat, Tel.: 279-26 41.

**Dusit Thani,** 946 Rama IV Road, Saladang Circle, Tel.: 233-11 30.

**Grand Hyatt Erawan,** 494 Rajdamri Road, Tel.: 733-11 88.

**Fortuna,** 19 Sukhumvit Road (Soi 5), Tel.: 251-51 21.

**Grace,** 12 Sukhumvit Road (Soi 3), Nana North, Tel.: 252-91 70.

**Hilton International Bangkok,** Nai Lert Park, North Wireless Road, Tel.: 253-01 23/06 71.

**Indra Regent,** Rajparob Road, Tel.: 251-11 11.

**Le Meridien President,** 135/26, Gaysorn Road, Tel.: 253-65 50/04 44.

**Mandarin,** 662 Rama IV Road, Tel.: 233-49 80.

**Manhattan,** Soi 15, Sukhumvit Road, Tel.: 252-71 41.

**Miramar,** 777 Mahachai Road (Samyod Road), Tel.: 222-17 11.

**Montien,** 54 Suriwongse Road, Tel.: 234-80 60/70 60.

**Narai,** 222 Silom Road, Tel.: 233-33 50.

**Oriental,** 48 Oriental Avenue, New Road, Tel.: 234-86 20.

**Peninsula,** 295/3 Suriwongse Road, Tel.: 234-39 10.

**Ramada,** 1169 New Road, Tel.: 234-89 71.

**Regent Bangkok,** 155 Rajdamri Road, Tel.: 251-61 27.

**Royal Orchid Sheraton,** 2 Captain Bush Lane, Siphya Road, Tel.: 234-55 99, Fax: 236-66 46.

**Shangri-La,** 89 Soi Wat Suan Pla, New Road, Tel.: 236-77 77, Fax: 236-85 79.

**Siam Inter-Continental,** Rama 1 Road, Tel.: 253-03 55.

### PHUKET

**Club Med Phuket,** Karon Sub-District, Muan Disctrict, Phuket, Tel.: 381-455-60, Fax: 381-462.

# Essen & Trinken

## VIELFÄLTIGES ANGEBOT

Wie ein Gourmet einst zutreffend feststellte, ist das Problem in Bangkok, wenn es um das Essen geht, nicht so sehr das Wo, sondern das Was. Das Angebot an Restaurants ist in Bangkok und Thailand vielfältiger als in jeder anderen Hauptstadt Asiens, vielleicht mit Ausnahme von Tokio. Dicht beieinander liegen Restaurants aus aller Welt, in denen authentische Gerichte von Köchen aus den jeweiligen Ländern zubereitet werden, darunter zahlreiche Chinesen, die scharfe Speisen aus Szechwan anbieten und nicht nur Köstlichkeiten wie Peking-Ente zubereiten, sondern auch Seltenheiten wie Entenzungen und mit Vogelnestern gefüllte Hühnerbrüste.

In jedem Teil des Landes findet man regionale Spezialitäten, und alle werden auch in Bangkok angeboten, sei es von den zahlreichen Garküchen, in einfachen Lokalen oder in der aufwendig gestalteten klimatisierten Umgebung eines Luxusrestaurants, begleitet von Volks- oder klassischen Tanzveranstaltungen. Ihr Hotel wird sicherlich mehrere Restaurantführer ausliegen haben, die Ihnen bei der Auswahl nützlich sein werden. Ein empfehlenswerter Restaurantführer ist *Eating Out in Bangkok* von Harry Rolnick, eine sehr persönliche, aber verläßliche Zusammenstellung von jemandem, der schon lange in Bangkok lebt.

Abgesehen von Wochenenden sind Reservierungen auch in den ausgefallensten Restaurants nicht nötig. Jackett und Krawatte werden nur in einem einzigen Hotel-Restaurant verlangt.

## STRASSENKÜCHEN

Als eingefleischte Imbißliebhaber ißt ein Thai immer dann, wenn ihm danach zumute ist. Seine Philosophie, was das Essen angeht, lautet: „Iß, wenn Du hungrig bist". Straßenküchen sind allgegenwärtig, und wo immer man in Thailand hingeht, trifft man Einheimische, die sich um das Fahrrad eines Nudelverkäufers versammelt haben oder an einer provisorischen Bude eine Schale Reisnudeln mit etwas gebratenem Fleisch und Koriander und zum Nachtisch kleine zarte Pfannkuchen, die um eine zuckersüße fritierte Banane gewickelt sind, verzehren.

Die fahrbaren Küchen, die normalerweise nur mit einer Holzkohlenpfanne und ein paar Töpfen und Pfannen ausgestattet sind, stellen kulinarische Köstlichkeiten her, die einzigartig sind und jeden Feinschmecker begeistern werden.

# Nachtleben

Noch immer interessieren sich viele Besucher Thailands vor allem für das Nachtleben, und es bedeutet ihnen so viel wie anderen die Sandstrände in Hawaii oder die Kirschblüte in Japan. Tatsächlich konzentriert sich das Nachtleben auf die zunehmende Zahl von Nachtclubs, Bars, Massagesalons und Diskotheken, aber inzwischen hat sich einiges geändert, und es gibt auch andere Möglichkeiten, den Abend zu gestalten.

Pop-Gruppen und Solosänger treten in den Nachtclubs der größeren Hotels auf; da die Programme ständig wechseln, rufen Sie am besten an und fragen, was geboten wird.

In den vielen Lokalen im Freien in der näheren Umgebung Bangkoks – vor allem in der Lard Prao Road – kommt man günstiger zu einem Drink oder einem Nachtmahl bei musikalischer Begleitung. Unterschiedliche Gruppen treten in diesen Lokalen auf und spielen moderne Thai-Musik und manchmal auch westliche Klänge.

Wenn Sie nach der neuesten Musik tanzen, etwas trinken und zugleich mit einer hübschen Hostess plaudern wollen, dann besuchen Sie eine der Bars oder Nachtclubs auf der Patpong Road oder der Soi Cowboy (bei Soi 21, Sukhumvit Road). Diese Bars sind für ihre offenen und freundlichen Barmädchen bekannt. In den meisten werden auch Tanzvorführungen geboten. Die ersten Vorstellungen beginnen um 22 Uhr.

Möchten Sie gerne einen von Bangkoks berühmten Massagesalons ausprobieren? Versuchen Sie einen in der Patong II Road (parallel zur Patpong Road) und in der Petchburi Road. Eine Massage kostet 120 Bath pro Stunde und mehr, der Preis hängt vom Standard des Etablissements ab und von der Art der Massage.

# Einkaufen

## WAS KAUFEN?

Klimatisierte Einkaufszentren und eine unermeßliche Vielfalt an Waren machen einen Einkauf in Bangkok zu einem besonderen Vergnügen. Im folgenden einige Dinge, die für Thailand hinsichtlich Qualität und Preis bekannt und einmalig sind.

### THAI-STOFFE

Thailands berühmtestes Produkt ist wohl nach wie vor die Seide, die in allen Formen angeboten wird, nach Mengen und Gewicht sortiert, als Meterware, zu Kleidern oder anderen Artikeln verarbeitet. Allerdings ist die Qualität der Seide nicht immer gleich, und in einigen Läden, die ein verdächtig gutes Geschäft versprechen, sind die Seidenstoffe geschickt mit Kunstseide oder anderen synthetischen Geweben vermischt. Konzentrieren Sie sich auf die bekannten Geschäften, es sei denn, Sie können gute Stoffe von schlechten unterscheiden. Handgewebte Thai-Baumwolle ist ungerechterweise weniger bekannt, dabei eignet sich dieses weiche und haltbare Material bestens für Kleider, Möbelbezüge und ähnliches. In vielen Geschäften bekommt man Baumwolle in den gleichen Farben und Drucken wie Seide für etwa 40 bis 50 Bath pro Meter.

### SCHMUCK

Gold ist in Thailand beträchtlich billiger als in Europa oder den USA, und moderner Schmuck, der sich sehr vom traditionellen unterscheidet, ist mittlerweile mehr gefragt als in Hongkong. Unter den einheimischen Edelsteinen ist der blaue oder schwarze Saphir am wertvollsten, roh oder geschliffen. Manchmal kann man auch gute Rubine aus Kambodscha und Myanmar finden. Edelsteine sind überwiegend günstiger als im Westen.

### KUNSTHANDWERK

Am besten kauft man Kunsthandwerk in Chiang Mai ein, aber auch in Bangkok gibt es eine große Auswahl an Stickereien, Lackarbeiten, bemalten Sonnenschirmen, Holzschnitzereien, Korbwaren und Fischmobiles aus gewebten Bambusfasern, die Thai-Mütter ihren Babys über die Wiege hängen. Bei Narayana Phand in der Larn Luang Road in Bangkok werden Sie sicher fündig.

### CELADON-TÖPFERWAREN

Ursprünglich wurde Celadon während der Sukothai-Periode hergestellt, geriet dann in Vergessenheit und wurde vor etwa 20 Jahren wiederentdeckt. Es wird vielfältig verarbeitet, sei es zu Vasen oder Lampenständern, kompletten Eßservices, Figurinen und anderen Andenken.

### PUPPEN

Sammler finden eine große Auswahl an Puppen, die von den verschiedenen Bergstämmen hergestellt und in klassische Tanzkostüme gekleidet werden.

### BRONZEWAREN

Vom kompletten Eßbesteck bis hin zur Salatschüssel, modern oder traditionell gearbeitet, wird jegliche Form in Bronze, zum Teil sogar silikonbeschichtet, damit es nicht anläuft, angeboten. Besonders hübsch und dekorativ sind bronzene Tempelglocken.

### GEISTERHÄUSCHEN

Vor allem die Miniaturausgaben von Thai-Häusern sind hübsch und für den Transport nicht zu sperrig.

### ANTIQUITÄTEN

In den Antiquitätengeschäften Bangkoks findet man jede Menge an chinesischem Porzellan und Möbel oder Schnitzereien aus Thai-Tempeln, vereinzelt Sawankhalok (Porzellan, das im 14. Jahrhundert in der Nähe von Sukhothai hergestellt wurde), alte Thai-Malereien, silberne Betelnuß-Dosen, birmanische Wandteppiche und Holzfiguren. Unter der angebotenen Ware gibt es immer wieder Fälschungen. Wenn man sich nicht auskennt, sollte man lieber in einschlägigen Geschäften kaufen. Für die Ausfuhr buddhistischer Gegenstände benötigt man eine Genehmigung vom Amt für schöne Künste. Die guten Geschäfte nehmen Ihnen diesen mühsamen Gang ab.

## EINKAUFSZENTREN

Der **Central Department Store** mit seinen fünf Filialen in Silom, Chidlom, Wangburapa, Ladya und Ladpraw bietet Waren aus allen Provinzen Thailands und aus aller Welt an. Es gelten feste Preise. Kreditkarten und Reiseschecks werden hier akzeptiert.

**Thai Damaru** hat zwei Filialen, eine in der Rajdamri Road und eine in Phra Kanong auf der Sukhumvit Road, und handelt überwiegend mit importierten japanischen Waren. Auch hier gibt es feste Preise. Kreditkarten und Schecks werden akzeptiert.

Das **Mall Shopping Center** auf der Rajdamri Road bietet Ausverkaufswaren aus der ganzen Welt zu festgesetzten Preisen an.

**Robinson Department Store** hat drei Filialen, Rajdamri, Victory Monument und Stam Square. Dort finden Sie ein breites Angebot an Konfektionskleidern zu festgelegten Preisen.

Wer einen Gelegenheitskauf tätigen möchte, sieht sich am besten in den kleinen und größeren Einzelhandelsgeschäften in den Straßen Bangkoks um, die vom Gummiring bis zum Schmuck alles führen. Einige größere Geschäfte akzeptieren Kreditkarten und Schecks, aber die meisten ziehen Bargeld vor.

# Nützliche Adressen

## STÄNDIGE VERTRETUNGEN

**Botschaft der Bundesrepublik Deutschland,** 9 Sathorn Tai Road, Bangkok.

**Österreichische Botschaft,** 14, Soi Nadha off Soi Attakarmprasi Sathorn Tai Road, Bangkok 10120.

**Schweizer Botschaft,** 35 North Wireless Road, Bangkok.

## TOURISTENINFORMATION

**Thailändisches Fremdenverkehrsbüro,** Bethmannstraße 58, 60311 Frankfurt/Main.
Tel.: 069-29 57 04/29 58 04.

# WEITERE APA GUIDES

Weitere APA Guides als Begleiter für ein unvergeßliches Reiseerlebnis.

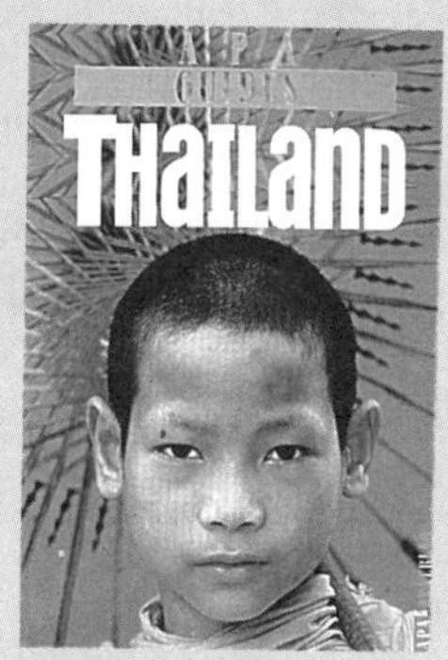


Ein informativer und reich bebilderter Band über das Land des Lächelns.

Der Cityguide Bangkok beschreibt die aufregendste, exotischste Stadt Asiens.

Entdecken Sie diese paradiesische Insel.

Gezielte Informationen für den aktiven und wißbegierigen Reisenden.

# VISUELLE BEITRÄGE

| | |
|---|---|
| *Fotografiert von* | **Höfer, Hans/APA Photo Agency und** |
| *149* | **Amerasinghe, S. T.** |
| *148, 155, 223* | **Brooke, Marcus/APA Photo Agency** |
| *93, 99L, 99R, 101, 105, 107, 109L* | **Bruchmann, Peter/APA Photo Agency** |
| *88* | **Carvalho, Christina/APA Photo Agency** |
| *157* | **Chan, Wendy** |
| *221* | **Chuang, Christopher** |
| *100* | **Cochrane, Janet** |
| *86/87, 91, 158, 226* | **Compost, Alain** |
| *152* | **Conrad, Ralf** |
| *1, 12/13, 14/15, 18/19, 24, 26/27, 28, 30, 31, 34, 126, 147, 156, 165, 175, 184, 193, 201L, 241* | **Evrard, Alain/APA Photo Agency** |
| *144* | **Fletcher, K.** |
| *137, 141, 159* | **Gocher, Jill** |
| *60, 82, 125, 202/203* | **Gottschalk, Manfred/APA Photo Agency** |
| *63, 120/121, 128, 136, 191* | **Heaton, Dallas & John/APA Photo Agency** |
| *83* | **Hesselyn, Brent/APA Photo Agency** |
| *110* | **Hillhouse, Tony** |
| *Titel, 242/243, 244, 246, 247, 248, 249, 250, 251, 252, 253, 254, 255, 260, 261, 262, 263, 265, 266* | **Invernizzi Tettoni, Luca /APA Photo Agency** |
| *78, 79L, 204, 214L, 214 R, 215, 216, 218, 219, 222, 224L, 228, 230R, 232, 268* | **Jezierski, Ingo/APA Photo Agency** |
| *127, 258* | **Kugler, Jean/APA Photo Agency** |
| *48, 66, 106, 143, 180, 181* | **Lawrence, Max/APA Photo Agency** |
| *164, 173* | **Lawson, Lyle/APA Photo Agency** |
| *7, 138, 139, 140, 146, 153, 207* | **Little, Philip/APA Photo Agency** |
| *168/169, 170, 172, 174, 178, 185, 188, 197, 201R* | **Lucero, Patrick N.** |
| *124, 129* | **Lynch, Joseph/APA Photo Agency** |
| *122* | **McLeod, Robert/APA Photo Agency** |

| | |
|---|---|
| *123* | **Miladinovic, Voja/APA Photo Agency** |
| *210/211* | **MITA/APA Photo Agency** |
| *40/41, 44, 46, 57, 72/73, 85, 94, 95, 96, 97, 98, 108, 109R, 176* | **Müller, Kal/APA Photo Agency** |
| *118* | **Muzium Negara, Malaysia** |
| *132, 230L* | **Nichols, R.C.A./APA Photo Agency** |
| *65, 69, 70* | **Oey, Eric** |
| *217* | **Ozaki, Michael** |
| *200* | **Petit, Pierre Alain** |
| *79R, 220* | **Reichelt, G.P./APA Photo Agency** |
| *42* | **Royal Tropical Institute, Amsterdam** |
| *130* | **Ryan, David/APA Photo Agency** |
| *135, 225, 227* | **Salmoiraghi, Frank** |
| *166, 177, 187, 189* | **Seitz, Blair/APA Photo Agency** |
| *233* | **Soh, Ivan** |
| *150/151, 229* | **Strange, Morten** |
| *257* | **Tackett, Denise/APA Photo Agency** |
| *231* | **Tovy, Adina/APA Photo Agency** |
| *256* | **Van Beek, Steve** |
| *54, 55* | **Van Riel, Paul/APA Photo Agency** |
| *59, 90* | **Verheugt, Wim** |
| *116, 238, 239* | **‚Wah'** |
| *74, 119, 245* | **Wassman, Bill/APA Photo Agency** |
| *167, 192* | **Yamsuan Jr., Noli** |
| *134* | **Yap Piang Kian** |
| *208/209* | **Yap, Rendo** |
| *145* | **Yeoh Thean Yeow/APA Photo Agency** |
| *36, 37, 38, 39* | **Yogerst, Joseph** |
| *Karten* | **Berndtson & Berndtson** |
| *Illustration* | **Klaus Geisler** |
| *Design Consulting* | **V. Barl** |

# INDEX

## A



## B

## C

## D



## E



## F

## G



## H



## I



## J

## K

## L



## M

## N

## Q



## R



## S

## T



## U



## V



## W

## X, Y, Z



A B C D F G H I J a b c d e f g h i k l